KB190568

선교를 위한 복음서

누가복음 해석

선교를 위한 복음서

누가복음 해석

초판 1쇄 2013년 3월 15일

김득중 지음

발 행 인 김기택
편 집 인 손인선

펴 낸 곳 도서출판 kmc
등록번호 제2-1607호
등록일자 1993년 9월 4일

(110-730) 서울특별시 종로구 세종대로 149 감리회관 16층
(재)기독교대한감리회 출판국
TEL. 02-399-2008 FAX. 02-399-4365
http://www.kmcmall.co.kr

인 쇄 리더스커뮤니케이션

ISBN 978-89-8430-600-4 03230

값 15,000원

갈릴리에서 예루살렘까지!

누가복음 해석

설교를 위한 복음서

김득중 지음

kmc

서문

역사적 예수는 이방인에 대한 선교에 별로 관심이 없어 보인다. 어쩌면 이는 이방인 선교에 관한 한, 예수가 전통적인 유대교적 사고의 틀을 크게 벗어나지 않았음을 의미할 것이다. 우리는 복음서의 기록을 통해 역사적 예수가 이방인에 대한 선교는 물론이고, 이방인과의 접촉에 대해서도 상당히 부정적이며 소극적인 태도를 보였다는 사실을 어느 정도 분명히 알 수 있다. 복음서에 보면, 예수가 열두 제자들을 선택한 후에 전도 파송하면서 "이방사람들의 길로도 가지 말고 또 사마리아사람들의 도시에도 들어가지 말라. 다만 이스라엘집의 잃은 양에게로 가라."(마 10:5~6)고 명령했던 말씀이 나온다. 또한 "나는 오직 이스라엘집의 잃은 양을 위해서만 보내심을 받았다."(마 15:24)는 말씀도 전해진다. 이 같은 말씀들은 예수가 제자들에게만 그런 제한적인 명령을 주었던 것이 아니라 그 자신도 이방인에 대한 선교나 이방인과의 접촉에 대해 아주 부정적이었고, 제한적이었음을 보여 주는 증거라고 말할 수 있을 것이다.

이방인 선교나 이방인과의 접촉에 대한 그런 부정적인 태도는 예수 자신의 말씀들을 통해서만 드러나는 것이 아니라, 예수의 행적들을 전해 주는 기록들 가운데서도 드러난다. 예수가 이방인으로 알려진 수로보니게 여인의 딸을 고쳐 준 이야기(막 7:24~30; 마 15:21~28)에서도 우리는 그런 점을 잘 볼 수가 있다. 비록 예수가 이방인의 지역에 들어가 이방인 여인의 딸을 고쳐 준 이야기가 전해지고 있기는 하지만, 그 이야기 가운데서도 우리는 예수가 이방인에 대해 얼마나 부정적이고 배타적인 생각을 갖고 있었는지를 잘 볼 수 있다.

첫째로, 예수가 그 여인을 만날 때 이방인의 땅인 두로와 시돈 지방으로 들어갔지만, "아무에게도 알리지 않았고 … 남모르게"(막 7:24) 하기 원했다는 말씀이 나온다. 자신이 이방인 지역에 들어가는 것을 아무에게도 알리고 싶지 않았던 이유, 곧 다른 사람들이 모르기를 원했던 이유가 무엇일까? 예수 자신이 다른 유대인들의 경우처럼 이방인 지역에 들어가 이방인을 만나는 것 자체를 부정적인 일, 혹은 금기시되는 일로 생각했기 때문일 것이다. 둘째로, 예수는 이방인 여인과 대화하면서 "자녀들을 먼저 배부르게 해야 한다. 자녀들의 떡을 집어 강아지에게 던져주는 것은 옳지 않다."(막 7:27)고 말씀했는데, 이방인을 가리켜 '개'(여기서는 작은 것을 의미하는 통칭으로 '강아지')라고 지칭하는 것은 모욕적인 말이 아닐 수 없다(참고. 마 7:6). 셋째로, 예수가 이방인을 만나 그의 종(마 8:5~13)이나 딸을 고쳐 주는 경우에, 모두 이른바 '원거리 치료'(healing at the distance) 형식으로, 즉 직접 환자를 만나지 않고 멀리서 '말씀'으로만 고쳐 주었다고 기록되어 있는데, 이런 형태의 치료 자체도 이방인과의 직접적인 접촉을 기피하기 위한 방편의 하나였을지도 모른다. 그래서 스티븐 윌슨(Stephen G. Wilson)은 다음과 같이 우리에게 충고한다. "예수가 이방인의 병을 치료해 준 이적(exorcism)을 예수가 역사적으로 이방인 선교를 시작했다거나 또는 의도했다는 증거로 사용할 수는 없다."[1]

이처럼 예수가 이방인 선교에 적극적으로 나서지 않았던 이유 중 하나는 아마도 예수 자신이 임박한 종말 사상을 갖고 있었기 때문이었을 것이다. 물론 이 역시도 전통적인 유대 사상과 밀접히 연관되어 있다고 할 수 있다. 마가복음 9장 1절을 보면, 예수는 "내가 진정으로 너희에게 말한다. 여기 서 있는 사람들 가운데 죽기 전에 하나님 나라가 권능으로 임하는 것을 볼 사람도 있다."고 말씀한다. 그리고 마태복음 10장 23절에서는 "내가 진정으로 너희에게 말한다. 너희가 이스라엘의 도시를 다 다니기 전에 인자가 올 것이다."라고 말씀하기도 한다. 즉 예수는 자신의 시대가 역사의 마지막 때라고 믿고 있었다는 말이다. 이런 임박한 종말 사상을 갖고 있었기 때문에 예수에게 주요 관심 혹은 우선되는 관심은 '먼저' 자녀들(유대인들)에게로 쏠릴 수밖에 없었을 것이다. 따라서 역사적 예수로서는 자신의 죽음과 부활 이후에 벌어질 이방인 선교에 대해, 비록 막연하나마 미리 내다보기는 했었겠지만, 실제로 그 자신이 적극적인 관심을 갖고 나서지는 않았던 것 같다.

그런데 예수의 시대가 지나간 후, 즉 예수가 부활 승천한 이후, 상황이 달라졌다. 초대 교회 안에서 이방인에 대한 선교가 당면 과제로 부각되었다. 교회의 내적·외적인 상황 변화가 그렇게 만들었을 것이다. 주후 64년경 기독교인들에 대한 로마 당국의 첫 번째 박해와 주후 66년에 시작된 유대전쟁, 주후 70년경에 있었던 예루살렘의 멸망, 그리고 회당 안에서 예수를 메시아로 믿는 유대 기독교인들에 대한 유대 당국의 적극적인 박해(참고. 요 9:22; 12:42; 16:2) 등으로 초대 기독교인들 가운데서 많은 사람들이 팔레스타인을 벗어나 이방인의 땅으로 피난하는 상황

---

1) Stephen G. Wilson, *The Gentiles and The Gentile Mission in Luke–Acts*, Cambridge At the University Press, 1973, p. 14.

이 벌어졌고, 이런 기회가 자연스럽게 이방인들에게 자의 반, 타의 반으로 예수의 복음을 전파하는 계기가 될 수밖에 없었다. 그리고 실제로 이즈음에 많은 이방인 출신들이 개종하여 교회로 들어오기 시작했다. 복음서들이 계속 기록되어 나오기 시작한 때도 바로 이 시기였고, 따라서 복음서 기자들은 이런 상황 속에서 이방인에 대한 선교를 예수의 지상 명령으로 생각하고 또 그렇게 받아들이기 시작했다.

그래서 "먼저 복음이 모든 민족에게 전파되어야 한다."(막 13:10)는 말씀이나, "내가 진정으로 너희에게 말한다. 온 세계 어디서든지 복음이 전파되는 곳마다 이 여인이 한 일도 전해져서 여인을 기억하게 될 것이다."(막 14:9)라는 말씀들이 복음서 기자들에 의해 복음서에 기록되게 되었다. 특히 이방인 선교에 대한 예수의 명령이 주로 역사적인 예수의 입을 통해서가 아니라 부활하신 예수의 입을 통해서 주어지고 있다는 점에도 주목해야 한다. "너희는 온 세상에 가서 만민에게 복음을 전파하라"(막 16:15). "너희는 가서 모든 민족을 제자로 삼아 아버지와 아들과 성령의 이름으로 세례를 주라"(마 28:19). "그의 이름으로 죄 사함을 받게 하는 회개가 예루살렘에서 시작되어 모든 민족에게 전파될 것이다"(눅 24:47). "성령이 너희에게 임하시면 너희는 권능을 받고 예루살렘과 온 유대와 사마리아와 땅 끝까지 이르러 내 증인이 될 것이다"(행 1:8). 이런 세계 선교 명령을 주신 분은 복음서에서 역사적인 예수가 아니라 부활하신 예수였던 것이다. 그런데 역사적인 예수의 말씀들은 어느 정도 다 객관적으로 인정할 수 있는 말씀들이지만, 부활하신 예수의 말씀들은 대체로 모두 계시의 말씀들이기 때문에 객관적으로가 아니라 주관적으로 받은 말씀들이다. 이런 사실은 부활하신 예수의 입을 통해 주어진 이 같은 선교 명령들이 실제로 이방인 선교가 활발히 전개되기 시작하던 역사적 예수의 부활 이후 상황, 특히 복음서들이 기록되던 상황을 반영해 준다고 보아야 할 것이다.

특히 누가는 예수의 사역을 기록한 누가복음에 이어서 그의 제자들의 사역에 대해 말하는 사도행전을 기록하면서, 예수의 제자들에 의해 많은 열매를 거두게 된 성공적인 이방인 선교가 순전히 초대 교회 사도들이 자의로 활동하여 이루어진 것이 아니라 예수의 선교적 비전과 그에 따른 명령에서 비롯되었으며, 실제로 예수의 사역 가운데서 이미 예수가 장차 사도행전에서 열매를 맺게 될 이방 선교의 씨앗을 여기저기에 뿌려놓았다고 증거한다. 예수는 누가복음에서 유대인들을 상대로 전도하면서도 장차 그의 제자들이 벌일 이방인 선교에 대한 분명한 비전을 보여 주었다고 생각했으며, 또 복음서 기록을 통해서도 그 점을 분명히 증거하고 있는 것 같다.

따라서 우리는 이 책에서, 누가가 누가복음을 기록하면서, 그것도 예수의 전도 사역을 소개하면서, 예수가 이방인 선교를 위해 어떤 비전을, 어떻게 보여 주었다고 증거하고 있는지를 살펴볼 것이다. 하지만 누가복음에 나오는 많은 본문들 가운데서 이방 선교 혹은 세계 선교에 대한 분명한 비전을 보여 주는 본문들이 그렇게 많지는 않다. 그러다 보니 이 책이 선택하여 해석한 본문들은 수적으로 한계가 있을 수밖에 없고, 그래서 이 책이 누가복음 본문 전체에 대한 해석을 제시하고 있는 것은 분명히 아닐 수도 있다. 그러나 누가복음에 나오는 본문들 가운데는 누가가 이방 선교에 대한 비전을 나름대로 명확히 제시하고 있는 본문들이 결코 적지만은 않다. 우리는 그런 본문들을 면밀히 살펴봄으로써, 누가가 독자들에게 강조하고 있는 이방 선교 혹은 세계 선교에 대한 메시지를 들을 수 있을 것이다.

내가 이 책을 집필하게 된 것은「선교를 위한 복음서: 사도행전 해석」이란 책이 출판되어 나왔기 때문이기도 하다. 그 책은 본래 선교 현장에서 활동하는 해외 선교사들을 위한 연속 강의를 청탁 받고 준비하는 과정에서 집필하게 되었다. 그런데 그 책을 출판한 이후, 사도행전을 이방 선교 혹은 세계 선교란 관점에서 해석할 수 있다면, 사도행전을 기록한 누가가 사도행전에 앞서서, 사도행전의 전편으로 기록했던 누가복음도 똑같은 관점에서 해석할 수 있지 않을까 하는 생각을 하게 된 것이, 그리고 구체적으로 그런 질문을 받게 된 것이 이 책을 집필하게 된 결정적인 동기가 되었다. 그래서 시간적으로 이번 책이 먼저 나온 책의 후속 작품처럼 출판되지만, 실제로는 누가 문서 전체의 내용과 흐름으로 보아서는 오히려 이 책이 먼저 읽어야 할 책이고, 먼저 나온 책이 나중에 읽어야 할 후속 작품이라고 보아야 할 것이다.

이 책을 통해 누가가 누가복음과 사도행전을 기록하면서 가졌던 이방 선교 혹은 세계 선교에 대한 열정과 비전에 대해 새로운 이해를 가질 수 있게 되기를, 그리고 그것이 현재 세계 선교를 위해 수고하는 많은 해외 선교사들이나 세계 선교의 꿈을 꾸고 있는 많은 기독교인들에게 나름대로 선교를 위한 성서적 지침이나 매뉴얼이 될 수 있기를 감히 기대해 본다.

2013년 3월

저자 김득중

차례

제1부 서론

제2부 누가복음 해석

1부

서론

제1권 누가복음에 나오는 예수의 교훈과 행적들 가운데서 우리는 장차 제2권 사도행전에서 그의 제자들이 펼칠 이방인 선교, 혹은 세계선교의 씨앗이 여기저기에 뿌려져 있다는 사실과, 그런 비전이 예수의 설교와 활동을 통해 여러모로 드러나고 있다는 사실을 보게 된다.

1 누가 문서(Luke-Acts)의 중요성과 통일성

누가복음은 신약성경에 포함된 복음서들 중에서 양적으로 가장 큰 복음서다. 다른 한편 사도행전은 신약성경에 포함된 27권 문서들 중에서 가장 큰 책이다. 이런 점을 감안한다면 누가는 신약성경 가운데서 가장 큰 두 권의 책을 기록한 셈이며, 신약성경 기자들 중에서 양적으로는 가장 큰 공헌을 남긴 셈이다. 실제로 누가복음과 사도행전을 합치면 바울의 이름으로 기록된 모든 서신들을 합친 것보다 많으며, 요한의 문서들(복음서와 서신들과 계시록)을 다 합친 것보다도 많다. 이런 점에서도 누가의 문서는 우선 그 분량에서도 신약성경에서 결코 무시되어서는 안 될 중요한 부분을 이루고 있다.

또한 누가복음은 분명히 신약성경 안의 다른 문서들, 곧 그 밖의 복음서들이나 서신들과는 아주 다른 독특한 문서다. 먼저, 누가복음은 여느 복음서들과 분명히 다른 점이 있다. 다른 복음서들은 신앙의 대상인 주님이신 예수의 생애와 활동만을 주제로 다룬 데 비해, 누가복음은 예수의 활동과 교훈을 다룬 첫 번째 부분(누가복음)에 이어서 그의 제자들(추종자들)의 활동과 교훈을 다룬 두 번째 부분인 '사도들의 행전'을 기록했다. 즉 다른 복음서들은 오직 '예수의 행적'에만 관심을 가진 반면에, 누가는 '예수'와 함께 그의 '제자들의 행적'에 대해 관심을 기울인다. 게다가 누가는 신약성경에 나오는 많은 서신들과도 다르다. 보통 서신들은 예수보다도 오히려 그의 제자들의 신앙생활에 더 관심을 기울이고 있는 데 비해, 누가는 그와는 달리 예수에게도 많은 관심을 갖고 있기 때문이다. 따라서 복음서들이 오직 예수에게만, 서신들이 오직 제자들에게만 관심을 갖고 있는 데 반해, 누가는 예수와 함께 그의 제자들에 대해 관심을 갖고 예수의 활동과 더불어 제자들의 활동을 하나의 연속된 기록으로 남겼다고 하는 점에서 독특한 문서라고 할 수 있다. 누가 문서는 전체적으로 '예수와 그 제자들의 활동'에 대한 기록이며 이를 세분하면 제1부는 예수의 활동, 제2부는 제자들 혹은 사도들의 활동이라고 볼 수 있는 것이다.

그리고 이렇게 누가가 예수의 활동을 다룬 누가복음에 이어서 제자들의 활동을 다룬 사도행전을 기록했다는 점에서 누가 문서는 신약성경 27권 가운데서 복음서와 서신들을 연결시키는 교량 역할을 하고 있기도 하다. 바로 이런 점 때문에 누가 저작의 첫 번째 부분(소위 누가복음)을 신약성경의 네 복음서들 가운데 분류하는 것은 그 기록의 본래 목적에 부합되지 않는다는 지적도 있어 왔다. 또한 '사도행전'이란 전통적인 명칭도 누가의 의도에는 적합치가 않다는 지적도 있었다. 왜냐하면 그 명칭은 사도행전이 두 권으로 되어 있는 누가 작품의 두 번째 책이란 점을 분명히 지적해 주지 않기 때문이다. 더구나 사도행전은 복수형으로 여러 사도들의 행적을 다루고 있지도 않다. 사도행전에 등장하는 주요 인물은 오직 베드로와 바울 두 사람인데, 바울은 누가에 따르면 사실상 사도도 아니기 때문이다.

바로 이런 점 때문에 누가가 기록한 두 권의 책에는 하나의 공통된 이름이 필요하다는 인식도 있어 왔다. 분명히 그 두 책은 한때 그런 이름을 가졌을 테고, 그래서 1권과 2권으로 구분할 수 있었을 것이다. 하지만 그 이름이 무엇이었는지는 알 길이 없다. 다만 누가가 기록한 두 권의 책이 모두 데오빌로에게 헌정된 문서란 점에서 누가복음과 사도행전을 '데오빌로전서'(Ad Theophilum I)와 '데오빌로후서'(Ad Theophilum II)로, 혹은 '누가 상'(上)과 '누가 하'(下)로 이해하여 두 책의 역사적 통일성을 강조하기 위해 '누가 문서' 혹은 '누가 저작'이라고 부르면 좋겠다는 제안이 나오기도 했다. 오늘날 영미계통 학자들은 일반적으로 '누가 문서'란 명칭을 사용하고 있는 편이다. 우리말로는 이를 직역하여 '누가복음–사도행전' 혹은 '누가–행전'이라고 부르는 학자들도 있지만, 오히려 '누가 문서'라고 부르는 쪽이 더 좋을 듯싶다.

본래 하나의 책으로 기록된 누가 문서가 지금 우리 성경에서 요한복음에 의해 전편과 후편이, 제1권과 제2권이 따로 갈라지게 된 때는 아주 초기부터였을 것이다. 1권 누가복음과 2권 사도행전이 함께 연속으로 나타나는 사본들이 거의 없기 때문이다. 누가복음과 사도행전이 지금처럼 갈라지게 된 데에는 나름대로 이유가 있었던 것 같다. 우선 누가복음은 다른 복음서들과 잘 어울릴 수밖에 없으며, 사도행전은 신약의 다른 문서들과 아주 성격이 다른 데다가 오히려 바울 서신들의 서론으로 아주 잘 어울릴 수 있을 것으로 보이기 때문이다. 더구나 사도행전이 바울의 로마 입성으로 끝나는데, 바울 서신들은 일반적으로 로마에 보낸 바울의 편지로 시작된다. 그래서 현재 사도행전이 복음서들과 바울 서신들 사이에 편집된 것도 나름대로 의미가 있다고 생각된다. 그러나 누가를 그의 문서를 통해 올바로 이해하려면 제1권인 누가복음과 제2권인 사도행전이 함께 읽혀져야만 한다는 사실에는 이의가 있을 수 없을 것이다. 비록 불행하게도 같은 책의 전편과 후편이 우리 성경에서 서로 갈라져 편집되어 있기는 하지만, 그리고 그것이 좀 불행스러운 일이기는 하지만, 그러나 누가 문서를 제대로 읽고 이해하기 위해서는 그 두 권의 책을 연속해서 하나의 책으로 읽을 수 있어야만 할 것이다.

2 누가 문서의 구조

누가복음과 사도행전의 통일성이나 연관성은 누가 문서 전체 구조를 살펴볼 때 더욱 분명해지기도 한다. 우선 누가 문서의 구조는 크게 다음과 같이 두 가지로 나누어 생각할 수 있다.

첫째로는, 연대기적으로 나누어 생각하는 방법이다. 이 경우 그 내용 면에서 살펴보면, 제1권 누가복음은 예수의 탄생에서부터 그의 죽음과 부활과 승천까지, 즉 예수가 주로 팔레스타인 안에서 유대인을 대상으로 복음을 전파하는 내용을 다루며, 반면에 그 속편이라고 할 수 있는 제2권 사도행전에서는 예수의 승천 이후부터 바울이 로마에 입성할 때까지, 즉 예수의 제자들이 땅 끝까지 이방인을 상대로 복음을 전파하는 내용을 다룬다. 결국 제1권에서는 예수의 활동이, 그리고 제2권에서는 그의 제자들의 활동이 기록되어 있는 셈이다.

둘째로는, 누가의 문서를 지리적으로 나누어 생각하는 방법이다. 이 경우, 제1권인 누가복음은 비록 1, 2장이 예루살렘의 장면이기는 하지만 주로 '갈릴리로부터 예루살렘' (from Galilee to Jerusalem)에 이르는 복음 전파 과정을 다루며, 반면에 제2권인 사도행전은 제1권이 끝난 곳에서 시작하여 로마에 복음이 전파되는, 즉 '예루살렘으로부터 로마까지'(from Jerusalem to Rome) 복음이 전파되는 과정을 기록한다. 그래서 스트리터(B. H. Streeter)란 학자는 사도행전을 가리켜 '로마로 가는 길'이라고 부르는 것이 좋겠다고 말했는데, 그렇다면 제1권인 누가복음은 마땅히 '예루살렘으로 가는 길'이라고 불러야 할 것이다. 이처럼 누가 문서에서 지리(geography)가 중요한 역할을 하고 있다는 사실은 널리 알려져 있는데, 특히 예루살렘과 로마는 누가 문서를 구성하는 두 개의 중요한 지리적 축이라고 말할 수 있다.

한편 누가 문서의 끝, 곧 사도행전의 끝이 로마로 끝나기 때문에 일부 학자들은 오래 전부터 누가가 본래 제1권 누가복음과 제2권 사도행전 이외에 제3권을 계획한 것이 아닐까 하고 소위 제3권설을 내세우기도 한다. 이런 주장의 근거는 사도 바울의 서신에 따른다면(롬 15:23, 28), 바울의 전도 여행 최종 목적지가 로마가 아니라 서바나이기 때문에 복음이 로마까지 전파되는 것 이외에 다시 '로마로부터 서바나까지'(from Rome to Spain) 복음이 전파되는 과정이 있어야 할 것이라는 생각이다. 이렇게 주장하는 사람들의 생각대로라면 누가의 제3권은 '서바나로 가는 길'이 될 것이다. 그러나 아직까지는 누가가 제3권을 계획했다는 증거도 없는데다가 그런 문서가 존재했었다는 언급이나 증거가 하나도 없기 때문에 그대로 받아들이기는 어렵다.

1) 누가복음과 사도행전의 구조적 유사성

⑴ 누가복음과 사도행전은 각각 데오빌로에 대한 헌정사로 시작한다(눅 1:1~4; 행 1:1~5).

⑵ 누가복음에서는 예수의 활동이 성령을 충만히 받는 것으로부터 시작되고(3:21~22;4:14), 사도행전에서는 교회의 활동이 오순절에서 성령을 충만히 받는 것에서부터 시작된다(2:1~4).

⑶ 누가복음에서는 예수의 공생애 활동 이전에 40일 동안의 준비 기간이 있었고(4:2), 사도행전에서는 교회 활동이 개시되기 전에도 40일 동안의 준비 기간이 있었다(1:3).

⑷ 누가복음에서는 예수의 공생애 활동이 이스라엘의 배척이란 주제를 가진 예수의 설교로 시작되고(4:16~30), 사도행전에서도 교회의 활동이 이스라엘의 배척이란 주제를 가진 베드로의 설교로 시작된다(2:14~40).

⑸ 복음서에서는 예수, 그리고 사도행전에서는 제자들의 권위 있는 교훈과 이

적들이 논쟁과 불신, 배척을 야기시킨다(눅 4:31~8:56; 행 3:1~12:17).

(6) 누가복음과 사도행전에 각각 이방인에 대한 설교가 나온다(눅 10:1~12; 행 13~19:20).

(7) 누가복음과 사도행전에는 예루살렘 여행과 순교에 대한 소개가 나온다(눅 9:51~23:49;행 19:21~21:17).

이 같은 일반적인 구조의 일치는 우연이라기보다는 의도적이라고 생각해야 한다. 이런 유사점과 일치점이 다른 면에서도 두드러지게 나타나기 때문이다.

2) 누가복음의 구조

누가복음도 마태복음이나 마가복음처럼 지리적으로 내용이 구분되어 있다. 마가복음의 경우는 전반이 갈릴리, 후반이 예루살렘으로 양분되어 있지만, 이와는 달리 누가복음은 갈릴리에서 예루살렘까지의 '여행 부분'이 길게 확대되어 있다. 이것을 흔히 '여행 설화'(the journy narrative 혹은 the travel narrative) 혹은 '중심 부분'(the central section)이라고 부른다. 그리고 누가복음에서만 특별히 소개되는 내용들, 소위 누가의 특수 자료들이 주로 이 여행 부분에서 나오기 때문에 누가복음 혹은 누가란 저자를 이해하기 위해서는 이 중심 부분의 중요성을 아무리 강조해도 지나치지 않다. 따라서 누가복음의 전체 구조는 다음과 같이 크게 세 부분으로 나눌 수 있다.

(1) 예수의 갈릴리 활동(4:14~9:50).

(2) 예수의 예루살렘 여행(9:51~19:28).

(3) 예수의 예루살렘 활동(19:29~23:49).

그리고 이 경우, 누가복음 1, 2장은 서론적인 설명이 되는 셈이고, 누가복음 24장 50절에서 53절은 예수의 승천 장면으로 결론적인 부분이라 할 수 있는데, 특히 누가문서의 제2권인 사도행전으로 이어지는 교량 역할을 한다고 볼 수 있다.

3 누가는 누구인가?
– 누가 새로 이해하기(A New Look at St. Luke)

신약성서 연구가들, 특히 복음서 연구가들에게 누가는 1940년대까지만 해도 "역사가"(historian)로 알려져 왔다. 이런 이해는 지금까지도 어느 정도 그대로 받아들여지는 형편이기도 하다. 누가는 예수의 공생애 활동에 대해 기록한 누가복음을 통해서 "예수의 역사"를, 그리고 사도행전을 통해 역사적 예수 이후의 "초대 교회의 역사"를 기록한 "역사가"로 생각되어 왔다. 그래서 누가가 기록한 누가복음과 사도행전은 초대 교회의 기원과 그 이후의 역사적 발전을 알아보기 위한 귀중한 역사적 자료로 인식되었다. 더구나 누가는 누가복음과 사도행전으로 이어지는 누가 문서(Luke–Acts)의 처음 서두에서 직접 "데오빌로 각하"를 향하여 "모든 것을 처음부터 자세히 조사해 둔 것이 있기 때문에 각하를 위하여 차례대로 써 드리는 것이 좋겠다고 생각합니다"(눅 1:3)라고 기록하였다. 그리고 "이것으로 각하께서는 이미 듣고 계신 사실들이 정확하다는 것을 알아주시기 바랍니다"(눅 1:4)라고 기록하였다. 그 때문에 많은 사람들이 누가는 다른 복음서 저자들에 비해서 좀 더 "정확한 사실들을 차례대로 기록한" 역사가라고 생각하기에 이르렀다. 따라서 누가의 중요성은 그가 사도적 기독교의 "역사가"로서 인식되는 데 있었으며, 그가 쓴 글의 가치는 기독교의 기원에 대해 전해 주고 있는 정보에 있다고 생각되어 왔다.[2)]

---

2) "Luke is a historian of the first rank." Cf. Sir William Ramsay, *The Bearing of Recent Discovery on the Trustworthiness of the New Testament*, 1915, p. 222. 누가를 "역사가"로 보는 입장에 대한 개관을 알아보기 위해서는 Cf. C.K. Barrett, *Luke the Historian in Recent Study* (London: Epworth Press, 1961)을 참고할 수 있다.

그러나 1953년에 한스 콘젤만(Hans Conzelmann)이 누가복음에 대한 편집 비평적인 연구서인 *Die Mitte der Zeit*를 출판하면서부터, 특히 이 책이 영문으로 *The Theology of St. Luke*[3]란 제목으로 번역되어 출판됨으로써, 누가복음의 저자가 "신학자"(theologian)로 뚜렷이 부각되기 시작했다. 콘젤만(Conzelmann)은 누가가 예수의 생애와 초대 교회의 역사를 전해 주려고 했던 역사가가 아니라, 자기 시대의 기독교인들로 하여금 그들의 신앙적 문제에 대해 적절히 대처할 수 있도록 역사적 전승 자료를 해석하여 지도하려고 했던 신학자라는 점을 부각시켜 주었다. 비록 누가 신학의 구체적인 주제에 대한 의견과 해석이 서로 다르기는 하더라도, 오늘날 대부분의 누가복음 연구가들은 콘젤만(Conzelmann)이 누가를 가리켜 신학자(theologian)라고 말하는 것에 대해서, 그리고 누가를 신학자로 인정하는 데 대해서 크게 반대하지 않는다.[4] 가령 I.H. 마샬(Marshall)이 누가를 "역사가와 신학자"(historian and theologian)로,[5] 그리고 로버트 캐리스(Robert Karris)가 누가를 "예술가이며 신학자"(artist and theologian)로[6] 규정함으로써 약간 강조점의 차이를 보이고 있기는 하지만, 누가를 "신학자"(theologian)로 보는 점에서는 대체로 아무런 이론의 여지도 없는 것으로 생각된다.[7]

그런데 우리는 여기서 잠깐 누가가 신약성서 기자들 가운데서 유일하게 "이방인"(non-jewish gentile)이었다는 사실과, 신약성서 기자들 중 유일하게 복음 전도를 위해서 바울과 함께 이방 세계 여러 곳을 직접 누볐던 "전도자"(evangelist) 혹은 "선교사"(missionary)였다는 사실에 주목할 필요가 있다. 누

3) H. Conzelmann, *The Theology of St. Luke*, 2nd ed., London: Faber and Faber, Ltd., 1960.

4) Cf. Francois Bovon, *Luke The Theologian: Thirty-Three Years of Research* (1950-1983), Allison Park, PA: Pickwick Publications, 1987; J.A. Fitzmyer, *Luke The Theologian: Aspects of His Teaching*, New York: Paulist Press, 1989; Helmut Flender, *St. Luke: Theologian of Redemptive History*, Philadelphia: Fortress Press, 1967.

5) I.H. Marshall, *Luke: Historian and Theologian*, Grand Rapids: Zondervan, 1970.

6) R. Karris, *Luke: Artist and Theologian: Luke's Passion Account as Literature*, New York: Paulist, 1985.

7) "누가는 무엇보다도 과거의 기록을 그 나름대로 제시하려고 했던 역사가가 아니라 역사 기술의 방법을 통해서 당시 교회가 직면하고 있던 문제들을 해결하는 데 도움을 주려고 했던 신학자였다. 신학자 누가에 대한 이런 발견은 내가 보기에 누가신학의 성격과 중요성에 대한 마지막 심판이 어떠하든지 간에 최근의 누가문서 연구에서 얻어낸 가장 큰 소득이다." Cf. Van Unnik, "Luke-Acts: A Storm Center in Contemporary Scholarship," *Studies on Luke-Acts*, ed., by L. Keck, pp. 23~24.

가를 단순한 "역사가"나 "신학자"를 넘어서, 희랍-로마 세계를 향해 복음을 전파하려고 노력했던 "전도자" 혹은 "선교사"로 보아야 하는 새로운 관점이 필요하다는 말이기도 하다. 누가복음과 사도행전을 기록한 누가는 다른 복음서 저자들은 물론이고, 다른 신약성서 저자들, 그 누구보다도 이방인들과 이방 선교 혹은 세계 선교에 많은 관심을 가졌던 사람이기 때문이다. 이것은 분명히 그가 복음서 저자들 중 유일하게 그 자신이 이방 문화권에서 살았던 "이방인"이었기 때문에 더욱 그러했을 것으로 생각된다. 마치 초대 기독교 역사 속에서 이방인에 대한 선교의 문을 처음 열었던 사람들이 이방 지역에서 온 디아스포라 유대인들, 곧 스데반과 빌립 등과 같은 일곱 지도자들이었던 것처럼, 복음서 저자들 중에서도 본격적인 이방 선교 혹은 세계 선교에 대해 적극적인 관심을 보이고 있는 사람은 역시 이방인으로서 이방 땅에서 살았던 이방인 저자였던 누가다.

더구나 누가는 바울의 선교 활동에 직접 동행했던 사람이었다. 그래서 사도행전의 본문들 중 일인칭 복수형인 "우리"가 문장의 주어로 언급되는 항목들(we-sections[8])이 많이 나타나고 있는 것 아닌가? 그리고 무엇보다도 누가가 누가복음을 통해 예수가 주로 유대인들을 위해 복음을 전도했던 것을 기록한 데 이어서, 그 후속편으로 그의 제자들에 의해서 "온 유대와 사마리아와 땅 끝까지 이르러" 복음이 이방 땅으로 전파되는 과정을 소개하는 사도행전을 계획하고 기록했다는 그 사실에서도, 우리는 세계 선교에 대한 누가의 남다른 관심을 잘 볼 수가 있다. 그리고 누가가 제1권 누가복음서과 제2권 사도행전을 기록하면서, 그 당시 지중해 연안 전체를 지배하던 로마 당국을 염두에 두고 "정치적 변증"에 그토록 많은 지면을 할애했던 이유도, 그 당시 로마 세계에, 즉 복음을 "예루살렘과 온 유대와 사마리아와 땅 끝까지" 전하는 일이 누가 자신은 물론 누가 교회의 주요 관심사이자 당면 과제였기 때문이었을 것으로 생각된다. 그래서 누가는 누가복음을 기록하는 서두에서 로마

8) 사도행전에서 일인칭 복수형으로 기록된 항목들은 16:10~17; 20:5~15; 21:1~18; 27:1~28:16 등이다.

의 고급 관리 중의 하나로 알려진 "데오빌로 각하"를 수신자로 거명하는 것으로 시작하면서도 사도행전의 끝에는 "로마"를 염두에 두었던 것으로 생각된다.

누가가 신약성서 저자들 중 그 어느 누구보다도 로마 황제들과 로마의 고급 관리들의 이름을 가장 많이 알고 있었고 가장 많이 거론하고 있다는 사실에도 주목할 필요가 있다. 누가복음 서두에서 "데오빌로 각하"를 언급한 이후에 로마 황제들로는 아구스도 황제(눅 2:1), 디베료 황제(눅 3:1), 글라우디오 황제(행 11:28; 18:2), 가이사(행 25:12,21), 로마의 총독들로는 수리아의 총독 구레뇨(눅 2:2), 유대 총독 본디오 빌라도(눅 3:1, 23:1; 행 4:27), 총독 서기오 바울(행 13:7), 총독 벨릭스(행 23:24), 총독 베스도(행 25:1), 아가야 총독 갈리오(행 18:12)를 언급하였다. 그리고 로마 군대의 천부장 글라우디오 루시아(행 23:25)가, 누가복음 7장 1절, 23장 7절 이 외에 사도행전에서 백부장 고넬료(행 10:1), 백부장 율리오(행 27:1)가 언급되었다. 누가가 이렇게 로마 황제와 총독들, 천부장과 백부장의 이름을 그토록 많이 거론하고 그들과 관련된 이야기들을 많이 소개하고 있는 것은 그만큼 그가 로마의 고급 인사들에 대해 많이 알고 있었고, 그들에 대해 많은 관심을 갖고 있었다는 증거일 수 있다. 그리고 이것은 누가의 시각과 관점이 그 당시 얼마나 "세계적"(universal or global)인지를 잘 보여 주고, 이것이 바로 온 세계를 향한 복음 선교에 대해 누가가 얼마나 많은 관심을 갖고 있는지를 반영해 주는 증거 중의 하나라고 볼 수도 있을 것이다.

누가의 우선적인 주요 관심이 복음 선교에 있었다는 말이기도 하다. 이것은 아마도 그가 직접 선교 활동에 참여했던 경험 때문에 더욱 그러했을 것으로 생각된다. 다른 복음서 기자들이 주로 예수의 말씀과 행적을 기록하면서 공동체 구성원들을 교육하고 신앙적으로 양육하는 일에 치중했던 것과는 달리, 누가는 누가복음과 사도행전을 기록하면서도 주로 "복음" 곧 "기쁜 소식을 전파하는 일"에 많은 관심을 갖고 있었던 것으로 생각된다. "복음을 전파하는 일"의 중요성을 그 누구보다도 잘 알고 있었기 때문일 것이다. 이 점은 선교적으로 아주 중요한 의미를 가진 단어, 곧 "복음을 전파하다" 혹은 "기쁜 소식을 전파하다"란 뜻을 가진 헬라어 동사 "*euaggelizomai*"(유앙겔리조마이)[9]가 복음서들 중에서는 오직 누가복음에서만 거의 독점적으로 사용되고 있다는 사실에서 가장 잘 드러나고 있다고 생각한다. "*euaggelizomai*"란 동사가 복음서들 중에서는 예외적으로 마태복음에서 오직 한 번(마 11:5) 사용되었을 뿐, 다른 복음서들에서는 전혀 사용된 바가 없다. 그러나 그 동사가 누가복음에서는 10번(눅 1:19; 2:10; 3:18; 4:18; 4:43; 7:22; 8:1; 9:6; 16:16; 20:1), 사도행전에서는 15번(행 5:42; 8:4; 8:25; 8:35; 8:40; 10:36; 11:20; 13:32; 14:7; 14:15; 14:21; 15:35; 16:10; 17:18) 사용되고 있다. 누가 문서에서 "*euaggelizomai*"란 동사가 사용될 때, 그 목적어, 곧 기쁜 소식으로 전파해야 할 대상 혹은 내용이 "하나님의 나라"(눅 4:43; 8:1; 16:16), "예수 그리스도"(행 5:42) 혹은 "예수"(행 8:35) 또는 "주님 예수"(행 11:20), "하나님 나라와 예수 그리스도의 이름"(행 8:12), "예수와 부활"(행 17:18), "(하나님의) 말씀"(행 8:4) 혹은 "주님의 말씀"(행 15:35), 그리고 "예수 그리스도의 평화"(행 10:36)인 점 등을 고려한다면, 누가에게 "*euaggelizomai*"란 단어가 복음 선교를 위해 얼마나 중요한 단어인가를 금방 알 수 있게 된다. 그런데 그 단어가 복음서들 중에서는 오직 누가 문서에서만 나온다는 사실 자체가 누가가 어떤 사람인지, 그가 무엇에 가장 관심하고 있는지를 잘 보여 준다.

이런 점들 때문에 우리는 누가가 기록한 두 권의 문서 기록을 새로운 관점에서, 즉 누가를 선교사로 보는 관점에서 다시 읽고 해석할 필요가 있다. 누가복음과 사도행전을 단순히 "역사가"나 "신학자"의 문서로만 읽지 않고, 오히려 "전도자"이며 "선교사"가 기록한 문서로 읽을 때, 우리는 누가를 보다 올바르고 새롭게 다시 이해할 수 있게 될 것이기 때문이다. 그리고 그렇게 읽을 때, 우리는 누가가 기록한 두 권의 문서를 오늘날 세계 선교를 위한 귀중

---

9) 헬라어 동사 "*euaggelizomai*"는 "복음" 혹은 "기쁜 소식"이란 명사형 "*euaggelion*"을 동사화한 단어로, 이것을 우리 성경에서처럼 "복음을 전파하다" 혹은 "기쁜 소식을 전파하다"라고 번역할 수도 있겠지만, 원문처럼 한 단어의 동사형으로 "복음화하다"라고 번역할 수도 있을 것이다. 이렇게 번역할 경우에도 이 동사의 선교적인 의미는 더욱 분명해지는 것으로 생각된다.

한 메시지로, 혹은 선교사들을 위한 '선교 매뉴얼'로 새롭게 재발견할 수도 있게 될 것이라고 생각한다.[10]

10) R.J. Karris는 "누가"보다는 "누가의 공동체"를 "선교적 공동체"(missionary communities)로 보고 있기도 하다. Cf. "Missionary Communities: A New Paradigm for the Study of Luke-Acts," CBQ, 41, 1979.

4 누가가 직면했던 문제들

누가는 1세기 말경에 주로 두 가지 문제에 직면해 펜을 들게 되었다. 바로 교회 내부로부터 생겨난 문제와 교회 외부로부터 오는 문제였다. 하나는, 임박한 종말 기대가 실현되지 않은 채로 종말이 마냥 지연되고 있는 현실 때문에 신앙적으로 동요와 위기를 맞게 된 것이고 다른 하나는, 기독교 복음이 이방 세계로 확장되어 가는 과정에서 예수가 로마 당국에 의해 유죄 판결을 받고 극형에 처해졌다는 사실 때문에 교회의 선교 전선에서 중대한 장애에 부닥치게 된 것이다. 이는 곧 기독교와 로마 당국과의 정치적 관계에 대한 문제다. 이런 문제들은 누가에게 아주 중요한 문제였다. 이 두 문제를 따로 분리해 다루어 보기로 하자.

1) 임박한 종말이 계속 지연되고 있는 문제

종말 지연의 문제는 비단 누가만이 아니라 1세기 후반에 기록된 모든 문서들의 저자들이 직면했던 문제였다. 예수는 물론 초대 기독교인들은 모두 자기들의 시대가 이 세상 종말의 시대라고 믿었고 그래서 임박한 종말 사상을 갖고 있었다. 마가복음 9장 1절에 보면 예수가 다음과 같은 말씀을 한다. "내가 진정으로 너희에게 말한다. 여기 서 있는 사람들 가운데 죽기 전에 하나님 나라가 권능으로 임하는 것을 볼 사람도 있다." 마태복음 16장 28절에선 "하나님 나라" 대신에 "인자"를 언급한다. 즉 초대 기독교인들은 자기들이 죽기 전에 예수가 다시 인자와 심판자로 재림하고 하나님 나라가 임하여 이 세상은 끝장날 것이라고 믿었다. 그런데 예수 곁에 섰던 자들이, 예수의 제자들과 목격자들이 하나씩 다 죽어 가는데도 아직 기대했던 종말이 임하지 않고 또 곧 임할 것같이 생각되지도 않았다. 이렇게 되자 종말 기대의 신앙은 흔들렸고, 이것은 복음 메시지에 대한 신앙 자체를 위협하기에 이르렀다. 신앙적인 동요와 위기가 생겨난 것이다.

누가는 이런 상황에 직면해 신앙의 위기에 처한 기독교인들에게 무엇인가 적절한 신앙적 해답을 제시하고 그들을 신앙적으로 바로 지도해야 할 필요를 느꼈을 것이다. 누가가 택한 해결 방법은 하나님 나라가 그리고 종말이 일반적으로 생각하듯이 그렇게 곧 임하는 것이 아니라고 가르치는 일, 즉 임박한 종말 기대를 좀 더 먼 미래로 연장시키는 방법이다. 다시 말해 임박한 종말 기대 가운데서 미래와 하늘에만 관심을 집중시키는 초대 교인들의 관심을 도리어 현재와 이 땅으로 돌려놓는 것이었다. 종말이 오기 전에 먼저 이 땅에서 해야 할 일에 대해 관심을 갖게 하는 것이다. 그래서 누가는 예수의 명령에 따라서 먼저 땅 끝까지 복음이 전파되어야 한다고 강조한다.

누가는 우선 마가복음에서 임박한 종말을 시사해 주는 본문들을 수정해 임박한 종말 사상을 암암리에 메시지의 전면에서 뒷면으로 빼돌린다. 가령 누가는 마가복음 1장 14~15절에서 "예수께서 갈릴리에 오셔서 하나님의 복음을 전파하였다. 때가 찼다. 하나님의 나라가 가까웠다."라고 전하는 것을 수정해서 누가복음 4장 14절에서 "예수께서 성령의 능력이 충만하여 갈릴리에 돌아오셨다."라고만 기록했을 뿐, 임박한 종말 선포와 관련 있는 "때가 찼다. 하나님의 나라가 가까웠다."는 말씀은 생략해 버렸다. 이렇게 누가는 임박한 종말 기대를 제거해 버린다. 또 누가는 누가복음 21장 8절에서 마가복음 13장 21절을 수정하여 "많은 사람이 내 이름으로 와서 내가 그이다 또는 때가 가까웠다고 말할 것이다. 그러나 그들을 따라가지 말라."고 강조함으로써 특히 때가 가까웠다고 임박한 종말을 말하는 사람들을 따라가지 말라고, 그런 가르침은 따라서는 안 될 거짓 교훈이라고 강조한다. 누가복음 19장 11절에서는 "사람들이 하나님 나라가 당장에 나타날 줄 생각"하기 때문에 그들을 지도하기 위해 비유를 제시하고, 누가복음 21장 9절에서는 "곧 마지막이 오는 것은 아니다."라고 말함으로써 분명히 종말과 하나님 나라가 곧 오는 것이 아니라고 가르치며 또 이렇게 함으로써 종말과 재림을 좀 더 먼 미래로 연기시켜 놓는다.

누가는 이렇게 종말을 좀 더 멀리 밀어 놓고 그때까지의 중간 시대를 땅끝까지 온 세계에 말씀을 전파해야 할 '교회의 시대', 곧 '선교의 시대'로 해석한다. 이 점은 부활하신 예수께서 제자들을 향해 "너희가 예루살렘과 온 유다와 사마리아와 땅 끝까지 이르러 내 증인이 되리라."(행 1:8)고 하신 말씀 가운데서 분명히 드러난다. 그래서 실제로 사도행전은 말씀이 예루살렘에서 땅 끝(로마)까지, 유대인에게서 이방인에게까지 전파되는 과정을 그리고 있다. 종말을 기다리는 동안에 먼저 해야 할 일을 제시함으로써 임박한 종말 기대를 '지금 여기서'(here and now) 해야 할 교회의 말씀 증거로 대치하고 있는 것이다. 이것이 그가 종말이 지연되고 있는 상황에 직면해서 취했던 첫 번째 조치였다. 따라서 누가에게는 종말이 계속 지연되고 있는 상황이 오히려 세계 선교를 위한 새로운 기회와 계기가 된 셈이다.

2) 교회의 선교 과정에서 부닥치게 된 문제

로마 제국의 통치 아래 있던 초대 교회는 어떤 의미에서 이방 선교 혹은 세계 선교를 위해 아주 좋은 여건을 맞이했다고, 즉 좋은 조건에 처하게 되었다고 생각할 수도 있었다. 로마 제국이 정치적으로 지중해 연안의 모든 지역을 장악하고 통일한 것 자체가, 땅 끝까지 복음을 전파하기 위해 세상 각 곳으로 향하는 기독교 전도자 혹은 선교사들에게는 각 나라와 지역을 보다 쉽게, 보다 자유롭게 여행할 수 있는 좋은 여건이 마련된 셈이기도 했다. 또 로마 당국은 지중해 연안의 모든 나라들을 장악하고 지배하면서, 혹시 있을지도 모르는 각 지역의 반란을 쉽게, 속히 진압하기 위한 군사적인 목적으로 로마로부터 각 지역 전역으로 가는 도로도 잘 닦아 놓았다. 이때 생겨난 유명한 말이 바로 "모든 길은 로마로 통한다."는 것이다. 그런데 이 말은 거꾸로 로마로부터 세계 전역으로 모든 길이 잘 완비되어 있다는 의미이기도 했다. 로마 제국이 군사적인 목적으로 잘 닦아 놓은 그 길을 실제로 가장 잘, 그리고 가장 먼저 활용할 수 있었던 것은 로마 군대가 아니라 로마 당국이 처형한 예수를 전파하기 위해 복음을 들고 세계를 향해 나가던 초대 교회 전도자들이나 선교사들이었다는 사실은 일종의 아이러니가 아닐 수 없다. 그러나 하나님께서는 기독교 복음의 세계 선교를 위해, 또 초대 기독교의 발전과 성장을 위해 로마 제국까지도 적절히 이용하신 것이라고 생각할 수도 있겠다.

이런 좋은 조건이 있었던 반면, 초대 기독교는 선교 과정에서 중대한 장벽 앞에 직면하는 어려움을 겪기도 했다. 로마 당국에 의해 정치적으로 유죄 판결을 받아 십자가 형벌에 처형된 자를 그 당시 로마 세계에 '주님' 혹은 '구주'로 전하는 일은 실제로 어려운 일이 아닐 수 없었다. 복음 전도자들이 복음을 들고 들어가는 거의 모든 지역이 로마의 속국이거나 식민지이고 로마 황제의 깃발이 휘날리던 그 당시 상황에서, 로마가 죄인으로 정죄하여 십자가형에 처형한 자를 구주와 주님으로 전파하는 일은 마치 로마에 대한 일종의 반역처럼 오해받을 수도 있는 일이었고, 복음을 받아들이게 될 사람의 입장에서는 로마 제국의 눈치를 볼 수밖에 없는 일이었으니, 많은 사람들은 예수를 믿고 복음을 받아들이는 일을 놓고 주저할 수밖에 없는 상황이었다. 바로 이 문제가 복음 전도에 커다란 장애가 되었을 것은 물론이다. 누가로서는 이런 상황에 직면해 예수가 정치적으로 유죄 판결을 받고 처형된 것이 아님을 분명히 밝히고 강조함으로써 복음 선교의 걸림돌을 제거하려고 했고, 또한 로마 당국과 기독교의 관계가 대립과 투쟁의 관계가 아니라 오히려 우호적이며 호의적인 관계임을 밝힘으로써 더욱 로마 세계를 향한 기독교의 발판을 굳건히 세우려 했다. 이것은 누가 문서에서 아주 중요한 문제 가운데 하나이기 때문에 여기서는 별도로 '누가의 정치적 변증'이란 제목 아래 상세히 다루어 보고자 한다.

5 누가의 정치적 변증

누가복음과 사도행전이 정치적 변증의 성격을 가진 문서라는 점은 오래 전부터 널리 주장되어 왔고 또 그렇게 이해되어 오기도 했다. 그렇다면 그 변증의 대상은 누구이며, 그 목적은 무엇인가? 그런데 누가 문서를 정치적 변증의 목적을 가진 문서라는 점에서는 크게 다르지 않으면서도 구체적으로 어떤 변증, 누구 혹은 무엇을 위한 변증이냐는 문제를 두고는 학자들의 의견이 크게 두 가지 상반된 입장으로 구분된다.

하나는, 로마 제국을 향해 기독교의 정치적 '무해성'(無害性, harmlessness) 혹은 정치적 '무죄성'(無罪性, sinlessness)을 적극 알림으로써, 한편으로는 로마 제국 안에서의 기독교 입지를 공고히 하면서 다른 한편으로는 로마 세계 안에서의 자유로운 선교 활동을 보장 받으며 강화하려는 목적을 가지고 있었다고 보는 입장이다. 이런 입장을 일반적으로는 '교회를 위한 변증'(Apologia pro ecclesia)라고 불러 왔다. 로마가 팔레스타인을 장악하고 유대 나라를 지배할 때 로마 당국은 유대인들의 반항운동에 많은 골머리를 앓아왔던 것이 사실이다. 특히 유대인들 중 열심당원들은 하나님의 거룩한 땅을 이방인들의 더러운 발로부터 지켜내기 위해 무장 투쟁으로 로마에 격렬하게 대항했다. 그러다 보니 로마 당국으로서는 대부분 유대인들로 구성된 초기 기독교회에 대해 유대인 열심당원들과의 연관성 등과 관련하여 교회에 대해 의혹의 눈초리를 보낼 수도 있었다. 이런 상황에서 누가 문서의 저자는 열심당원들의 주도로 시작된 '유대 전쟁'이 주후 70년경에 끝난 이후 1세기 말경에 누가 문서를 기록하면서 로마 세계를 향해 새로이 시작된 기독교는 유대교와 다르다는 사실을, 교회는 결코 열심당의 이념에 따르거나 동조하는 그런 종교 집단이 아님을 분명히 밝힐 필요가 있었을 것이다. 그래서 누가는 누가복음을 통해 로마 제국을 향해 예수의 사역의 비정치성과 비폭력성을 강조함으로써 기독교회는 로마 제국이 염려해야 할 반 로마적인 종교 집단이 결코 아님을 분명히 밝히고자 했던 것으로 보인다. 결국 누가는 누가 문서 기록을 통해 기독교회가 얼마나 평화적인 집단인지를 알리려고 노력했다고 보는 입장이다.

다른 하나는, 그와 반대로 누가가 교회를 향해서, 즉 기독교인들을 향해서 로마 제국이 결코 교회를 위협하는 정치 세력, 혹은 대항하여 투쟁해야 할 세상 권력이 아님을 적극적으로 알림으로써 기독교인들이 혹시 로마 제국에 대해 갖고 있을 적대감이나 저항감을 완화시켜 교회와 로마 제국 간의 평화적인 관계를 수립하려는 목적을 갖고 있었다고 보는 입장이다. 이런 입장을 가리켜 '로마 제국을 위한 변증'(Apologia pro imperio)이라고 부른다. 제1세기 기독교인들 중 대다수는 유대인 출신들이었다. 그들에게 로마 제국은 팔레스타인을 무력으로 장악하고 지배하는 두려운 존재가 아닐 수 없었다. 열심당원들이 로마 제국의 정치적 세력을 거룩한 땅에서 몰아내기 위해 열심히 투쟁하는 것에 대해 마음 한편으로 공감하고 쉽게 동조할 수 있었다. 로마 제국을 악한 세상 권력으로 생각하여 충분히 적대감을 가질 만했던 것이다. 이런 상황에 직면하여 누가 문서 저자는 로마 제국이 교회가 싸워야 할 악한 세상 권력도 아니고 절대로 교회에 위협적인 존재도 아님을 알림으로써 기독교인들이 로마 세계 안에서 계속 평화로운 시민생활, 자유로운 신앙생활을 해 나갈 수 있도록 도와주려는 데에 그 목적을 두고 있다고 보는 입장이다. 이처럼 상반된 두 입장을 하나씩 좀 더 상세히 살펴보면서 누가의 정치적 변증의 진의와 목적이 무엇인지 알아보기로 하자.

1) 로마 제국을 향한 교회를 위한 변증(Apologia pro ecclesia)

누가는 로마 세계를 향해서, 혹은 좀 더 구체적으로는 로마 제국 관리들을 향해서 예수는 평화주의자이고 비폭력주의자이며, 따라서 기독교가 로마 제국에 대해서는 정치적으로 무해하며 무죄한 종교라는 점, 그리고 기독교는 로마가 추구하는 평화(pas Augusta 혹은 pax Romana)의 수호자이며 전파자라는 점을 강조함으로써 기독교와 로마 제국 간의 정치적 긴장 완화와 상호 우호 증진을 도모하고자 했다고 보는 입장이다. 이런 해석에 많은 선구자들이 있기는 하지만[11] 아마도 오늘날 이런 입장을 대변하는 대표적인 학자는 한스 콘젤만(Hans Conzelmann)이라고 할 수 있다.[12]

그에 따르면 누가의 정치적 변증은 종말이 지연되어 교회가 세상에 오래 머물러야만 한다는 인식이 생기던 상황에서 나온 불가피한 요소였다. 특히 교회가 로마 세계 안에서 계속 안전과 평화를 누리기 위해서는 기독교와 로마 제국과의 관계를 보다 우호적으로 유지할 필요가 있었다. 그래서 누가는 누가 문서의 기록을 통해 기독교가 로마 제국의 정치적 실재에 대해 아무런 비판적 입장을 취하고 있지 않음을 분명히 보여 주고자 했다. 이런 주장을 뒷받침하기 위해 그는 누가복음에서 누가가 기록한 예수 사역에 대한 본문들을 여럿 인용한다.

(1) 로마 황제 및 로마 고급 관리 이름의 빈번한 사용

누가 문서는 다른 신약성경 문서들과는 달리, 그리고 다른 어느 문서들보다도 로마 황제들과 로마의 고급 관리들의 이름을 가장 많이 사용한다. 누가복음 서두에서 "데오빌로 각하"를 언급한 이후에 로마 황제들과 고급 관리들의 이름이 계속 많이 나온다. 아구스도 황제(2:1), 디베료 황제(3:1), 글라우디오 황제(행 11:28; 18:2), 가이사(행 25:12, 21), 수리아의 총독 구레뇨(2:2), 유대 총독 본디오 빌라도(3:1; 23:1; 행 4:27), 총독 서기오 바울(행 13:7), 총독 벨릭

11) 누가 문서를 로마 제국을 향한 정치적 변증으로 이해한 최초의 사람은 아마도 C. A. Heumann(1681~1764)이지 싶다. 그는 일찍이 1721년에 누가가 기록한 두 권의 책(누가복음과 사도행전)은 데오빌로라는 이름을 가진 이방인 행정 장관에게 보낸 '기독교를 위한 변증론'(an apology for Christian Religion)이라고 주장하면서, 누가야말로 초대 기독교 변증론자들 중 가장 최초 인물이라고 말했다. Cf. W.W. Casque, *A History of the Criticism of the Acts of the Apostles*(Wm., B. Eerdmann, 1975), p. 21.

12) Cf. *The Theology of St. Luke*, New York: Harper & Row, 1960.

스(행 23:24), 총독 베스도(25:1), 아가야 총독 갈리오(행 18:12), 천부장 글라우디오 루시아(행 23:25). 그리고 백부장들도 여러 명 등장한다[눅 7:2; 23:47; 백부장 고넬료(행 10:1); 백부장 율리오(행 27:1)]. 누가가 이렇게 로마 황제 및 총독들, 천부장과 백부장의 이름을 거론하면서 그들과 관련된 이야기를 소개하고 있는 것은 그만큼 그가 로마의 고급 인사들에 대해 많이 알고 있었으며, 그들에 대해 많은 관심을 갖고 있었다는 증거가 된다. 그리고 이는 로마 세계를 향한 복음 선교를 위해 로마 제국의 고급 관리들의 관심을 얻고자 하는 누가의 의도를 반영한 것이다.

(2) 로마 황제 아구스도의 인구 조사 칙령에 순종한 예수의 부모(2:1~5)

누가는 예수의 탄생을 아구스도 황제의 인구 조사 칙령과 연관시키는데, 학자들 사이에서는 오랫동안 이것이 역사적으로는 사실과 다르다고 지적되어 왔다. 그런 역사적 증거가 없기 때문이다. 그런데 최근 들어 학자들은 누가가 신학적 목적 때문에 의도적으로 두 사건을 연관시켰다고 생각한다. 누가의 신학적 의도는 예수가 탄생할 당시에 있었던 갈릴리 사람 유다가 주도했던 세금 반대 운동을 염두에 두고, 예수의 부모는 그런 열심당원들의 반대 운동에도 불구하고 황제의 인구 조사 칙령에 순종하여 베들레헴으로 여행했음을 강조하기 위한 것이었다.[13] 이런 누가의 의도는 예수의 입을 통해 '가이사의 것은 가이사에게' 바칠 것을 가르친 일과도 일치한다. 결국 누가의 이 같은 기록은 로마 당국에게 예수와 그의 부모는 열심당원들의 이념을 따르는 자들이 아님을 인식시키기 위한 의도에서 나왔다고 볼 수 있으며, 또 이런

---

13) W. Grundmann은 이런 각도에서 다음과 같이 말한다. "요셉의 베들레헴 여행은 로마 제국의 칙령을 반대하는 열심당원의 방법에 대한 반대를 표명한다." Cf. *Das Evangelium nach Lukas*, p. 80. 다른 한편으로 Moehring은 이 반(反)열심당원적 메시지를 누가의 정치적 변증의 목적과 연결시켜 다음과 같이 말한다. "예수의 가족과 기독교 공동체의 순종을 강조함으로써…누가는 기독교인들이 로마의 법적인 의미에서도 참된 유대인들임을 주장하려고 했던 것 같다. 기독교인들은 로마에 대한 저항 운동이나 어떤 다른 반대 운동에 가담한 적이 없는 참된 유대인이기 때문에 religio licita의 특권을 누려야 한다." Cf. The Census in Luke as Apologetic Device,: in: *Studies in the New Testament and Early Christian Literature*, ed., by D.E. Aune, Erill: Leiden, 1972, pp. 144~160.

것이 로마 당국에 주는 정치적 효과는 적지 않을 것이라고 생각된다.

(3) 세리와 로마 군인들에 대한 세례 요한의 설교(3:12~14)

누가만이 세례 요한이 무리들과 세리들, 로마 군인들에 대해 설교한 내용을 그의 복음서에서 소개하는데, 분명히 세례 요한의 이 설교는 누가 자신의 관심을 반영하고 있다. 예수의 선구자로 등장한 세례 요한은 특히 그 당시에 로마 당국의 앞잡이 노릇을 하던 세리와 로마 제국의 체제와 질서를 수호하던 로마 군인들에게 설교하면서, 로마 제국에 대한 충성을 전제로 하여 세리들에게는 "너희에게 정해 준 것보다 더 받지 말라."고 설교했다고 전한다. 세금 반대 운동을 벌이던 열심당원의 이념과는 달리 로마의 세금 제도를 기정사실로 받아들이고 있다. 그리고 로마 군인들에게는 "남의 것을 강제로 빼앗거나 속여 빼앗지 말고 너희 봉급으로 만족하라."고 아주 도덕적이며 윤리적인 설교를 했을 뿐(3:14), 로마 당국에 대한 비판적인 태도는 전혀 보이지 않는다. 세례 요한 설교의 비정치성을 드러내고 있는 것이다.

(4) 예수 공생애 활동 첫 설교의 비정치성(4:16~30)

누가는 예수의 공생애 첫 번째 설교를 통해 예수가 와서 어떤 일들을 할지에 대해 밝힌다. 이는 또한 예수가 어떤 분인지를 증거하는 일이기도 하다. 그런데 누가는 이 설교들 가운데서 예수는 "가난한 사람들을 위해" 온 분이며, "포로 된 자들에게 해방을 선포하고 눈먼 자들에게 눈 뜨임을 선포하며, 눌린 자들을 놓아 주고 주의 은혜의 해를 선포하러" 온 분임을 강조한다. 그런데 여기서 "포로 된 자"나 "눌린 자"는 결코 정치적으로 포로가 되어 억압을 당하고 있는 자를 의미하는 것이 아니라, '주의 은혜의 해' 곧 희년마다 풀어 주어야 할 대상, 곧 유대인들 가운데서 빚을 갚지 못해 노예로 붙잡혀 지내는 사람들을 해방시켜 자유를 주어야 한다는 모세 율법(참고. 레 25:10)을 뜻하며 전적으로 종교적인 의미를 갖는 말이다. 따라서 누가는 이 공생애 첫 설교를 통해서도 예수의 사역이 비정치적임을 보여 준다는 것이다.

(5) "십자가를 지고 나를 따르라."는 명령의 비정치화(9:23)

복음서 기자들은 모두 예수가 자기를 따르는 제자들에게 "누구든지 나를 따르려거든 자기를 부인하고 자기 십자가를 지고 따르라."고 말씀하신 사실을 기록하고 있다(막 8:34; 마 16:24; 눅 9:23). 제일 먼저 기록된 마가복음의 경우, 이 말씀은 분명히 네로 황제의 기독교인에 대한 박해 및 유대 전쟁과 관련한 기독교인들의 십자가 처형을 반영한다. 그 당시 예수의 제자가 된다는 것은 십자가 처형을 감수해야만 하는 일이었다. 더구나 제자가 되기 위해 십자가의 위험을 감수해야 한다는 사상은 열심당원들에게 나온 것이기도 하다.[14] 따라서 예수의 이 명령은 로마 관리들로부터 정치적으로 많은 오해와 의심을 받을 수 있는 말씀이었다. 그런데 누가는 예수의 말씀을 소개할 때, 다른 공관복음서 저자들과 달리 상당히 중요한 편집적인 수정 작업을 통해 이 말씀을 비정치화시켰다. 즉 마가의 본문을 그대로 인용하면서 "십자가를 지라."는 말 앞에 "날마다"(daily)란 말을 첨가했다. 이렇게 "날마다 십자가를 지라."고 수정함으로써 누가복음에서는 십자가를 진다는 말이 로마의 십자가 처형, 곧 박해와 순교를 뜻하는 것이 아니라, '매일매일 짊어져야 할 시련'[15]을 의미하는 것이 되어 버렸다. 강조점이 정치적인 의미를 제거한 채 윤리적이며 실존적인 의미로 바뀌게 되었다.[16] 이것은 누가가 로마 제국을 향해서 기독교의 비정치성, 혹은 정치적 무해성과 무죄성을 변증하기 위한 목적에서 나온 수정 작업이었다고 보아야 할 것이다.

(6) 예수의 예루살렘 입성 사건의 비정치성(19:28~38)

예수의 사역 중 정치적인 의미가 강하게 드러난다고 흔히 생각해 온 예수의 예루살렘 입성 사건에 대한 기록에서도 누가는 그 사건의 비정치성을 강

---

14) S. G. F. Brandon, *Jesus and the Zealots*, New York: Charles Scribner's Sons, 1967, p. 269.

15) Fitzmyer, *The Gospel According to Luke*, p. 787.

16) "which shifts the emphasis of the challenge to daily Christian living," Cf. Fitzmyer, *The Gospel According to Luke*, p. 787; "주님의 말씀이 영구적이며 실존적인 의미를 갖게 되었다.": Cf. E. E. Ellis, *The Gospel of Luke*, Grand Rapids: Wm. Eerdmann, 1987, pp. 140~141; Conzelmann, *The Theology of St. Luke*, p. 82, n.1, "application of the Cross to the daily cross."

조한다. 다른 복음서들을 보면 예수가 예루살렘에 입성할 때, "앞에서 가고 뒤에서 따르는"(막 11: 9; 마 21:9) "많은 무리들"(막 11:8; 마 21:8)이 예수를 보고 "호산나 다윗의 자손이여."(막 11:10; 마 21:9)라고 소리 질렀다고 기록한다. "다윗의 자손"은 유대인들이 정치적인 해방을 위해 기다리고 있는 메시아를 가리키는 명칭이기도 하다. 따라서 마가나 마태의 본문 같은 경우, 예수가 무리들의 환영을 받으며 예루살렘에 입성하는 사건이 로마 당국의 눈에는 정치적으로 오해할 만한 사건으로 비칠 수 있다.

그런데 누가의 기록을 보면, 누가는 두 가지 점에서 마가와 마태의 기록을 수정하여 변경시킴으로써 이 사건을 비정치적인 사건으로 기록한다. 첫째는, 예수를 따르면서 소리를 지른 사람들이 "많은 무리들"이 아니라 "제자의 온 무리"라고 수정한 점이다(19:37). 갈릴리로부터 따라 온, 그리고 예루살렘으로부터 나온 "많은 무리들"이 아니라 누가는 그의 복음서에서 "제자들의 무리"라고 말함으로써 종교적인 의미로 축소시킨 것이다. 둘째는, 무리들이 외친 소리가 누가복음에서는 "호산나 다윗의 자손이여."가 아니라 "찬송하리로다. 주의 이름으로 오시는 왕이여, 하늘에는 평화요 가장 높은 곳에는 영광이로다."(19:38)이다. 콘젤만도 다윗 왕권 개념이 비정치적 의미의 왕 명칭으로 대치됨으로써 예루살렘 입성은 완전히 정치적 의미를 잃어버렸다고 지적했다.[17] 예수는 주의 이름으로 오는 '평화의 왕'임을 강조한 것이다. 실제로 예수는 예루살렘에 가까이 와서 예루살렘 도성을 두고 "네가 오늘이라도 평화에 이르는 길을 알았더라면 좋았을 것이다."(19:42)라고 말씀했다고 누가는 전한다.[18]

---

17) Conzelmann, *The Theology of St. Luke*, p. 139. 또한 누가는 복음서 기자들 중에서 '왕'이란 단어를 가장 적게 사용한 사람이다(마태=22번, 마가=12번, 요한=13번, 누가=10번).

18) 복음서 저자들 중 '평화'란 단어를 가장 많이 쓰는 사람이 누가이다(마가복음에서 1번, 마태복음에서 4번, 요한복음에서 6번, 누가복음에서 14번, 사도행전에서 7번. 참고. 눅 1:79; 2:14, 29; 7:50; 8:48; 10:5, 6; 11:21; 12:51; 14:32; 19:38, 42; 24:36). 그래서 누가복음 연구가들 사이에서는 누가복음을 '평화의 복음'이라고 부른다. 가령 W.M. Swartley는 "a Gospel of Peace" 또는 "eirene-Gospel"이라고 불렀으며(Cf. "Politics and Peace〈eirene〉 in Luke's Gospel," pp. 25,35), G.W.H Lampe도 "a gospel of peace"라고 불렀다. Cf. "The Holy Spirit in the Writings of St. Luke," *Studies in the Gospel: Essays in Memory of R.H. Lightfoot*, ed., by D.E. Nineham, Oxford: Basil Blackwell, 1967, p. 187.

(7) 예수의 성전 숙정 사건(19:45~46)

예수의 공생애 사역들 중 예수가 성전에 들어가 장사꾼들과 돈 바꾸는 사람들 및 매매하는 짐승들을 다 몰아낸, 이른바 성전 숙정 사건은 로마 당국의 입장에서 볼 때, 정치적으로 가장 오해의 여지가 많은 행동이었다. 예수 당시 예루살렘 성전은 단지 유대인들의 종교적인 중심지였을 뿐만 아니라 유대의 정치 지도자들의 활동 중심지이기도 했다. 그 당시 "대제사장의 역할에 대해 도전하는 것은 실제로 로마의 통치에 대한 도전을 뜻하는 것"이라는 점을 고려한다면, 예수의 성전 숙정 작업은 로마가 주도하는 기성 정치 체제에 대한 예수의 공격적인 도전으로 생각될 수 있었다. 사회적이며 정치적인 안정을 유지하기 원했던 대제사장과 서기관들이 이 일로 인해 예수를 없애려고 방도를 꾸몄던 것도 무리가 아니었다(막 11:18). 그러나 누가는 그 사건의 정치성과 폭력성을 배제시키기 위해 마가복음(11:15~19)과 요한복음(2:13~22)과는 달리, 성전 안에서 채찍을 사용했다는 언급, 성전 제사에 필요한 제물인 짐승들을 파는 사람이나 환전상을 쫓아냈다는 언급 등을 삭제 하는 등, 이 사건에 대한 기록을 아주 간단히 두 구절(19:45~46)로 축소시켜 아주 온건하게 소개함으로써 정치성과 폭력성을 거의 다 배제시켰다. 오히려 누가는 예수가 성전을 숙정하고 바로 이어서 "날마다 성전에서 가르치셨다."라고 말함으로써, 예수의 성전 숙정의 목적이 교육을 위한 사전 준비이지 어떤 다른 정치적 목적은 없었음을 더욱 분명히 밝힌다(참고. 20:1).

(8) 유대인들이 예수를 고소했을 때의 죄목(23:2)

비록 예수가 유대인들에 의해 정치적인 죄목(23:2)으로 고소를 당해 빌라도에게 넘겨졌지만, 고소된 그 죄목들은 모두 사실이 아니라 거짓이었다. "가이사에게 세금 바치는 것을 금했다."는 고소 내용을 살펴보자면, 누가복음 20장 20절에서 분명히 드러나듯이 유대 종교 지도자들이 "기회를 노리다가 비밀 정탐들을 정직한 사람들처럼 꾸며 예수께 보내어 예수의 말씀을 책잡게 하려는" 의도에서 예수에게 "가이사에게 세금을 바치는 것이 옳습니까? 옳지 않습니까?"라고 물은 것이었는데, 거기에 대한 예수의 대답은 아주 분명히 "가이사의 것은 가이사에게 돌리라"(20:25)는 말이었지 가이사에게 세금 바치는 것을 금한 일이 없었다. 또 다른 고소 내용인 "자칭 그리스도 왕이라고 했다."는 점도, 빌라도가 곧바로 "네가 유대인의 왕이냐?"고 물은 후에(23:3) 빌라도 자신이 예수의 대답을 듣고는 "나는 이 사람에게서 아무 허물도 찾지 못했다."(23:4)라고 선언한 데서 알 수 있듯이 사실이 아니었다. 그래서 빌라도는 예수를 심문한 후에 세 번에 걸쳐 예수의 무죄를 선언하면서(23:4, 14, 22), 예수를 방면하겠다고(23:16, 20, 22) 말했던 것이 아닌가. 누가는 예수가 유대 종교 지도자들에 의해 종교적으로 죽임을 당한 것이지 결코 로마 당국의 유죄 판결로 죽임을 당한 것이 아님을 강조하고 있는 것이다.

이처럼 누가는 누가복음을 기록하면서(그리고 이어 사도행전을 기록하면서도) 의도적으로 정치적 변증을 통해 예수의 정치적 무죄성을 강조하는데, 이런 변증의 목적은 모두 기독교와 예수의 정치적 무해성과 무죄성을 로마 제국에 알림으로써 로마 당국과 우호적이며 평화적인 관계를 유지하려는 것이었다. 그래야 로마 세계에서 보다 더 효과적으로 선교 활동을 벌일 수 있을 것이기 때문이다.

2) 교회를 향한 로마 제국을 위한 변증(Apologia pro imperio)

폴 왈라스케이(Paul W. Walaskay)는 누가가 로마 당국을 향해 기독교의 무해성과 무죄성을 정치적으로 변증한다는 전통적인 주장을 배격한다. 그는 데오빌로라는 이름을 가진 로마의 고급 관리에게 '교회를 위한 변증'을 쓰는 것이 누가의 목적이었다는 전통적인 주장은 '계속 중대한 주석적인 난관들에 부닥쳐 왔다'[19]고 말한다. 그래서 그는 누가가 교회의 정치적 무죄를 변증한다

19) P. W. Walaskay, 'And So We Came To Rome': *The Political Perspective of St. Luke*, London: Cambridge University Press, 1983, p. 15: "This point of view has consistently encountered serious exegetical difficulties."

는 주장이 갖고 있는 문제점들을 다음과 같이 하나씩 비판하는 일부터 시작한다.[20]

(1) 예수의 열두 제자들 가운데 적어도 한 사람은 열심당원이었다고 알려져 왔다. 그런데 복음서 저자들이 그들의 복음서에서 열두 제자들의 명단을 소개할 때, 마가복음과 마태복음은 그냥 "가나안 사람 시몬"(막 6:18; 마 10:4)이라고만 언급하고 지나감으로써 그가 열심당원이라는 사실을 부각시키지 않고 있는데, 복음서 기자들 중 오직 누가만이 그를 가리켜 열심당원이었다고, 즉 "셀롯이라 하는 시몬"이라고 그의 정체를 구체적으로 밝힌다(6:15). 로마 당국이 열심당원들이 중심이 되어 벌어지는 반항운동과 정치적 소요에 대해 항상 신경을 쓰고 있다는 점을 고려할 때, 누가가 예수의 열두 제자들 중 하나가 열심당원이었음을 이렇게 명백히 밝히는 것은(오히려 다른 복음서 기자들은 감추려고 하는데), 결코 누가의 기록이 로마 당국을 염두에 두고 정치적 무해성이나 무죄성을 변증하려는 의도에서 나온 것으로 볼 수 없다는 증거가 된다.

(2) 누가는 예수가 감람산에서 체포되기 직전에 제자들과 마지막 만찬을 나누는 자리에서 베드로가 세 번 부인할 것이라고 말씀하신 직후에 제자들을 향해 "검이 없는 사람은 겉옷을 팔아 검을 사라."는 말씀(22:35~38)을 하셨다는 점을 기록했다.[21] 예수가 제자들에게 마치 무장 명령을 내리신 것 같은 말씀이 아닐 수 없다. 이 말씀은 다른 복음서들에서 찾아볼 수 없는, 오직 누가복음에서만 나오는 말씀이다. 또한 마가복음에서는 예수가 체포되는 순간에 "곁에 섰는 자 중에 한 사람이 검을 빼어 대제사장의 종을 쳐 그 귀를 떨어뜨리니라."(막 14:47; 참고. 마 26:51)고 기록했는데, 누가는 예수의 좌우편에 있

20) Walaskay, 'And So We Came To Rome', pp. 15~25.

21) 그 당시 열심당원들은, 특히 그들 중에서도 극우파에 속하는 시카리(Sicarii)파들은 모두 단검을 뜻하는 '시카리'(칼)를 휴대하고 다니면서, 로마 군인들이나 로마에 협조하는 사람들에 대한 테러를 자행했다.

는 자들이 "우리가 검으로 치리이까?"(22:49)라고 말하면서 그 중 한 사람이 대제사장의 종을 쳐서 그 오른편 귀를 떨어뜨렸다고 기록했다. 누가만이 예수의 제자들이 "우리가 검을 치리이까?"라고 물었다는 말을 기록함으로써, 그때 예수 주변에 있던 제자들 모두가 검을 휴대하고 있었음을 암시하고 있는 것이다. 이는 기독교의 정치적 무해성을 로마 당국에 이해시키려고 기록했다는 누가복음에서 읽을 수 있을 거라고 기대되는 말씀은 결코 아니다.

(3) 예수가 예루살렘에 입성할 때, 마가복음과 마태복음은 많은 무리들이 예수를 향해 "호산나 찬송하리로다. 주의 이름으로 오시는 이여. 찬송하리로다. 오는 우리 조상 다윗의 나라여, 가장 높은 곳에서 호산나"라고 외쳤다고 기록한다(막 11:9~10; 마 21:9). 그런데 누가복음은 "찬송하리로다. 주의 이름으로 오시는 왕(king)이여"(19:38)라고 외쳤다고 기록한다. 예수가 로마 군인들로부터 "네가 유대인의 왕이거든 자기 자신을 구원하라."(23:37)고 조롱을 당한 후에, '유대인의 왕'이란 죄패를 달고 십자가에 달린 점(23:38)을 생각할 때, 누가만이 예루살렘에 입성하는 예수를 향해 무리들이 "왕"이란 명칭으로 환영했다고 기록하고 있는 사실은, 누가가 로마 당국을 향해 예수의 정치적 무해성을 강조하고자 했다는 주장을 받아들이기 어렵게 만든다.

(4) 그 밖에 누가복음에 나오는 마리아의 찬가에서 앞으로 태어날 예수를 찬양하는 말 가운데 "권세 있는 자를 그 위에서 내리치셨으며."(1:53)라는 문구라든가, "내가 불을 땅에 던지러 왔노니 이 불이 이미 붙었으면, 내가 무엇을 원하리요…내가 세상에 화평을 주려고 온 줄로 아느냐? 내가 너희에게 이르노니 아니라 도리어 분명하게 하려 함이로다."(12:49, 51)라는 말씀들은 모두 예수의 활동이 정치적으로 의심받을 수 있는 내용들이기 때문에, 누가가 로마 당국을 향해 기독교 복음의 비정치성을 강조하면서 예수 혹은 기독교의 무해성과 무죄성을 이해시키려고 했다는 주장을 그대로 받아들이기는 어

려워 보인다.[22]

왈라스케이는 이런 문제점들을 지적하면서 누가가 로마 당국을 향해 기독교의 비정치성, 곧 정치적 무해성과 무죄성을 변증하려고 했다는 주장을 일축한다. 그는 관점을 달리해서 오히려 누가는 교회를 위해 '로마 당국을 향해' 변증했던 것이 아니라 거꾸로 기독교에 대한 로마 제국의 우호성을 강조하면서 기독교인들을 상대로 로마 제국을 위해 변증하고 있다고, 즉 '기독교인들을 향해' 예수가 로마 당국에 우호적이었으며 로마 당국도 기독교에 우호적이었음을 인식시키려고 했다고 주장한다.[23] 그리고 이런 관점에서 로마 당국을 향해 교회를 변증한 것이라는 주장을 뒷받침하기 위해 제시했던 누가복음 본문들에 대해 다음과 같은 상반된 해석을 제기한다.

⑴ 아구스도 황제의 인구 조사 칙령에 순종한 예수의 부모들(2:1~5)

전통적으로 이 본문은 그 당시 세금 포탈을 위해 실시하는 로마 당국의 인구조사 칙령에 대해 반발하여 로마 당국을 향해 거세게 투쟁했던 열심당원들과는 달리, 예수의 부모는 그 칙령에 순종했음을 부각시키면서 예수의 부모는 물론 기독교인들이 로마의 정책에 반대하지 않고 순응하는, 그런 무해하고 무죄한 사람들이라는 사실을 로마 당국을 향해 변증했다고 해석되었다. 그러나 왈라스케이는 오히려 그와 반대로, 누가는 이 본문을 가지고 '기독교인들을 향해' 예수의 부모들이 보여 준 본을 따르도록, 그래서 로마 당국의 정책과 명령에 순종하여 정치적인 마찰을 피하도록 권하려고 했다고 해석한다.

⑵ 십자가를 지고 나를 따르라는 예수의 명령

22) 이런 말씀들 이외에도 Walaskay는 '로마에 비호의적인 누가의 본문들'(Lucan passages unfavorable to Rome)로, 빌라도가 갈릴리 사람들을 학살한 이야기(13:1), 빌라도가 예수의 심문과 처형 과정에서 유대인들의 압력에 굴복한 이야기(23:13~25), 그리고 로마가 예루살렘을 멸망시킨 이야기(19:41~44; 21:5~36; 23:27~31) 등을 더 지적한다. Walaskay, 'And So We Came To Rome,' p. 23.

23) 누가가 로마 당국을 향해 교회를 변증했다는 전통적인 해석의 여러 난점들을 벗어날 수 있는 길은 그런 생각을 완전히 뒤집는 일이라고 주장한다. "Perhaps the way out of these difficulties is to reverse Heumann's proposal.", Cf. Walaskay, 'And So We Came To Rome,' p. 15.

제자가 되기 위해서는 십자가를 짊어질 수 있어야 한다는 예수의 말씀(막 8:34)은 분명히 유대 전쟁(주후 66~70년)의 여파로 로마의 박해가 극심하던 상황을 반영하며, 그 당시 제자가 되기 위해서는 십자가의 위험을 감수 혹은 각오해야 한다고 부르짖던 열심당원들의 사상에서 나왔다고 생각한다.[24] 따라서 예수의 이 말씀은 로마 당국으로부터 정치적으로 많은 의심과 오해를 받을 수 있다. 그런데 누가는 예수의 이 말씀을 소개하면서 "십자가를 지고"란 말 앞에 "날마다"(daily)란 말을 첨가함으로써 그 말씀이 로마의 십자가 처형(박해나 순교)을 의미하는 것이 아니라, 예수를 따르는 자들이 '매일 매일 짊어져야 할 시련'[25]을 의미하는 것으로 비정치화시켰다. 그런데 누가의 이런 수정 작업의 목적은 '로마 당국을 향해' 기독교의 비정치성, 즉 정치적 무해성과 무죄성을 이해시키기 위한 변증을 겨냥했다기보다는 오히려 '기독교인들을 향해' 제자가 되기 위해서는 정치적 박해와 순교를 각오해야 한다고 주장하는 열심당원들의 주장이 결코 예수의 가르침이 아니라는 것을 이해시키는데 있었다는 해석이다.

(3) 예수의 예루살렘 입성(19:28~40)

막카비 반란 운동이 있던 시기에, 유다가 성전을 다시 봉헌하기 위해 예루살렘으로 승리의 행진을 할 때 많은 무리들이 종려나무 가지를 흔들며 그를 환영했던 사건을 염두에 두고 읽을 때,[26] 예수가 무리들의 환영을 받으며 예루살렘으로 행진하여 입성한 사건에 대한 이야기는 정치적으로 오해할 수 있는 여지가 많은 것이 사실이다. 그런데 누가는 이 본문을 소개하면서 예수를 환영한 무리가 "제자들의 무리"라고 분명히 밝힘으로써, 그리고 예수를 위해 길 위에 깔아 놓은 "나뭇가지"(막 11:8; 21:8)에 대한 언급을 삭제함으로써 사건이 갖고 있는 정치적 의미를 제거했다. 이것이 로마 당국을 향한 교회

24) Brandon, *Jesus and the Zealots*, p. 57; p. 269.
25) Fitzmyer, *The Gospel According to Luke*, p. 787.
26) 참고. 막카비 2서 10:1~9.

의 변증으로 해석되기도 했지만, 오히려 왈라스케이는 그런 기록을 통해 누가는 '기독교인들을 향해' 예수 사역의 비정치성을 분명히 가르치려고 했다고 본다. 더구나 제자들의 무리가 외쳤던 환호성이 "하늘에는 평화요 가장 높은 곳에는 영광이로다."(19:38)라고 소개함으로써 예수가 추구하는 평화는 땅의 평화(pax Augusta 또는 pax Romana)가 아니라 하늘의 평화(pax Christi)라는 점을 기독교인들에게 가르치고자 했다고 해석한다.

(4) 예수의 성전 숙정 작업(19:45~46)

예수 당시 예루살렘 성전은 단지 종교적인 중심지였을 뿐만 아니라 유대 정치 지도자들의 활동 중심지이기도 했다. "대제사장의 역할에 도전하는 것은 실제로 로마 통치에 대한 도전을 뜻하는 것"27)이란 점을 고려하면, 예수의 성전 숙정 사건도 로마가 지배하는 정치 체제에 대한 도전으로 오해받을 수 있는 상황이었다. 그러나 누가는 그 사건을 기록하면서 제사용 짐승들을 몰아냈다거나 성전세를 위한 환전상을 쫓아냈다는 언급들을 대폭 삭제하여 사건 기록 자체를 상당히 축소시켰고, 또 채찍을 휘둘렀다는 그런 폭력 행위에 대한 언급도 삭제하면서, 도리어 성전을 청소한 직후인 다음 구절에서 "예수께서 날마다 성전에서 가르치셨다."고 말함으로써 마치 성전 청소(누가에서는 숙정이라기보다는)가 보다 나은 교육 분위기 조성을 위한 것처럼 기록했다. 누가의 이런 수정 작업은 다만 '로마 당국을 향해' 예수의 비폭력성과 무해성 및 무죄성을 변증하는 것이라기보다는 오히려 '기독교인들을 향해' 그들이 믿는 주님은 결코 열심당원과는 다른 종교 지도자, 혹은 평화주의자라는 점을 보여 주면서 그런 예수를 행동의 모범으로 받아들이도록 가르치려 했다고 해석한다.

(5) 세금 돈에 대한 말씀(20:20~26)

27) Brandon, *Jesus and the Zealots*, p. 332.

유대 땅 안에서 로마 당국을 위한 세금 납부를 반대하는 운동이 끊임없이 나타났던 사실을 기억할 때, "가이사에게 세금을 바치는 것이 옳습니까?"라는 질문은 정치적으로 아주 예민한 문제였다. 그래서 예수의 적대자들이 바로 이 문제를 이용해 "예수를 총독의 치리와 권세 아래 붙이려고"(20:20) 정탐꾼을 보내 예수에게 이 질문을 던졌던 것이다. 그런데 누가는 아주 분명하게 "가이사의 것은 가이사에게 돌리고, 하나님의 것은 하나님께 돌리라."(20:25)고 가르쳤다고 기록했다. 이 부분을 놓고, 물론 '로마 당국을 향해' 예수가 열심당원의 주장들처럼 세금 납부를 반대한 사람이 아님을 변증하기 위해서라는 해석도 가능하기는 하지만, 그러나 누가의 진정한 의도는 '기독교인들을 향해' 예수는 "가이사의 것은 가이사에게, 하나님의 것은 하나님에게"란 말씀을 통해 열심당원들과는 달리 기존의 정치 질서를 인정하면서 로마 당국과 평화적이며 우호적인 관계를 유지할 수 있게끔, 일종의 '정치와 종교의 분리'에 대한 교훈을 주려는 것이었다고 해석한다.

(6) 예수의 무죄를 선언하고 석방하려고 했던 빌라도(23:4,14~22)

유대 종교 지도자들이 예수를 죽이려고 빌라도의 법정으로 끌고 왔지만, 빌라도는 "대제사장들과 의회원들과 백성들"(23:13) 앞에서 예수를 심문한 후, 그들에게 예수의 무죄를 세 번씩이나(23:4, 14, 22) 공식 선언했고, 또 이어서 그를 석방하겠다는 의사도 세 번이나(23:16, 20, 22) 밝혔다. 이것을 전통적으로는 로마 당국을 향해 누가가 의도적으로 교회의 무해성과 무죄성을 알리기 위한 '교회를 위한 변증'이라고 해석했지만, 왈라스케이는, 빌라도에 의한 무죄선언과 방면의사 표명은 누가가 '로마 당국을 향해' 교회의 무해성과 무죄성을 입증 받고 광고하기 위해서가 아니라, 거꾸로 '기독교인들을 향해' 유대 종교 지도자들과 유대인들이 그토록 예수를 죽이기 위해 애썼던 데에 반해 로마의 총독인 빌라도가 예수를 살리기 위해 심문 과정에서 세 번씩이나 무죄를 선언하면서 석방해 주려고 얼마나 많은 노력을 했는지를 알려주기 위해서라고 해석한다. 실제로 예수의 수난 설화에서도 빌라도는 심판관이나 고소자가 아니라 오히려 변호사의 모습으로 부각된다. 누가는 이처럼 빌라도를 예수의 변호인으로 소개함으로써 스스로 빌라도의 변호인이 되어 버렸다. 누가에 따르면, 빌라도는 예수의 무죄를 선언하고 예수를 유대인에게 "그들의 원대로 넘겨준 것"(23:25)뿐이고, 결국 유대인들이 예수를 죽인 셈이다. 그래서 누가는 '기독교인들을 향해' 로마 당국이 기독교를 위협하는 정치 세력이 아니라 오히려 유대교의 박해로부터 기독교를 보호해 줄 수 있는 정치 세력임을 알려 주기 위해 '로마 제국을 위한 변증'을 했다는 해석인 것이다.

(7) 예수를 처형한 로마 군인들의 행동(23:35~38)

누가의 기록을 보면, 예수의 십자가 심문 및 처형과 관련하여 예수에게 호의적인 태도를 보인 것이 로마 총독 빌라도만이 아니다. 십자가 처형장에서의 로마 군인들 행동도 다른 복음서들 경우와는 달리 누가복음에서는 아주 호의적이었던 것으로 드러난다. 물론 누가복음에서도 예수의 십자가 처형과 관련하여 "군인들은 또한 예수를 희롱하면서 가까이 가서 신 포도주를 드리고 당신이 유대인의 왕이거든 당신 자신을 구원하시오"(23:36~37)라고 조롱했다는 말이 간단히 나오기는 한다. 그러나 누가복음에서는, 다른 복음서들의 평행 본문과 비교해 볼 때, 군인들이 예수에게 가시 면류관을 엮어 씌운 일, 예수에게 침을 뱉은 일, 예수 앞에 무릎을 꿇고 절하며 유대인의 왕 만세라고 외친 일(막 15:19), 또 갈대로 예수의 머리를 친 일 등 로마 군인들의 무례한 행동들이 많이 삭제되고 생략되었다. 그래서 고울더(M. D. Goulder)는 "누가복음 23장에서는 마가와 마태와는 달리 예수에 대한 로마 군인들의 조롱이 없다."고까지 주장한다.[28] 누가가 이렇게 로마 군인들을 좀 더 긍정적이며 호의적으로 소개하는 이유는 '기독교인들을 향해' 유대 종교 지도자들과 헤롯의 군대가 예수를 학대하고 조롱한 반면에 로마의 군인들은 예수를 상당히 호의적으로 대해 주었음을 전함으로써, 로마의 지배 아래 살면서 더

---

28) M. D. Goulder, *Luke: A New Paradigm*, p. 274: "There is no mockery of Jesus by Roman soldiers in ch. 23, against Mark and Matthew."

이상 로마 당국을 적대시하지 말고 오히려 로마 당국과 평화적인 관계를 유지하면서 살아가도록 지도하기 위해서였다고 생각된다.

누가가 '로마 당국을 향해서' 교회를 변증한 것이 아니라 거꾸로 '기독교인들을 향해서' 로마 제국을 변증했다는 이런 주장과 해석의 배후에는, 로마 제국이 결코 기독교가 대적하고 물리쳐야 할 사탄의 세력이 아니라 오히려 더불어 살면서 하나님의 말씀으로 변화시켜야 할 선교의 대상이란 인식이 깔려 있다. 이런 의도는 이미 부분적으로 바울이 "하나님으로부터 온 모든 권세에 복종해야 한다."(롬 13:1~7)라고, 또 "임금들과 높은 지위에 있는 모든 사람을 위하여 기도하라. 이는 우리가 모든 경건과 단정함으로 고요하고 평안한 생활을 하려 함이라"(딤전 2:2)고 가르쳤을 때의 의도, 그리고 베드로가 "주권자인 왕이거나 또한 악을 행하는 자들을 벌하고 선을 행하는 이들을 표창하기 위하여 왕에게서 보냄을 받은 총독이거나 간에 그들에게 복종해야 한다."(벧전 2:13~14)고 가르쳤을 때의 의도와 일치한다. 더구나 누가 문서와 거의 동시대에 기록되었다고 보는 '클레멘트의 서신' 가운데서도 다음과 같은 교훈이 담겨 있다. "저희들로 하여금 전능하시고 영화로우신 당신의 이름에, 그리고 이 땅 위에 있는 지배자와 통치자들에게 순종할 수 있게 하시옵소서. 주여, 당신께서는 당신의 뛰어나신 그리고 말로 다 표현할 수 없는 권능을 통해 그들에게 절대주권의 능력을 주시사, 저희들로 하여금 당신께서 그들에게 주신 영광과 명예를 알게 하시고 그들에게 복종케 하사, 당신의 뜻에 거역함이 없게 하셨나이다"(I Clem 0:4~61:1).

이런 점들을 미루어 볼 때, "누가복음의 목적 가운데 하나는 유대 전쟁 이후의 상황에 대응하기 위해, 팔레스타인과 디아스포라 기독교인들에게 그리스도께서 오셔서 주시려고 했던 평화는 무기들을 통해 얻어지는 것이 아니라 사랑, 용서 그리고 원수들을 계약 공동체 안으로 받아들이는 일을 통해 얻어진다는 사실을 가르치는 것이었다."[29]는 포드(Ford)의 말을 받아들여야 할

29) J. Massyngbaerde Ford, *My Enemy is My Guest: Jesus and Violence in Luke*, New York: Orbis Books, 1984, p. 136. 이런 관점에서 Ford는 누가의 신학을 가리켜 "Luke's theology of the enemy(philo-

것이다. 이런 관점에서 본다면, 누가의 수신 대상은 '로마 당국자들'이 아니라 '기독교인들'이며, 따라서 누가복음은 '교회를 위한 변증'이기보다는 '제국을 위한 변증'이라고 보아야 한다는 주장이 더욱 힘을 받게 되는 셈이다. 결국 문제는 누가복음이 '누구를 위해' 그리고 '무엇을 위해' 기록된 문서인가를 놓고, 상반된 견해가 제기된 셈이다. 따라서 우리는 마지막으로 누가복음이 누구를 위해 기록된 문서인지, 그리고 그 기록 목적이 무엇인지 좀 더 알아볼 필요가 있다.

3) 누가복음의 기록 대상과 기록 목적

우리가 지금까지 살펴본 상반된 두 해석, 즉 '교회를 위한 변증'과 '제국을 위한 변증'의 차이는 결국 누가복음의 기록 대상과 목적을 서로 다르게 이해하고 해석하는 데서 나타나는 차이점이라는 사실을 알게 되었다. 따라서 상반된 이 두 해석의 옳고 그름은 누가복음의 기록 대상을 옳게 파악했는지 여부에 달려 있는 셈이다. 우리가 누가복음 저자가 누가복음의 기록 대상으로 생각하고 있었던 사람이 누구인지 좀 더 살펴보아야 할 이유가 바로 여기에 있다.

다행히도 누가복음(그리고 사도행전)을 기록한 저자 자신이 누가복음과 사도행전의 기록 대상이 '데오빌로'란 이름을 가진 사람이라는 사실을 분명히 밝혀 주고 있기는 하다(눅 1:3; 행 1:1). 그러나 문제는 이름을 아는 것으로는 충분하지 않다는 데 있다. 중요한 것은 그가 누구인지 또는 어떤 사람인지를 알아내는 일이다.

데오빌로는 누구인가? 이 질문에 대해 그는 실제 인물이 아니라 상징적 인물 혹은 가공인물이란 대답도 제기되었다. 그 이름(Theophilos) 자체가 '하나님의 친구'(theos+philos)란 뜻을 가질 수 있고, 또는 그것이 기독교인 독자를 가리키는 용어라면 '하나님의 사랑을 받는 자' 혹은 '하나님을 사랑하는

---

echthrology)"라고 말한다. Cf. p. 120.

자'란 의미일 수도 있기 때문이다. 이런 상징적인 해석은 초대 교부 오리겐의 때로부터 나왔다고 알려져 있다.[30] 만약 이것이 사실이라면 데오빌로란 이름은 자신들이 믿고 있는 신앙의 기원과 역사, 그 의미에 대해 좀 더 상세하고 정확하게 알고 싶어 하는 모든 경건한 기독교인들을 대표하는 이름으로 사용되었다고 생각할 수 있다.

그러나 마샬(Marshall)은 "데오빌로란 이름의 상징적 가능성에도 불구하고, 이 인물은 실제 인물이었지만 알려지지 않았던 인물이었으리라고 보는 견해가 타당하다."[31]고 말하는데, 이편이 더 옳아 보인다. 더구나 데오빌로에게는 '각하'(most excellent)란 존칭어를 사용하는데, 비록 누가복음에서 이 칭호를 여기서만 쓰기는 하지만, 사도행전에서는 구체적으로 로마의 고급 관리들을 이를 때 사용한다(행 23:26; 24:3; 26:25).[32] 만약 "이 명칭이 제1세기에 고급 정부 관리들을 가리키는 말로 사용되었다"[33]는 매덕스(Maddox)의 말이 맞다면, 우리는 데오빌로가 로마 제국의 고급 관리 가운데 한 사람이었다고 생각할 수 있게 된다. 그리고 이렇게 생각할 경우, 누가복음은 로마의 고급 관리를 대상으로 기독교의 무해성과 무죄성을 알리려는 '교회를 위한 변증'이라고 생각하게 된다.[34]

그러나 데오빌로는 단지 로마의 고급 관리에 불과하지는 않다. 누가복음의 서론(1:1~4)과 함께 누가 문서 전체 내용을 고려하면, 데오빌로는 분명히 "이미 듣고 계신 사실들이 정확하다는 것을 알아야 할"(1:4) 필요가 있는 사람이다. 각하라는 문학적인 용법이 데오빌로가 이미 기독교인이 되었다는 결론을 배제하는 것도 아니다.[35] 피츠마이어(Fitzmyer)는 "누가가 두 권의 책을

---

30) Fitzmyer, *The Gospel According to Luke*, p. 300.

31) 마샬, 〈누가복음〉, I. p. 37.

32) 행 23:26과 24:3에서는 "벨리스 총독"에게, 행 26:25에서는 "베스도 총독"에게 사용되었다.

33) R. Maddox, *The Purpose of Luke-Acts, Edinburgh*: T. & T. Clark, 1982, p. 12

34) Danker는 "'각하'란 존칭어가 사용된 점으로 봐서 데오빌로는 기독교인들로부터 반로마 활동에 대한 비난을 벗겨내기 위해 많은 일을 하는, 헬라 이름을 가진 로마 관리인으로 생각된다."고 말한다. Cf. Jesus and the New Age, p. 25.

35) F. Bovon, *A Commentary on the Gospel of Luke 1:1~9:50*, Minneapolis: Fortress Press, 2002, p. 23.

데오빌로에게 헌정하고 있기 때문에, 누가의 작품은 사사로운 문서(a private writing)가 아니다. 데오빌로는 누가 자신의 시대와 그 이후 기독교 독자들을 대표하고 있다."고 말한다.[36] 이런 해석들은 데오빌로가 기독교인임을, 그러나 기독교 복음의 역사적 근거에 대해 보다 충분한 지식을 필요로 하는 사람임을 전제한다. 누가가 그의 복음서 서두에서 "각하로 그 배운 바의 확실함을 알게 하려 함"이라고 말한 것이 바로 그런 점을 시사한다. 이렇게 생각할 경우, 데오빌로는 한편으로 로마의 고급 관리이기도 하지만, 다른 한편으로 그는 이미 기독교에 몸을 담은 신앙인이라고 볼 수도 있다. 이처럼 데오빌로가 로마의 고급 관리이면서 동시에 기독교로 개종한 사람이라고 본다면, 누가복음은 기독교인들을 향해 로마 제국을 적대적으로 보지 말고 긍정적으로 보도록 지도하려는 '로마 제국을 위한 변증'이라고 이해할 수 있다.

따라서 우리는 다음과 같이 결론 내릴 수 있다. 즉 누가는 한편으로 기독교인들을 향해서, 그리고 다른 한편으로는 로마 당국을 향해서 나름대로 '평화의 복음'을 전하고자 했다. 누가는 제1세기 말경에 이미 세계 종교로 성장해 가고 있는 기독교(예수 혹은 하나님)와 이미 세계를 통일해 지배하고 있는 로마 제국(가이사) 간의 화해와 평화를 도모하려는 목적을 갖고 있었다. 그래서 "하나님의 것은 하나님에게, 그리고 가이사의 것은 가이사에게!"(20:25)라고 말함으로써 기독교와 로마 제국의 관계를 "이것이냐 저것이냐?"(either…or)의 양자택일 관계로 보지 않고 '이것도 저것도!'(both…and)의 관계로, 즉 평화적 공존의 관계로 본다. 어쩌면 이것은 본래 로마가 추구하며 의도했던 '로마의 평화'였을 수도 있지만, 누가에게는 예수가 추구하던, 그리고 하나님께서 이 땅에 실현하고자 하셨던 '그리스도의 평화'이기도 했을 것이다. 진정 누가에게 이것은 "하나님께는 영광이요 땅 위에서는 기뻐하심을 입은 자들 가운데 평화"(2:14)가 되는 진정한 '평화의 길'(1:79)이요, 로마 세계 전역을 향한 선교의 문을 활짝 여는 길로 여겨졌을 것이다.

---

36) Fitzmyer, *The Gospel According to Luke*, p. 300.

6 선교를 위한 복음서인 누가 문서

누가는 제1권 누가복음에서는 예수가 일차적인 선교 대상으로 주로 '유대인'을 염두에 두고 활동하는 내용을, 제2권 사도행전에서는 그의 제자들이 드디어 예루살렘을 넘어 '이방인'을 대상으로 선교 활동을 벌이는 내용을 기록한다. 따라서 제1권 누가복음에서는 예수가 이방인들을 대상으로 직접 선교 활동을 벌이는 이야기는 거의 기대할 수도, 찾아볼 수도 없을 것이다. 그러나 제1권 누가복음에 나오는 예수의 교훈과 행적들 가운데서 우리는 장차 제2권 사도행전에서 그의 제자들이 펼칠 이방인 선교, 혹은 세계 선교의 씨앗이 여기저기에 뿌려져 있다는 사실과 그래서 그런 비전이 예수의 설교와 활동을 통해 여러모로 드러나고 있다는 사실을 보게 된다. 사도들에 의한 이방인 선교가 예수의 공생애 활동과 전혀 무관한 것이 아니라, 도리어 사도들의 세계 선교는 오히려 누가복음에 소개된 예수의 공생애 사역에서 그 동기와 근거를 찾아볼 수 있다는 말이기도 하다.

로저 스트롱스태드(Roger Stronstad)는 제1권 누가복음과 제2권 사도행전의 관계를 다른 학자들과는 완전히 다른 관점에서 다음과 같이 독특하게 설명을 한 바 있다. "바울의 동행자이기도 했던 누가는 개인적으로 바울의 선교 여행에 참가했었다. 따라서 누가가 이 선교에 대한 이야기를 기록하고자 했는데…이 선교에 대한 이야기를 완전하게 기록하기 위해서는 성령이 오순절에 제자들에게 주어졌다는 사도들의 이 증언의 기원에서부터 시작해야 했다. 더구나 오순절을 설명하기 위해서는 어쩔 수 없이 사도들의 증언에 앞서서 예수의 이야기인 복음서를 첨가해야만 했었다."[37] 그의 설명에 따르면, 마치 누가가 바울의 선교 여행 기록을 쓰려다 보니 예수의 사역에 대한 이야기를 기록하는 일이 불가피했다는 말처럼 들린다. 이것은 제1권 누가복음이 제2권인 사도행전 기록을 위한 예비 작업 혹은 그 서론에 지나지 않는다는 의미로 보이기도 한다. 예수의 행적(누가복음)이 사도들의 행적(사도행전)을 기록하기 위한 필요 요건에 지나지 않을지도 모른다는 이런 견해에 완전히 동의할 수는 없지만, 그러나 일단 이런 관점에서 본다면 우리는 누가 문서 전체와 1권 및 2권에 대해 각각 다음과 같이 흥미 있는 명칭을 붙일 수 있다.

누가 문서 = **'선교 이야기'**(The Story of Mission)
제1권 누가복음 = **'예수의 선교 이야기'**(The Story of Jesus' Mission)
제2권 사도행전 = **'제자들의 선교 이야기'**(The Story of His disciples' Mission)

이런 스트롱스태드의 주장이 비록 누가의 기록을 선교의 관점에서 일관되게 보려는 장점을 갖고 있기는 하지만, 그러나 누가의 본래 의도가 사도 바울의 선교 활동 이야기를 기록하려고 했고, 따라서 예수의 사역 이야기는 오히려 이것을 위한 부수적이고 서론적인 기록에 지나지 않는 것처럼 말하고 있다는 점에서 문제가 있고, 그래서 논란의 여지가 남아 있다. 그의 생각대로라면, 누가 문서의 제1부에 해당하는 누가복음, 곧 예수의 공생애 활동에 대한 기록은 독자적인 의미와 중요성을 갖지 못하고, 다만 제2부인 사도행전 기록을 위해 불가피했던 부수적인 기록, 곧 사도행전을 위한 확대된 서론에 지나지 않는 것이 되어 버리는 셈이기 때문이다.

---

37) Roger Stronstad, *The Charismatic Theology of St. Luke*(Massachusetts:Hemrickson Publishers, 1984), p. 33.

2부

누가복음 해석

한마디로 누가는 '선교사'였으며, 초대교회의 선교 역사를 기록한 '역사가'이며, '선교를 위한 매뉴얼'을 제공해 준 모든 시대 선교사들의 '멘토'다. 선교를 위해서라면 복음서들 중에서도 마땅히 누가복음과 사도행전에 관심을 기울여야 할 이유가 바로 여기에 있다.

1 마리아의 찬가(1:46~55)와 사가랴의 찬송(2:29~32)

누가복음의 머리말인 누가복음 1장 1절에서 4절을 제외한 누가복음 1, 2장에는 대부분 누가복음에만 나오는 특수 자료들이 많이 포함되어 있다. 가령 세례요한의 탄생 이야기와 누가복음에만 나오는 예수의 탄생과 관련된 이야기들 그리고 예수의 유아기, 곧 열두 살 때 성전을 방문한 이야기 등이 그러하다. 더구나 마리아와 요셉은 예외지만, 그들 이외의 다른 등장인물들, 곧 사가랴와 엘리사벳, 목자들, 시므온과 안나 등은 다른 복음서들에서는 전혀 나타나지 않는다. 누가만이 소개하고 있다는 점에서 우리는 누가의 독특한 신학적 의도가 있다고 생각할 수 있다. 최근에 와서 몰건텔러(Robert Morgenthaler)는 누가복음 1, 2장을 "누가 문서 전체를 위한 의미 있는 서론으로"[38] 인정한다. 브라운(R. E. Brown)도 누가복음 1, 2장에 나오는 "유아기 설화들이 누가복음의 주요 주제들을 위한 진정한 서론으로 볼 수 있다."고 주장한다.[39] 따라서 우리는 슈바이쩌(E. Schweizer)의 말대로 마치 사도행전 1, 2장이 사도행전 3장에서 28장의 서론인 것처럼 누가복음 1, 2장이 누가복음 3장에서 24장의 서론이라고 이해하는 게 좋을 듯싶다.[40]

그런데 우리는 누가복음 1, 2장 중에서도 특히 마리아의 찬가(1:46~55)와

---

38) Minear, "Luke's Use of Birth Stories," pp. 118~119: "the nativity stories as a significant prologue not only to the opening messages of John and Jesus but to the whole corpus."

39) "a true introduction to some of the main themes of the Gospel proper," p. 243.

40) E. Schweizer, *The Good News According to Luke*, ET by D.E. Green(John Knox Press, 1984), p. 17. Donald Juel도 누가복음 1, 2장을 "a good introduction to Luke's version of Jesus' story, perhaps even to his history of the early church"라고 말한다. Cf. *Luke–Acts*(London: SCM Press, 1984), p. 9.

사가랴의 찬송(2:29~32)에 우리의 관심을 집중시켜 보고자 한다. 이 두 찬가는 각각 '탄생할 아기 예수'(마리아의 찬가)와 '탄생한 아기 예수'(사가랴의 찬송)에 대한 찬송이라서 예수란 인물과 그 사역을 이해하는 데 도움이 될 것이기 때문이다. 정말로 누가복음 1, 2장이 누가복음의 진정한 서론이라면, 그리고 누가복음에서 연주될 구원 교향곡의 주제곡이요 그 서곡이라면, 우리는 누가의 의도를 읽어낼 수 있는 중요한 단서를 여기서도 찾아볼 수 있을 것이기 때문이다.

1) 마리아의 찬가(1:46~55)

누가는 누가복음 서두에서 마리아가 성령으로 잉태하여 '태어날 예수'에 대해 찬양을 드리는 노래를 소개한다. 이 부분은 오직 누가복음에서만 볼 수 있는 본문이다. 그런 점에서 누가의 주요 관심을 대변하고 있다고 보아야 마땅하다. 이 본문은 전통적으로 교회에서 마그니피카트(Magnificat)란 이름으로 알려져 있는 유명한 찬가[41]다. 마그니피카트란 별명은 라틴어 성경인 벌게이트(Vulgate)의 누가복음 1장 46절에서 마리아가 "주를 찬양했다."는 문구에서 따왔다. 그런데 누가가 여기서 소개하는 이 마리아 찬가는 그 내용과 형식에 있어서 구약 사무엘서에 나오는 한나의 노래와 아주 비슷하다(삼상 2:1~10). 늙은 나이에 이르도록 아이를 갖지 못했다가 하나님의 특별한 은혜로 아이를 갖게 된 엘가나와 한나의 처지가 비슷하기 때문에, 한나의 노래를 기초로 이 찬가가 구성되었을 것이다. 그리고 바로 이런 이유 때문에 고대 라틴어 사본들 가운데는 이 찬가가 마리아의 것이 아니라, 도리어 엘리사벳의 것으로 되어 있는 사본도 있다. 요셉과 마리아의 경우보다는 오히려 사가랴와 엘리사벳의 처지가 엘가나와 한나의 처지와 더 비슷하기 때문이다.

---

41) 고대 라틴 사본들 가운데서는 "마리아가 가로되"라는 말 대신 "엘리사벳이 가로되"라고 기록되어 있어서 이 'Magnificat'가 엘리사벳의 찬사로 나타나고 있기도 하다. 그러나 대부분의 사본들에서는 "마리아가 가로되"라고 되어 있다.

그러나 대부분의 헬라어 사본들에서는 마리아의 것으로 되어 있다. 본문 가운데서 마리아의 찬가가 엘리사벳의 찬가에 대한 응답 형태로 되어 있는 데다가, 엘리사벳의 찬가(42~45절)와 마리아의 찬가(46~55절)가 현재의 문맥에서 요한과 예수, 그리고 요한의 어머니인 엘리사벳과 예수의 어머니인 마리아를 평행으로 소개하려는 의도로 평행 구문 형태를 이루고 있는 것을 봐도 이 찬가는 마땅히 마리아의 찬가로 생각하는 게 보다 옳다고 생각된다. 또한 사가랴와 엘리사벳이 늙은 나이에 이르도록 아이를 갖지 못하다가 아이를 가진 점에서 엘가나와 한나와 비슷하기는 하지만, 그러나 엘가나와 한나, 그리고 요셉과 마리아가 각각 하나님의 특별한 은혜로 아이를 갖게 되었다는 점이 여기서는 더 중요한 강조점으로 드러난다.

우리는 여기서 이 찬가의 형식보다는 도리어 찬가의 내용에 주목하는 일이 더 중요하다. 태어날 예수는 어떤 분이며, 어떤 일을 하실 분이지에 대해 언급하기 때문이다. 특히 마리아의 찬가 가운데서도 마리아가 예수를 향해 "주께서 그의 팔로 권능을 행하시고 마음이 교만한 자들을 흩으셨고 권세 있는 자를 그 위에서 내리치셨으며 비천한 자를 높이셨고 주리는 자를 좋은 것으로 배불리셨으며 부자는 빈손으로 보내셨도다."(1:51~53)라고 노래하는 부분에 우리의 관심을 집중시켜 보고자 한다. 이 본문은 마리아가 마치 일종의 태몽(?) 형식처럼, 장차 태어날 예수께서 하실 일이 어떤 일인지를 증거해 주는 중요한 의미를 갖고 있기 때문이다. 누가는 누가복음 서두에서 마리아의 노래를 통해서 이제 태어날 예수가 하실 일이 바로 '평등화' 혹은 '동등화'(leveling) 작업임을 밝힌다. 즉 높은 사람을 낮추고 낮은 사람을 높이며, 주린 사람을 배부르게 하고 부한 사람을 빈손으로 떠나보내는 일을 통해 모든 사람이 주 앞에서 동등하고 평등하게 될 것임을 언급한다. 이것이 또한 누가가 전하는 복음의 핵심이기도 하다. 그래서 나중에 예수가 실제로 공생애 활동에 나서면서 외쳤던 그 첫 번째 설교에서도 예수는 "주의 성령이 내게 임하셨으니 이는 가난한 자에게 복음을 전하게 하시려고 내게 기름을 부으시고 나를 보내사 포로 된 자에게 자유를, 눈 먼 자에게 다시 보게 함을 전파하며 눌린 자를 자유롭게 하고 주의 은혜의 해를 전파하게 하려 하심이라"(4:18~19)고 말했다고 전해진다.

그런데 이것은 이사야 선지자가 '오실 이', 곧 메시아에 대해 예언하면서 이사야 40장 3절부터 5절에서 "외치는 자의 소리여, 이르되 너희는 광야에서 여호와의 길을 예비하라. 사막에서 우리 하나님의 대로를 평탄하게 하라. 골짜기마다 돋우어지며, 산마다, 언덕마다 낮아지며 고르지 아니한 곳이 평탄하게 되며 험한 곳이 평지가 될 것이요 여호와의 영광이 나타나고 모든 육체가 그것을 함께 보리라."고 말했던 것과 똑같은 의미의 메시지이기도 하다. 오실 이의 출현과 더불어 골짜기마다 돋우어지고, 산과 언덕마다 낮아지며 고르지 아니한 곳이 평탄하게 되는 일을 모든 육체가 함께 볼 것이라는 말이다. 땅을 평탄케 한다는 이사야 선지자의 이 말은 마리아가 여기서 했던 말과 같다.

그리고 누가복음에서 마리아의 찬가를 통해 누가가 강조했던 말이나, 누가가 예수의 공생애 첫 번째 설교를 통해서 강조했던 말이나 또한 사도행전에서 베드로의 첫 번째 오순절 설교를 통해 강조했던 말씀, 즉 남녀노소와 자유인과 종의 구별 없이 "모든 육체에" 똑같이 성령이 부어질 것이라는 말씀, 곧 "그때에 내가 내 영을 모든 육체에 부어 주리니 너희의 자녀들은 예언할 것이요, 너희의 젊은이들은 환상을 보고 너희의 늙은이들은 꿈을 꾸리라. 그때에 내가 내 영을 내 남종과 여종들에게 부어 주리니 그들이 예언할 것이라."(행 2:17~18)고 했던 말들이 모두 똑같은 메시지를 선포하고 있다는 점에 주목해야 한다. 모두가 다 같은 메시지, 곧 '평준화'와 '동등화'에 대한 메시지라는 사실이다. 누가가 이처럼 강조하는 평준화와 동등화에 대한 비전을 유대인과 이방인, 할례자와 무할례자 간의 평준화와 동등화에 대한 비전으로 이해하는 것이 지나친 확대 해석만은 아닐 것이다. 이방인의 사도였던 바울이 갈라디아서에서 "유대인이나 헬라인이나, 종이나 자유인이나 남자나 여자나 다 그리스도 예수 안에서 하나이니라."(3:28)고 말한 것도 바로 이 평준화와 동등화의 메시지가 아니고 무엇인가. 유대인과 헬라인 간의 동등화에 대한 꿈과 비전이 누가복음에서 예수 안에서 잉태되어 사도행전에서 그의 제자들에 의해 이방 선교 또는 세계 선교로 열매를 맺게 되는 모습을 우리가 보게 되는 것이다. 만약 마샬이 누가복음의 "탄생 설화가 뒤에 나오는 내용을 위한 서곡(prelude)이 아니라 오히려 뒤에 울려나올 '구원 교향곡'에서 상세히 연주될 주제곡이라"고 말한 것[42]이 맞다면, 마리아의 찬가도 결국은 누가복음 전체에서 드러날 사상의 주제곡 가운데 하나라고 볼 수 있을 것이다.

2) 사가랴의 찬송(2:29~32)

누가복음 2장 22절 이하를 보면, 예수의 부모인 요셉과 마리아는 "할례할 팔 일이 되어"(2:21) 아기 예수를 데리고 예루살렘 성전을 찾는 이야기가 나온다. 두 가지 예식을 위해서다. 하나는 장자를 하나님께 바치는 예식을 위해서고, 다른 하나는 마리아의 정결 예식을 위해서다. 첫째로, 장자를 바치는 예식은 출애굽기 13장 1절, 13장 11절 이하의 요구에서 비롯되었다. 전통적으로 이 예식은 하나님이 애굽의 장자를 죽일 때, 이스라엘의 모든 장자의 생명을 구하신 일과 관련이 있다. 그래서 이스라엘의 모든 장자는 하나님의 것이요 따라서 하나님을 섬기는 일에 일생을 바쳐야 한다는 사상에 근거한다. 그러나 나중에 이스라엘의 열두 지파 중 레위족속이 장자의 역할을 대신하게 되었다. 따라서 민수기 18장 15, 16절을 보면, 장자를 하나님을 섬기는 일로부터 해방시키기 위해 다섯 세겔을 바치면 된다고 규정한다. 이 돈을 성전에 내면 되지 꼭 아이를 성전에 데려와야 하는 것은 아니었다. 그러나 누가는 예수의 부모가 아기 예수를 하나님의 집인 성전에 드리기 위해 성전으로 데려왔다고 소개한다.

둘째로, 마리아의 정결 예식은 레위기 12장 1절 이하의 규정을 따르고 있는데, 여인은 사내아이의 할례가 있기 전 7일과 할례 후 33일 동안 부정하게

---

42) I. Marshall, *Luke: Historian and Theologian*, p. 97.

생각되어, 그 40일 동안은 성소에 갈 수 없도록 규정했다. 그러나 "정결케 되는 기한이 차거든"(레 12:6), 번제를 위하여 회막 문 제사장에게 제물을 가져가야 했다. 어린 양 혹은 비둘기 한 쌍 또는 어린 반구 두 마리를 바쳐야 했는데, 마리아가 정결 예식과 관련해서 비둘기를 바쳤다고 언급한 것으로 보아 마리아는 가난했던 것 같고(참고. 레 12:8), 결국 누가는 예수가 가난한 가정에서 가난한 사람들을 위해 태어나셨다고 소개하려는 의도였지 싶다(마구간 말구유에서 탄생한 이야기도 바로 이런 점을 드러내기 위해서다).

예수의 부모가 예수를 성전으로 데려가 시므온에게 보인 이야기는 구약성경에서 한나가 하나님의 은혜로 사무엘을 해산한 후 아이를 실로에 있는 성소로 데려가 하나님을 섬기는 일에 바치는 이야기(삼상 1:24~28)와 아주 비슷하며, 분명히 이를 배경으로 구성되었을 것이다. 거기에서는 한나와 그의 남편이 나이 많은 제사장 엘리를 만나는데, 여기서는 마리아와 요셉이 나이 많은 선지자 시므온을 만난다. 거기서는 엘리가 엘가나와 한나를 축복하는데(삼상 2:20), 여기서는 시므온이 요셉과 마리아를 축복한다(눅 2:34). 사무엘의 이야기는 성소의 문 앞에서 섬기는 여인들에 대해 언급하는데(삼상 2:22), 누가도 "성전을 떠나지 않고 주야에 금식하며 기도함으로 섬기고" 있는 여자 선지자를 언급한다(눅 2:37). 거기서 사무엘은 "점점 자라매 여호와와 사람들에게 은총을 더욱 받더라."(삼상 2:26)고 기록되어 있는데, 여기서는 예수가 "자라며 강하여지고 지혜가 충족하며 하나님의 은혜가 그 위에 있더라."(눅 2:40)고 기록되어 있다. 이처럼 누가복음 1, 2장에서 사무엘의 이야기는 요한의 이야기와 평행을 이룬다. 아마도 본래는 사가랴와 엘리사벳이 세례 요한을 성전에 바치는 이야기였고, 그것이 사무엘의 이야기를 근거로 형성되었는데, 나중에 누가가 이를 예수의 이야기로 이용했을 것이다.[43]

예수의 부모가 성령의 감동으로 성전에 들어갔을 때, 거기서 그리스도를 보기 전에는 죽지 아니하리라는 성령의 지시를 받고 이스라엘의 위로를 기

43) R. E. Brown, *The Birth of the Messiah*, pp. 450~451.

다리던 선지자 시므온을 만나게 된다. 그는 의롭고 경건한 자라고 했다. 그런데 시므온이 아기 예수를 안고 하나님을 찬양하였다. 교회 안에서 전통적으로 '눈크 디미티스'(*Nunc Dimittis*)란 이름으로 알려지고 있는 사가랴의 이 찬송(눅 2:29~32)이 예수의 정체성과 역할에 대해 진술하고 있다는 점에서 우리에게는 아주 중요한 의미를 갖는다. 그런데 그의 찬송 본문 중에서 특히 우리가 주목할 만한 본문은 "주의 구원"이 "온 백성(헬라어 복수형 *laon*) 앞에 예비하신 것"(2:31)이란 점과 또한 "이방을 비추는 빛"(2:32)이라고 말한 점이다. 이 구절의 구문 안에서 이방인들과 이스라엘의 위치가 정확히 평행을 이룬다는 사실에 주목해야 하며, 따라서 누가복음 2장 32절은 "이방인들이 이스라엘과 더불어 하나님의 구원에 함께 참여하게 되는 것을 보여 준다."[44] 누가는 사가랴의 찬송을 통해 주의 구원이 온 백성(all peoples) 앞에 예비된 것이며, 이방인들(the gentiles)을 위한 것임을 밝히고 있다. 사가랴가 "온 백성들 앞에"라고 말할 때, 백성(*laos*)이란 단어를 복수형으로 사용했는데, 이 찬가의 기초가 되는 이사야 52장 10절에서는 "열방"이라는, 이방인들을 뜻하는 단어(*ethnon*)가 사용되었다. 그래서 스티븐 패리스(Stephen Farris)는 여기서 사용된 복수형 '라오스'는 이스라엘 백성들을 가리키는 말이 아니라고, 그래서 "복수형 *laon*을 '백성들'로, 곧 이스라엘과 이방인들로 번역하는 것이 최선"[45]이라고 말한다. 아마도 누가가 열방 대신에 백성들(*laoi*)이라는 복수형 단어를 사용한 까닭은 그 두 단어가 누가에게는 거의 동의어와 같았기 때문일 것이며, 또한 누가복음의 주요 주제 가운데 하나인 복음은 이스라엘을 통해 열방, 즉 이방인들에게로 이르며 어느 한 백성(이스라엘 백성이라도)이 구원을 독차지할 수 없다는 사상 때문일 것이다.

결국 여기서 우리는 태어난 아기 예수가 선택된 백성인 유대인을 위해 오신 것이기도 하지만, 동시에 이방인에게 빛을 비추기 위한 빛이라는, 다시 말해 이방인도 이스라엘 백성과 함께 주님의 구원에 함께 참여하게 된다는 메

44) Stephen Farris, *The Hymns of Luke's Infancy Narratives*, Sheffield: JSOT Press, 1985, p. 149.
45) Stephen Farris, *The Hymns of Luke's Infancy Narratives*, Sheffield: JSOT Press, 1985, p. 148.

시지를 듣게 된다. 그리고 여기서 우리는 왜 누가가 유대인을 위한 복음서인 누가복음에 이어서 이방인을 위한 복음서인 사도행전을 기록했는지 그 이유를 짐작할 수 있다. 생명의 빛으로 오신 예수의 밝은 빛은 유대인만을 위해서가 아니라 유대인을 넘어 이방인들에게까지도 비추어져야 할 것이기 때문이다.

따라서 우리는 예수의 출산을 앞둔 마리아의 태몽 찬송과 아기 예수의 정결 예식 때 노래했던 시므온의 찬송을 통해, 누가가 태어날 예수로 말미암아 이루어질 세계 선교에 대한 비전을 미리 보여 주고 있다고 생각하게 된다. 누가복음은 뒤이어 기록된 사도행전과 함께 선교를 위한 복음서이며 세계 선교에 대한 비전을 토대로 기록된 복음서이기 때문이다.

2 "온 백성에게 미칠 큰 기쁨의 좋은 소식"(2:10)

일반적으로 '크리스마스 스토리'로 알려져 있는 예수의 탄생 이야기는 정경 복음서들 중 오직 마태복음과 누가복음에서만 소개되고 있다. 그러나 두 복음서가 소개하는 예수의 탄생 및 그와 관련된 사건들에 대한 이야기들은 놀라울 정도로 서로 아주 다르다. 물론 예수의 부모를 요셉과 마리아로 소개하면서 예수의 탄생에 대해 전해 준다는 점에서 공통점이 없는 것은 아니다. 그러나 다음의 도표가 보여 주듯이 두 복음서에 기록된 예수 탄생 이야기 및 그와 관련된 이야기들의 내용은 서로 아주 다르다. 아니 서로 일치하는 부분이 거의 없다고 말하는 편이 더 정확할 것이다.

마태복음	누가복음
예수의 탄생(1:18~25) 동방박사의 방문(2:1~12) 애굽으로의 피난(2:13~15) 유아 학살 명령(2:16~18) 애굽에서의 귀환(2:19~23)	예수의 탄생(2:1~7) 목자들의 방문(2:8~20) 할례와 결례(2:21~24) 시므온과 안나(2:25~38) 나사렛으로의 귀환(2:39~40)

이 도표에 나타난 두 복음서의 예수 탄생 이야기들을 서로 비교해 보고 금방 알 수 있는 점은 두 복음서의 기록 가운데 그 내용이 일치하거나 중복되는 것이 거의 없다는 사실이다. 마태가 전하는 이야기들은 누가복음에 거의 나오지 않으며, 반면에 누가가 전하는 이야기들은 마태복음에 전혀 나오지 않는다. 두 복음서 기자가 입수한 예수 탄생에 관한 자료들이 그토록 서로 완

전히 달랐기 때문일까? 아니면 두 복음서 기자의 신학적 관점이 서로 달랐고, 그래서 예수의 탄생에 관한 자료들을 선택하는 데서부터 서로 차이를 보였기 때문일까? 그렇다면 혹시 두 복음서의 기록을 서로 상호보완적인 것으로 읽어야지 예수의 탄생 이야기를 보다 온전히 이해할 수 있는 길이 아닐까?(가령 동방박사가 돌아간 후에 목자가 방문했다고, 또는 그와 반대로 목자가 다녀간 후에 동방박사들이 찾아온 것이라는 식으로, 그리고 할례나 결례를 끝낸 후에 애굽으로 피난했다는 식으로 말이다.) 그러나 복음서의 기록 자체가 역사적 사실 보도를 목적으로 한 기록이 아니기에 구태여 그런 생각을 할 필요까지는 없을 것이다.

예수의 출생 시기에 대해서도 마태와 누가는 서로 적잖은 차이를 보이고 있다. 즉 마태는 예수가 "헤롯 왕 때에"(마 2:1) 태어났다고 기록하고 있는데, 누가는 "가이사 아구스도가 호적 명령을 내렸을 때", 곧 "이 호적은 구레뇨가 수리아 총독이 되었을 때 첫 번째 한 것"(눅 2:1)이라고 기록하고 있다. 그런데 헤롯 왕은 주전 4년에 죽었다고 알려지고 있으며, 구레뇨가 수리아의 총독으로 있을 때의 호구 조사는 주후 6, 7년경에 있었다고 알려지고 있다.[46]

예수의 출생 장소에 대해서도 마태와 누가가 서로 다르다. 누가복음에 따르면, 아기 예수는 사관에 있을 곳이 없어 마구간 "말구유에서"(눅 2:6, 12, 16) 태어났다. 그러나 마태복음에선 마구간이나 말구유에 대한 언급이 전혀 없다. 마태복음에 보면, 동방박사들은 "동방에서 본 그 별이 그들 앞에서 그들을 인도하더니 마침내 그 아기가 있는 곳에 와서 그 위에 멈추었습니다…그들은 집에 들어가 아기가 그의 어머니 마리아와 같이 있는 것을 보고 엎드려 그에게 경배했습니다."(마 2:9~11)라고 기록되어 있는 것으로 보아, 마태복음에서는 예수가 집에서 태어났다.

또한 마태에 의하면, 천사의 수태 고지가 요셉에게 주어졌다. "다윗의 자손 요셉아 두려워 말라. 마리아가 아들을 낳거든 이름을 예수라 하라. 그가

---

46) Cf. J. Fitzmyer, *The Gospel According to Luke*, p. 401.

자기 백성을 그들의 죄에서 구원하실 것이라"(마 1:20~21). 그런데 누가에 의하면, 천사의 수태 고지는 오히려 마리아에게 주어졌다. "두려워 말라 마리아여 네가…아들을 낳으리니 아기의 이름을 예수라 하라. 그는 위대한 분이 될 것이요 지극히 높으신 분의 아들이라 불릴 것이다"(눅 1:30~32). 그래서 마태복음의 탄생 이야기에서는 요셉이 주요 인물로 부각되지만, 누가복음의 경우에는 오히려 마리아가 주요 인물로 강조되고 요셉은 다만 곁에서 조역 역할만 하고 있는 것처럼 되어 있다.[47]

마태에 따르면, 요셉과 마리아는 본래 베들레헴에 살았던 것으로 보이며(마 2:1), 그들이 애굽 피난으로부터 돌아와 나사렛에 정착하게 된 것은 하나님의 지시 때문이었다(마 2:13, 20, 23). 그러나 누가에 따르면, 요셉과 마리아는 본래부터 나사렛에서 살았으며(눅 2:4), 베들레헴에 간 까닭은 인구 조사라는 칙령 때문이었다. 그래서 누가는 나중에 그들이 그들의 "본 동네"인 나사렛으로 귀환했음을 말한다(눅 2:39).

예수의 탄생 이야기와 관련해서 나타나는 마태와 누가의 이런 여러 차이점들을 우리는 어떻게 이해해야 할까? 이 질문에 관해 데이비스(Davies)는 다음과 같이 설명한다. "그것들(마태복음과 누가복음)이 비록 예수의 탄생이란 역사적 사실을 다루기는 하지만, 결코 단순한 역사가 아니다. 변증이나 논쟁도 아니고 도리어 신앙의 고백, 즉 예수의 탄생과 관련된 이야기들 가운데서 만들어진 예수의 인격에 관한 진리의 선포다. 이는 곧 두 복음서가 무엇보다도 교훈적인 것이 아니라 케리그마적이라는 의미이다."[48] 이것을 다른 말로 표현한다면, 두 복음서의 탄생 설화는 두 복음서 기자들이 예수의 탄생과 관련된 역사적 사실을 그대로 전해 주는 데 목적을 두고 있기보다는 오히려 예수에 대한 자신들의 신앙 고백, 혹은 예수에 대한 나름대로의 설교를 각각 목

47) "Joseph is described as he who stand by." Cf. K. Stendahl, "Quis et Unde? An Analysis of Mt 1~2," in *Judentum, Urchristentum, Kirche*, ed. W. Eltester(Festschrift J. Jeremias; BZNW 26; Berlin: Toepelmann, 1964), p. 95. 마태의 탄생 설화(1:18~25)에서 요셉과 마리아에 대한 언급 횟수가 5:3으로 요셉이 많은 데 비해 누가의 탄생 설화(1:26~2:7)에서는 9:2로 마리아가 우세하다. 특히 누가복음 2:16에서 목자가 찾아와 만난 예수의 가족을 언급할 때도 마리아를 먼저 언급한다("마리아와 요셉과 또 구유에 누인 아기").

48) W. D. Davies, *The Setting of the Sermon on the Mount*, pp. 66~67.

적으로 삼고 있다는 말이기도 하다. 따라서 마태와 누가가 예수의 탄생 이야기들을 서로 다르게 소개하고 있는 이유는 결국 그들의 예수 이해, 즉 그들의 신학이 서로 다르기 때문이고 또한 그들의 복음서 기록 목적과 의도가 서로 다르기 때문이라고 보아야 한다.

그러나 이와 같은 여러 차이점들에도 불구하고 우리가 여기서 특별히 주목하고자 하는 중요한 차이점은, 아기 예수가 태어났을 때 제일 먼저 찾아와 경배한 사람에 대한 기록이 누가복음과 마태복음에서 서로 다르다는 점이다. 누가복음에서는 "밤에 들에서 양을 치던 목자들"(2:8, 15)이었다. 목자들은 천사가 나타나서 "두려워하지 말라. 내가 만민에게 미칠 큰 기쁨의 소식을 너희에게 전해 준다. 오늘 다윗의 동네에서 너희 구주가 나셨으니 그가 곧 그리스도 주님이시다. 너희는 강보에 싸여 구유에 누인 아기를 보게 될 것인데, 이것이 너희에게 보여 주는 표징이다."(2:10~12)라는 말을 듣고는 "어서 베들레헴으로 가서 주께서 우리에게 알려 주신 그 일어난 일을 봅시다."(2:15)라고 말하면서 "급히 달려가서 마리아와 요셉과 또 구유에 누인 아기를 찾아 만났습니다."(2:16)라고 기록되어 있다. 그러나 마태복음에선 목자들에 대한 언급은 전혀 없는 가운데, "동방으로부터 온 박사들"(마 2:1, 9)이 동방에서 본 그 별의 인도를 받다가 그 별이 "마침내 그 아기가 있는 곳에 와서 멈추었습니다. … 그들은 집에 들어가 아기가 그의 어머니 마리아와 같이 있는 것을 보고 엎드려 경배했습니다."(마 2:9, 11)라고 기록되어 있다.

특히 누가복음에서는 "주의 천사"가 목자들에게 나타나 태어난 아기 예수의 정체에 대해 고지(告知)한다. "두려워하지 말라. 내가 만민에게 미칠 큰 기쁨의 소식을 너희에게 전해준다. 오늘 다윗의 동네에서 너희 구주가 나셨으니 곧 그리스도 주님이시다"(2:10~11). 태어난 아기 예수에 대해 사용한 "구주"(*soter*, savior)란 용어는 구약의 헬라어 성경에서 하나님에 대해서,[49] 그리고 백성들을 구원한 인간에 대해서도[50] 사용되는데, 여기서는 예수에 대해

49) Cf. 신 32:15; 삼상 10:19; 대상 16:35; 시 24:5; 27:1 등등
50) Cf. 삿 3:9, 15; 느 9:27 등등.

사용된다. 그런데 더 중요한 것은 새로 태어나신 구주요 주님이신 그리스도의 탄생이 "만민에게 미칠 큰 기쁨의 소식"이라고 말해 준 점이다.

마태가 아기 예수에 대한 첫 번째 방문자 및 경배자로 동방으로부터 온, 이방 땅의 박사들임을 강조하는 이유는 그가 예수의 족보 가운데서 이방인들[51]의 개입을 언급했던 일과 연관 있다. 즉, 마태의 '이방적 편향성'[52] 때문이다. 그리고 그런 이방인 편향성은 마태복음이 기록될 당시의 마태 공동체 상황을 반영한다고 여겨 왔다. 즉 유대인 출신들로 시작된 마태의 교회에 나중에 많은 이방인들이 몰려 들어온 상황에서 교회 내의 이방인들 입지를 나름대로 인정해 주기 위한 조치의 일환이었을 것이다. 예수의 혈통에 이방인의 영향이 있었고, 첫 경배자가 이방인이라는 사실을 통해 마태 공동체 자체 안에 있는 이방인들의 존재와 영향력을 어느 정도 인정하고 받아들일 수밖에 없었다는 말이다.

마태가 예수의 탄생 이야기를 소개하면서 보여 주는 이 같은 이방인에 대한 관심이 마태 공동체 자체의 혼합 형태(mixtum corpus)로부터 생겨났다면, 누가의 탄생 이야기 가운데서 나타나는 이방인에 대한 관심은 좀 다른 이유 때문이다. 비록 누가복음의 예수 탄생 이야기 가운데서 마태복음의 경우와 달리 유대인 목자들이 첫 번째 방문자 및 첫 번째 경배자로 소개되기는 하지만, 그리고 그것은 그들이 유대 땅 안에서 낮고 천한 계층 사람들이기 때문이기도 하지만, 그래서 예수가 낮고 천한 사람들을 위해 오신 분으로 소개하고자 하는 누가의 의도 때문이기도 하지만, 그보다는 주님의 천사가 그들에게 나타나서 주었던 특별한 메시지 때문이다. "내가 온 백성에게 미칠 큰 기쁨의 소식을 너희에게 전한다"(눅 2:10). 예수 탄생의 복음이 온 백성에게 미칠 큰 기쁨의 소식이라는 이 사실이 주의 천사의 메시지로 드러나고 있기 때문인 것이다. 누가에게 예수 탄생의 복음은 온 백성에게 미치는 큰 기쁨의 소식인데, 바로 이것이 누가의 중요한 관심사였을 것이다. 바로 여기에서 우리는

51) 다말, 라합, 룻, 그리고 우리아의 아내
52) K. W. Clark, "The Gentile Bias in Matthew," *JBL*(1947), pp. 165~172.

다시금 온 백성을 위한 복음, 곧 온 백성과 모든 사람들을 염두에 둔 누가의 보편적인 선교의 관심을 보게 되기 때문이다. 이것은 누가가 사가랴의 찬송을 통해 주의 구원이 만민 앞에 베푸신 구원이며, 이방 사람들에게 주의 길을 보여 주는 빛이라고 말했던 것과 맥을 같이 하기도 한다. 누가는 마태와 달리 예수의 탄생 이야기 가운데서, 특히 천사들이 목자들에게 준 메시지를 통해, 이방인들을 포함한 모든 백성들에 대한 복음 선교를 내다보고 있다고 말할 수 있을 것이다.

천사의 메시지 가운데 사용된 "모든 백성"(*pas ho laos*)이란 문구는 누가복음에서 많이 사용되는 '누가적 표현'으로서,[53] 일반적으로는 이방인이 아니라 이스라엘 백성을 가리키는 말로 알려져 왔다.[54] 그래서 흔히 누가는 '*laos*'와 '*ethnos*'를 구분하여 '*laos*'는 택함을 받은 이스라엘 백성을, 그리고 '*ethnos*'는 이방인을 가리킨다고 알려지기도 했다. 그러나 우리는 다음과 같은 두 가지 이유 때문에, 누가가 'laos'를 그렇게 좁은 의미로 이스라엘 백성들에게만 국한하여 사용하고 있는 것은 아니라는 생각을 하게 된다.

첫째로, 누가가 '*laos*'란 단어를, 이스라엘 백성을 넘어 이방인과 온 세계 백성들을 가리키는 의미로 사용한 경우도 있다는 생각 때문이다. 물론 누가복음의 경우에는, 사도행전의 경우와 달리 예수가 상대하는 대상이 주로 유대 백성들이기 때문에 '*laos*'란 단어가 대부분 이스라엘 백성들을 가리키는 단어로 사용될 수밖에 없지만, 사도행전에서는 꼭 그렇지만은 않기 때문이다. 예를 든다면, 사도행전 10장 42절에서 베드로가 이방인 고넬료의 집에 들어가 "하나님은 외모로 사람을 가리시지 않는 분"(행 10:34~35)이라고 말하면서, 즉 유대인과 이방인을 가리지 않는다고 말하면서 부활하신 예수가 "우리에게 명하여 하나님이 자기를 산 자와 죽은 자의 심판자로 정하신 것을 백성들(*laos*)에게 선포하며 증거하라 하셨습니다."라고 말하고 있는데, 이때, 그

---

53) 하워드 마샬, 루가복음(국제성서주석), I., p. 131, cf. 3:21; 7:29; 8:47; 9:13; 18:43; 19:48; 20:6, 45; 21:38; 24:19, cf. 1:10; 2:31.

54) Fitzmyer, *The Gospel According to Luke*, p. 409; S.G. Wilson, The Gentiles and the Gentile Mission in Luke–Acts, Cambridge, 1973, p. 34.

'laos' 가 이스라엘 백성들만을 가리킨다고는 볼 수 없기 때문이다. 또 "사도행전 15장 14절과 18장 10절도 문맥상 이방인들이 하나님의 새로운 백성들 가운데 포함되었음을 분명히 하고 있기"55) 때문이다.

둘째로, 주의 천사가 목자들에게 했던 말이 누가복음의 현재 문맥 안에서 이방인까지도 포함한다고 이해할 수 있기 때문이다. 이는 누가가 천사의 메시지에 앞서서 예수의 탄생 이야기를 전하면서 '아구스도 황제의 칙령' 그리고 '수리아의 총독 구레뇨 때의 호적 명령' 등 세계적인 사건과 연관시키고 있는 점에서도 그렇고, 천사와 천군이 함께 하나님을 찬양한 노래에서 "땅에서는 주께서 기뻐하시는 사람들에게 평화로다."라고 했을 때의 그 "땅"이 결코 이스라엘 땅만을 의미할 수는 없다는 점에서도 그렇다. 렝스토르프(Rengstorf)는 천사의 고지에서 사용한 두 단어, 즉 '구주'를 가리키는 헬라어 *'soter'* (소테르)와 '기쁜 소식을 전한다.'는 헬라어 *'euaggelizomai'* (유앙겔리조마이)는 이교도들을 배경으로 해석될 수 있는 용어들이라서 의도적으로 이방인 독자들을 염두에 두고 사용한 용어들이라면서, "온 백성"이 이방 나라 백성들을 가리킨다고 주장한다.56) 더구나 선지자 시므온이 아기 예수를 안고 성전에서 찬송하면서 "내 눈이 주의 구원을 보았사오니 이는 모든 백성 앞에 베푸신 구원이오며 이방사람들에게는 주의 길을 보여 주는 빛이요 주의 백성 이스라엘에게는 영광이옵니다."라고 말했을 때, "모든 백성"(2:31)과 "이방사람"(2:32)이 나란히 거의 동의어처럼 사용되고 있기 때문이다.57) 천사가 목자들에게 "모든 백성들에게 미치는 큰 기쁨의 소식"이라고 말했을 때의

---

55) Cf. Stephen G. Wilson, *The Gentiles and the Gentile Mission in Luke-Acts*, p. 35.

56) K. H. Rengstof, *Das Evangelium nach Lukas*(NTD 3), Goettingen, 1966, p. 41(S.G. Wilson, *The Gentiles and the Gentile Mission in Luke-Acts*, p. 35에서 인용.

57) 누가가 그의 복음서에서 *'ethnos'* 란 단어를 11번 사용했는데(2:32; 7:5; 12:30; 18:32; 21:10; 21:24; 21:25; 22:25; 23:2; 24:47), 그 중 적어도 2번은 이방인 혹은 이방 나라를 가리키는 단어가 아니라 유대백성 혹은 유대나라를 가리키는 단어로 사용하고 있다. 누가복음 7:5에서는 유대인 장로들이 예수께 나와서 이방인 백부장을 변호하며, "그는 우리 백성(*ethnon*)을 사랑하여 우리에게 회당을 지어 주었습니다."라고 말하면서 자기 백성을 가리켜 *'ethnon hemon'* (우리 백성)이라고 했다. 누가복음 23:2에서는 유대인의 무리들이 예수를 빌라도에게 끌고 가서 "이 사람이 우리 백성(*ehnos*)을 미혹했다."고 고발했다고 기록되어 있는데, 유대인의 우리 백성을 가리키면서 *'ethnos hemon'* (우리 백성)이란 단어를 사용했다.

"모든 백성"이란 문구는 시므온이 아기 예수를 안고 "이는 만민 앞에 베푸신 구원"(2:31)이라고 말했을 때와 똑같은 문구라는 점을 생각하면, 우리는 *'laos'* 란 단어를 누가 문서에서 꼭 이스라엘 백성만을 가리키는 좁은 의미로만 받아들여서는 안 될 것이다.

그래서 고울더는 "2장 14절과 2장 31절 이하를 고려할 때, 천사의 고지가 먼저 백성들인 이스라엘에게만 한정될 거라고 기대해선 안 된다."고 말한다.[58] 더구나 천사가 말한 "소식은 기독교 선교의 어휘로 묘사되었으며 누가는 마음속으로 기독교 선교사들의 사도적 활동을 염두에 두었다."[59]고 보아야 할 것이다. 그리고 비록 누가복음 2장 10절의 *'laos'*가 "이스라엘의 온 백성을 의미한다고 하더라도 그것은 결국 모든 세계에 대한 축복의 근원이 되는 것"[60]이기 때문에 *'laos'*를 좁은 의미의 이스라엘 백성만을 의미한다고 볼 필요는 없을 것이다. 따라서 천사가 예수의 탄생과 관련하여 목자들에게 "모든 백성들에게 미칠 기쁨의 큰 소식을 전한다."고 말했을 때, 그 "천사의 메시지가 전 세계에 미치는 헬라적 선포양식으로 주어진 점에서도 이스라엘이라는 민족주의의 울타리를 벗어난다고 볼 수 있다."[61]는 마샬의 말을 우리는 그대로 받아들여야 할 것이다. 그 경우, 우리는 예수 탄생의 의미를 목자들에게 알려 주는 천사의 메시지 가운데서도 이미 누가의 이방 선교 혹은 세계 선교에 대한 관심이 드러나고 있음을 읽을 수 있어야 할 것이다.

---

58) Michael D. Goulder, *Luke: A New Paradigm*, Sheffield: Sheffield Academic Press, 1994, p. 248.

59) F. Bovon, *A Commentary on the Gospel of Luke 1:1~9:50*, Minneapolis: Fortress, Press, 2002, p. 88.

60) Danker, *Jesus and The New Age*, p. 57.

61) 하워드 마샬, 루가복음 I., p. 131.

3 세례 요한의 인물과 설교(3:1~21)

복음서 기자들에게 세례 요한은 예수의 길을 예비하러 온 예수의 '선구자'다. 제일 먼저 기록된 마가복음의 저자는 세례 요한의 정체를 설명하면서, 구약성경의 말라기 3장 1절과 이사야 40장 3절을 인용하여 세례 요한을 "주의 길을 예비하고 주의 다니실 길을 곧게 하기" 위해 보냄을 받은 "광야에서 외치는 자"라고 전한다(막 1:2~3). 그리고 세례 요한을 엘리야의 모습으로 소개하기 위해[62] 낙타털옷을 입고 허리에 가죽띠를 띠고 메뚜기와 석청을 먹고 살았다고 말하는데, 이 점은 마태복음도 마가복음 경우와 크게 다르지 않다(마 3:3).

그러나 이렇게 비슷한 점들만 있는 것은 아니다. 세례 요한을 소개하는 마가와 마태의 기록들 간에는 상당한 차이가 드러나기도 한다. 첫째로, 마태는 마가복음과는 달리 세례 요한이 빈들에 나타나 외친 첫 메시지("회개하라. 천국이 가까웠느니라.", 마 3:1)가 예수가 공생애 활동에 나서면서 외쳤던 첫 메시지("회개하라. 천국이 가까웠느니라.", 마 4:17)와 아주 똑같았다고 전한다. 이처럼 예수의 공생애 활동 첫 메시지가 마태복음에서 세례 요한의 메시지와 똑같았다는 점을 생각하면, 마태에게 있어 세례 요한이 예수의 선구자라는 사실은 그가 예수의 설교 메시지를 미리 선포하고 있다는 점, 곧 예수 설교의

62) 말라기 4:5("보라 여호와의 크고 두려운 날이 이르기 전에 내가 선지자 엘리야를 너희에게 보내리라.")의 예언 때문에 유대인들의 메시아 대망에서는 메시아가 오기 전에 엘리야가 올 것이라고 기대하고 있었다. 요한복음 1:19 이하에서 유대 사람들이 예수에게 사람을 보내어 "당신은 누구요?"라고 물었을 때 예수가 "나는 그리스도(메시아)가 아니요."라고 대답하자, 그들이 다시 예수에게 "그러면 당신이 누구요? 엘리야요?"라고 물었던 것도, 만일 예수가 메시아가 아니라면, 메시아보다 먼저 올 엘리야인지를 물었던 것이다.

길을 예비한 선구자라는 의미를 갖고 있을 수도 있다. 그래서 마태복음에서는 예수의 공생애 첫 메시지 이외에도 세례 요한이 나중에 예수가 설교할 말씀들을 미리 설교한 것으로 소개되기도 한다. 예를 들어 본다면, 세례 요한이 바리새파 사람들과 사두개파 사람들을 향해 "독사의 자식들아, 누가 너희에게 그 다가오는 징벌을 피하라고 일러주었는가?"라고 설교했는데(마 3:7), 이것은 나중에 예수가 바리새파 사람들과 사두개파 사람들을 향해 "독사의 자식들아 너희가 어떻게 게헨나의 심판을 피하겠느냐?"(마 23:33)고 했던 예수 설교의 길을 예비한 것이고, 세례 요한이 "좋은 열매를 맺지 않는 나무는 다 찍혀 불 속에 던져질 것이다."라고 설교한 것은(마 3:10) 예수가 나중에 산상 설교 가운데서 "나무가 좋은 열매를 맺지 않으면 그 나무는 찍혀 불에 태워질 것이다."라고 했던 예수의 설교 말씀(마 7:19)과 비슷하며 그 설교 말씀에 대한 준비처럼 보인다. 둘째로, 마태는 예수가 세례 요한에게 나아가 세례를 받는 일과 관련해서도 마가와는 달리 세례 요한이 예수에게 "제가 당신에게 세례를 받아야 할 터인데 당신이 제게 오십니까?"라고 묻고, 또 예수가 그에게 "지금 허락하라. 이렇게 하여 하나님이 옳게 여기시는 모든 일을 이루는 것이 우리의 할 일이다."라는 대화(마 3:14~15)를 소개하는 것[63] 등에서 사실 많은 차이를 보이고 있기도 하다.

그러나 세례 요한에 관한 한, 누가복음은 마가복음이나 마태복음의 경우보다 더 많은 차이를 보인다. 무엇보다도 누가는 다른 공관복음서 기자들과는 달리 세례 요한의 부모에 대한 이야기와 함께 세례 요한의 출생에 관한 이야기를 하기 위해 많은 지면을 할애한다(눅 1:5~25; 39~80). 또 누가는 다른 복음서에서는 전혀 찾아볼 수 없는 세례 요한의 설교를 상당한 분량 소개하고 있기도 하다(눅 3:10~14).[64] 누가가 세례 요한을 위해 많은 지면을 할애하고

63) 마태가 세례 요한과 예수 사이에서 오간 이 대화를 첨가 삽입한 목적은, 예수가 요한에게 세례를 받은 사실 때문에 예수가 세례 요한보다 못한 인물이라는, 그래서 예수가 아니라 세례 요한이 메시아라는 일부의 주장에 대한 반론을 제기하기 위한 반 세례 요한적인 논쟁의 산물로 생각된다.

64) 누가만이 무리들이, 세리들이, 그리고 군인들이 각각 "우리가 무엇을 해야 되겠습니까?"라고 질문한 것에 대한 대답 형태로 윤리적인 설교를 하고 있다고 소개한다.

있는 이유는 아마도 요한이 "기쁜 소식을 전하는"(눅 3:18) 사람이기 때문이며, 또 "율법과 예언자의 시대는 요한까지다. 그때부터 하나님 나라의 기쁜 소식이 전파되고 있다."(눅 16:16)는 말에서도 볼 수 있듯이, 누가의 구속사적인 이해와 관심 때문에 나름대로 세례 요한을 중요시하고 있기 때문인 것 같다. 그러나 누가에게 세례 요한은 아무리 "사람들이 그리스도를 고대하고 있었고 또 요한이 그분일지도 모른다고 모두 속으로 생각하고 있었다."(눅 3:15)고 하더라도, 분명히 요한은 "예수의 들메끈을 풀 만한 사람도 못 된다"(눅 3:16). 세례 요한이 물로 세례를 주는 사람이라면, 예수는 성령과 불로 세례를 주는 분이요 하나님으로부터 "너는 내 사랑하는 아들이요 내 기뻐하는 자"(눅 3:22)라고 인정받은 분이기 때문이다.

세례 요한과 예수 간의 이런 중요한 차이 때문에 누가는 예수가 세례 요한에게 세례를 받았다는 사실조차도 전혀 인정하지 않는다. 누가복음 3장 20절에 따르면, 세례 요한은 누가복음 3장 21절에서 예수가 세례를 받기 직전에 이미 분봉 왕 헤롯에 의해 옥에 갇혀 있는 몸이었다. 따라서 3장 21절에서 예수가 다른 사람들과 함께 세례를 받았다는 언급은 나오지만 누가의 기록을 보면, 그 세례는 결코 '세례 요한으로부터 받은 세례'일수가 없게 되어 있다. 예수가 백성들과 함께 세례를 받을 때, 요한은 감옥 속에 있었기 때문이다. 누가는 예수가 받은 세례와 관련하여 '세례 요한'이란 단어는 물론 '요단강'이란 언급조차도 전혀 하지 않음으로써 예수가 세례 요한으로부터 요단강에서 세례를 받았다는 사실 자체를 전혀 인정하지도 받아들이지도 않고 있는 셈이다. 누가복음에 따르면, 세례 요한은 예수에게 세례를 준 사람이 분명히 아니다. 예수가 세례 요한에게서 세례를 받았다는 언급은 누가복음에서 전혀 찾아볼 수 없다. 더 중요한 사실은 누가복음을 살펴보면, 세례 요한은 '세례자'(baptist)로 등장하고 있지도 않다. 물론 누가복음 3장 16절에서 요한이 "나는 당신들에게 물로 세례를 주지만"이란 말을 사람들에게 했다는 사실을 누가가 전하고 있다는 점 때문에, 그리고 이미 3장 3절에서 "요한은 요단골짜기 온 지방을 두루 다니며 회개하는 표로 세례를 받고 죄 사함을 받으라."고 선포했다는 누가의 기록 때문에, 누가 자신은 분명히 요한을 세례자로 알고 있었다고 생각할 수는 있다. 그러나 그럼에도 불구하고 누가복음에서는 누가가 세례 요한을 세례자로 인정하지 않으려는 분명한 의도를 갖고 있는 것 같다. 그런 의도는 누가가 그의 복음서에서 요한을 가리켜 '세례 요한'이라고 부른 적이 전혀 없다는 점에서도, 그리고 누가는 그의 복음서에서 '세례자'란 단서 혹은 그런 부연설명이 없이 그냥 계속 일관되게 '요한'이라고만 언급하고 있는 사실에서도 잘 드러난다.[65]

그렇다면 누가에게 (세례) 요한은 어떤 사람인가? 그의 역할은 무엇인가? 세례 요한은 앞에서 지적했던 바와 같이 "주의 길을 예비하기 위해 보냄을 받은 선구자"이고, "광야에서 외치는 자의 소리"일 뿐이다(참고. 막 1:2; 눅 3:4). 그런데 누가는 세례 요한의 인물과 그의 역할에 대한 이해를 이사야 인용(40:3~5)을 통해 드러낸다. 이렇게 누가가 이 구절을 세례 요한과 관련하여 인용한 것 자체는 마가가 그의 복음서에서 세례 요한을 소개하면서 인용했던 이사야 성경구절을 그대로 인용하고 있기 때문에 세례 요한의 인물과 역할에 대한 이해 면에서 누가가 마가와 별다른 차이가 없다고 생각할 수 있다. 그러나 누가가 인용하고 있는 이사야 선지자의 말씀을 마가의 인용 본문과 비교해 보면, 우리는 곧바로 누가와 마가 사이에 아주 중요한 차이가 있음을 알게 된다. "요한의 설교와 세례의 성격을 설명하기 위해 누가는 마가복음 1장 2, 3절에 나오는 내용을 따르면서 이사야 40장 3절을 그대로 인용하고 있기는 하지만, 그 구절에 4, 5절을 더 첨가하여 확대하고 있다"[66]는 점이 바로 그것이다. 즉 누가는 마가와 마찬가지로 이사야 40장 3절을 인용하면서도, 마가와는 달리 그 인용구에 이사야 40장 4, 5절을 첨가하여 인용문을 확대시킨다. 그리고 우리는 확대된 이 인용문을 통해 누가가 마가와 다른 이해를 드러내고 있다는 사실을 알게 된다. 누가가 마가가 인용했던 이사야 40장 3절

65) 이것은 요한복음에서도 마찬가지다. 요한복음에서는 '반 세례 요한적인 경향'이 더 강하게 나타난다. 이 주제에 대해서는 김득중, 「요한의 신학」(서울: 컨콜디아사, 1994), pp. 208~229를 참조할 수 있다.

66) Fitzmyer, *The Gospel According to St. Luke*, p. 460.

을 인용하면서도 거기에 4, 5절을 추가한 것은 분명히 누가의 독특한 편집적 손질의 결과이며[67], 그런 점에서 첨가된 이 두 구절은 누가의 독특한 의도를 읽어낼 수 있는 아주 중요한 열쇠가 될 수 있다.[68]

첫째로, 누가는 마가복음의 경우처럼 이사야 40장 3절을 인용하면서도 마가복음과 달리 이사야 40장 4절을 첨가하여 소개한다. "모든 골짜기가 메워지고 모든 산과 언덕이 평평해지고, 굽은 것이 곧아지고 험한 길이 평탄해지리라"(눅 3:5). 누가가 이 구절을 첨가한 것은, 한편으로 그가 누가 문서의 제1권인 누가복음 서두에서 마리아가 성령으로 잉태하여 태어날 예수에 대해 "주께서 그의 팔로 권능을 행하시고 마음이 교만한 사람들을 흩으셨으니 제왕들의 권력을 낮추시고 낮은 사람들을 높이시고 주린 사람들을 배부르게 하시고 부한 사람들을 빈손으로 떠나보내셨도다."(눅 1:51~53)라고 찬양한 사실을 상기시킨다. 누가복음 서두에서 누가는 이제 태어날 예수가 하실 일이 '높은 자를 낮추시고 낮은 사람을 높이시는 일', '주린 사람을 배부르게 하고 부한 사람들을 빈손을 떠나보내는 일' 등, 이른바 평등화 혹은 동등화 작업임을 언급한 바 있다. 또한 누가는 누가 문서 제2권인 사도행전 서두에서 베드로의 오순절 설교를 통해 "마지막 날에 나는 내 영을 모든 사람에게 부어 주겠다. 너희 아들과 딸들은 예언을 하고, 너희 젊은이들은 환상을 보며 너희 늙은이들은 꿈을 꿀 것이다. 그날에 나는 내 영을 내 남종과 여종에게 부어 줄 것이요 그들도 예언을 할 것이다."(행 2:17~18)라며 마지막 날에 있을 남녀노소의 구별과 차별이 없는 평등화 혹은 동등화 작업에 대해 또다시 일깨워 준다.[69] 그런데 누가는 예수의 선구자로 온 (세례) 요한의 선구자적 설교를

---

67) 이사야 40:4~5의 추가 인용은 마가복음은 물론 마태복음에서도 전혀 찾아볼 수 없는 내용이다.

68) E. E. Ellis는 이 두 구절의 추가 인용이 누가의 주제를 이해하는 데 중요하다고 지적한다. "The addition of Isa. 40:4f. is important for Luke's theme." Cf. *The Gospel of Luke*(The New Century Bible Commentary), Grand Rapids: Eerdmans, 1980, p. 89.

69) Justo L. Gonzalez는 그의 사도행전 연구 가운데서 마리아의 찬가와 베드로의 오순절 설교 간의 연관성에 대해 다음과 같이 진술한다. "누가는 그의 복음서 서두에서 마리아의 입을 통해 무엇보다도 하나님께서 '그의 팔로 권능을 행하시고 마음이 교만한 사람들을 흩으셨으니 제왕들의 권력을 낮추시고 낮은 사람들을 높이시고 주린 사람들을 좋은 것으로 배부르게 하시고 부한 사람들을 빈손으로 떠나보내셨도다.'(눅 1:51~53)라고 노래했다고 전하고 있는데, 이제 사도행전 서두에서 누가는 마리아의

소개하면서, 마가복음과 마찬가지로 이사야 40장 3절을 인용하면서도, 마가와 달리 특별히 이사야 40장 4절의 말씀을 첨가함으로써, 주께서 오시는 날에 "모든 골짜기가 메워지고, 모든 산과 언덕이 평평해지고, 굽은 것이 곧아지고 험한 길이 평탄해지리라"는 점을, 곧 누가가 이미 마리아의 찬가를 통해서, 그리고 나중에 다시 베드로의 설교를 통해서 강조했던, "평등화" 혹은 "동등화"가 이루어질 것임을 여기서도 강조하고 있다. 나중에 바울이 갈라디아서 3장 28절에서 "너희는 유대인이나 헬라인이나 종이나 자유인이나 남자나 여자나 다 그리스도 예수 안에서 하나이니라."라고 말한 것도 바로 그리스도 안에서 이루어진, 유대인이나 헬라인, 종이나 자유인, 남자나 여자 간의 차별이 없는 평등화 혹은 동등화를 말하고자 함이었을 것이다. 그러니까 누가는 이사야 40장 4절 말씀을 첨가 인용함으로써 예수의 사역에 대한 자신의 독특한 이해를 드러내주고 있는 셈이다. 그러나 누가는 이사야 40장 4절을 첨가한 데에 이어서, 아니 그것을 넘어서 한 발자국 더 나아간다.

둘째로, 누가는 마가와 달리 누가복음 3장 6절에서 이사야 40장 4절과 더불어 이사야 40장 5절 말씀을 더 첨가하여 인용한다는 점에 주목해야 한다. "모든 사람이 하나님의 구원을 보게 되리라"(눅 3:6). 누가는 평등화 혹은 동등화의 메시지가 담긴 마리아의 찬가에 이어 여기서 다시 "모든 사람이 하나님의 구원을 보게 되리라."는 메시지가 담긴 이사야 40장 5절 말씀을 인용하여 소개한다. 이사야 40장 5절은 앞에서 소개한 바 있는 시므온의 찬양 내용, 곧 "내 눈이 주의 구원을 보았사오니 이는 만민 앞에 베푸신 구원이오며 이방 사람들에게는 주의 길을 보여 주는 빛이라."(눅 2:30~32)는 메시지를 다시금 반영해 주고 있기 때문에 중요하다. 결국 누가는 마가와 같이 이사야 40장 3절을 인용하면서도 이사야 40장 4절에 이어 이사야 40장 5절까지 인용하여

찬가를 확증해 주는 이야기를 해 주고 있다." Cf. *Acts: the Gospel of the Spirit*, New York: Orbis Books, 2001, p. 48. 그리고 이어서 Gonzalez는 마지막 날에 하나님께서 하시는 일을 'leveling'이란 말로 표현하는데(cf. Acts, p. 46), Sharon H. Ringe도 마리아의 찬가에서 'themes of leveling and reversal'이 나타난다고 지적한다. Cf. *Luke*(Westminster Bible Companion), Louisville: Westminster John Knox Press, 1995, p. 52.

소개함으로써 마가와는 달리 하나님의 구원이 모든 이방 사람들에게도 베풀어질 것임을 세례 요한의 설교를 통해 선포하는 셈이다. 누가에게는 그리고 "누가의 공동체 상황에서 이 말은 특히 유대인과 이방인들이 똑같이 하나님께서 약속하신 구원의 수혜자라는 것을 의미한다."[70] 누가에게 있어서 요한이 예수의 선구자라면 그는 '이방을 비추는 빛'이신 예수의 선구자이고, "만민 앞에 베푸신 구원"(눅 2:31)을 선포하는 예수의 선구자일 뿐이다. 그래서 누가는 세례 요한의 설교와 세례를 소개하면서 이사야 40장 5절 말씀을 첨가 인용하는 작업을 통해 유대인을 넘어 "모든 사람이 하나님의 구원을 보게 되리라."는 메시지를 강조하는 것이다. 누가에 따르면, 세례 요한이 전하는 메시지나 예수가 전하는 메시지가 모두 '모든 사람에게'(모든 육체에) 주어지는 하나님의 구원, 곧 만민 앞에 베푸신 구원이다. 유대인이나 헬라인의 구별이 없이 모든 사람들, 곧 만민을 위한 복음이 누가가 전해 주는 복음인 것이다. 이런 점에서 "누가 문서에서 세례 요한은 기독교 전도자들의 원형(原型, prototype) 역할을 한다."[71]고 말할 수도 있을 것이다. 따라서 누가가 세례 요한을 소개하면서 이사야 40장 3절을 인용하고 있다는 점에서는 마가복음이나 마태복음과 별다른 차이를 보이고 있지 않지만, 이사야 40장 3절 이외에 이사야 40장 4, 5절을 더 인용하여 첨가했다는 점에서 마가나 마태와 차이를 보이고 있는데, 결국 중요한 차이는 누가가 마가와 마태와 달리, 예수의 구원이 '모든 육체에 주어지는 구원'이라는 점과 '만인을 위한 복음'이란 사실을 더 강조하고 있다는 점이다. 누가는 이방인 선교, 세계 선교에 남다른 관심을 갖고 있는 복음서 기자임을 잘 보여 주는 부분이 아닐 수 없다. 결국 누가복음에서 세례 요한은 예수의 이방 선교의 비전을 예비하고 그 길을 준비하는 선구자로 등장하는 셈이다.

또 하나, 우리가 세례 요한의 설교에서 주목해야 할 중요한 점은 누가가 3장 10절부터 14절에서 요한이 '세 부류'를 상대로 설교했다고 하는 것이다.

---

70) Sharon H. Ringe, *Luke*, p. 52.
71) C. H. Talbert, *Reading Luke*, p. 30.

곧 '무리들'과 '세리들'과 '군인들'이다. 그런데 왈라스케이는 이 세 부류의 청중들을 두고, 무리들은 유대인의 무식한 하층 계급(the Jewish proletariat)을, 세리들은 친로마적인 충성파(the pro-Roman royalists) 혹은 로마 제국의 유대인 앞잡이들(the Jewish agents of the Roman empire)을, 군인들은 로마 제국 질서의 수호자들(the guardians of imperial order)을 가리킨다고 보면서 이들이 바로 '누가 자신의 교회 구성원들을 반영'한다고 본다.[72] 그러나 이 세 부류의 대상들을 '누가 교회' 구성원들이라기보다는 오히려 누가가 염두에 두고 있는 주요 선교 대상들로 보는 편이 더 맞는 것 같다. 실제로 누가복음에서 누가가 복음 전도의 대상으로 생각하는 사람들이 바로 유대인 무리들과 반(半)유대인, 그리고 로마인으로 드러나 보이기 때문이다. 따라서 누가는 세례 요한의 설교 대상이 유대인 무리들과 세리들과 군인들이라는 점을 지적함으로써, 예수가 유대인들만을 상대로 복음 전도한 것이 아니라 사마리아인들에 대한 선교(9:51~56)와 이방인 선교까지(참고. 칠십 인 제자 파송) 염두에 두었음을 미리 예고해 주고 있다고 받아들일 수도 있을 것이다. 그래서 누가에게 있어 선교를 위한 지리적 청사진이 '온 유대와 사마리아와 땅 끝까지'란 표어로 드러나는 것이 아니겠는가.

무리, 세리, 군인들에 대한 누가의 긍정적인 관점

누가복음에서 이 세 부류 사람들은 모두 분명히 호의적으로, 혹은 긍정적으로 다루어지고 있다.[73] 누가가 그의 복음서 서두에서 예수의 선구자인 세례 요한의 설교 대상으로 이 세 부류 사람들을 선택한 까닭은 아마도 나중에 예수가 상대할 주요 선교 대상으로 이들을 염두에 두었기 때문일 것이다.

---

72) Paul W. Walaskay, *'And So We Came To Rome': The Political Perspective of St. Luke*, London: Cambridge University Press, 1983, p. 28.

73) Cf. Michael D. Goulder, *Luke: A New Paradigm*, Sheffield Academic Press, 1994, p. 274: "All of these tend to be treated sympathetically by Luke."

무리들 : 누가복음 23장 1절에서 예수를 빌라도에게 끌고 간 사람들이 '무리들'이었다는 예외적인 언급이 있기는 하지만, 일반적으로 누가복음에서 무리들은 다른 복음서들의 경우보다 긍정적이며 호의적인 의미로 사용된다. 특히 그들은 누가복음에서 예수가 가르치는 대상이었고(5:3), 예수의 말씀을 듣는 사람들이었으며(5:15), 예수를 환영했고(8:40), 따랐으며(*akoluthein*)(7:9; 9:11), 동행했고(14:25), 예수께서 행하신 모든 훌륭한 일을 보고 기뻐했다(13:17). 그리고 누가는 예수의 십자가 처형과 관련해서 모든 책임을 유대인 종교 지도자들에게 돌리면서 무리들은 그 책임에서 면제시키고 있다(참고. 눅 23:27, 35). 또한 예수가 십자가에서 운명했을 때 무리들은 가슴을 치며 (집으로) 돌아갔다(23:48). 그래서 이런 경우 무리들과 제자들은 거의 동의어처럼 함께 연결되어 사용되기도 했다('제자들과 무리들', 6:17; 7:11).

세리들 : '세리들'도 복음서들 중에서는 누가복음에서 가장 긍정적으로 부각된다. 예수는 세리인 레위를 열두 제자들 중 하나로 불러냈으며(5:27),[74] 그 레위가 자기 집에서 예수를 위해 큰 잔치를 베풀었고 그 자리에는 세리와 그 밖에 많은 사람들이 함께했다(5:29). 누가복음에서 예수는 세리와 죄인들의 친구로 알려졌으며(7:34), 유대 종교 지도자들로부터 자주 세리들과 죄인들과 더불어 같이 먹고 마신다는 비난을 들었다(5:30; 15:1~2). 예수는 세리장 '삭개오'의 집에 들어가 유숙하셨으며(19:1~10), 기도에 관한 비유를 말씀하시면서 세리를 유대 경건의 모범으로 알려진 바리새인과 대비시키면서 기도의 모범으로 제시하기도 했다(18:9~14). 또 누가는 예수의 말씀을 들은 모든 백성은 물론 세리들까지도 하나님을 찬양했었다고 전해 준다(7:29).

---

74) 마가복음(2:14)과 마태복음(9:9)에서는 예수가 세관을 "지나가시다가" 레위를 보고 불러내셨다고 기록되어 있으나 누가는 "지나가시다가"란 동사를 삭제함으로써, 그리고 레위를 "보았다."고 했을 때도 보다 강한 동사인 'theaomai'(눈 여겨 보다)를 사용함으로써 세리를 제자로 불러낸 것이 우연이 아니라 의도적임을 드러낸다. 더구나 누가에서만 부름을 받은 세리는 "모든 것을 다 버리고" 일어나 따랐다고 했다.

로마 군인들 : 누가복음의 수난 설화에서 특히 이 로마 군인들은 다른 복음서에 비해 예수에 대해 호의적이었다고 소개되고 있다. 물론 누가복음에서도 예수의 십자가 처형과 관련하여 "군인들은 또한 예수를 희롱하면서 가까이 가서 신 포도주를 드리고 당신이 유대인의 왕이거든 당신 자신을 구원하시오"(눅 23:36~37)라고 조롱했다는 말이 나오기는 한다. 그러나 누가복음에서는, 다른 복음서들의 평행 본문과 비교해 볼 때, 군인들이 예수께 가시 면류관을 씌인 일, 유대인의 왕 만세라고 외치며 경례한 일, 또 갈대로 예수의 머리를 친 일, 예수에게 침을 뱉은 일 등 로마 군인들의 무례한 행동들이 많이 생략되었다. 더구나 누가에서 이 군인들이 로마 군인인지도 전혀 확실치 않다. 마가복음 15장 16절에서 군인들은 사령부에 있는 군대란 말에서 분명하게 드러나듯이 로마 군인들이지만, 누가복음 23장 11절에서는 오히려 헤롯과 그의 군대란 말에서 분명하게 드러나듯이 로마 군인들이 아니다. 그래서 왈라스케이는 누가복음 23장 36절에서 예수를 희롱한 "군인들의 정체가 의문스럽다."고 말하면서 "그들이 로마 군인인지는 전혀 분명치 않으며. 아마도 누가는 그 군인들이 성전 경찰이든가 헤롯 왕궁 경비대였음을 뜻하려 했던 것 같다."고 주장하기도 했다.[75] 콘젤만은 "로마 군인에 의한 조롱이 누가복음에서는 유대인들에 의한 조롱으로 대치되어 있다."고 말하며,[76] 고울더는 "누가복음 23장에서는 마가와 마태와는 달리 예수에 대한 로마 군인들의 조롱은 없다."고 주장한다.[77] 로마 군인들을 호의적으로 묘사하려는 누가의 의도가 분명히 엿보인다.

---

75) Cf. '*And So We Came To Rome,*' p. 45.

76) Cf. *The Theology of St. Luke*, p. 88.

77) M. D. Goulder, *Luke: A New Paradigm*, p. 274: "There is no mockery of Jesus by Roman soldiers in ch. 23, against Mark and Matthew."

4 예수의 족보(3:23~28)

신약성경 저자들 중, 그리고 복음서 저자들 중 오직 마태와 누가만이 예수의 족보를 소개하고 있다. 그러나 마태복음과 누가복음에 나오는 예수의 족보는 그 내용이나 소개하는 의도에서 많은 차이를 보인다. 우리는 마태와 누가가 소개하는 족보들의 차이를 비교하여 살펴보면서 두 복음서 기자들의 신학적 관심의 차이를 찾아보고자 한다.

먼저, 두 복음서에 나오는 족보 간에는 다음과 같은 차이가 있다고 흔히 지적되어 왔다. 첫째로, 마태는 예수의 족보를 다윗을 거쳐 아브라함에게까지만 추적하고 있는데 반해, 누가는 아브라함을 넘어 아담에게까지 그리고 심지어 하나님에게까지 소급하고 있다. 이처럼 족보가 다루는 시대의 범위가 각각 차이가 있기 때문에 마태의 족보에서는 오직 42명의 이름만이 나오는데[78] 비해 누가의 족보에서는 77명의 이름이 소개된다.[79] 둘째로, 마태는

---

78) 엄밀하게 말하자면 41명의 이름이 나온다. 마지막 제3기에서는 13명의 이름만 나오기 때문이다. 왜 제3기에서는 13명 이름만 나오는 것일까? 이 질문에 대해 마태복음 연구가들은 나름대로 몇 가지 대답을 가설로 제시한 바 있다. 마태가 편집 과정에서 부주의하여 한 사람의 이름을 빠뜨렸다는 가설도 있었고(J. Jeremias, *Jerusalem in the Time of Jesus*, pp. 293~295), 마태에게 전승된 족보 자료 자체가 그렇게 부정확했다는 가설도 있었으며(Lohmeyer, *Matthaeus*, p. 3), 제3기에 예수를 13대로 계산하고 부활하신 그리스도를 14대로 계산한 결과라는 가설도 있었다(K. Stendahl, *Matthew: Peake's Commentary on the Bible*, London: Thomas Nelson Sons, 1962, pp. 770~771). 그러나 제3기 마지막에서 "야곱이 요셉을 낳았고, 마리아에게서 예수가 나시니라."(1:16)고 기록되어 있기 때문에, 즉 예수는 요셉에게서가 아니라 "마리아에게서" 나셨다고 기록되어 있어 당연히 이 경우에는 '마리아'가 계산되어야 한다는 주장도 있다(Davies and Allison도 마 1:16의 "마리아에게서 나시니라"(1:16)란 구절과 관련하여 "이제 마리아가 요셉을 대신해서 초점이 된다."고 말한다. Cf. *A Critical and Exegetical Commentary on the Gospel According to Saint Matthew*, Edinburgh: T. & T. Clark, 1988, vol. 1, p. 184). 즉 제3기에 남자들의 이름만을 계산하면 13명이지만 "마리아에게서 예수가 나시니라."고 했기 때문에 마리아의 이름을 포함시키면 14명의 이름이 된다는 말이다.

79) 예수와 요셉의 이름이 언급된 이후에는 75개의 이름이 나오며, 만약 마지막에 언급된 '하나님'을 거기에 포함시키면 76개, 그래서 그 경우 모두 합하면 78개가 된다.

"아브라함은 이삭을 낳고, 이삭은 야곱을 낳고…"라며 'A가 B를 낳았다'는 형태로 아래로, 하향식으로 내려가는데 비해, 누가는 "요셉의 위는 헬리이고, 그 위는 맛닷이고…."라며, 'A의 위는 B이고, 그 위는 C이고'라는 형태로 위로, 상향식으로 올라가는 방법으로 조상의 이름을 소개한다. 따라서 마태의 경우는 '누가 누구의 자식 혹은 자손인가?'를 밝히고 있다면, 누가는 '누가 누구의 조상인가?'를 밝히고 있는 셈이다. 셋째로, 누가가 예수로부터 위로 소급해 올라가면서 77명의 조상 이름을 연속적으로 소개하는 데 비해, 마태는 42명의 이름을 소개하면서 각각 14명씩 세 단위로, 곧 아브라함으로부터 다윗까지 14명, 다윗으로부터 바벨론 포로로 잡혀가기까지 14명, 그 이후부터 예수까지 14명을 각각 구분해서 소개한다. 넷째로, 이런 내용과 형식의 차이들[80] 이외에 족보를 소개하는 두 복음서의 문맥에 너무나 분명한 차이가 드러난다. 즉 마태는 예수의 족보를 그의 복음서 서두에서, 그리고 예수의 탄생 이야기에 앞서서 소개한다. 그래서 문맥상으로 예수의 족보는 예수의 탄생 이야기와 밀접히 연관되어 있는 셈이다. 이 밀접한 연관성은 마태복음 1장 1절에서 'genesis'란 단어가 '족보'를 가리키는 의미로 사용된 동시에 마태복음 1장 18절에서 똑같은 헬라어 단어인 'genesis'가 '탄생' 혹은 '출생'을 가리키는 의미로 사용된 것에서도 분명히 드러난다. 반면에 누가는 예수의 족보를 마태처럼 예수의 생애 이야기를 꺼내기 전에 예수의 탄생 이야기와 연결시켜 소개하지 않고, 예수의 공생애 이야기 한가운데서, 즉 예수가 세례를 받는 이야기(3:21~22) 직후에, 그리고 예수가 광야에 나가 사탄에게 시험을 받는 이야기(4:1~13) 직전에 소개한다. 이 때문에 족보를 소개하는 두 복음서 기자의 신학적 의도의 차이가 아주 분명히 드러난다. 족보의 내용 간에는 어떤 차이가 있고, 또 문맥상의 차이 때문에 생겨나는 두 복음서 기자들의 신학적인 의

---

80) 두 족보 간의 내용과 형식의 차이에 대해서는 다음과 같은 설명이 제시되기도 했다. 1) 마태의 족보는 왕계통의 자손들 명단이고, 누가의 족보는 요셉의 자연적인 태생을 전한다. 2) 마태는 요셉 계통을 따르고, 누가는 마리아의 계통을 따른다. 즉 마태의 족보가 요셉의 족보라면 누가의 족보는 마리아의 족보인 셈이다. 3) 마태가 요셉의 입양 관계를 나타내고 있다면, 누가는 육체적인 후손임을 나타내고 있다. Cf. E. Ellis, *The Gospel of Luke*, p. 93.

도는 무엇인지 살펴보기로 하자.

1) 마태복음에 나오는 예수의 족보

마태복음에서 예수의 족보는 누가복음의 경우와 달리 마태복음 전체를 위한 서론 역할을 하는 본문이기도 하기 때문에 마태복음을 이해하기 위해서도 아주 중요한 본문이 아닐 수 없다. 먼저, 마태복음에 나오는 예수의 족보가 누가복음의 것과 어떤 점에서 다른지에 대해 주목해야 한다. 마태는 누가와 달리 예수의 족보를 다음과 같이 3시대로 구분하여 제시한다.

(1) 아브라함에서 다윗까지(왕정 이전 시기인 750년)

이 첫 시대는 하나님의 약속을 받았던 아브라함으로부터 하나님의 약속이 성취되었던, 그리고 또 다른 왕에 대한 약속을 받았던 다윗의 때까지다.

(2) 다윗에서 포로로 잡혀가기 이전까지(왕정 시기인 400년)

두 번째 시대는 예루살렘을 다스리던 첫 왕 다윗으로부터 포로로 잡혀가기 전 유다의 마지막 왕인 여고니야 때까지다.

(3) 포로 생활로부터 그리스도까지(왕정 이후 시기인 575년)

세 번째 시대는 바벨론 포로 생활로부터 다윗의 자손 그리스도의 때까지다.

마태는 이 3시대를 각각 14대씩 포함시켜 구분한다. 마태가 예수의 족보를 14대씩 포함하는 세 시대로 구분한 것은 다윗의 이름과 관련 있다. 다윗이란 이름을 구성하는 세 개의 히브리어 자음(d+w+d)이 갖고 있는 히브리어의 숫자적 가치가 4+6+4=14이기 때문이다.[81] 바로 이런 점에서 "다윗이란 이

81) 이런 것을 '*gematria*'라고 하는데 곧 'computation of the numeric value of letters'이다. 요한계시록 13:18에 "여기에 지혜가 필요합니다. 지각이 있는 사람은 그 짐승의 수를 풀어 보시오. 그 수는 사람을 가리키는데, 육백 육십육에 달합니다."란 말씀이 나오는데, 이는 흔히 네로 황제(Neron Kaisar)의 이름이 갖는 숫자적 가치가 666인 것을 가리킨다. Davies and Allison은 이런 해석이 "the most popular explanation"이라고 말한다. Cf. *The Gospel According to Saint Matthew*(Edinburgh: T. & T. Clark, 1988), p. 163.

름이 마태 족보의 패턴을 이해할 수 있는 열쇠"라고 말한 데이비스와 엘리슨(Allison)의 말은 옳다고 생각된다.[82] 마태는 예수의 족보 가운데서만 다윗의 이름을 다섯 번이나 사용하고 있는데, 분명히 마태는 다윗을 중심으로 예수의 족보를 구성하고 있다. 마태복음 1장 1절에서 보듯이 마태는 예수를 "다윗의 자손"으로 제시하고 있으며, 마태복음 안에서 다윗의 자손이란 명칭이 모두 열한 번 사용되고 있는데, 그 중 일곱 번이 마태의 편집적인 손길 가운데서 나타나고 있다(참고. 1:1, 20; 9:27; 12:23; 15:22; 21:9, 15).

그렇다면 이 족보에서 볼 수 있는 마태의 독특한 신학적 관심은 무엇일까? 첫째로, 마태는 예수의 족보를 통해 예수가 다윗의 자손으로 오신 메시아임을 밝히려고 한다는 점이다. 마태는 예수의 족보를 아브라함에서부터 시작하면서도 1장 1절에서는 예수를 가리켜 "다윗의 자손이며 아브라함의 자손"이라며 "다윗의 자손"이란 문구를 먼저 강조한다. 그리고 앞에서 지적했던 바와 같이 예수의 족보 자체를 다윗의 이름을 중심으로 14대씩 세 부분으로 나누어 소개한다. 이것은 곧이어 계속되는 예수의 탄생 이야기 가운데서 요셉을 가리켜 "다윗의 자손 요셉"(1:20)이라고 말하는 것과도 밀접히 연관되어 있다. 마태는 이 족보를 통해 그리고 이어서 소개되고 있는 예수의 탄생 이야기를 통해 예수가 다윗의 자손 요셉 계통에서 태어난 다윗의 자손임을 강조한다. 이것은 누가복음에 나오는 예수의 족보와 예수의 탄생 이야기와 관련해서 '다윗'이란 이름이 이새의 아들로 한 번 언급되고 있을 뿐, 다윗의 자손이란 말은 한 번도 나오지 않는 것과 대조가 된다. "마태에게 있어 하나님의 아들인 예수는 다윗 계통에서 나신, 왕이신 메시아다."[83] "따라서 마태는 확실히 예수를 이스라엘을 구원하기 위해 보냄 받은 다윗의 자손이며 왕이신 메시아로 제시하는 데 관심이 있다."[84]

---

82) *The Gospel According to Saint Matthew*, vol. 1, p. 165.

83) Jack Dean Kingsbury, *Matthew*(Proclamation Commentaries: Philadelphia: Fortress Press, 1977), p. 53.

84) Kingsbury, *Matthew*, p. 54. 그러나 Kingsbury는 '다윗의 자손'이란 명칭이 지상의 예수에게만 사용되고 있고 십자가에 달렸다가 부활하신 그리스도에게는 적용되고 있지 않다는 점에서, 그리고 제자들이 이 명칭을 예수에게 사용한 적이 없다는 점에서, 그리고 예수의 가르침이나 설교와 관련해서가 아니라 오직 병 고침과 관련해서만 이 명칭이 사용되고 있다는 점에서 이 명칭이 마태에게 있어서는 '하나님의

둘째로, 이 점에 우리는 더 관심이 가는데, 마태는 예수의 족보를 통해 이방인에 대한 관심(the Gentile bias), 곧 보편성(universalism)에 대한 관심을 강하게 드러낸다. 마태복음에 나오는 예수의 족보 가운데서 누가복음의 경우와 달리 아주 특이한 사실로 많이 지적된 것은, 마태의 족보에서 네 명의 여인들이 등장한다는 사실이다. 곧 다말(1:3)과 라합(1:5), 룻(1:5)과 우리야의 아내(1:6)다. 제1세기 유대교 안에서 족보에 여인의 이름을 기록하는 경우는 거의 없다고 알려져 있다. 물론 역대상 3장 1절에서 10절처럼 여인의 이름이 족보에 나오는 예외적인 경우가 있기는 하다. 그러나 거기서는 다윗의 다섯 아들을 각각 설명하려니까 그 다섯 아들을 낳은 어머니들을 밝히는 일이 불가피하여 언급하고 있는 것뿐이다. 오히려 마태의 족보와 비슷한 구약의 족보들(룻 4:18~22; 역상 2:5~15; 3:10~19)에서는 역시 여인의 이름이 전혀 나오지 않는다. 그렇다면 마태가 그의 복음서 서두에서, 예수의 족보를 소개하면서 여인들의 이름을 네 명이나 삽입한 이유와 목적은 무엇인가? 이 질문에 대한 다른 대답이 제기되기도 했지만,[85] 가장 일반적인 해석은 네 여인들이 모두 이방인 혹은 이방인과 피를 나눈 사람들이기 때문이라는 것이다. 성경에 따르면 이 여인들 중 세 사람, 곧 다말과 라합과 룻은 분명히 이스라엘 사람이 아닌 이방인이었고,[86] 네 번째 여인인 밧세바는 비록 이스라엘 여인이기는 했지만 헷 사람(the Hittite)인 우리야의 아내였다(삼하 11:3). 그래서 예수의 족

아들'이란 명칭보다는 덜 중요한 명칭이라고 그 중요성을 평가절하한다. Cf. *Matthew*, pp. 53~54; *Matthew: Structure, Christology, Kingdom*(Philadelphia: Fortress Press, 1975), pp. 99~103.

85) 예를 든다면, 첫째는 네 여인들이 모두 죄인들이라는 점이다. 다말은 시아버지와 행음한 간음자이고(창 38:24), 라합은 창녀 기생이었으며(수 2:1), 룻도 보아스를 유혹했던 여인이며(룻 3:1~18), 우리야의 아내는 다윗과 간음한 여인이다(삼하 11장). 마태가 이 네 여인의 이름을 예수의 족보에 올린 것은 예수가 그의 백성들을 그 죄로부터 구원하기 위함이라는(마 1:23) 점을 강조하기 위해서란 설명이다. 더구나 이 네 여인들은 모두 불법적인 결합으로 특징지어지는데, 그럼에도 모두 하나님의 구원 계획을 수행하는 위대한 도구들이었다. 하나님께서는 결국 인간의 불법적인 결합을 통해서도 그의 약속과 계획을 성취하셨다. 다말은 유다를 취하여 메시아 반열에 들게 함으로써 하나님 은총의 도구가 되었고, 라합의 용기로 이스라엘은 약속의 땅에 들어갈 수 있게 되었으며, 룻의 이니시아티브를 통해 룻과 보아스는 다윗왕의 조부모가 되었고, 밧세바의 개입으로 다윗의 왕위가 솔로몬에게로 넘어가게 되었다. 결국 마태의 의도는 하나님께서는 죄인들을 통해서도, 그리고 그들의 불법적인 결합을 통해서도 자신의 구원 계획을 성취하셨음을 밝히고자 하는 것이라는 설명이다.

86) 다말과 라합은 가나안 여인이고, 룻은 모압 여인이었다.

보에는 이스라엘 여인 밧세바란 이름 대신에 '우리야의 아내'라는 점을 밝히고 있다.[87] 결국 마태가 이 여인들의 이름을 예수의 족보에 올린 목적과 의도는 다윗의 자손 혈통에 이방인들이 개입했음을, 그러니 다윗의 자손으로 태어난 메시아 예수는 이방인의 피를 이어받기도 했던, 그래서 이방인을 위한 메시아이기도 하다는 점을 드러내기 위해서라는 해석이 나온다. 마태의 이런 기록 자체도 마태 공동체 자체가 유대인과 이방인의 혼합 공동체라는 사실 때문에 생겨난 것이다. 예수의 혈통이 혼합적이듯이 마태 공동체도 혼합적이기 때문이다.

예수의 족보를 통해 이방인에 대한 관심을 표명하고 있는 마태의 의도는 그의 족보 서두에서 예수를 다윗의 자손이요 아브라함의 자손이라고 말하는 데서도 드러난다. 다윗은 분명히 이스라엘의 '왕 중 왕'이라서 유대 민족의 성향이 아주 강한 유대인이지만, 아브라함은 그렇지 않다. 그는 "세상 모든 민족의 복의 근원"(창 12:2~3; 18:18; 22:18)이 될 사람이란 약속을 받은 인물이다. 따라서 마태가 그의 복음서 서두에서 예수를 다윗의 자손이면서 동시에 아브라함의 자손이라고 말하는 이유는 마태의 이방인에 대한 관심 혹은 보편성(universality)에 대한 관심 때문이라고 이해해야 할 것이다. 마태가 예수의 족보에 이어 예수의 탄생 이야기를 소개하면서 탄생한 아기 예수에게 최초로 찾아와 경배한 사람을 동방의 박사들 곧 이방인들로 소개하고 있는 것도 같은 이유 때문으로 보인다. 복음서 서두에서 이처럼 이방인에 대해 관심을 보여 준 마태는 그의 복음서 마지막 부분에서 제자들을 향해 "모든 족속에게로 가서 제자를 삼으라."고 명령하시는 예수의 말씀을 통해 다시금 그의 보편성, 혹은 이방성에 대한 관심을 드러내고 있기도 하다. 마태가 이처럼 그의 복음서 알파와 오메가에서, 즉 마태복음의 서두와 말미에서 이방인에 대한 관심을 표명하고 있기 때문에, 그리고 그의 복음서 가운데서도 계속 이방

87) Gundry는 "사실상 강조점이 우리야의 아내에 있지 않고(사무엘하(下)와는 대조적으로 마태는 '아내'란 말을 삭제했다) 우리야 자신에게 있다. 그래서 다시금 족보는 교회 안에 이방인의 자리를 예고하고 있다."고 말한다. Cf. *Matthew: A Commentary on His Literary and Theological Art*(Wm B. Eerdmans, 1983), p. 15.

인에 대한 관심을 드러내고 있기 때문에 마태복음을 가리켜 '이방적 편향성'(the Gentile Bias)을 가진 복음서라고 부르는 것이다.[88]

2) 누가복음에 나오는 예수의 족보

마태가 아브라함에서부터 예수까지 14대씩 세 시기로 나누어 41명의 이름을 소개하고 있는 것과는 달리, 누가는 별다른 문학적 구조나 시대적 구분이 없이 예수로부터 계속 거슬러 올라가 아담을 거쳐 하나님에게까지 77명의 이름을 그대로 소개하고 있을 뿐이다. 누가가 마태와 달리 예수의 족보에 왕정 이전 시기를 포함하고 있기 때문에 누가의 족보가 마태보다 더 길 수밖에 없다. 그래서 족보에 나오는 이름들의 숫자도 누가(77명)가 마태(41명)보다 많을 수밖에 없다.

이처럼 누가가 마태와 마찬가지로 예수의 족보를 소개하지만, 소개하는 신학적 목적과 의도는 마태와 다르다고 알려지고 있다. 그 차이점을 알아보기 위해서는 무엇보다도 다음과 같은 두 가지 점에 주목해야 한다. 첫째는, 누가가 예수의 족보를 소개하는 문맥이 마태의 경우와 아주 다르다는 사실이고 둘째는, 누가가 소개하는 예수의 족보에서 누가는 예수의 조상을 소급하면서 '아담'에까지 소급시키고 있다는 사실이다.

첫째로, 누가가 예수의 족보를 소개하는 문맥이 마태와 다른 것은 무엇 때문일까? 어떤 신학적 의도가 그 배경에 있는 것일까? 본문(text)은 언제나 문맥(context) 가운데서 해석되어야 한다. 문맥이 다르면 의미가 달라지는 경우가 많기 때문이다. 우리는 누가가 그의 복음서에서 예수의 족보를 소개하고 있는 문맥이 마태의 문맥과는 완전히 다르다는 점에 주목해야 한다. 즉 마태는 예수의 족보를 그의 복음서 서두에서 예수의 탄생 이야기와 연결시켜 편

---

88) Cf. K. W. Clark, "the Gentile Bias in Matthew," *JBL*(1947), pp. 165~172. Ernest L. Abel("Who Wrote Matthew?" *NTS 17*, p. 150, n. 6)은 G. Strecker를 인용하면서 마태복음을 가리켜 'an allegedly pro-Gentile Gospel'이라고 말한다.

집했다. 마태로서는 이제 탄생한 예수가 어떤 계통 혹은 혈통으로부터 출생했는지 밝히기 위해 족보를 소개하고 있는 셈이다. 그리고 족보를 통해 예수는 다윗 계통에서 태어난 다윗의 자손임을, 그리고 그의 혈통에는 이방인들의 참여가 있었음을 증거한다. 반면에 누가는 마태와는 달리 예수의 족보를 누가복음 3장에서, 즉 예수가 공생애 활동에 나서기 위해 세례를 받으셨다는 이야기(3:21~22) 직후에, 그리고 예수가 공생애 활동에 나서기 전에 광야에서 사탄에게 시험을 받으셨다는 이야기(4:1~13) 직전에 예수의 족보를 편집해 소개하고 있다.[89]

누가가 이처럼 예수의 족보를 예수의 탄생 이야기와 관련해서가 아니라 오히려 그의 생애 이야기 한가운데서 소개하고 있는 이유는 무엇일까? 이 질문에 대한 대답을 찾아보기 위해 우리는 먼저 누가복음에서 예수의 족보가 예수가 세례를 받은 이야기와는 어떤 관계가 있는지 살펴보아야 한다. 왜 누가는 예수의 족보를 예수가 세례를 받은 이야기 직후에 그 이야기와 연관시켜 소개하고 있는가? 누가는 이미 그의 복음서 서두에서, 즉 예수의 탄생 이야기 가운데서 예수는 "마리아가 아직 남자를 알지 못하는 가운데서"(눅 1:34), 그리고 "성령이 임하시고 지극히 높으신 이의 능력이 덮으신 가운데서"(눅 1:35) 태어난 분임을, 곧 예수가 성령으로 잉태되어 태어난 하나님의 아들임을 증거한 바 있다. 또한 예수의 유아기 설화를 통해 예수가 하나님의 성전을 가리켜 "내 아버지의 집"이라고 말함으로써(눅 2:49) 예수가 하나님 아버지의 아들임을 이미 암시한 바도 있다. 그런데 누가는 또다시 예수가 공생애 활동에 나서기 위해 세례를 받는 이야기 가운데서 하늘 음성을 통해 "너는 내 사랑하는 아들이요 내 기뻐하는 자라."고 선포한다. 누가는 예수가 하나님의 사랑하는 아들임을 하늘 음성, 곧 하나님 자신의 음성을 통해 강조하

---

89) R. E. Brown은 마태가 족보를 예수의 이야기에 앞서서 서론 형태로 소개하는 성서적 전례를 창세기 5장에서 찾는다. 거기서도 족보가 노아의 이야기 서론으로 소개된다. 반면에 누가가 예수의 족보를 예수의 세례 장면과 시험 장면 및 공생애 시작 사이에서 소개하는 전례를 출애굽기 6:14~25에서 찾는다. 모세의 족보도 그곳에서 모세의 소명 이야기 뒤에 그리고 그가 출애굽 사명을 시작하기 전에 소개하고 있다. Cf. *Mary in the New Testament*(Philadelphia: Fortress Press, 1978), p. 163.

고 있다. 그런 직후에 누가는 예수가 하나님의 아들이라는 사실을 하늘 음성을 통해서만 아니라 전해져 내려오던 예수의 족보를 통해서도 뒷받침하려고 했던 것이다. 바로 이런 목적과 의도 때문에 누가는 마태와 달리 예수의 족보를 예수로부터 거슬러 올라가 아담을 거쳐 하나님에게까지 소급하고 있다고 생각된다. 예수는 족보상으로도 하나님의 자손, 하나님의 아들이라는 의미다. 따라서 누가로서는 예수가 세례를 받는 이야기 가운데서 하늘 음성을 통해 예수를 하나님의 아들로 선포한 후에 곧바로 예수가 하나님의 아들임을 좀 더 분명히 독자들에게 확인시킬 수 있는 자료를 찾았고, 그것이 바로 예수의 족보였던 셈이다. 족보를 통해 누가는 예수가 요셉을 거쳐 그리고 아담을 거쳐 하나님에게까지 이르는, 하나님의 아들임을 증거하고 있는 것이다.

누가의 이런 의도는 누가가 예수의 광야 시험 이야기(4:1~13)를 예수의 족보 바로 뒤에 편집해서 소개하고 있는 사실에서도 드러난다.[90] 물론 마태복음에서도 예수의 광야 시험 이야기는 거의 같은 형태와 내용으로 소개되고 있기는 하다. 그러나 마태복음에서는 예수의 광야 시험이 예수의 족보와는 아무런 직접적인 관련도 없었다. 마태가 이미 예수의 족보를 예수의 탄생 이야기와 관련시켜 소개했기 때문이다. 마태에게 예수의 광야 시험 이야기의 의미는 예수가 공생애 활동에 나서기 전에, 다른 종교 지도자들의 경우와 마찬가지로 상당한 기간 동안 시련의 기간을 가졌다는 것을 전하는 데에 지나지 않았다.[91] 그러나 누가에게 예수의 광야 시험 이야기는 다른 의미에서 아주 중요한 자료였다. 왜냐하면 이 시험 이야기에서 마귀가 시험하고자 했던 내용의 초점은 예수가 과연 하나님의 아들인가 하는 점에 있기 때문이다. 그래서 누가는 마귀가 예수를 시험할 때마다 "네가 만일 하나님의 아들이거든"(4:3, 9)이란 말을 반복하고 있음을 강조한다. 따라서 "하나님의 아들"이란 용

---

90) 예수의 족보 가운데서 하나님의 아들로서의 '아담과 예수' 간의 analogy가 나타나고 있는 것과 마찬가지로, 예수의 시험 이야기 가운데서도 아담이 뱀으로부터 받은 시험과 예수가 사탄으로부터 받은 시험 간의 parallel도 나타나고 있다고 많이 지적되고 있다.

91) 중요한 또는 위대한 종교 지도자들의 시험 이야기 주제는 널리 알려져 있다(예: Buddha, Zarathustra, Heracles 등등). Cf. Ulrich Luz, *Matthew 1~7*, p. 184.

어와 주제가 세례 이야기(3:21~22)와 예수의 족보(3:23~28), 광야 시험 이야기(4:1~13)를 꿰매고 있는 주요 연결어(key-word 혹은 catch-word)가 되는 셈이다. 예수는 마귀의 시험에 대해 하나님의 말씀으로 응수하여 결국 마귀를 물러나게 하심으로써(4:13) 하나님의 아들에 대한 시험에 당당히 통과한 후, 성령의 능력으로 갈릴리에 와서 공생애 활동을 시작하는 것으로(4:14) 증거한다.

다음으로 누가의 족보가 마태의 족보와 차이를 보이고 있는 또 다른 중요한 사실은 누가가 예수의 조상을 아담에까지, 아니 아담을 거쳐 하나님에까지 소급했다는 점이다("Adam, the son of God", 3:28) "구약성경이나 랍비 문헌들 가운데서 족보가 하나님을 거론하는 것으로부터 시작하거나 또는 하나님을 거론하는 것으로 끝나는 그런 유례는 전혀 없다."[92]는 점을 고려할 때, 누가가 예수의 조상 목록 가운데서 하나님을 거론하며, 예수의 조상을 아담을 거쳐 하나님에까지 소급한 것은 아주 특이한 일이 아닐 수 없다. 누가가 마태와 달리 예수의 족보를 아담을 거쳐 하나님에까지 소급한 이유는 무엇일까? 이 질문에 대해 보봉(F. Bovon)은 다음과 같이 답변한다. "마태는 이스라엘의 관점을 선호해서 아브라함에서부터만 시작하지만, 누가는 아담에까지 소급함으로써 온 인류 전체를 포함시킨다."[93] 이것을 다른 말로 표현하자면 "누가가 세계주의적 경향을 보여 준다."고 할 수 있겠다.[94] 마샬도 "아담에게까지 족보가 거슬러 올라가는 것은 예수가 인류 전체를 위해서 가지는 세계사적 의미를 강조하는 것이라고 볼 수도 있다."고 말한다.[95] 누가의 보편주의적 관점을 지적하는 말이다. 이것을 댄커(Danker)는 다음과 같이 설명하기도 한다. "모든 백성들이 예수와 연관됨으로써 하늘 아버지에게로 돌아갈 수 있는 길을 발견할 수 있게 된다."[96]

---

92) Fitzmyer, *The Gospel of Luke*, p. 491.

93) F. Bovon, *A Commentary on the Gospel of Luke 1:1~9:50*, Minneapolis: Fortress Press, 2002, p. 134.

94) Bovon, *The Gospel of Luke*, p. 135.

95) I. 하워드 마샬, 루가복음(국제성서주석), I., 서울: 한국신학연구소, 1966, p. 205.

96) F. W. Danker, *Jesus and the New Age*, p. 98.

다른 한편으로 샤론 링게(Sharon H. Ringe)는 "누가복음에서 예수의 조상 목록은 예수를 이스라엘의 구원자로서만 아니라 땅의 모든 족속과 가족들을 하나의 친척으로 포함시키는 분으로 확증하고 있다."고 말하면서, 시므온의 찬양(2:30~32) 가운데 예수가 "만민 앞에 베푸신 구원이며 이방사람들에게는 주의 길을 보여 주는 빛이라."는 말씀과 또한 누가복음 3장 6절에서 세례 요한이 이사야의 예언을 인용하여 설교하면서 "모든 사람이 하나님의 구원을 보게 되리라."고 한 말씀 가운데 나타난 포괄성의 주제(the theme of inclusiveness)가 족보에서 그대로 확인되고 있다는 점을 지적한다.[97] 예수의 조상인 아담이 하나님의 아들이라면, 하나님 안에서 모든 인류는 다 하나님의 아들 곧 하나님의 자손인 셈이다.

이것은 누가가 바울의 아레오바고 설교를 통해 하나님은 "인류의 모든 족속을 한 혈통으로 만드셨다."(행 17:26)고 말하고는, 또 이어서 헬라사람 시인의 말을 인용하면서 "우리는 그의 자손이다."(행 17:28)라고 말한 것과 연결되고 있다. 이런 말들은 모든 인류가 한 사람의 후손일 뿐만 아니라 우리(인류)가 모두 하나님의 자손임을 말해 준다. 그래서 윌리엄 커즈(William S. Kurz)는 "사도행전 17장 27절 하반절에서 29절 상반절이 특히 누가복음 3장 28절을 이해하는 데 중요하다. … 사도행전 17장이 누가가 예수의 족보 꼭대기에서 하나님을 거론하는 것에 대한 설명을 제시해 준다."[98]고 말한다. "그리스도 안에서는 유대인이나 헬라인이 없다."고 말한 바울의 말과 그 사상이 여기에서도 다시 나오고 있는 것이다.

물론 마태복음에 나오는 예수의 족보 가운데서도 '이방적 편향성'이 나타나기는 한다. 그러나 마태복음에서 나타나는 이방적 편향성은 마태의 공동체를 구성하는 유대인 기독교인과 이방인 기독교인 간의 통합과 화합을 목적으로 의도적으로 강조한다고 해석되고 있다. 마태의 공동체가 처음에는

97) Sharon H. Ringe, *Luke*, p. 57.

98) William S. Kurz, "Luke 3:23~38 and Greco-Roman and Biblical Genealogies," in: *Luke-Acts: New Perspectives from the Society of Biblical Literature Seminar*, ed., by Charles H. Talbert, New York: Crossroad, 1984, p. 178.

유대인 출신 기독교인 중심으로 구성되었지만, 시간이 지나면서 점차 이방인 출신 기독교인들의 수가 증가하기 시작했다. 마태는 그의 공동체가 유대인 출신 기독교인 이외에 이방인 기독교인으로 구성되어 발전하고 있는 상황에서, 공동체가 유대인과 이방인으로 구성된 것 자체를 예수의 족보를 통해 예수의 조상 가운데 유대인 이외에 이방인의 존재가 있었음을 밝힘으로써 정당화하려고 했던 것이다. 그러나 누가복음에 나오는 예수의 족보에서 볼 수 있는 '보편주의 사상' 혹은 '포괄성의 사상'은, 누가가 그의 문서 전체를 통해 강하게 드러내고 있는 이방인에 대한 복음 선교에 대한 관심, 곧 세계 선교에 대한 비전에서 나왔다는 점에서 마태와는 분명히 다르다. 누가에게는 이방인이나 유대인이나 모두 같은 조상 아담의 자손이며, 또한 하나님의 자손이기도 하기 때문에 유대인과 이방인의 구별은 의미가 없다고 볼 수도 있다. 따라서 우리는 누가가 소개하는 예수의 족보를 통해서도 유대인과 이방인 모두를 포괄하는 보편주의 사상을 보게 되는 셈이다.

5 예수의 공생애 첫 설교(4:16~30)

누가복음 4장 16절부터 30절에 나오는 예수의 공생애 첫 설교를 가리켜 흔히 '예수의 취임 설교'(the inaugural sermon)라고들 부르기도 하는데, 필그림(Walter E. Pilgrim)은 이 설교 본문에 대해 "누가가 기록한 두 권의 책을 이해하려면 이 본문보다 더 중요한 것은 없다."고 말하면서,[99] 이 설교 본문이 "누가 문서들을 위한 프로그램적인 본문," 혹은 "복음서와 사도행전의 전체적인 개요"이며, 그래서 "뒤에 이어지는 내용을 모두 읽기 위한 안경"이라고 부른다.[100] 이 본문이 누가의 의도를 해석하기 위한 열쇠로서 그만큼 중요하다는 의미일 것이다. 그리고 이 본문의 중요성에 대한 이 같은 평가들에 대해서는 오늘날 학자들 간에 아무런 이론의 여지가 없어 보인다.

우리가 다 잘 알고 있는 바와 같이 누가복음 4장 16절에서 30절은 누가복음에서 예수의 공생애 활동 중 첫 번째 설교로 소개되고 있는 본문이다. 그런데 누가복음에 나오는 예수의 이 첫 설교는 다른 복음서들에서 소개되고 있는 예수의 공생애 첫 설교와 많은 차이를 보인다. 아니 어떤 면에서는 아주 다르다고 말하는 편이 더 옳을 것이다. 가령 마가복음을 보면, 예수의 공생애 활동 중 첫 설교는 예수께서 "갈릴리에" 나타나셔서 "때가 찼다. 하나님의 나라가 가까이 왔다. 회개하고 복음을 믿으라."(막 1:14~15)고 말한 것이었다. 다른 한편으로 마태복음에서는, 예수의 첫 설교가 갈릴리 "가버나움에서"

---

99) Walter E. Pilgrim, *Good News to the Poor: Wealth and Poverty in Luke-Acts* (Minnesota: Augsburg, 1981), p. 64

100) Pilgrim, *Good News to the Poor*, pp. 64~65; Fred B. Craddock은 이 본문을 가리켜 "a preview of Luke's understanding of the mission of Jesus"라고 부른다. Cf. *The Gospels*(Nashville: Abingdon, 1981), p. 107.

"회개하라 천국이 가까웠느니라"(마 4:17)[101]고 선포한 것이다.

그런데 마가복음이나 마태복음에 비교해 보면 누가가 소개하는 예수의 공생애 활동 중 첫 설교는 마가와 마태의 내용과는 아주 다르며 상당히 길기도 하다. 무엇보다도 누가는 예수가 공생애 활동을 시작하면서 안식일에 나사렛 회당에 들어가 이사야 선지자의 글 가운데서 "주의 성령이 내게 임하셨으니 이는 가난한 자에게 복음을 전하게 하시려고 내게 기름을 부으시고 나를 보내사 포로 된 자에게 자유를, 눈 먼 자에게 다시 보게 함을 전파하며 눌린 자를 자유롭게 하고 주의 은혜의 해를 전파하게 하려 하심이라."(사 61:1의 인용)를 읽고 나서 "이 글이 오늘 너희 귀에 응하였느니라."고 말씀하셨다는 것과, 이 첫 설교 말씀에 대한 사람들의 반응이 어떠했는지를 간단히 소개하고 있다. 그러고는 예수가 계속 누가복음 4장 25절부터 27절에서 다시 구약성경 열왕기 본문을 근거로 "내가 참으로 너희에게 이르노니 엘리야 시대에 하늘이 삼 년 육 개월간 닫히어 온 땅에 큰 흉년이 들었을 때에 이스라엘에 많은 과부가 있었으되 엘리야가 그 중 한 사람에게도 보내심을 받지 않고 오직 시돈 땅에 있는 사렙다의 한 과부에게뿐이었으며, 또 선지자 엘리사 때에 이스라엘에 많은 나병환자가 있었으되 그 중의 한 사람도 깨끗함을 얻지 못하고 오직 수리아 사람 나아만뿐이었느니라"고 설교했다고 기록했다. 곧이어 이 설교 말씀에 대한 사람들의 반응을 소개하면서 그런 설교의 결과로 사람들의 노여움을 사 동네에서 쫓겨났다고 전하고 있다(눅 4:29).

따라서 누가가 전하고 있는 예수의 공생애 첫 설교 본문은 문학적으로 크게 다음과 같이 두 부분으로 구분할 수 있다.[102]

---

101) 그런데 마태복음에서는 예수의 이 첫 번째 설교(4:17)가 세례 요한이 유대 광야에 나타나 선포했던 첫 번째 메시지(3:2)와 완전히 똑같다고 소개하고 있다.

102) Donald Juel, *Luke-Acts*(London: SCM Press, 1984), p. 28; Cf. E. Schweizer, *The Good News According to Luke*(Atlanta: John Knox Press, 1984), p. 85. 그러나 이와 달리 Walter E. Pilgrim은 이 본문이 다음과 같은 네 가지의 주요 신학적 강조점과 주제를 소개하고 있다고 본다. (1) 예수의 사역을 하나님의 구원 시대의 성취로 선포하는 것. (2) 이사야로부터의 인용을 기초로 예수 사역의 내용에 대해 진술하는 것. (3) 예수의 마지막 고난과 배척에 대해 예고하는 것. (4) 복음이 유대인으로부터 이방인에게로 옮겨간다고 예고하는 것.(cf. Pilgrim, *Good News to the Poor*, p.65).

1) 첫 번째 부분인 4장 18절부터 21절에서는 예수가 회당에 서서 성경 본문을 펼쳐 읽고 "이 성경말씀이 오늘 너희에게 이루어졌다."고 해석해 주고 있다. 여기에 인용된 구약성경은 주로 이사야 61장 1절과 2절 상반절을 약간 변형하여 인용한 것이며 이사야 58장 6절("눌린 자를 자유케 한다.")의 일부가 포함되어 있다. 그리고 이 설교 직후에 4장 22절에서는 설화적인 형태로, 이 설교 말씀을 들은 사람들의 긍정적이며 호의적인 반응을 소개한다("사람들은 모두 감탄하고 그의 은혜로운 말씀에 놀라 '이 사람이 요셉의 아들이 아닌가?' 하고 말했습니다.").

2) 두 번째 부분인 4장 25절부터 27절에서는 예수가 계속하여 마치 전반부 이사야 본문에 대한 확대된 해설의 형태로 열왕기의 내용 가운데 엘리야와 엘리사의 사역을 예로 들면서, 엘리야가 "시돈지방 사렙다 과부"에게, 엘리사가 "수리아 사람 나아만"에게 보냄을 받아 그들에게 특별한 은혜를 베풀었지, 이스라엘의 과부나 이스라엘의 나병환자에게 보냄을 받지 않았다고 설교한다. 그리고 이 말씀 직후에 4장 28~29절에서는 다시금 설화적인 형태로 듣는 사람들의 반응을 소개하는데, 이번에는 그 반응이 아주 부정적이며 적대적이었다고 기록한다("사람들이 회당에서 이 말씀을 듣고 모두 화가 났습니다. 그들이 일어나 예수를 동네에서 쫓아내어 동네 밖 산벼랑까지 끌고 갔습니다. 벼랑 끝에서 예수를 밀쳐 떨어뜨리려고 했던 것입니다.").

따라서 우리는 누가가 소개하는 예수의 공생애 첫 설교 내용과 구조를 다음과 같이 간단히 요약할 수 있다.

1) 이사야 본문을 기초로 한 설교의 전반부(4:18~21)
   예수의 설교 말씀에 대한 호의적인 반응(4:22~23)
2) 엘리야와 엘리사 사역이 기초가 된 설교의 후반부(4:25~27)
   예수의 설교 말씀에 대한 적대적인 반응(4:28~29)

예수의 설교 전반부에서는 듣는 사람들이 모두 예수의 설교에 대해 큰 인상을 받고 호의적으로 대하고 있어서 예수에 대한 배척의 기미는 전혀 보이지 않았다. 그러나 설교의 후반부에서는 "사람들이 회당에서 이 말씀을 듣고 모두 화가 났고"(4:28), 그들은 예수에 대해 격렬하게 반발하면서 예수를 동네 밖으로 끌고 나가 벼랑 끝으로 밀어 떨어뜨리려고 했다. '나사렛에서의 배척'이란 주제는 바로 이 후반부에서 잘 드러난다.

이처럼 누가복음 4장 16절에서 30절에 소개된 예수의 첫 설교 메시지에서는, 전반부에서 구약성경의 이사야 선지자 글이 인용되었고, 후반부에서는 구약성경의 엘리야와 엘리사 행적이 언급되었다는 점에서 아주 독특하다고 볼 수 있다. 다른 복음서에서 유례를 찾아볼 수 없는 내용이기 때문이다. 그러나 예수의 첫 설교와 관련해서 예수가 "선지자가 고향에서는 존경을 받지 못한다."는 말씀을 남기고 다른 곳으로 떠나는 이야기와 동네 사람들로부터 배척을 당하는 이야기 등은 마가복음(6:1~6)과 마태복음(13:53~58)에 그 유사한 평행 본문을 갖고 있는 것은 사실이다. 그러나 그런 평행 본문들을 누가의 본문과 비교해 봐도 누가의 본문은 여러 가지 점에서 아주 다르다. 첫째로는, 그런 이야기를 전하는 본문의 문맥이 아주 다르다. 마가복음의 경우에는 예수의 공생애가 시작된 이후 그리고 네 개의 이적 시리즈(4:34~5:43)가 다 끝난 다음에 이 이야기가 소개되고 있으며(막 6:1~5), 마태복음의 경우에도 예수의 공생애 활동이 한동안 시작된 다음에 일곱 개의 비유 시리즈(13:1~52)가 끝난 후에 소개되고 있다(막 13:53~58). 즉 두 복음서에서 모두 예수의 공생애 활동이 상당히 진행된 이후에 선지자가 고향에서 존경을 받지 못하고 배척을 받는 이야기가 소개되고 있다.

그러나 누가의 경우는 다르다. 누가복음에서는 선지자가 고향에서 존경을 받지 못하고 배척을 받는 이야기가 예수의 공생애 초기에, 그것도 첫 번째 설교 메시지가 있는 직후에 소개되고 있다. 그러나 좀 더 면밀히 살펴본다면, 누가 본문의 현재 위치는 사실상 상당히 어색한 면이 있다.[103] 분명히 그

---

103) F. B. Craddock은 이 본문의 현재 위치에 대해 다음과 같이 말한다. "(이 본문은) 지리적으로 앞의 내용과 뒤의 내용이 분리되어 있는 사건"이며, 그래서 "연대기적으로 이 위치는 불가능하다." Cf. *Gospels*, pp. 106,108.

이야기가 현재의 문맥과 잘 어울리지 않기 때문이다. 왜냐하면 누가복음 4장 23절에 의하면, 사람들이 예수의 공생애 첫 설교 중에 "당신이 가버나움에서 행한 모든 일을 우리가 들었소."라고 말하고 있는데, 예수가 가버나움에서 행한 일들이란 이 설교가 있은 직후인 누가복음 4장 31절부터 44절에서 소개되는 내용들이기 때문이다. 그러니까 예수가 고향, 혹은 나사렛에서 배척을 당한 것은 실제로 그의 공생애 활동 초기에 예수의 첫 번째 설교 직후에 있었던 일이 아니라, 마가복음과 마태복음의 경우에서처럼 그의 공생애 활동이 상당히 진척된 이후에 그리고 그런 활동의 결과로 나타났다고 보아야 한다. 그런데 누가는 선지자가 고향에서 존경을 받지 못하고 끝내 배척을 당하는 이야기를 다른 복음서들과는 달리 예수의 공생애 첫 번째 설교와 연관시켜 소개하는 점이 특이하다.

그렇다면 누가가 선지자가 고향에서 존경을 받지 못하고 배척을 당하는 이 이야기를 현재의 위치에서, 곧 예수의 공생애 활동 첫 설교와 연관시켜 편집한 이유는 무엇일까? 그것은 누가가 예수의 설교 메시지가 당시 고향 사람들이나 유대인들에게는 아주 놀랍고도 충격적이며, 그래서 쉽게 이해할 수도 없고 쉽게 받아들일 수도 없는 메시지라는 점을 부각시키기 위해서였을 것이다. 예수의 첫 설교 전반부에서 이사야를 인용하면서 가난한 사람들, 포로 된 사람들, 눈먼 사람들과 눌린 자들에게 복음을 전하며 희년을 선포하는 것은 그들에게 그리 놀라운 메시지도 아니며, 그래서 "사람들이 모두 감탄하고 그의 은혜로운 말씀에 놀라기도"(4:22) 했다. 그러나 예수가 설교 후반부에서 엘리야와 엘리사의 이야기를 인용하면서 유대 땅에 많은 과부들이 있었음에도 엘리야가 그들에게 보냄을 받지 않고, "다만 시돈지방 사렙다 과부에게만 보내졌으며"(4:26), "엘리사 시대에 이스라엘에 나병환자들이 많았는데 그들 가운데 아무도 깨끗함을 받지 못하고 다만 수리아 사람 나아만만이 깨끗함을 받았다."(4:27)는 설교 말씀이 있었을 때, "사람들이 회당에서 이 말씀을 듣고 모두 화가 났고"(4:28) 그래서 그들이 일어나 예수를 동네에서 쫓아내어 동네 밖 산벼랑까지 끌고 가서 그를 밀쳐 떨어뜨리려고 했다(4:29).

하나님의 특별한 은혜가 이스라엘 사람이 아니고 오히려 이방인에게, 곧 시돈지방 사렙다 과부와 수리아 사람 나아만에게 주어졌다는 예수의 말씀은 당시 유대인들의 관점에서는 도저히 이해할 수도 쉽게 받아들일 수도 없는 메시지였을 것이다. 유대인의 선지자로 알려진 예수가 회당 안에서 어떻게 그런 설교를 할 수 있단 말인가. 이방인을 더러운 '개'와 같은 존재로 생각하던 당시 유대인들로서는 하나님이 이스라엘 사람에게가 아니라 그런 이방인들에게 특별한 은혜를 베풀었다고 전하는 설교 말씀이 마치 하나님으로부터 특별히 택함을 받은 민족이라는 자부심을 부인하며 짓밟는 말씀처럼 생각되었을 것이다. 그들이 모두 화를 내며 예수를 동네 밖 산벼랑까지 끌고 가 밀쳐 떨어뜨리려고 했던 것이 오히려 쉽게 이해할 만한 일이었을 것이다.

누가가 이렇게 예수의 첫 설교 말씀이 당시 유대인들로서는 쉽게 받아들일 수 없는 충격적인 메시지라는 점을 부각시키는 까닭은, 예수와 제자들의 메시지가 유대교 종교 지도자들, 곧 서기관과 바리새인들의 메시지와는 너무나도 다르다는 점을, 즉 그 차별성을 분명히 부각시키기 위해서이기도 하다. 누가의 이런 의도는 사도행전에서 베드로가 예수의 공생애 활동 초기에 예루살렘 솔로몬 행각에서 설교했을 때에도(행 3:11~26) 그 말을 듣고 있던 사람들이 "분격하여"(행 4:2, 새번역) 붙잡아 가두는 일을 했다고(4:3) 전하는 데서도, 그리고 또 초대교회 헬라파 지도자 가운데 한 사람인 스데반이 대제사장과 이스라엘 사람들 앞에서 긴 설교를 통해 하나님은 이방 땅에도 계신 분이며, 사람의 손으로 만든 집에 계시지 않는 분이라고 말했을 때에도(행 7:2~53), 유대인들은 "스데반의 말을 듣고 격분하여 이를 갈았고"(행 7:54) 끝내 스데반을 "성 밖으로 끌어내어 돌로 쳐서"(행 7:58) 죽였다고 기록한 데서도 잘 드러나고 있다. 유대교와의 이런 분명한 차별성 때문에 예수는 처음부터 고향에서 존경을 받지 못하고 끝내 유대인들로부터 배척을 받아 십자가의 죽음을 당하게 되는 것이 아닌가. 바로 이런 점에서도 예수의 공생애 첫 설교는 그의 활동 전체를 위한 프로그램 형태의 의미(programmatic significance)를 갖는다고 생각되기도 한다. 즉 마가복음에서는 그 본문이 복음서의 첫 번째 항목(막 1:21~5:43)을 마감하면서 새로운 항목을 소개하기 위한 전환 본문(a transitional unit) 역할을 하는 데 비해, 누가복음에서는 이 본문이 누가가 이해하고 있는 예수의 공생애 활동 전체를 소개하며 해석해 주는 "복음서의 권두 그림"(the frontispiece to the gospel)[104] 역할을 한다고 볼 수 있을 것이다. 한마디로 누가는 이 이야기를 누가복음 전체를 위한 일종의 예고편(豫告篇) 혹은 시사회(試寫會) 형태로 소개하려 했다고 말할 수도 있을 것이다.

이상의 여러 가지 차이점들에도 불구하고 특히 누가의 본문이 예수의 첫 설교와 관련하여 마가나 마태의 본문과 내용적으로 분명한 차이점을 보이는 가장 중요한 부분 가운데 하나는, 앞에서 잠시 지적했던 바와 같이 설교 전반부인 누가복음 4장 18~19절에 나오는 구약성경의 이사야 인용이고, 다른 하나는 설교 후반부인 4장 25절부터 27절에 나오는 엘리야와 엘리사 선지자의 행적에 대한 인용이다. 이 두 부분은 오직 누가의 본문에서만 나온다. 따라서 이 두 가지 구약 인용은 누가의 독특한 신학적 관심을 드러낸다고 생각되며 그의 신학적 관심을 알아볼 수 있는 중요한 열쇠가 될 수 있다.[105]

첫째로, 누가는 예수가 첫 설교 가운데서 "가난한 자에게 복음을 전파하고…포로 된 자에게 자유를, 눈 먼 자에게 다시 보게 함을…눌린 자를 자유롭게 하고 주의 은혜의 해를 전파하게 하려 하심이라."고 말씀하셨음을 강조함으로써, 자신의 신학적 관심이 특히 '불쌍한 사람들', 곧 사회의 중심에 있지 못한 사람 혹은 사회의 주변으로 밀려난 사람들에 있음을 드러내고 있다. 이처럼 누가가 예수의 공생애 활동 첫 설교를 통해 희년을 선포한다는 점에서 로버트 슬론(Robert B. Sloan)은 누가의 신학을 '희년 신학'(Jubilary Theology)이라고 명명하기도 했다.[106] 둘째로, 누가는 예수의 첫 설교 가운데서 엘리야

---

104) C. H. Talbert, *Reading Luke: A Literary and Theological Commentary on the Third Gospel*, New York: Crossroad, 1982, p. 52.

105) F. Bovon은 누가가 예수의 공생애 첫 설교 전반부에 17~21절과 그 후반부에 25~27절을 첨가하여 확대한 까닭은 "in the interests of christology and universalism" 때문이라고 본다. Cf. *A Commentary on the Gospel of Luke 1:1~9:50*, Minneapolis: Fortress Press, 2002, p.150.

106) '희년 신학'이란 말은 R. B. Sloan이 스위스 바젤대학에 제출했던 박사 학위 논문의 부제에서 강조된다.

와 엘리사의 사역을 언급하면서, 특히 그들이 보냄을 받았던 사람들, 그래서 그들로부터 특별한 은혜를 받았던 사람들이 이스라엘 사람들이 아닌 이방인들인 사렙다 과부와 수리아의 나아만 장군이었음을 강조한다. 이 점은 특히 누가가 사렙다 과부를 언급하면서 "엘리야 시대에 이스라엘에 과부들이 많이 있었는데"(4:25) "하나님이 엘리야를 그 많은 과부들 가운데 아무에게도 보내시지 않고 다만 시돈 지방 사렙다 과부에게만 보내셨다."(4:26)고, 그리고 수리아 사람인 이방인 나아만을 언급하면서도 "또 예언자 엘리사 시대에 이스라엘에 나병환자들이 많았는데, 그들 가운데 아무도 깨끗함을 받지 못하고 다만 수리아 사람 나아만만이 깨끗함을 받았다."(4:27)고 말함으로써, 이스라엘 과부가 아닌 이방인 사렙다 과부, 이스라엘 나병한자가 아닌 이방인 나아만만이 엘리야와 엘리사 선지자가 보냄을 받고 특별한 은혜를 베푼 대상이었음을 강조한다. 더구나 엘리야와 엘리사 선지자들은 모두 이스라엘 북부 지역에서 활동했고, 사렙다 과부와 수리아 나아만은 모두 이방인들이었다. 그래서 누가는 특히 사렙다 과부를 "시돈지방 사렙다"(4:26)의 과부라고, 나아만을 "수리아 사람"이라고(4:27) 그 이방적 정체성을 분명히 밝힌다. 누가의 신학적 관심이 어디에 있는가를 짐작할 수 있게 해 주는 대목이 아닐 수 없다.[107] 피츠마이어는 이 점을 두고 다음과 같이 말한다. 엘리야와 엘리사의 사역에 대해 언급하는 "이 25절에서 27절은 이방인들에 대한 기독교 선교를 위한 정당성을 구약성경으로부터 제공해 준다."[108]

누가의 기록이 역사 편찬적 관심에서 역사적 사실을 그대로 정확히 보도하려는 데 목적이 있었던 것이 아니라면, 누가가 소개하는 이 본문은 마땅히 누가의 신학적 관심을 보여 주는 전략적 본문으로 이해해야 옳을 것이다. 그래서 실제로 많은 학자들이 이 본문은 누가의 기록 목적을 밝히는 전략적 본

Cf. *The Favorable Year of the Lord: A Study of Jubilary Theology in the Gospel of Luke*(Texas: Schola Press, 1977).

107) F. Bovon은 "26~27절은 유대교적인 구속을 파기한 그런 기독교를 반영한다."고 말한다. Cf. *A Commentary on the Gospel of Luke 1:1~9:50*, p. 156.

108) J. Fitzmyer, *The Gospel According to St. Luke*, p. 537.

문(programmatic passage)이라고 생각하여, 흔히 '복음서 중의 복음서'[109]라고 부르기도 하는데, 결코 지나친 말이 아니다. 우리는 누가가 예수의 공생애 첫 설교를 통해, 전반부 이사야를 통해서는 주로 유대인들, 그 중에서도 가난하고 불쌍한 자들에 대한 선교를, 그리고 후반부 엘리야와 엘리사의 행적을 통해서는 이방인들에 대한 선교를 강조하려고 했다고 생각할 수 있다. 누가가 그의 복음서에서 일차로 열두 제자들의 파송을 통해 유대인들 선교에 대한 의도를, 그리고 다시 70인 제자들의 파송을 통해 이방인들 선교에 대한 의도를 드러내고 있는 점에서도 그런 생각을 엿볼 수 있다. 이런 의도는 누가복음 14장 15절부터 24절에 나오는 '큰 잔치 비유'에서 잔치를 준비한 주인이 잔치 자리를 채우기 위해 일차적으로는 종을 "동네 큰 거리와 골목으로" 내보내서 (유대 땅의) 가난한 사람들과 불쌍한 사람들을 불러오게 하고, 이차적으로 다시 종들을 "큰 길이나 울타리 밖에 나가서" 사람들을 데려오도록 명령했다고 기록한 점에서도 드러난다. 누가가 제1권 누가복음에서 예수가 주로 유대인들을 상대로 선교 활동을 했다고 기록한 후에 다시 제2권인 사도행전에서 예수의 제자들이 주로 이방인들을 대상으로 선교 활동을 한 기록을 남긴 의도도 같은 것으로 생각할 수 있다.

그런데 여기서 우리가 특별히 더 주목하고자 하는 것은 예수의 이 첫 번째 설교 후반부에 포함되어 있는 엘리야와 사렙다 과부의 이야기, 그리고 엘리사와 나아만 장군의 이야기다(4:25~27). 누가는 예수의 이 설교를 소개하면서 구약의 두 선지자가 두 이방인인 시돈지방 사렙다 과부와 수리아 사람 나아만에게 보냄을 받아 은혜를 베풀었다는 점을 강조하기 때문이다. 무엇보다도 먼저 우리는 여기서 시돈지방 사렙다 과부와 수리아 사람 나아만 장군이 모두 이방인이란 점에 주목해야 한다. 유대 땅 나사렛 회당에 나타나 첫 설교를 하던 예수가 하나님의 은혜가 이미 구약성경 시대에 시돈지방의 사렙다 과부와 수리아 사람 나아만 장군에게 베풀어졌다는 말을 강조하고 있는

---

109) L. T. Johnson, *The Literary Function of Possessions in Luke-Acts*(Scholars Press, SBLDS 39, 1977), p. 92, n.2.

것은 그 당시 유대인으로서는 좀 의외이고 놀라운 일이 아닐 수 없다. 그래서 실제로 회당에서 이 말을 들었던 사람들이 "다 크게 화를 내기도 했다"(눅 4:28). 만약 이것이 누가의 의도적인 편집에 의해서였다면, 분명히 누가는 예수의 사역을 통해 시작되게 될 이방인 선교를 염두에 두었을 것이며, 이 이야기를 이방 선교를 위한 구약성경의 '전례'와 '모델'로 생각하여 제시하고 있다고 보인다.

그래서 많은 학자들은 누가복음 4장 18절에서 30절, 특히 4장 25절에서 27절 본문은 이방 선교를 위한 누가의 관심을 대변한다고 인식해 왔다. 이 점을 제일 먼저 잘 지적해 준 사람은 아마도 존 크리드(John M. Creed)였던 것 같다. 그는 그의 누가복음 주석책에서 다음과 같이 주장한 바 있다. "엘리야와 엘리사의 생애로부터 인용된 사건들은 이방인들을 향한 선교를 위한 좋은 선례를 제공해 준다. 이것이 복음서 기자에게 있어서 진짜 의미였음은 의심할 여지가 없다."[110] 그의 뒤를 이어 최근에 와서는 에슬러(Philip Francis Esler)가 다음과 같이 말하기도 한다. "이 세 구절에서 예수 시대 이후에야 비로소 시작된 이방 선교에 대한 예언과 그에 대한 공식적 승인(prediction and authorization)을 보는 것은 누가 연구의 일종의 상식이다."[111] 이미 1969년에 크로켓(L. C. Crockett)은 이 본문에 대한 중요한 논문[112]을 통해 이런 주제에 관심을 집중시킨 바 있다. 특히 그는 다음과 같은 두 가지 점을 밝혀 주었다. 첫째로, 그는 엘리야가 시돈지방 사렙다의 과부에게 보내진 이야기에 대한 언급이 장차 기독교인의 식탁 친교에서 유대인과 이방인이 함께 먹게 될 일에 대한 일종의 예고라고 보았다. 둘째로, 그는 4장 27절에 나오는 수리아사람 나아만이 엘리사 선지자의 도움으로 요단강 물로 깨끗해진 일에 대한 언급이 이방인들을 깨끗하게 하는 이방인 세례를 예고한다고 해석했다. 따라

110) John M. Creed, *The Gospel According to St. Luke: The Greek Text* with Introduction, Notes and Indices, London: Macmillan & Co., (1930) 1953, p. 66.

111) Philip Francis Esler, *Community and Gospel in Luke-Acts: The Social and Political Motivation of Lucan Theology*(Cambridge University Press, 1987), p. 35.

112) "Luke 4:25~27 and Jewish and Gentile Relations in Luke-Acts," *JBL* 88, 1969, pp. 177~183.

서 누가가 예수의 공생애 활동 첫 설교 가운데 엘리야 선지자가 이방인 지역 인 시돈의 사렙다 과부에게 보냄을 받고 그리고 엘리사 선지자가 이방인 수리아사람 나아만에게 보냄을 받는 이야기를 포함시킨 것은 바야흐로 시작되는 예수의 공생애 활동에서 예수가 바로 엘리야와 엘리사의 경우처럼 이방인들에게 보냄을 받게 될 것임을 알리기 위해서라고 이해되고 있다.

고울더는 엘리야와 엘리사의 사역에 대한 언급이 누가복음에서 예수의 사역 가운데서 그대로 성취되었다는 점을 강조한다. "사렙다 과부에 대한 엘리야의 미션이 예수께서 나인성 과부의 독자를 다시 살려 준 이야기에서 성취되었고, 엘리사가 이방인 문둥병자인 나아만을 고쳐 준 이야기는 예수가 사마리아 문둥병자를 고쳐 준 이야기에서 성취되었다."[113] 누가에게 "예수는 또 다른 엘리야이고 또 다른 엘리사이다(Jesus is another Elijah and another Elisha)."[114] 더구나 예수의 이 첫 설교 때문에 나사렛 사람들로부터 예수가 배척을 받고 고향땅을 떠나고 있다(30절). 그래서 결국 복음 선포가 고향 백성들인 유대인으로부터 이방인에게로 옮겨간다고 더욱 분명하게 예고하는 것이 누가의 의도라고 주장되고 있다. 본문에서 예수가 고향땅 나사렛에서 배척을 받고 다른 동네로 떠나가고 있는데, 비록 "예수가 배척당했기 때문에 다른 곳으로 가는 것이 아니라 자기가 다른 곳으로 가야 하는 것이 하나님의 뜻이고 자신의 사명이라고 선포했기 때문에 배척을 받은 것이라"[115]고 말하더라도 이 본문이 이방 선교를 가리킨다고 보는 점에서는 별다른 차이가 없다.

그런데 이런 관점을 따르면서도, 누가복음 해석가들 중에는 엘리야와 엘리사의 이야기(4:25~27)가 4장 24절에 나오는, "예언자가 자기 고향에서는 환영을 받지 못한다."는 속담 직후에 소개되고 있다는 이유 때문에 그 구절을 근거로 엘리야와 엘리사의 이야기가 그 속담의 교훈과 의미를 예증하기 위

113) Michael D. Goulder, *Luke: A New Paradigm*, Sheffield: Sheffield Academic Press, 1994, p. 304.

114) Fitzmyer, *The Gospel According to St. Luke*, p. 537.

115) R.C. Tannehill, "The Mission of Jesus according to Luke 4:16~30," in: *Jesus in Nazareth*, ed. W. Eltester〈Berlin: Walter de Gruyter, 1972〉, p. 62. Cf. Talbert, *Reading Luke*, p. 57.

한 것이라고, 즉 예언자가 고향에서 환영을 받지 못하기 때문에 다른 동네로 간다는 진리를 예증하기 위한 것이라고 주장하는 사람들도 있다. 예를 들어 엘리스(E. E. Ellis)에 따르면, "엘리야와 엘리사에 대한 말씀은…나사렛에서의 배척이 갖는 진정한 의미를 강조해 준다. 하나님은 반항하는 이스라엘을 그냥 지나쳐서 그의 축복을 이방인들에게 제공해 준다."[116] 다시 말하자면 이런 사람들은 엘리야와 엘리사의 이야기에서 '이스라엘의 배척과 이방인의 환영'이란 신학적 주제의 근거를 찾아보려고 시도한다. 물론 이런 해석이 앞의 해석, 곧 이방인 선교를 내다보고 있다는 해석과 맥을 같이하고 있기는 하지만, 그러나 엘리야와 엘리사의 이야기에서 '이스라엘의 배척과 이방인의 환영'이란 주제를 찾으려는 것은 좀 지나친 해석이다. 물론 누가복음 4장에서 예수가 엘리야와 엘리사 이야기를 설교한 후에 회당에서 이 설교를 들었던 유대인들이 "다 크게 화가 나서 일어나 (예수를) 동네 밖으로 쫓아내어 그 동네가 건설된 산 낭떠러지까지 끌고 가서 밀쳐 떨어뜨리고자 했고"(4:28~29), 그 직후에 예수가 "내가 다른 동네들에서도 하나님의 나라 복음을 전하여야 하리라. 나는 이 일을 위해 보내심을 받았노라."(4:43)고 말씀하셨다고 기록되어 있기는 하다. 그리고 사도행전에서 바울과 바나바가 유대인들을 향해 "하나님의 말씀을 마땅히 먼저 너희에게 전할 것이로되 너희가 그것을 버리고 영생을 얻기에 합당하지 않은 자로 자처하기로 우리가 이방인에게로 향하노라."(행 13:46; 18:6)고 말하면서 이방인 선교로 돌아서는 이야기가 있기는 하다. 그래서 누가의 이 본문에서 '이스라엘의 배척과 이방인의 환영'이란 신학적 주제를 찾으려는 학자들의 주장에 일리가 있는 것처럼 보이기도 한다.

그러나 누가가 전하는 예수의 공생애 첫 설교 자체에서 유대인이 복음을 반대하기에 이방인에게로 향한다는 그런 신학적 주제가 나타나는 것은 결코 아니다. 왜냐하면 만약 그것이 누가의 의도였다면, 엘리야와 엘리사의 예화 가운데 그 예언자들이 이스라엘에서 백성들로부터 환영받지 못했다는 언

---

116) E. E. Ellis, *The Gospel of Luke*(The New Century Bible Commentary), Grand Rapids, Wm. B. Eerdmans, 1987, p. 98.

급과 더불어 이방 땅에서 이방인들로부터 환영받았다는 언급이 있어야 하는데, 그렇지 않기 때문이다. 엘리사는 자기 백성들로부터 배척을 받은 선지자가 아니다. 다른 신을 섬기는 이세벨 왕후로부터 박해를 받은 선지자일 뿐이다. 엘리야가 시돈에 있는 사르밧 과부에게로 가게 된 것도 백성들로부터, 혹은 심지어 이세벨 왕후로부터 박해를 받았기 때문이 아니라, "여호와의 말씀이 엘리야에게 임하여 이르시되 너는 일어나 시돈에 속한 사르밧으로 가서 거기 머물라."(왕상 17:8~9)고 말씀했기 때문이다. 다른 한편으로 엘리사가 나아만에게 가게 된 것도 자기 백성들로부터 배척받았기 때문이 아니라 나아만의 아내 밑에 있는 "이스라엘 땅에서 온 소녀"(왕하 5:4)의 제안 때문이며, 아람 왕의 지시가 있었기 때문이다(왕하 5:5). 엘리야와 엘리사는 결코 자기 백성들로부터 배척받은 선지자가 아니다. 엘리야와 엘리사가 이방인들인 사렙다 과부와 수리아 나아만에게 나아가 그들을 돕고 은혜를 베푼 것은 그들이 그들에게 "보내심을 받았기"(4:26) 때문이지, 이스라엘로부터 반대를 받았거나 환영받지 못했기 때문이 아니다. 예수가 보내심을 받았던 것처럼(4:18), 엘리야와 엘리사도 "보내심을 받았고"(4:26), 그래서 예수가 "다른 동네들에서도 하나님의 나라 복음을 전하여야 하리니 나는 이 일을 위해 보내심을 받았다."(4:43)고 말씀하셨던 것이다. 이방인에 대한 선교가 하나님의 보내심, 곧 하나님의 뜻임을 말하는 것이 아닐 수 없다. 그래서 존슨(Johnson)에 따르면, 엘리야와 엘리사와 관련된 "이 예화들이 가리키려는 것은 이방인들에게 은혜를 보이는 것이 처음부터 하나님의 뜻이며, 바로 이런 예언적인 말씀이 백성들의 질투와 배척을 불러일으켰다는 점이다."[117] 이런 사실에서 탄네힐(R. C. Tannehill)의 다음과 같은 말은 정확한 이해로 보인다. "예수는 배척받았기 때문에 다른 곳으로 가신 것이 아니라, 자기가 다른 곳으로 가야 하는 것이 하나님의 뜻이고 자신의 사명이라고 선포한 것 때문에 배척을 받았다."[118]

---

117) L. T. Johnson, *The Literary Function of Possissions in Luke–Acts,* SBL Series No. 39, Scholars Press, 1977, p. 95.

118) Cf. R.C. Tannehill, "The Mission of Jesus according to Luke 4:16~30," In: Jesus in Nazareth, ed. W. Eltester [Berlin: Walter de Gruyter, 1972], p. 62.

그런데 일부 누가복음 해석가들 중에는 누가복음 4장 16절에서 30절 본문이 이방 선교를 가리키기 위한 것이 아니라 도리어 예수의 정체, 곧 예수가 선지자임을 밝히는 본문이라고 주장하는 사람들도 있다. 이런 주장의 대변인은 브로울리(Robert L. Brawley)다. 그는 그의 누가 문서 연구문헌(Luke-Acts and Jews: Conflict, Apology, and Conciliation)[119] 가운데서, 한편으로는 이 본문을 이방 선교를 예증하는 본문으로 보는 견해가 "부적절(inadequate)하며 빈약(poor)하다."고 말하면서, 다른 한편으로는 "이 본문이 누가의 진정한 예수상을 제시하고 있다는, 예수가 누구인지를 밝히고 있다는 가설을 내세우고 있다."(6~27쪽) 그에 따르면, 누가복음 4장 25~27절에 나오는 "엘리야와 엘리사에 대한 언급이 교회 역사에서 이방인 단계를 예고하고 있는 것은 아니다. 도리어 누가는 예수가 엘리야와 엘리사처럼 자기 고향에서 환영받지 못하는 예언자임을 보여 준다.…예수와 이스라엘 두 예언자 간의 유비는 어느 선지자도 자기 고향에서는 영접을 받지 못한다는 24절의 속담의 진리를 예증해 준다.…나사렛 사건은 독자들이 누가가 설명하려고 하는 성령의 충만함을 받은 예수, 곧 메시아적이며 예언자적인 예수의 정체에 대해 주목하게 해 준다. 그래서 예수의 첫 설교는 그가 누구인지 그리고 그가 무슨 일을 할 것인지에 대한 기본적인 프로그램을 제공해 준다는 의미에서 프로그램적이다."(26~27쪽) 그의 설명에 따르면, 나사렛 사람들이 예수를 배척했는데, 그 이유는 그가 예언자이기 때문이라는 것이다. 아이러니컬하게도 나사렛 사람들의 배척은 예수의 정체를 부정(disconfirm)하는 것이 아니라 도리어 이를 입증해 주고 있다는 것이다! 나사렛 사람들은 예수를 배척했다. 그러나 그렇게 함으로써 그들은 바로 그들의 속담대로 예수가 선지자임을 역설적으로 증명해 주고 있다. 예수가 누가복음에서 선지자로 활동하다가 선지자로서 죽임을 당한다고 소개되고 있는데, 바로 이런 의미에서도 4장 16절에서 30절은 누가복음 전체를 위한 프로그램적 성격을 갖고 있다고 생각할 수 있다는 주장이다.

---

119) R. L. Brawley, *Luke-Acts and the Jews: Conflict, Apology, and Conciliation*, SBL Monograph Series, No. 33, 1987.

그러나 이런 해석의 결정적인 문제점은 다음과 같은 질문에 대해 아무런 해답을 제시하지 못한다는 점이다. 누가가 이 본문을 통해 예수의 정체를 선지자로 드러내기 위한 의도를 가졌다면, 다른 유명한 구약의 유대 땅 선지자들이 아니라 왜 하필 사마리아 지역 선지자들인 엘리야와 엘리사(왕하 5:3)를 예수 사역의 모델로 거론하였을까? 과연 그들이 구약에서, 그리고 유대인들 가운데서 가장 대표적인 선지자로 인식되었기 때문이었을까? 더구나 누가가 이 본문을 통해 예수를 선지자로 그 정체를 드러내기 위한 의도를 가졌다면, 누가가 엘리야와 엘리사가 다른 이스라엘 사람들 혹은 다른 유대 사람들이 아니라 왜 하필 시돈의 사렙다 과부와 수리아 사람 나아만에게만 보냄을 받았다고 말하고 있을까? 더구나 구약성경에서 엘리야와 엘리사는 결코 배척받았던 선지자가 아니지 않는가. 그들이 이스라엘 사람들로부터 배척받았기 때문에 사렙다 과부와 수리아 나아만에게로 보냄을 받은 것도 아니지 않는가.

그런데 실제로 누가복음 4장 18절에서 30절 본문은 현재의 문맥에서 남부 유대 땅에서가 아니라 이스라엘 북부 지역에서 활동하던 엘리야와 엘리사가 이스라엘이나 유대인 과부나 유대인 나병환자에게 보냄을 받은 것이 아니라, 시돈 땅 사렙다에 살던 이방인 과부와 수리아 땅에 살던 이방인 나병환자에게 보내졌다고 언급하고 있다는 점에서, 이 본문은 한편으로는 2장 31~32절에 나오는 시므온의 예언, 곧 "만민 앞에 베푸신 구원이며 이방 사람을 비추는 빛"을 반영하고 있으며, 다른 한편으로는 앞으로 계속될 예수의 사역 전체를 예시해 주는 본문이기도 하다.[120] 더구나 4장 43절에서 예수는 "내가 다른 동네에서도 하나님 나라의 복음을 전해야 한다. 하나님이 이 일을 위하여 나를 보내셨다"고 말하고 있으며, 실제로 사도행전에서는 복음이 사도들에 의해 "다른 동네", 곧 "다른 지역" 이방인들에게로 전파되고 있어서, 이 본문은 누가 문서의 기록 전체를 예시해 주는 요약적 본문이라고 생각할 수 있

---

120) J. A. Fitzmyer, *The Gospel According to Luke*, New York, Vol.,I, p. 526.

다.[121] 또한 누가가 예수의 공생애 첫 설교를 통해 엘리야와 엘리사와 같은 사마리아 지역 선지자들에 의해 이방인들인 시돈의 사르밧 과부와 수리아의 나아만이 하나님의 큰 은혜를 입게 되었다고 말하고 있는 것은, 나중에 사도행전에서 이방지역 출신인 헬라파 지도자로 새로이 등장한 빌립에 의해서 사마리아 지역에 복음이 전파되고, 스데반과 빌립 등 일곱 지도자들에 의해서 이방인들을 위한 선교의 문이 활짝 열리게 되었음을 예고해 주는 것이기도 하다. 이렇게 볼 때 누가복음에 나오는 예수의 공생애 첫 설교는 누가복음에 이어 사도행전에서 전개될 예수와 사도들의 복음 전파, 곧 이방 선교 사역에 대한 프로그램이라고 보아야 옳을 것이다.

---

121) "a signpost to the later new epoch of the church"(cf. "Broadening Horizons," *Interpretation* 18, 1964, p. 272); "the basis of Luke's entire Gospel and a prelude also to Acts"(J. Massyngbaerde Ford, "Reconsiliation and Forgiveness in Luke's Gospel" in: *Political Issues in Luke-Acts*, p. 83).

6 부르심을 받은 베드로(5:1~11)

공관복음서에 따르면, 예수가 공생애 활동에 나선 이후 제일 먼저 한 일은 동역자를 불러낸 일, 곧 처음 제자들을 선택한 일이다(막 1:16~20; 마 4:18~22; 눅 5:1~11)). 첫 제자들을 불러낸 이 이야기 가운데서 우리가 주목할 일은 누구를 택했는가와 함께 그들이 할 일이 어떤 일인가 하는 점이다. 그리고 또한 부름을 받았을 때의 그들의 반응은 어떠했는지, 그리고 불러낼 때의 상황은 구체적으로 어떠했는지 하는 점도 주의 깊게 살펴보아야 한다.

세 복음서의 본문을 공관 대조해 보면, 마가와 마태의 기록은 그 분량이나 내용에서 별 다른 큰 차이가 없어 보인다. 그러나 누가복음의 본문은 마가복음이나 마태복음 본문과는 분량만이 아니라 내용에서도 큰 차이를 보인다. 평행 본문들인 마가복음 1장 16절에서 20절과 마태복음 4장 18절에서 22절을 보면, 예수가 갈릴리 해변을 지나다가 어부 형제들인 베드로와 안드레, 야고보와 요한을 보고 각각 "나를 따르라. 내가 너희로 사람을 낚는 어부가 되게 하리라."고 말씀하고, 두 어부 형제들이 곧 일어나 "그물을 버려두고"(막 1:18; 마 4:20), 혹은 "아버지 세베대를 품꾼들과 함께 배에 버려두고"(막 1;20; 마 4:22) 예수를 따랐다고 소개하고 있다. 그런데 누가복음에서는 이야기 내용이 마가복음과 마태복음과는 상당히 다를 뿐 아니라 좀 더 복잡하다. 먼저 예수가 시몬의 배에 올라 무리를 가르치는 이야기가 나오며(눅 5:3), 이어서 밤새도록 고기를 잡지 못한 베드로에게 "깊은 곳에 그물을 내리라."고 말씀하고(눅 5:4), 베드로가 그 말씀대로 했을 때 그물이 찢어질 정도로 많은 고기를 잡는 이야기가 나온다(눅 5:6). 이처럼 이적적으로 많은 고기를 잡은 일 때문에 놀라서 베드로가 예수의 무릎 아래 엎드려 "주여, 나를 떠나소서. 나는 죄인이로소이다."(눅 5:8)라고 고백한다. 이런 고백이 있은 후에 예수는 베드로에게 "이제 후로는 네가 사람을 취하리라."(눅 5:10)고 말씀했고, 이 말씀을 들은 다른 어부들, 곧 "세베대의 아들로서 시몬의 동업자인 야고보와 요한"(눅 5:10)이 "모든 것을 버려두고"(눅 5:11) 예수를 따랐다고 기록되어 있다.

누가의 본문 가운데서 "그물" "두 배" "야고보의 두 아들" "사람 낚는 어부" 그리고 "다 버리고 따랐다."는 말들이 그대로 다시 나오는 것 등으로 봐서 누가가 마가복음 1장 16절부터 20절(=마 4:18~22)을 자료로 사용했다는 점은 거의 틀림없어 보인다. 그러나 자료로 생각되는 마가복음의 평행 본문과는 여러 면에서 크게 다르다. 첫째는, 본문을 소개하는 문맥이 아주 다르다. 둘째로는, 앞에서 잠간 언급했던 바와 같이 본문 내용이 또한 상당히 다르다.

1) 먼저 문맥의 차이를 살펴보자. 마가복음의 경우, 본문의 문맥은 예수가 요단강에서 세례를 받고, 광야에서 시험을 받은 후, 곧바로 공생애 활동에 나서는 장면에서 제자들을 부르는 것으로 되어 있다. 이것은 마태복음도 마찬가지다. 예수가 그의 처음 제자들을 불러내는 일은 글자 그대로 그의 공생애 첫 번째 활동이었다. 그러나 누가복음의 경우 예수는 이미 공생애 활동에 나선 다음, 고향에서 첫 설교를 마친 후 배척을 받고(눅 4:28~29), 가버나움에서 귀신을 쫓아내고(눅 4:1~37), 베드로의 장모를 고쳐 주는(눅 4:38~39) 등, 이미 여러 활동들을 한 후에 갈릴리 바다에 나가서 어부 제자들을 부르는 것으로 보도되고 있다(new setting provided by the transposition). 따라서 "마가가 하나님 나라의 복음에 대한 바른 응답이 제자직으로의 부름에 즉각 순종하는 것이라고 묘사하는 데 비해, 누가의 이야기는 이 어부들이 예수를 충분히 안 다음에, 즉 그의 신적 능력의 계시를 경험한 후에야 비로소 부름을 받았다고 서술한다."[122] 즉 마가복음이나 마태복음에서는 첫 어부 제자들이 예수의 하나님 나라 복음 선포를 듣고 예수의 부름에 즉각 응답했다고 묘사되어 있는데 비해, 누가복음에서는 시몬과 첫 어부 제자들이 예수의 설교 말씀을 들어본

122) I. H. Marshall, 국제성서주석: 루가복음(1), p. 258.

후에, 그리고 그의 능력 있는 이적들을 직접 목격한 후에 예수의 부름에 응답했다고 되어 있다.

2) 본문 내용의 차이를 살펴본다면, 마가복음의 경우(그리고 마태복음에서도), 먼저 베드로와 안드레 형제가, 그리고 그 후에 요한과 야고보 형제가 각각 부름을 받는 형태로 소개한다. 그러나 누가복음에서는 베드로를 부르는 것이 이야기의 중심을 이룬다. 이 점은 본문 가운데서 베드로 혹은 시몬이란 단어가 모두 7번(시몬 6번, 베드로 1번)이나 반복 사용되고 있는 점에서도 분명히 드러난다. 그리고 "너는 사람을 낚는 어부가 될 것이다."란 말도 누가복음에서는 마가복음과 마태복음의 경우와는 달리 오직 베드로에게만(그래서 이인칭 단수로) 주어지고 있는 점에서도 그렇다. 또한 누가복음 본문에서는 안드레가 전혀 언급되고 있지도 않고, 세배대의 아들인 야고보와 요한은 오직 배경 인물로만 등장하고 있을 뿐이다. 따라서 누가복음 본문에서는 오직 예수와 베드로와의 만남이 중심 주제다.[123] 마가복음과 마태복음에서는 '처음 네 어부 제자들을 부르심'이 주제가 되고 있지만, 누가복음에서는 오직 '베드로를 부르심'에 초점을 맞추고 있는 것이다. 그 이외에도 마가복음이나 마태복음 본문에선 예수의 지시에 따른 이적적인 고기잡이에 대한 이야기가 전혀 없다. 이 내용은 오히려 다른 복음서인 요한복음 21장에서 평행 본문으로 나타난다.[124]

이런 내용상의 여러 차이점들 가운데서도 특히 우리가 관심을 기울여야 할 중요한 누가의 편집적 손질 가운데 하나는, 예수가 베드로에게 준 약속의 말씀, 곧 베드로가 앞으로 하게 될 일에 대한 언급을 누가가 마가복음과 마태복음과는 다른 형태로 바꾸어 소개하고 있다는 점에 있다.

---

123) "a strong impression of having been originally concerned with Peter alone…the dialogue confined to Jesus and Peter, culminating in an individual promise: you(singular) will be"…(Evans, *Luke*, p. 288).

124) 이적적인 고기잡이 이야기가 요한복음 21장에서 소개되는 이유는, 나중에 요한복음 21장을 첨가한 후대의 첨가자가 요한복음에서는 베드로가 역사적 예수로부터 제자로 부름 받은 이야기가 소개되어 있지 않아 이를 보충하기 위해 본래 예수의 역사적 사건으로 전해지던 이 이야기를 21장에, 즉 부활현현의 문맥에 편집함으로써 베드로가 주님으로부터 부름 받았고(요 21:19, 22), 또 "내 양을 먹이라."(요 21:15, 16, 17)는 명령을 받았다고 강조하고자 했기 때문이다.

마가복음 1:17, "나를 따라오너라. 내가 너희들로 사람들을 낚는 어부들이 되게 하리라."

("Come after me, and I shall make ye become fishers of men")

(*καὶ ποιήσω ὑμᾶς γενέσθαι ἁλιεῖς ἀνθρώπων*).

누가복음 5:10, "두려워하지 말아라. 이제로부터 너는 사람들을 산 채로 취하리라."

"Do not be afraid; henceforth you will be catching men alive")

(*ἀπὸ του νῦν ἀνθρώπους ἔσῃ ζωγρῶν*).

베드로가 앞으로 할 일에 대한 주님의 말씀을 누가가 이렇게 다른 형태로 바꾼 이유는 무엇일까? 제자들이 앞으로 담당하게 될 선교 활동이 사람들을 구해내서 구원받게 하는 일이라면, 마가와 마태가 사용한 "사람 낚는 어부"(fishers of men)란 비유적 표현은 분명히 부적절하다는 점을 고려했을 것이다. 실제로 그런 점이 많이 지적되어 오기도 했다. 어부가 고기에 대해 하는 일이 결코 고기를 구하는 일, 살리는 일이 아니기 때문이다. 어부는 고기를 잡아서 먹거나 돈을 벌기 위해 고기를 잡아 팔기 때문이다. 그래서 누가가 그 표현을 좀 더 적절한 '선교적 표현'으로 바꾼 것이다. 누가가 기록한 헬라어 본문의 문자적 번역은 "네가 사람들을 산 채로 취할 것이다."이다. 따라서 그 본문의 의미는 사람들이 죽음으로부터 구원받아 생명을 위해 보전될 것이란 뜻을 갖고 있다. 따라서 특히 전도 혹은 선교를 하기 위해서는 이 표현이나 문구가 보다 더 적절한 표현이 아닐 수 없다. 마샬에 따르면, 헬라어 "*ζωγρῶν*"이란 단어는 본래 '생포하다'(딤후 2:26)라는 말로서, 칠십인역(LXX)에서는 흔히 '위험에서 생명을 건져낸다.'는 뜻으로 사용되고 있다(민 31:15, 18; 신 20:16 등).[125] 따라서 누가가 택한 이 표현이 분명히 선교적으로 보다 더 적합한 의

---

125) Cf. 국제성서주석: 루가복음(1), p. 267.

미를 갖는다고 생각된다. "마가복음에서의 의미는 '내가 너희 직업을 고기를 낚는 일로부터 사람을 낚는 일로 바꾸어 줄 것이다.'이며, 예수가 그렇게 바꿀 수 있는 능력을 갖고 있음을 강조한다. 반면에 누가복음에서의 의미는 '이제로부터 너는 사람을 산 채로 취하는 데 성공할 것이다.'이며, 이는 부활 이후의 약속과 위임일 수 있다."126) 누가가 "사람을 낚는 어부"란 표현을 "사람을 산 채로 취하리라."는 의미의 표현으로 바꾼 것은 분명히 선교적인 의미를 좀 더 분명히 밝히기 위한 의도에서 나왔다고 생각된다.

그렇다면 이제 누가가 이 이야기를 지금 현재의 문맥에서 마가와 마태와는 다른 내용의 본문 형태로 소개하고 있는 의도는 무엇인지 살펴보자. 첫째로, 누가는 예수의 처음 제자들이 예수를 따르게 된 경위나 동기를 다른 복음서 기자들보다 훨씬 더 자연스럽게 소개한다. 그들은 이미 예수의 말씀과 이적을 통해 그를 충분히 알 수 있는 위치에 있었고, 이미 예수의 놀라운 능력을 경험할 수가 있었다. 그리고 이런 경험이 있었기 때문에, 또한 그런 경험을 토대로 그들은 쉽게 예수를 따라나서는 용단과 결단을 내릴 수 있었다. 베드로의 경우 자신의 장모가 이미 예수를 통해 열병으로부터 고침을 받은 것을 경험했고, 또 직접 예수의 말씀에 의해 이적적으로 고기를 잡는 경험을 했다. 또한 게네사렛 호숫가에서 예수가 배에 올라 무리들을 가르칠 때 베드로는 바로 그 배(그것도 자신의 배) 안에서 예수의 말씀을 직접 들을 수 있는 경험도 했다. 따라서 슈바이쩌의 말대로 "누가복음의 순서는 베드로의 순종을 보다 더 이해하기 쉽게 되어 있다. 그는 이미 병 고침을 목격한 바 있다.… 베드로는 또 예수의 설교를 들은 바 있다."127) 피츠마이어는 누가가 이 본문에 앞서 예수의 이적 활동 및 설교 활동들(4:14~44)을 소개함으로써 "어부였던 시몬의 소명을 위해 심리적으로 그럴듯한 배경"(a psychologically plausible setting for the call of Simon the fisherman)을 제공하고 있다고 설명한다.

---

126) Evans, C. F., *Saint Luke*(New Testament Commentary), Philadelphia: Trinity Press International, 1990, p. 292.

127) E. Schweizer, *The Good News According to Luke*, Atlanta: John Knox Press, 1984, p. 101.

둘째로, 누가는 시몬이 예수의 무릎 앞에 엎드려 “주여 나를 떠나소서 나는 죄인이로소이다”라고 고백하는(다른 복음서들에서는 찾아볼 수 없는) 장면을 삽입함으로써 시몬이 그리고 시몬이 대표하는 다른 제자들이 예수의 제자로 부름받기 전에 이미 예수의 무릎 아래 엎드려 자기의 죄를 고백하는 일종의 신앙고백이 있었음을 강조하려고 했던 것이다. 더구나 예수의 부름은 그런 고백이 있은 후에 주어졌다. 그런 고백이 없이 예수의 부름을 받고 제자가 될 수는 없다는 것이 누가의 의도였다고 생각된다. 즉 그런 고백이 없이 예수의 부름을 받고 사람의 생명을 산 채로 구하는 그런 제자가 될 수는 없다는 사실이 누가의 의도일 것이다. 예수의 제자로 나서기 전에, 예수의 부름을 받아 사람의 생명을 산 채로 취하는 전도자 혹은 선교사로 나서기 전에 마땅히 자신의 죄인 됨과 자신의 부족함에 대한 인식과 고백 같은 신앙 체험의 중요성이 강조되고 있다고 보아야 할 것이다.

또 이 점에서 이 본문이 ‘소명 설화’(Call Story)라기보다는 오히려 ‘위임 설화’(Commissioning Story)라고 주장하는 사람들의 생각에도 분명히 일리가 있어 보인다.[128] 소명 설화와 위임 설화는 각각 다음과 같은 요소들을 갖고 있는 것으로 구분될 수 있다.

소명 설화

1) 예수께서 오셔서(예수의 등장)

2) 사람을 만나시고는(만남)

3) 그를 부르신다.(부르심)

4) 그 사람은 모든 것을 버려두고 예수를 따른다.(따름)

위임 설화

1) 상황 설명하는 서론

128) C. H. Talbert, *Reading Luke: A Literary and Theological Commentary on the Third Gospel*, New York: Crossroad, 1982, p. 60.

2) 위임자와 위임받는 사람간의 대면

3) 특수한 임무가 주어지는 위임 장면

4) 위임 명령에 대한 반발

5) fear, amazement, unworthiness의 표현

6) 확신 부여

이렇게 구분해 놓고 보면, 베드로를 부른 이야기는 분명히 소명 설화보다는 오히려 위임 설화에 더 적합한 것처럼 보이기도 한다. 그러나 만일 우리가 슈바이쪄처럼 이 본문을 소명 설화로 이해할 경우, 우리는 누가 문서의 제1권에 나오는 베드로의 소명 설화(5:1~11)와 제2권에 나오는 바울의 소명 설화(9:1~19) 간의 평행 관계를 볼 수 있게 된다.[129] 그러나 다른 한편으로 탈버트(Talbert)처럼 '소명과 위임의 결합 형태'로 이해할 경우, "5장 1절부터 11절에서 소명과 위임이 결합된 것은 제자로 부름 받는다는 뜻은 동시에 어부로서 위임받는다는 뜻이란 견해를 반영하고 있다."[130]는 것으로 이해할 수 있게 된다. 제자로 부름 받는 것과 사람을 산 채로 취하는 것이 다른 뜻이 아니라 같은 의미일 수 있으며, 제자가 된다는 것이 또한 사람의 생명을 취하는 선교 사역에 임하는 것이기도 하다는 말일 수도 있다.

또한 우리는 누가의 이 본문에서 베드로의 중심성에 주목하게 된다. 우리는 이미 앞에서 누가의 본문이 다른 평행 본문들보다 더 오직 베드로에게만 집중하고 있음을 언급한 바 있다. 다른 복음서들에서는 네 명의 어부 제자들, 곧 베드로와 안드레, 야고보와 요한을 불러내는 장면으로 소개되고 있는데, 누가의 본문에서는 오직 부름의 대상으로 베드로만이 언급되고 있을 뿐 베드로의 형제인 안드레에 대한 언급은 전혀 나타나지도 않고, 비록 야고보와 요한이 언급되고 있기는 하지만(눅 5:10), 주요 등장인물로서가 아니라 단지 관망자의 위치에서 배경인물로만 등장하고 있을 뿐이다. 누가가 이처럼

129) E. Schweizer, *Luke*, p. 101.

130) Talbert, *Reading Luke*, p. 61.

오직 베드로에게만 초점을 맞추어 이야기를 구성한 이유는 무엇일까? 그 대답을 우리는 다음과 같은 댄커의 말에서 찾아볼 수도 있다. "베드로가 부름을 받는 것에 대한 누가의 설명은…베드로의 사도적 직무의 합법성을 강조한다."131) 베드로의 중심성은 곧 베드로의 중요성을 특별히 부각시키기 위한 것이다. 아마도 누가는 과거 예수의 삶의 자리에서 베드로가 예수를 세 번씩이나 모른다고 부인했던 일이나 초대 교회 시절에 이방 선교에 대해 주저했던 일(갈 2:11~14)을 염두에 두고, 그러나 그럼에도 불구하고 베드로의 중요성과 그의 사도적 권위를 확립시키기 위해 이 본문을 마가의 것과 달리 편집하여 베드로를 중심으로 소개하고 있는 것이다. 특히 누가는 예수가 오직 베드로를 향해서만(이인칭 단수로) "앞으로 너는 사람을 산 채로 취하는 어부가 될 것이라."고 말했음을 강조하고 있다. 마태가 열두 제자 명단에서 베드로의 이름 앞에 "첫째로"란 부사를 첨가함으로써 베드로를 수제자로 강조하고 있다면, 누가는 베드로가 맨 처음으로 부름 받은 제자로서, 그리고 '사람을 산 채로 취할 어부'로서, 계속 제자들 가운데서 리더십을 행사할 인물임을 예고하면서 베드로의 중요성을 크게 부각시킨다(6:14에 나오는 열두 제자 명단에서 역시 베드로가 제일 먼저 언급되고, 또 24:34을 보면 베드로는 부활하신 예수의 첫 번째 목격자로도 언급된다).

그리고 다른 한편으로 이 같은 베드로의 중심성은 누가 문서의 제2권인 사도행전에서도 다른 열두 사도들 중 오직 베드로만이 전체 사도들의 대표자로서 중점적으로 등장하고 있는 데서도 그대로 드러나고 있을 뿐만 아니라, 초대 교회 안에서 베드로가 '사도 중의 사도'로서 수천 명의 사람들을 복음의 그물 안으로 끌어들여 회개시키면서 '사람들을 산 채로 취하고 있는' 일들을 예고하고 있는 점에서도 드러나고 있다. 이 경우 베드로에게 "깊은 곳에 그물을 던지라."고 말씀했던 예수의 명령은 아마도 이방 땅 깊이 들어가 선교하라고 가르치는 명령으로 받아들일 수도 있을 것이다. 그리고 베드로

131) F. W. Danker, *Jesus and the New Age: A Commentary on St. Luke's Gospel*, Philadelphia: Fortress Press, 1988, p. 115

가 "우리가 밤새도록 애를 썼으나 아무것도 잡지 못했습니다."라고 예수께 대답한 것은 베드로가 초대 교회 초기에 예루살렘 활동에만 치중하면서 이방 선교에 주저했다가 욥바에서 하늘의 환상을 본 이후에 이방 선교에 나섰던 일을 가리키는 것으로 읽을 수도 있다. 이와 관련해서 누가복음의 이 본문이 요한복음 21장에 평행 본문 형태로 나타나는 것은 의미 있는 일이다. 왜냐하면 거기서도 물고기를 이적적으로 잡은 이야기를 통해 베드로의 중심성, 베드로의 우위성이 강조되고 있기 때문이며, 또한 실제로 베드로가 사람의 생명을 낚는 일을 하는 때가 주로 예수의 부활 이후이기 때문이기도 하다.

셋째는, 제자들이 "모든 것을 버리고" 예수를 따랐다고 말함으로써 누가는 소유의 전적인 포기가 제자직의 전제 조건임을 강조한다. 마가복음 본문에서는 어부들이 예수를 따를 때, '곧'과 '버리고'가 강조되고 있는데(막 1:18, 20), 누가는 '곧'은 삭제하고 오직 '버리고'란 말만 취하면서도 그 앞에 '모든 것'이란 말을 첨가함으로써 마가의 즉각적인 결단 혹은 즉각적인 포기보다는 오히려 전적인 포기가 더 중요함을 강조한다. 제자가 되기 위해 모든 것을 버린다는 주제는 누가가 그의 복음서에서 계속 강조하는 중요한 신학적 주제이기도 하다(5:28에서의 레위; 14:33; 18:22의 부자 청년; 19:8의 삭개오 등). 모든 것을 버리지 않고는 예수의 제자가 될 수 없다는 것이 누가의 분명한 강조점이다. 이것이 사도행전에서는, 초대교회에서 믿는 사람들이 모두 "자기 재물을 조금이라도 자기 것이라 하는 이가 하나도 없이"(행 4:32) "집 있는 자는 팔아 그 판 것의 값을 가져다가 사도들의 발 앞에 두는"(행 2:32~34) 일로 구체화되기도 했다. 그리고 이것은 예수가 열두 제자들을 파송할 때 "(전도) 여행을 위하여 아무것도 가지지 말라."(눅 9:3)고 명한 일이나, 칠십 인 제자들을 파송하면서 "전대나 배낭이나 신발을 가지지 말라."(눅 10:4)고 하며, "일꾼이 그 삯을 받는 것이 마땅하니라."(눅 10:7)고 명한 것을 상기시킨다. 복음을 전파하기 위해 보냄을 받은 사람에게 요구되는 것은 '모든 것을 버리는' 전적인 포기의 영성이다.

넷째는, 누가는 예수가 해안의 무리들을 가르치기 위해 배에 올랐다는 말을 이 이야기 서론에 첨가하고 있는데, 본래 이 말은 공관복음에서 예수가 무리들에게 비유를 줄 때 소개하는 서론 구절이다(막 4:1~3). 그런데 누가는 이 구절을 그 평행 본문에서는 오히려 생략하고(눅 8:4~8), 누가복음 5장 서두에 첨가함으로써 이 본문에 비유적인 의미를 부여한다. 그리고 누가가 그의 복음서에서 베드로가 사람을 산 채로 취하는 어부로서 예수의 말씀에 따라 깊은 곳에 그물을 던져 그물이 찢어질 정도로 수많은 고기를 잡는 이야기를 맨 처음 소개한 다음에, 사도행전 서두에서 베드로가 사람을 산 채로 취하는 어부로서 3천 명의 사람들을 회개시키는 이야기를 다시 소개한 것은, 갈릴리 호수에서 베드로가 이적적으로 많은 고기를 잡은 이야기를 나중에 그가 더 넓은 세계에서 복음을 전하기 위해 더 많은 영혼을 취하는 이야기의 예표로, 혹은 그 예고편으로 소개하려는 누가의 의도를 반영한다고 생각된다. 그렇다면 누가에게 있어서 이 이야기는 제자직과 관련된, 특히 제자직과 선교 사역에 관련된 귀중한 교훈을 주는 비유적인 본문이라고 보아야 할 것이다.

7 이방인 백부장의 믿음(7:1~10)

누가복음 7장 1절에서 10절에 나오는 이 이야기는 마태복음 8장 5절에서 12절에 평행 본문을 갖고 있다. 또한 요한복음 4장 46절부터 52절에서도 우리는 누가와 마태가 소개하는 것과 아주 비슷한 형태의 이야기를 볼 수 있다. 그러나 누가의 본문이 마태의 본문과 훨씬 더 비슷하기 때문에 일반적으로 마태와 누가의 본문은 같은 자료(Q자료)에서 나온 같은 이야기로 여긴다. 이처럼 누가의 본문과 비슷한 본문이 요한복음과 마태복음에 나오기 때문에, 우리로서는 누가복음 본문을 올바로 이해하기 위해서 먼저 다른 두 복음서 본문이 누가의 본문과 어떤 점에서 비슷하고 또 어떤 점에서 다른 지를 살펴볼 필요가 있다.

1) 요한복음 본문(4:46~52)과의 관계

요한복음 4장 46절부터 52절에 나오는 이야기를 마태나 누가가 소개하는 이야기의 평행 본문으로 여기고 있지는 않다.[132] 그러나 그럼에도 불구하고 누가의 본문과 요한의 본문 사이에서도 다음과 같은 유사점들이 나타난다.[133] 첫째로, 두 복음서에서 모두 이 이야기는 예수의 갈릴리 사역의 일

132) F. Bovon은 공관복음에 나오는 이야기와 요한복음에 나오는 이야기가 'one and the same event'로부터 나왔으며, 'the same memory를 반영한다.'고 보고 있다. Cf. *A Commentary on the Gospel of Luke 1:1~9:50*, trans. by C. M. Thomas, Minneapolis: Fortress Press, 2002, p. 259.

133) 마태복음과 누가복음에 나오는 본문과 요한복음에 나오는 본문 간의 관계, 즉 그 유사성과 차이점들에 대해서는 Cf. R. E. Brown, *The Gospel According to John*, New York: Doubleday, 1980, pp. 192~193; W. D. Davies and Dale C. Allison, *The Gospel According to Saint Matthew*(ICC), Vol. II., Edinburgh: T&T Clark, 1989, pp. 17~18.

부다. 이야기의 무대가 똑같이 갈릴리다. 누가의 경우는 갈릴리의 가버나움(7:1)이고, 요한의 경우도 갈릴리의 가버나움(4:46)이다. 둘째로, 예수에게 병을 고쳐 달라고 부탁한 사람이 각각 고위 관리다. 누가에서는 백부장이고, 요한복음에서는"왕의 신하"(요 4:46)이다. 셋째로 고침을 받아야 할 대상은 각각 병으로 인해 "거의 죽게 된 상태"에 있었다(눅 7:2; 요 4:47). 넷째로, 병든 종이 현장에 없는 가운데서도 예수는 병을 고쳐 주었다고 기록되어 있다. 이런 것을 가리켜 흔히 일종의 원거리 치료였다고[134] 말하기도 한다.

그러나 이런 유사점들에도 불구하고 오히려 누가의 본문과 요한의 본문 사이에는 다음과 같은 차이점들이 더 분명히 드러난다. 가장 중요한 차이는 첫째로, 요한복음에서는 주님의 도움을 요청한 사람이 '왕의 신하'(*tis basilikos*)이고, 따라서 그가 유대인임을 분명히 암시한다.[135] 반면에 누가의 본문에서는(그리고 마태에서도) 도움을 요청한 사람은 백부장이다. 이 백부장은 분명히 로마 군대 지휘관이요, 이런 점에서 그가 이방인이라는 사실은 아주 분명해 보인다. 유대인이 아닌 이방인이라는 사실은 유대 장로들이 "그는 우리 백성을 사랑했다."고 말한 점에서도 확인된다.[136] 따라서 누가복음에서 이 본문은 예수가 공생애 사역 가운데서 처음으로 이방인으로부터 부탁을 받고 그에게 자비를 베푸는 이적 이야기라는 점에서 주목할 만한 본문이 아닐 수 없다. 예수는 누가복음에서 공생애 첫 번째 설교를 하면서 이미 구약에서 하나님의 자비와 은혜가 이방인들에게 베풀어졌음을 밝힌 바 있었다. 하나님은 이미 구약 시대에 엘리야를 시돈 땅에 있는 사렙다 과부에게 보내 큰 은혜를 베풀었고(4:25~26), 또 엘리사를 수리아 사람 나아만에게 보내 큰

134) R. Bultmann은 'a telepathic healing'이라고 말한다. Cf. *The History of the Synoptic Tradition*, New York: Harper & Row, 1968, p. 39. 수로보니게 여인의 딸을 고친 이야기(막 7:24~30; 마 7:21~28)도 바로 이런 경우에 해당된다.

135) 헬라어 '*basilikos*'는 왕의 혈통을 이어받은 사람을 가리킬 수도 있고, 왕에게 종속된 종이나 신하를 가리킬 수도 있다. 요한복음 4:46에서는 후자의 의미일 것이다. 이 왕은 갈릴리의 분봉왕으로 있던 헤롯이다(막 6:14, 22; 마 14:9). 따라서 헤롯왕의 신하는 분명히 유대인이었을 것이다. Cf. R. E. Brown, *The Gospel According to John*, p. 190.

136) F. Bovon, *A Commentary on the Gospel of Luke 1:1~9:50*, p. 260. 그는 이 백부장이 초기 기독교 선교 역사에서 중요한 역할을 했던 'God-fearers'에 속하는 인물이었을 것으로 보고 있다.

은혜를 베풀었다(4:27)는 사실을 언급한 바 있다. 즉, 누가복음의 예수는 이미 구약 시대에 나타났던 이방인에 대한 하나님의 관심과 더불어 그들에게 베풀어진 적이 있는 은혜와 자비에 관해 지적했었다. 그런데 실제로 예수는 공생애를 시작한 후 공생애 활동 시작 초기에 나사렛 회당 설교에서 그가 말했던 내용 그대로 곧바로 이방인 백부장에게 은혜와 자비를 베풀어 그의 권속 가운데 하나인 그의 종을 병들어 죽게 된 상태로부터 고쳐서 살게 해 주었다. 이런 의미에서 댄커는 "나사렛에서 하셨던 말씀들(눅 4:23)이 다시 한 번 더 완성되고 있다."[137]고 말한다. 바로 이 점이 누가의 본문과 요한의 본문 사이에서 드러나는 가장 분명한 차이라고 볼 수 있다.

둘째로, 예수가 고쳐 준 병자는 누가복음의 경우 종(*doulos*, 7:2,3,10)이었는데[138], 요한복음에서는 아들(*huios*)이었다.[139] 아들의 병을 고치기 위해 예수께 간청한 왕의 신하보다는 종을 고치기 위해 예수께 도움을 요청했던 백부장이 보다 더 훌륭한 사람으로 여겨지고 있는데, 이것 역시 이방인 백부장을 보다 호의적으로 소개하려는 누가의 의도에서 나왔다고 생각된다.

셋째로, 누가의 본문이 요한의 본문과 또 다른 차이점 가운데 하나는 요한복음의 경우, 예수가 왕의 신하의 종을 고쳐 준 이유는 표적과 기사를 보지 않으면 믿지 않기 때문에 믿음을 갖게 하기 위해서였다. 그러나 누가의 본문 이야기에 따르면(마태의 경우도 누가와 동일하다), 백부장이 예수께 사람을 보내 "주여 수고하지 마옵소서. 내 집에 들어오심을 나는 감당치 못하겠나이다. 그러므로 내가 주께 나아가기도 감당치 못할 줄을 알았나이다. 말씀만 하사 내 하인을 낫게 하소서. 저도 남의 수하에 든 사람이요, 내 아래에도 군병이 있으니 이더러 가라 하면 가고, 저더러 오라 하면 오고 제 종더러 이것을 하라 하면 하나이다."(7:6~8)라고 말하는 소리를 예수가 듣고는 그의 믿

---

137) Frederick W. Danker, *Jesus and the New Age: A Commentary on St. Luke's Gospel*, Philadelphia: Fortress Press, 1988, p. 156.

138) 그러나 누가복음 7:7에서는 '*pais*'란 명칭을 사용하기도 했다. 마태의 평행 본문에서도 '*pais*'란 단어가 사용되었는데, 이 단어는 'son'의 의미로나 'servant boy, slave'의 의미로 사용될 수도 있다.

139) 그러나 요한복음 4:49에서는 '*pais*'의 애칭인 '*paidion*'이란 명칭을 사용하기도 했다.

음이 강한 것을 알고 "이스라엘 중에서도 이만한 믿음은 만나 보지 못하였느니라."(7:9)고 말씀하시면서 이방인 백부장의 하인을 고쳐 주었다. 누가의 경우에는 '믿음'이 있었기 때문에 주의 은혜와 자비를 받을 수 있었음이 분명히 드러난다. 비록 이방인이라도 믿음이 있는 사람이라면 능히 하나님의 자비와 은혜를 받을 수 있다는 뜻이 담겨져 있다고 볼 수 있다.

2) 마태복음 본문(8:5~13)과의 관계

누가복음 본문이 요한복음 본문(4:46~52)보다는 오히려 마태복음 본문(8:5~13)에 훨씬 더 가깝다. 같은 자료(Q)에서 나온 본문들로 이해되는 이유다. 그래서 두 본문 간의 유사점들이 더욱 두드러지게 나타난다. 첫째로, 누가복음과 마태복음에서 모두 이 사건의 무대는 가버나움이다(마 8:5; 눅 7:1). 둘째로, 병 고침을 원했던 사람이 두 복음서 모두 이방인 백부장이었다(마 8:5; 눅 7:2). 셋째로, 누가복음과 마태복음에서 모두 백부장은 "예수께서 내 집에 들어오시는 것을 감당치 못하겠으니 말씀만 하옵소서."라고 겸손을 표시한다(마 8:8; 눅 7:6~7). 넷째로, 예수께서 백부장의 이런 반응과 태도를 보고는 "이스라엘 중에서는 이만한 믿음을 만나 보지 못하였다."(마 8:10; 눅 7:9)고 백부장의 믿음을 칭찬했다. 다섯째로, 누가복음과 마태복음의 경우 모두 예수와 병자 자신의 만남이 없는 상태에서 예수가 말씀으로만 병자를 고쳤다. 원거리 치료라는 점에서 공통점을 보여 준다.

이처럼 누가복음 본문과 마태복음 본문이 같은 자료에서 나온 같은 이야기라서 많은 공통점을 보이고 있기는 하지만, 그러나 두 본문 간의 차이도 아주 분명하다. 우리는 그 차이점들을 통해 누가가 마태와 달리 어떤 점에 더 관심을 갖고, 어떤 점을 더 강조하고 있는지, 그래서 누가의 본문을 통해 나타나고 있는 그의 독특한 신학적 관점이 무엇인지 알 수 있게 될 것이다. 첫째로, 마태복음 본문과 누가복음 본문 간의 차이들 중, 예수의 병 고침이 필요했던 사람이 마태복음에서는 백부장의 '아들'(*pais*, son)이지만, 누가복음에서는 '종'(*doulos*, servant)이라는 점에 주목해야 한다. 물론 헬라어 단어 '*pais*'는 어린아이(child), 아들, 종을 다 의미할 수 있기 때문에 아들이나 종 어느 것으로도 번역될 수 있기는 하지만, 그래서 우리말 성경에서도 흔히 종으로 번역되어 있지만, 마태가 '백부장의 병든 *pais*'라고 말할 때는 오직 '*pais*'란 단어만 사용한 반면에(8:7,8,13), 백부장이 권위의 관계에 대해 말할 때, 즉 주인과의 관계에서 말할 때에는 종 또는 노예를 뜻하는 '*doulos*'란 단어를 구별하여 사용했다(8:9). 마태가 백부장의 병 든 종을 가리키기 위해 '*doulos*'를 사용하지 않고 일관되게 세 번씩이나 '*pais*'를 사용하고 있는 점으로 볼 때, 그것은 병든 사람이 종이 아니라 백부장의 아들이라는 증거로 봐야 할 것이다. 이런 점에서 마태복음 본문에서 '*pais*'를 '아들'이라고 번역하여 해석한 울리히 루츠(Ulrich Luz)의 판단이 옳다고 생각한다.[140] 비록 누가가 본문 중 7장 7절에서 '*pais*'란 단어를 한 번 사용하기는 했지만, 누가는 7장 2, 3, 10절에서 계속 종을 가리키는 '*doulos*'란 단어를 사용하고 있기 때문에, 누가복음 본문에서는 고침을 받을 사람이 종이었다고 보아야 옳을 것이다. 더구나 누가복음 본문에 따르면, 백부장의 종이 요한복음의 경우에서처럼 "병들어 거의 죽게 되었다."고 했는데, 마태복음 본문에서는 아들이 중풍병으로 "괴롬을 당하고 있다."고만 했을 뿐 거의 죽게 될 지경이라는 언급은 없다. 이 차이는 누가복음에서 백부장에게 베푼 주님의 은혜가 마태복음의 경우보다 훨씬 더 크다는 점을 더욱 드러내 주는 효과가 있다고 생각된다. 마태복음에서 중풍병으로 괴롬을 당하고 있는 아들을 고쳐 준 것보다는 누가복음에서 거의 죽게 된 종을 고쳐 준 경우가 백부장의 입장에서는 더욱 고마운 일이었을 것이기 때문이다.

둘째로, 누가복음에서는 백부장이 예수께 직접 나아가기를 주저하고 있다. 그래서 백부장이 자기 대신에 유대인의 장로 몇 사람을 예수께 보내 자기 종을 고쳐 달라고 부탁하고 있다. 그런데 마태복음에서는 오히려 예수가 이

---

140) Cf. Ulrich Luz, *Matthew 8~20: Commentary*(Hermeneia–A Critical and Historical Commentary on the Bible), Minneapolis: Fortress Press, 2001, p. 8.

방인에게 가서 고쳐 주는 일에 대해 주저하고 있는 것으로 나타나고 있다. 물론 마태복음 8장 7절에서 예수는 백부장의 직접적인 도움 요청을 받고는 곧바로 "내가 가서 고쳐 주리라."고 말씀하심으로써 이방인 백부장의 요청에 대해 아무런 주저함 없이 곧바로 대응하시는 것처럼 번역되어 있기는 하다. 더구나 마태복음 8장 7절에 기록된 예수의 이 말씀은 마태복음에만 나오며, 평행 본문인 누가복음에서는 찾아볼 수 없다. 따라서 누가의 경우, 백부장이 예수께 직접 나아가 병 고침을 요청하지 못하고 자기 대신에 유대인의 장로 몇 사람을 보낸 점이나, 또 그들이 예수께 백부장의 요청을 들어줘야 할 이유를 길게 설명하고 있는 점만을 본다면, 마태복음의 예수가 이방인에 대해 더 적극적이고도 즉각적인 의지를 갖고 있는 것처럼 보이기도 한다. 그러나 마태복음의 경우에도 예수가 이방인에게 나아가 도움을 주는 일에 대해 상당히 주저하며 조심스런 태도를 보이고 있다는 것으로 해석되기도 한다.

루츠는 백부장의 요청을 예수가 "거부했다."고 보는데, 그 이유는 "유대인으로서 예수가 이방인의 집에 들어갈 수 없었기 때문이라"고 말한다.[141] 이런 해석은 루츠가 마태복음 8장 7절을 선언문으로(즉, "내가 가서 고쳐 주마.") 번역하지 않고, 질문형으로 번역하여 "내가 가서 고쳐 줘야 하나?"(Shall I come and heal him?)라고 읽었기 때문이다.[142] 마태복음 8장 7절의 헬라어 원문 대문자 사본에는 본래 띄어쓰기와 구두점 표시 등이 없기 때문에 사실상 선언문으로 번역하거나 질문형으로 번역하는 일이 다 가능한 셈이다. 그러나 루츠는 후자의 번역을 택했다. 그가 질문형으로 이해하고 번역한 데에는 두 가지 이유가 있다. 하나는, 8장 7절에서 문장의 주어인 "내가"(*ego*)란 인칭대명사가 문장의 제일 앞에, 즉 강조의 위치에서 사용되고 있는데 이것은 질문형으로 이해할 때에만 의미가 통하기 때문이다. 다른 하나는, 연관된 이야기인 15장 21절부터 28절에서도 예수는 이방 여인의 요구를 배척했기 때문

---

141) Cf. Ulrich Luz, *Matthew 8~20*, p. 10.
142) Ulrich Luz, *Matthew 8~20*, p. 8.

이다.143) 루츠의 번역에 따라 8장 7절을 읽으면 본문은 "내가 유대인으로서 어떻게 이방인의 집에 들어가 고쳐 줄 수가 있나?"라는 의미가 될 수 있다. 루츠는 마태복음에서 예수가 다른 복음서들에서보다 훨씬 더 율법에 충실한 분으로 소개되고 있기 때문에 이런 번역과 이해가 더 옳다고 보았다. 따라서 그에 따르면, 예수가 처음에는 이방인과의 접촉에 대해 주저, 혹은 거부하는 태도를 보이기도 했지만, 그러나 백부장의 믿음을 보고 끝내 예수가 가서 고쳐 주는 것으로 기록되어 있다는 말이다. 따라서 루츠에게는 이 백부장이 '예수가 유대인으로서 반대하고 거부했음에도 불구하고 포기하지 않았던 이방인', 다시 말해 믿음으로 예수의 반대와 거부를 끝내 극복한 이방인이었던 셈이다.

그런데 마태복음에서는 이처럼 백부장이 예수께 직접 나아와 종을 고쳐 달라고 간청하고 있는 데(마 8:5) 비해, 누가복음에서는 백부장이 감히 예수께 직접 나아와 고쳐 달라고 부탁하지 못하고, 유대인의 장로 몇을 보내어 간청하고 있다(눅 7:3). 누가복음에서는 마태복음의 경우와 달리 백부장이 예수와 직접 만나거나 대면하는 일을 주저하고 있는 것처럼 보인다. 그래서 유대인 장로들이 백부장을 대신해 예수께 나아와 간청하고 있다. 누가가 이처럼 마태복음과 달리 유대인 장로들을 내세워 예수께 종의 치료를 부탁하는 형태로 본문을 기록한 이유는 무엇일까? 누가의 이 같은 기록은 이방인에 대한 선교가 실제로 예수의 공생애 활동 중에는 없었고 그의 죽음과 부활 이후에, 즉 사도행전에서 그의 제자들에 의해 비로소 시작되었다는 역사적 사실을 고려했기 때문일 것으로 보인다.144) 누가가 마태나 마가와 달리 예수가 이방인 가나안 여인을 만나 그의 딸을 고쳐 준 이야기(막 7:24~30; 마 15:21~28)를 자기 복음서 기록 가운데서 소개하지 않은 것도 예수의 공생애 중에 예수가

---

143) Ulrich Luz, *Matthew 8~20*, p. 8, n.1.

144) F. Bovon은 누가복음에서 백부장이 직접 예수 앞에 나오지 않은 이유를 다음과 같이 설명한다. "하나님께서 이방인들이 기독교 메시지를 받아들일 주요 대상으로 예정하셨지만(참고. 행 28:28), 그 목표는 오로지 구원 계획의 적절한 과정 가운데서만, 즉 오순절 이후에만 달성될 것이다." Cf. *A Commentary on the Gospel of Luke 1:1~9:50*, p. 265.

실제로 이방인을 직접 만나는 일이 없었다는 역사적 사실을 의식했기 때문일 것으로 생각되기도 한다. 누가에게 예수는 마태복음 10장 5~6절에서 열두 제자들을 선택하여 파송하면서 그들에게 "이방인의 길로도 가지 말고 사마리아인의 고을에도 들어가지 말고 오히려 이스라엘 집의 잃어버린 양에게로 가라."고 명령했던 분으로 기억되었을 수 있기 때문이다. "유대인들에게는 예수가 직접적으로 나아가지만, 이방인들에게는 그가 오직 제자들이 전해 주는 그의 말씀을 통해서만 나아간다."[145]는 입장이 누가의 일관된 생각이었던 것 같다.

셋째로, 누가는 마태복음의 경우와 달리, 백부장이 그 종을 사랑할 뿐만 아니라 "(유대) 민족을 사랑하고 또한 (유대인을 위하여) 회당을 지어 준"(눅 7:5) 사람이라고, 즉 유대인들에 대해, 그리고 유대교에 대해 아주 호의적인 인물이라는 점을 강조한다. 유대교 장로들은 예수께 와서 이 백부장이 예수의 은혜를 받을 만한 자격이 있다고, 그래서 "이 일을 하시는 것이 이 사람에게는 합당하니이다."(눅 7:4)라고 말한다. 그런데 백부장은 자기는 예수를 자기 집에 모실 자격이 없다고, 그래서 "주여…내 집에 들어오심을 나는 감당치 못할 줄을 알았나이다. 말씀만 하옵소서."(7:6~7)라고 말한다. 유대 장로들은 이 백부장의 '자격 있음'을 강조하는데, 백부장은 자신의 '자격 없음'을 고백한다. 이런 대조되는 기록이 오히려 이 백부장의 겸손과 믿음을 더 잘 드러내 보여 준다. 로마 백부장에 대한 누가의 이 같은 호의적인 묘사는 로마와의 정치적 우호관계를 잘 유지하며 과시하려는, 그래서 로마 세계를 향한 복음 전파를 보다 효과적으로 수행하려는 정치적 변증의 관심에서 나왔다고 생각된다.

누가가 사도행전 10장에서 소개하는 또 다른 백부장이었던 고넬료에 대해서도 누가는 아주 호의적으로 묘사하는데,[146] 이런 점이 누가의 주요 특징

---

145) E. Ellis, *The Gospel of Luke*, p. 117.

146) 예수의 십자가 처형을 지휘했던 로마 백부장이 예수의 죽음을 보고, "이 사람은 참으로 의로운 사람이었다."(눅 23:46)고 말했다고 기록한 것이나, 사도행전 10:2에서 백부장 고넬료를 가리켜 "그는 경건하여 온 집안과 더불어 하나님을 경외하며 백성을 많이 구제하고 하나님께 항상 기도하는 사람이었다."고 기록한 것, 그리고 사도행전 27장에 나오는 백부장 율리오가 "바울을 친절히 대해 주며 친구들에게 가서 대접을 받을 수 있도록 허락했습니다."라고 기록한 것들도 마찬가지다(참고. 행 27:3).

가운데 하나이기도 하다.[147] 샤론 링게는 그의 누가복음 주석에서 특히 누가복음 7장에 나오는 "백부장에 대한 묘사가 사도행전 10장 1~2절에 나오는 백부장 고넬료에 대한 묘사와 아주 비슷하다."는 점을 지적한다.[148] 두 사람 모두 로마 제국에 봉사하는 이방인 백부장들이며 유대 공동체와 아주 가까운 사이였다. 둘 다 '하나님을 경외하는 사람들'(God-fearers)이었기에 누가복음 7장의 백부장은 "유대 백성들을 사랑하고 그래서 그들의 회당을 지어 주기도 했으며"(눅 7:5), 사도행전 10장의 백부장은 "유대백성들을 많이 구제하고 늘 하나님께 기도하는 생활을 하고 있었다"(행 10:2). 백부장 고넬료가 사도행전 10장에서 세례를 받고 교회의 일원이 된 것이, 여기 누가복음 7장에서는 로마의 백부장이 친히 예수를 직접 만나지 않고서도 예수로부터 병 고침을 간구하고 은혜를 입고 있는 것의 예표가 되고 있는데, 이는 그 이후 세대의 모든 기독교인들이 예수를 직접 만나지 않고서도 예수로부터 은혜를 입는 것을 가리킨다고 생각된다.[149] 이런 점에서 누가복음 7장 1절에서 10절에 나오는 백부장 이야기는 누가복음과 사도행전의 결합된 설화 가운데서 나타나는 다른 두 이야기들의 교량 역할을 하고 있기도 하다. 즉, 이 백부장 이야기는 누가가 4장 25절부터 27절에서 엘리야와 엘리사 선지자들과 관련하여 언급했던 이방인들인 나아만 장군과 사르밧 과부에 대한 이야기를 사도행전 10장에 나오는 또 다른 이방인 백부장인 고넬료 이야기와 연결시켜 준다고 볼 수도 있다.[150]

147) 누가가 이처럼 이방인 백부장의 경건을 강조하는 이유에 대해 Stephen G. Wilson은 다음과 같이 지적한다. "누가는 대체로 이방인들이 유대인들만큼이나 선하다고, 그들이 꼭 더 선한 것은 아니지만 그렇다고 더 나쁜 것도 아니다. 이방인들은 유대인처럼 하나님께 헌신할 수 있으며 하나님을 존경할 수 있다. 따라서 교회가 그들을 받아들이지 않을 어떤 이유도 없다는 점을 뜻한다고 보인다." Cf. *The Gentiles and the Gentile Mission in Luke-Acts*, p. 32.

148) Cf. Sharon H. Ringe, *Luke*, Westminster John Knox Press, 1995, p. 99.

149) Stephen G. Wilson은 "누가가 이 이야기를 사도행전에서 이방인들을 받아들이는 것에 대한 일종의 예언으로 보았을" 가능성에 대해 언급한다. Cf. *The Gentiles and the Gentile Mission in Luke-Acts*, p. 32.

150) Ringe, Luke, p. 100. C. H. Talbert도 "누가복음 7:1~10이 사도행전 10장에 나오는 베드로 행동을 위한 주님의 선례를 제공해 준다."고 말한다. Cf. Reading Luke: *A Literary and Theological Commentary on the Third Gospel*, New York: Crossroad, 1982, p. 79. Stephen G. Wilson은 누가가 이 이야기와

넷째로, 마태는 누가의 경우보다 백부장의 믿음을 더 강조한다. 누가와 마찬가지로 "내가 진정으로 너희에게 말한다. 지금까지 내가 이스라엘 사람들 가운데서 이런 믿음을 본 일이 없다."(마 8:10)는 말을 통해 백부장의 믿음을 강조했다. 그러나 그 말씀 이후에 다시금, 누가와는 달리 백부장을 향해 "가라. 네가 믿은 대로 될 것이라."(마 8:13)는 말씀을 첨가하여 백부장의 믿음을 다시 한 번 강조한다. 마태가 이렇게 두 번씩이나(8:10, 13) 백부장의 믿음을 강조하고 있는데, 헬드(H. J. Held)는 "마태는 이런 식으로 백부장의 믿음에 대한 예수의 말씀을, 믿음이 있는 이방인들에게는 메시아의 잔치에 들어갈 수 있는 길이 열린다는 약속을 이방인들에게 하고 있다고 해석해 준다."고 말한다.[151] 마태의 경우, 백부장이 비록 이방인이기는 했지만 그의 믿음이 어느 이스라엘 사람보다 컸기 때문에 하나님의 은혜를 입을 수 있고, 또 하나님 나라의 잔치에 참여할 수 있게 되었음을 가르치고 있다면, 누가의 경우에는 백부장의 믿음 때문에 그의 종을 고쳐 주었다는 데 강조점이 있기보다는 오히려 예수의 공생애 첫 설교에서도 밝혀졌듯이, 이방인에게 은혜를 베푸는 것이 하나님의 뜻이요 또한 예수의 의지라는 점을 더 강조하고 있다고 해석할 수도 있을 것이다.

다섯째로, 마태는 이 이적 이야기의 결론으로 "너희에게 이르노니 동 서로부터 많은 사람이 이르러 아브라함과 이삭과 야곱과 함께 천국에 앉으려니와 나라의 본 자손들은 바깥 어두운 데 쫓겨나 거기서 울며 이를 갊이 있으리라."(마 8:11~12)는 말씀을 첨가하여 믿음을 가진 이방인들이 천국에 들어가고 믿음이 없는 이스라엘 백성들이 오히려 쫓겨난다는, 소위 '유대인의 배척과 이방인의 환영'이라는 주제를 드러낸다. 마태가 보여 주는 친(親) 이방적 경향'(the pro-Gentile tendency)[152]의 보다 구체적 표현이라고 말할 수 있

사도행전 10장에 나오는 "최초의 이방인 기독교인 고넬료의 이야기와의 평행을 고조시키고" 있다고 말한다. Cf. *The Gentiles and the Gentile Mission in Luke-Acts*, Cambridge At the University Press, 1973, pp. 31~32.

151) H. J. Held, "Matthew as Interpreter of the Miracle Stories," in: G. Bornkamm, G. Barth and H. J. Held, *Tradition and Interpretation*, Philadelphia: The Westminster Press, 1963, p. 196.

152) Cf. Ernest L. Abel, "Who Wrote Matthew?" *NTS* 17, p. 142; K. W. Clark, "The Gentile Bias in Matthew,"

다. 그러나 누가는 이 말씀을 오히려 완전히 다른 문맥에서(눅 13:28~30) 소개하는 반면에, 이 이야기와 관련해서는 곧바로 나인 성 과부의 죽은 아들을 살리는 이적을 연결하여 편집함으로써 예수의 연속된 이방인에 대한 사역에 대한 관심을 드러낸다. 이처럼 누가가 누가복음 7장에서 백부장의 종을 고쳐준 이적 이야기에 이어서 곧바로 나인 성 과부의 아들을 살린 이적 이야기를 편집하여 소개하는 의도는, 예수의 나사렛 회당 설교 가운데서 그토록 강조된 바 있는 엘리야와 엘리사의 전례가 그의 공생애 활동 초기부터 반복 실현되고 있음을 나타내려는 데 있었던 것 같다. 왜냐하면 나사렛 회당 설교에서 엘리야가 했던 일은 시돈 지방의 사렙다 과부를 돕는 일이었고, 엘리사가 했던 일은 수리아의 군대 장관 나아만을 돕는 일이었기 때문이다. 이렇게 누가는 예수가 7장에서 이방인 백부장을 돕고 과부를 돕는 일을 소개함으로써 나사렛 회당 설교의 계획을 그대로 실천에 옮기고 있음을 증거하고 있다. 이런 점에서 누가복음 7장 1절에서 17절은 주제 면에서 나사렛 회당 설교와 밀접히 연관되어 있는 셈이다.[153]

누가는 이런 의도를 갖고 있었기 때문에 누가복음 7장에서 백부장의 종을 고치는 이야기에 이어서 나인 성 과부의 아들을 살린 이적 이야기를 소개할 때, 의도적으로 구약에서 엘리야가 사렙다 과부의 아들을 살린 이적 이야기(왕상 17:8~24)와 거의 똑같은 형태로 구성했던 것이다.[154] 두 이야기 간의 문학적 유사성이 너무나 뚜렷하기 때문이다. 예를 든다면 첫째로, 두 이야기 모두 과부의 죽은 아들이 다시 살아나는 이야기 형태로 되어 있다. 사렙다 과부의 아들은 선지자 엘리야에 의해 다시 살아났고, 나인 성 과부의 아들은 예수에 의해 다시 살아났다. 둘째로, 사건이 일어난 장소에 대한 언급이 거의 똑같은 문장으로 구성되어 있다. 열왕기상 17장 10절에선 "저가…성문에 이를

JBL(1947), pp. 165~172.

153) T. L. Brodie, "Towards Unravelling Luke's Use of the Old Testament: Luke 7:11~17 as an Imitation of 1 Kings 17:17~24," *NTS* 32(1986), p. 250. F. Bovon도 누가복음 11~17도 "Luke 7:11~17 is…more than a pale imitation of I Kings 17"이라고 말한다. Cf. A Commentary on the Gospel of Luke 1:1~9:50, p. 268.

154) 열왕기하 4:32~37에 나오는 엘리사가 수넴 여인의 죽은 아들을 다시 살리는 이적 이야기도 이와 비슷하다.

때에…"(when he come to the gate of the city)라고, 누가복음 7장 12절에선 "(저가)…성문에 이를 때에…"(as he drew near to the gate of the city)라고 기록되어 있다. 셋째로, 다시 살아난 아들을 어미에게 돌려주는 장면에 대한 묘사 또한 거의 같은 문장으로 되어 있다. 특히 헬라어에서 아주 비슷하다. 열왕기상 17장 23절에선 "(엘리야가) 그 아이를…그 어미에게 주며"(delivered him to his mother)라고, 누가복음 7장 15절에서는 "(예수께서) 그를 어미에게 주신대"(he gave him to his mother)라고 기록되어 있다. 마지막으로 엘리야가 사렙다의 과부를, 예수가 나인성의 과부를 처음 만나는 장면 설정도 문자적으로 아주 비슷하다(왕상 17:9, beholda…widow; 눅 7:12, behold…a widow). 이 같은 표현의 유사성은 누가가 이 본문을 구성할 때 분명히 열왕기상 17장을 신학적으로만 아니라 문학적으로도 모델로 삼았기 때문일 것이다.[155]

그러나 다른 한편으로 나인 성이 엔돌(Endor)과 수넴(Shunem) 사이에 위치할 뿐 아니라,[156] "나인 성이 수넴과 가깝다는 사실[157]이 몇몇 주석가들에게는 누가의 이 이야기 가운데 엘리사가 수넴 여인의 아들을 다시 살린 이야기(왕하 4:18~36)에 대한 언급이 있다고 이해되었다."[158] 누가의 이 이야기 배경이 엘리야가 사렙다 과부의 아들을 살린 이야기나 엘리사가 수넴 여인의 아들을 살린 이야기 중 어느 것이든 간에 누가의 의도는 결국 예수를 엘리야 혹은 엘리사와 같은 북부 지역, 곧 사마리아 지역을 위해 활동하던 선지자로, 즉 변두리 지역이나 이방 지역에 관심을 가진 선지자로 드러내 보여 주려는 데 있다고 생각된다.[159] 누가가 이처럼 엘리야와 엘리사에 대해 남다른 관심을 갖고 있는 까닭은 그들이 사마리아 지역에서 활동하던 선지자들이었기

---

155) T. L. Brodie는 누가복음 7장에 나오는 나인 성 과부의 아들을 살린 예수의 이적 이야기가 열왕기상 17장에 나오는 사렙다 과부의 아들을 살린 엘리야의 이적 이야기의 모방이라고 말한다. Cf. "Towards Unravelling Luke's Use of the Old Testament: Luke 7:11~17 as an Imitation of I Kings 17:17~24," *NTS* 32(1986), pp. 147~167.

156) F. W. Danker, *Jesus and the New Age*, p.161.

157) "Nain and Shunem are not far from one other;" "Just as the two stories are near to one another, so are the two vllages." Cf. F. Bovon, *A Commentary on the Gospel of Luke 1:1~9:50*, p. 268.

158) J. Fitzmyer, *The Gospel According to Luke*, New York: Doubleday & Company, 1981, 656.

159) Sharon H. Ringe는 "누가가 예수를 엘리야와 엘리사 전통의 예언자로 묘사한다."고 말한다. Cf. Luke, p. 101.

때문이고, 따라서 이것은 누가가 사마리아에 대해 갖는 남다른 관심의 결과다. 그리고 누가의 사마리아 지역에 대한 관심은 곧 그의 이방 지역에 대한 관심과 전혀 무관하지 않다는 점을 기억해야 한다. 따라서 우리는 우리의 본문 가운데서 누가가 예수를, 이방인들에게 관심을 갖고 나아가 은혜를 베푸는 분으로 소개하려는 의도를 볼 수 있다. 이런 점에서 피츠마이어가 말한 바와 같이 "이 이야기는 '하나님은 외모로 사람을 가리시지 않는 분이어서 그를 두려워하고 의를 행하는 사람이면 어느 나라 사람이든지 다 받으시는 줄 내가 참으로 깨달았습니다.'란 사도행전 10장 35절을 예증하며 예고하고 있다."[160]고 볼 수 있으며, 확실히 이방인에 대한 선교에 대한 누가의 관심과 잘 어울린다고 생각한다.

누가는 이 이야기를 단순히 예수의 이적 이야기들 중 하나로 소개하는 것은 아니다.[161] 이방인들이 이 백부장처럼 '믿음'이 있다면 능히 예수의 은혜와 자비를 받을 수 있음을 가르치기 위해 교육적이며 선교적인 목적에서 전하고 있다고 생각한다. 누가의 본문 가운데서 백부장의 믿음은 두 가지 점에서 아주 분명히 부각된다. 첫째는, 백부장이 예수를 자기 집에 모시기에는 자신이 너무 부족하다는 점을, 그리고 "자신이 감히 주님을 만나 뵈올 생각조차 못하겠다."(7:7)는 점을 고백한 데서 그의 믿음이 잘 드러난다. 둘째는, 그가 예수의 권위 있는 말씀에 대한 절대적인 신뢰를 나타내고 있다는 점에서 분명히 드러난다. "그저 말씀만 하셔서 제 종을 낫게 해 주십시오. 저도 상관을 받드는 사람이고 제 밑에도 군인들이 있어서 제가 이 사람더러 '가라.' 하면 가고 저 사람더러 '오라.' 하면 오고 제 종더러 '이것을 하라.' 하면 합니다"(7:7~8). 예수 자신도 "나는 이스라엘 중에서 아직 이런 믿음을 본 일이 없다." 고 말씀하심으로써 백부장의 믿음을 아주 높게 평가했다. 따라서 이 이야기는 이 백부장을 예수 앞에서 자신의 부족함과 자격 없음을 고백하고 예수의

160) Fitzmyer, *The Gospel According to Luke*, p. 650.

161) 양식비평가들도 이 이야기를 이적 이야기로 분류하지 않는다. 예를 들어 V. Taylor는 "관심이 사건 자체에 있는 것이 아니라 예수의 말씀에 있다."는 이유로 a Pronouncement story로 분류하고 있고, Bultmann의 경우는 the apophthegms 가운데 하나로 분류한다. Cf. Fitzmyer, *Luke*, p. 649.

권위에 대한 자신의 믿음을 드러낸 경건한 이방인의 모델로 제시해 주고 있다고 생각한다.[162]

더구나 이 백부장은 예수를 (만나) 보지도 않은 상태에서 예수를 믿었던 사람의 모범이 되고 있다. 즉, 앞에서도 언급했듯이 이 백부장은, 마태복음의 경우와 달리 직접 예수께 나오지 못한 채 처음에는 "유대의 장로들을 보내" 자기 종을 고쳐 달라고 부탁했고(7:3), 또 다음에는 "친구들을 보내"(7:6) "자신이 감히 주님을 만나 뵈올 생각조차 못한다."고, 그러니 말씀만 하라고 부탁했다. 이처럼 백부장은 예수를 직접 만나 보지도 못한 가운데서 두 종류의 사람들(장로들과 친구들)을 통해서만 예수를 만났다. 따라서 그는 베드로전서 1장 8절 말씀처럼 "보지 못하였으나 사랑한" 이방인을 대표하고 있다. 요한복음 20장 29절에서 예수는 "나를 보지 않고도 믿는 사람은 복이 있다."고 말씀하셨는데, 아마도 이 백부장을 두고 하신 말씀일 수도 있다.

또한 탈버트는 이것과 관련해 누가복음 7장 1절에서 10절과 누가복음 5장 1절에서 11절 간의 유사성을 지적하기도 한다. 즉, 유대인 베드로와 이방인 백부장이 같은 방식으로 예수 앞에 나아오고 있다는 말이다. 첫째는, 자신의 죄 혹은 자신의 자격 없음에 대한 고백이고(5:8; 7:6) 둘째는, 예수의 권위에 대한 절대적 신뢰다(5:5~11, 7:7~8).[163] 그리고 바로 이런 주제가 사도행전 15장의 예루살렘 사도 회의에서 베드로가 했던 말, 곧 "하나님은 우리와 그들 사이에 아무 차별을 두시지 않고 그들의 믿음을 보시어 그들의 마음을 깨끗하게 하셨습니다."(행 15:9)란 말 가운데서도 드러난다. 따라서 누가는 이 이야기를 장차 사도행전에서 이루어질 이방 선교를 위한 기초 작업으로, 혹은 예수가 공생애 활동 가운데서 보여 준 선례 가운데 하나로 제시한다고 해석할 수도 있다.[164]

---

162) C. H. Talbert, *Reading Luke*, p. 83. Joel Green은 백부장의 믿음을 다음과 같이 요약한다. "그는 이스라엘과는 달리 예수의 권위를 인정했고, 비록 자기가 이방인으로서 도움을 받을 만한 아무런 자격이 없음에도 불구하고 예수가 자기를 위해 그 권위를 행사할 것이라고 믿었다." Cf. *The Gospel of Luke*, New International Commentary on the New Testament. Grand Rapids: Eerdmans, 1997, p. 288.

163) Talbert, *Reading Luke*, p. 83

164) Talbert, *Reading Luke*, p. 79.

8 예수와 동행한 여성 전도대원들(8:1~3)

누가복음에만 나오는 이 본문은 예수의 갈릴리 사역에 대한 누가의 요약으로서, "전체적으로 누가의 구성"[165]으로 생각되는 본문이다. 우리는 이 본문을 통해서 누가의 주요 관심사로 강조되는 다음의 세 가지 점에 주목할 필요가 있다.

1) 방랑 전도자(wandering preacher) 예수

"예수께서 도시와 마을로 두루 다니시며 하나님 나라를 선포하시고 복음을 전파하셨다"는 이 구절을 통해서 누가가 보여 주려고 하는 예수는 여러 지역을 두루 다니며 복음을 전파하는 전도자(evangelist) 혹은 선교사(missionary)이다. 물론 이런 예수의 모습이 누가만의 특징이라고 보기 어려운 점도 있기는 하다. 그런 예수의 모습이 마태복음 9장 35절에서도 거의 같은 문구로 나타나고 있기 때문이다. "예수께서 모든 도시와 마을을 두루 다니시며 여러 회당에서 가르치시고 하늘나라의 복음을 전파하시며, 모든 병들과 허약한 사람들을 고쳐주셨다."[166] 그러나 누가가 마태와 다른 점을 보이고 있는 것도 사실이다. 마태복음의 경우에 예수는 "모든 도시와 마을을 두루 다니시며 여러 회당에서 가르치시고, 하늘나라의 복음을 전파하시며, 모든 병들고 허약한 사람들을 고쳐 주셨다"고 말함으로써 예수의 사역의 내용

165) J. Fitzmyer, *The Gospel according to St. Luke*, p. 695.

166) 거의 동일한 문구가 마태 4:23에서도 나타나고 있다. "예수께서 온 갈릴리를 두루 다니시며 회당에서 가르치시고 하늘나라의 복음을 전파하시며, 모든 병들고 허약한 사람들을 고쳐 주셨습니다."

을 "복음 전파"(preaching) 이 외에 "회당에서의 가르치심"(teaching)과 "병자들을 고쳐 주심(healing)"이라고 세 가지로 요약하고 있는 반면에, 누가는 오로지 "하나님 나라 선포와 복음 전파"만을 요약적으로 강조하고 있는 점이 다르다. 마태복음에서는 예수가 복음을 전도하는 전도자의 모습 이 외에 가르치는 "랍비"의 모습과 병을 고치는 "의원"으로서의 모습을 갖고 있는 반면에 누가의 이 요약적인 본문에서 예수는 오직 "하나님 나라 선포자" 혹은 "복음 전파자"의 모습만이 강조되고 있기 때문이다. 이 점은 누가복음의 예수가 그의 공생애 첫 설교 가운데서 자신의 임무와 사명을 밝히면서 "주께서 내게 기름을 부으심은 가난한 자들에게 기쁜 소식을 전하게 하려 하심이라"(4:18)고 강조하고 있는 사실과 예수가 자기들에게서 떠나지 못하게 붙잡는 사람들을 향해서 "내가 다른 동네에서도 하나님 나라의 복음을 전해야 한다. 하나님이 이 일을 위하여 나를 보내셨다"고 말씀하시면서 "유대의 여러 회당에서 복음을 전하셨다"(4:43~44)고 전해 주는 사실에서도 잘 드러난다. 누가복음에서 예수는 다른 복음서들의 경우보다 더 복음을 전파하기 위해 보냄을 받은 사람, 그래서 복음을 전파하는 사람, 그리고 특히 복음 전파를 위해서 여러 "도시와 마을을 두루 다니시는" 순회 전도자 혹은 방랑 선교사의 모습으로 소개되고 있는 편이다.

이 점은 특히 누가복음이 다른 복음서와 달리 9장에서 19장에 이르는 이른바 "여행 설화"(the travel narratives 혹은 the journey narratives)[167]를 통해서 예수를 "여행자"로 부각시키고 있는 사실에서도 잘 드러나고 있다. 콘젤만(Conzelmann)도 이미 누가는 "9장 51절에서부터 계속 예수를 여행자(a traveller)로 그리고 있다"고 지적한 바 있다.[168] 누가는 이 여행 설화 부분에서 자신의 특수 자료들, 즉 다른 복음서에는 나오지 않는 특별한 자료들을 소

167) 누가복음 9:51~19:27을 가리켜 일반적으로 "여행 설화"라고 부르는데, 이 부분이 누가복음의 한 가운데 부분을 차지하고 있다는 점에서 "중간 부분"(the central section)이라고 불리기도 한다. 이 부분에 나오는 자료들은 대체로 누가복음에만 나오는 특수 자료들로서 누가복음 이해를 위한 아주 중요한 부분으로 생각되는데, 특히 이 부분에서 예수는 갈릴리를 떠나 예루살렘으로 "여행하시는 분"(Jesus the traveller)으로 묘사되고 있다.

168) H. Conzelmann, *The Theology of St. Luke*, p. 62, n.6.

개함으로써 예수가 예루살렘을 향해 계속 여행하시면서 여러 "도시와 마을로 두루 다니시며, 하나님 나라를 선포하시고 복음을 전파하셨다"고 전해 주고 있다. 그리고 누가의 이런 기록은 제2권 사도행전에서 사도들, 특히 바울이 전도 여행을 위해서 여러 나라의 여러 곳을 두루 다니며 복음을 전파하는 것의 예표가 되고 있다. 누가복음에서 예수가 복음을 전파하기 위해 계속 여러 도시와 여러 마을로 여행하는 자로 묘사되고 있듯이, 사도행전에서는 사도들, 특히 바울이 복음을 전파하기 위해서 계속 여러 나라와 여러 도시들로 여행하는 자로 묘사되고 있기 때문이다. 따라서 누가의 이 본문은 오늘날 여러 나라 여러 곳으로 나가서 복음을 전파하고 있는 해외 선교사들과 복음 전도자들을 위한 모범과 전거가 된다고 볼 수도 있다.

2) 예수의 전도 여행에 동행한 열두 제자들

누가는 "예수께서 도시와 마을로 두루 다니시며 하나님 나라의 복음을 선포하시고 복음을 전하셨다"고 말하면서 동시에 "열두 제자가 예수와 동행했다"(8:1)는 점을 지적하고 있다. 예수의 열두 제자들도 예수의 전도 여행에 동행하면서 예수와 함께 복음을 전한 전도자들이었다는 말이다. 누가복음 9장 1~6절에 의하면, 예수가 열두 제자들을 불러낸 목적이 "하나님 나라를 선포하며"(9:2), "복음을 전파하게"(9:6) 하기 위해서였다. 따라서 누가복음에서 예수의 열두 제자들은 예수와 마찬가지로 그들 자신들도 예수처럼 모두 "하나님 나라의 선포자이며 복음의 전파자"들임에 틀림없다. 그리고 누가는 나중에 예수의 이 열두 제자들이 부름을 받고 파송을 받아 나가서 실제로 "여러 마을을 두루 다니며 가는 곳마다 복음을 전하고 병을 고쳤다"(9:6)고 전해주고 있다. 8장 1절에서 예수가 열두 제자들을 데리고 "도시와 마을로 두루 다니시며" 하나님 나라를 선포하시고 복음을 전파하신 것을 본받아서, 9장 6절에서는 열두 제자들이 보냄을 받아 "나가서 여러 마을을 두루 다니며 가는 곳마다 복음을 전하고 병을 고쳤다"고 했다. 이렇게 보면, 8장 1절에서 예수는 나중에 제자들이 할 일을 위해 제자들을 데리고 다니시면서 친히 모범을 보여 주신 것으로 생각될 수 있다. 이런 실습 과정이 있었기에 나중에 제자들이 예수를 본받아 "여러 마을을 두루 다니며 가는 곳마다 복음을 전파"할 수 있게 되었던 것으로 생각된다.

이것은 누가복음에서만이 아니다. 누가복음의 속편인 "사도들의 행적"의 기록을 보더라도, 베드로와 요한이 예루살렘에서 사마리아로 내려가 "주의 말씀을 전한 후에 예루살렘으로 돌아가면서 사마리아 여러 마을에 복음을 전파했고"(행 8:25), 빌립은 "예루살렘으로부터 가사로 내려가는 길을 향하여 남쪽으로 가서"(행 8:26) 에디오피아 여왕 간다게의 내시를 만나 "복음을 전했고"(행 8:35), "그 후 빌립은 아소도에 나타나 여러 동네를 다니며 복음을 전파했다"(8:40). 그리고 베드로는 가이사랴로 내려가 고넬료의 집에서 복음을 전파했고(10:36), 바울과 바나바도 여러 곳을 다니며 "복음을 전했다"(행 14:7,15,21; 15:35). 바울은 아시아를 떠나 마게도니야로 건너가 복음을 전파했고(16:10), 또 베레아에서 아데네로 들어가 거기서 복음을 전파했다(17:18). 누가에게 예수의 열두 제자들은 물론 그의 사도들과 빌립 및 바울 등은 모두 예수처럼 여러 나라 여러 곳을 두루 다니며 하나님 나라를 선포하며 "복음을 전파하는" 전도자들 혹은 선교사들이었다. 누가복음의 예수가 그들 모두의 모범이었다.

3) 예수의 전도 여행에 동행한 여성 전도단원들

누가의 이 본문 가운데서 우리가 특히 주목해야 할 사실은 다른 복음서 전승들에서는 전혀 찾아볼 수 없는 중요하고 아주 놀라운 사실, 곧 예수와 그의 제자들의 전도 여행 가운데 "여인들"이 동행하고 있었다는 언급이다. 누가는 다만 "여인들"이 예수와 제자들의 전도 여행에 동행하고 있었다는 사실만을 언급하고 있는 것이 아니라, 구체적으로 그 여인들의 이름까지 밝히고 있다. 일곱 귀신 들렸다가 고침을 받은 "막달라 마리아"와 헤롯의 시종 구사의 아내 "요안나"와 "수산나"가 바로 그들이고, 그들 이 외에도 "많은 다른 여인들"("*heterai pollai*")이 있었다고 증언한다. 따라서 우리는 당시 예수 전도단의 일행이 전체적으로 모두 몇 명이었는지 정확히 알 수가 없다. 그 당시 고대 세계의 문서들 가운데서 여인들이 보통은 익명으로 언급되거나 실제로 눈에 뜨이지 않게 등장하는 관례를 고려할 때, 누가복음에서 이처럼 여러 명의 여인들이 예수와 그의 제자들의 전도 여행에 동행했다는 점을 언급하면서 그 여인들의 이름까지 구체적으로 밝히고 있는 것은 예외적인 일(unusual)이다.[169] 요한복음 4장 27절에 보더라도 예수의 제자들조차 예수가 수가 동네에서 사마리아 여인과 대화하시는 것을 보고 이상히 여겼다는 기록이 있지 않은가? 더구나 예수의 전도 여행에 동행했던 이 여인들 중에는 이미 결혼한 여인, 즉 헤롯의 시종 "구사의 아내"인 "요안나"도 포함되어 있었다. 이름이 밝혀진 여인들 중에 "막달라 마리아"는 복음서 전승 가운데서 예수의 죽음과 부활과 관련하여 아주 두드러지게 등장하는 인물이며, 그녀의 이름으로 기록된 외경 복음서인 마리아 복음서에 보면, 그녀는 그 복음서를 기록한 신앙공동체 안에서는 열두 제자, 특히 베드로에 맞먹는 지도자로 숭상되고 있던 인물이다.[170] 따라서 예수의 전도 여행에 동행했던 여인들의 이름이 구체적으로 거명된 사실은 엘리스(E.E. Ellis)가 지적했던 바와 같이 실제로 "그 여인들이 팔레스틴 교회 안에서 중요한 인물들이었음을 시사해 주는"[171] 증거일

169) Sharon H. Ringe, *Luke*, p. 112.

170) 외경 복음서인 〈도마복음〉의 "말씀 114"에 보더라도 막달라 마리아는 베드로로부터 견제 받고 있는 지도자 급의 인물이다. "시몬 베드로가 그들에게 말했다. 마리아로 하여금 우리 가운데로부터 떠나게 하라. 여인들은 생명에 합당치 않기 때문이다…"(도마복음, 말씀 114). 〈마리아 복음서〉 10:1~6에는 다음과 같은 기록이 있다. "베드로가 마리아에게 말했다. 자매여 우리는 구세주께서 다른 여인들보다 당신을 더 사랑하신 것을 알고 있소. 당신이 기억하는–당신은 알고 있으나 우리는 듣지 못했던–구세주의 말씀들을 우리에게 말해 주시오." 〈마리아 복음서〉 저자는 예수의 제자인 레위의 입을 통해서 베드로에게 다음과 같이 충고하는 말씀도 전하고 있다. "베드로여, 당신은 항상 성질이 급했소. 이제 보니 당신은 이 여인(=막달라 마리아)을 적으로 취급하며 대결하고 있는 것 같소. 하지만 구세주께서 그녀를 가치 있게 만드셨다면, 당신이 무엇인데 감히 이 여인을 대적한다는 말이요? 분명히 구세주께서는 그녀를 아주 잘 알고 계시오. 그래서 그분께서는 우리보다 그녀를 더욱 사랑하신 거라오. 자 그러니 이제 스스로 부끄러운 줄 알고 완전한 남자(인간)가 되어서 그분의 명령대로 헤어져서 복음을 전합시다"(18:6~19).

171) E.E. Elliis, *The Gospel of Luke*, p. 124.

수 있다.

따라서 누가복음 8장 1~3절과 같은 기록을 남긴 누가에게는 복음을 전파하는 일에 있어서 예수의 전도단원들 사이에 남녀의 구별과 차별이 전혀 없었던 것으로 보인다. 또한 누가로서는 복음 전도가 남자 제자들만의 역할이 아니라 여자 제자들의 중요한 몫이기도 하다는 점을 지적하려고 했던 것인지도 모른다. 이것은 누가만이 복음을 전파하는 일을 열두 제자들에게만 한정시키지 않고, 별도로 칠십인 제자들을 택하여 그들에게도 맡겼던 점과 비슷하다. 피츠마이어(Fitzmyer)는 "누가가 여기서 이런 여인 추종자들을 소개하는 가운데 그녀들이 예수의 십자가 곁에서(23:49), 그리고 빈 무덤 곁에서(24:10) 했던 역할을 미리 보여 주고 있다"고 말한다.[172] 예수의 빈 무덤을 맨 처음 목격한 여인들이 다른 복음서들의 경우에는 "막달라 마리아와 요안나와 야고보의 어머니인 마리아"이지만, 누가복음에서만 이 세 여인들 이 외에 "이 여인들과 함께 있던 다른 여인들"(24:10)이 있었다고 하였다. "보다 많은 여인들"의 존재에 대해 증언하고 있는 점을 보더라도, 누가와 누가 공동체에게는 복음 전파와 함께 예수를 증언하는 일에 "많은 여인들"의 존재와 역할이 아주 중요했던 것으로 생각된다. 비록 여인들이 열두 명의 남자 제자들처럼 "사도들"의 명단과 그 반열에 오르지는 못했어도, 누가복음에 의하면 처음부터 여인들이 예수와 다른 남자 제자들과 더불어 복음 전도 사역에 나서면서 중요한 역할을 하고 있었던 것으로 밝혀지고 있다. 그들이 비록 교회의 지도권에 관한 한 그 중심에서 주변으로 물러나 있었기는 했지만 그것은 단지 그 당시 세계의 관습을 반영하는 것일 뿐, 결코 예수가 그들을 배제했기 때문은 아닌 것으로 보인다.[173]

더구나 본문에 의하면, 이 여인들은 예수 일행의 전도 여행에 동행한 것만이 아니라, "그들의 재산으로 예수의 일행을 섬겼다"고 했다. 따라서 이 구절은 이 여인들이 물질적으로 여유가 있는 여인들이었을 뿐만 아니라, 자신들

---

172) Fitzmyer, *Luke*, p. 696.

173) Sharon H. Ringe, *Luke*, p. 112.

이 갖고 있는 물질을 가지고 복음 전도 활동을 위해 바쳤다는 것을, 그래서 실질적으로 예수 일행의 복음 전도 활동이 이 여인들의 재정적인 후원과 봉사가 있었기에 가능했다는 것을 의미하는 것이기도 하다. 누가가 여기서 말한 "재산"(*"hyparchonta"*)이란 단어는 누가가 "어리석은 부자의 비유"를 소개하면서 "재산이 아무리 많아도 그의 재산이 그의 목숨을 늘여 주지는 못한다"(12:15)고 말했을 때, "너희는 너희 재산을 팔아 구제하는 일을 하라"(12:33)고 말했을 때, "너희 중에 누구든지 자기 재산을 다 버리지 않으면 내 제자가 될 수 없다"(14:33)고 말했을 때, 삭개오가 예수에게 "주님, 보십시오. 제 재산의 절반을 가난한 사람들에게 주겠습니다"(19:8)라고 말하여 "오늘 구원이 이 집에 임했다"는 소리를 들었을 때, 제자직과 관련하여 아주 의미 있는 중요한 단어다. 따라서 여인들이 예수의 일행과 동행하면서 "자기들의 재산으로 예수의 일행을 섬겼다"고 하는 이 언급은 이 여인들이야말로 모든 재산을 다 버림으로써 "모든 것을 버려두고 예수를 따랐던"(5:11,28) 남자 제자들에 못지않은 예수의 제자를 위한 이상적인 모범으로 제시되고 있는 것으로 볼 수도 있을 것이다. 또한 이 여인들이 그들의 재산으로 예수와 열두 제자들을 "섬긴 일"(*"diekonoun,"* 8:3)이, 엘리스(E.E. Ellis)가 지적하고 있는 것처럼,[174] 나중에 초대 교회에서 여자 집사(deaconess) 제도(롬 16:1; 딤전 3:8~13)를 세우게 된 모형이 되었을 수도 있다.

그리고 이런 것들은 모두 사도행전에서 예수의 부활 승천 이후 초대 교회가 처음 형성될 때, 예루살렘 다락방에 한 마음으로 모여 기도했던 무리들 가운데 열한 제자들과 "예수의 어머니 마리아와 예수의 동생들"과 함께 "여인들"이 있었음을 언급하고 있는 것과도 관계되고 있다. 누가가 사도행전에서 욥바에 다비다란 "여자 제자"가 있었다고 말하고 있는 점이나(행 9:36), 바울이 빌립보의 한 기도처에서 루디아와 다른 여인들이 모여 있는 것을 만났다고 언급하는 점이나(16:13~14), 빌립의 네 딸이 모두 예언자들이었다고 말하

174) E.E. Ellis, *The Gospel of Luke*, p. 124.

고 있는 점(21:9) 등으로 미루어 볼 때, 예수 시대에나 초대 교회 시절에 여성들이 복음 전파에서나 신앙 공동체 안에서 아주 중요한 역할들을 하고 있었음을 잘 알 수 있게 된다. 따라서 누가의 이런 기록은 오늘날 교회 안의 많은 여성들이 남자 제자들과 똑같이 복음 전파뿐만 아니라 교회 생활에서 중요한 역할을 해야 한다는 도전으로 받아들여야 할 것으로 보인다.

9 씨 뿌리는 자의 비유(8:4~8)

누가가 소개하는 "씨 뿌리는 자의 비유" 내용은 평행 본문(막 4:1~9; 마 13:1~9)과 별다른 차이가 없다. "씨 뿌리는 사람이 씨를 뿌리러 나가서 씨를 뿌리는데, 어떤 씨는 길가에 떨어져서 밟히고 새들에게 먹혔고, 어떤 씨는 바위 있는 데 떨어져 싹은 났으나 물기가 없어 말라 버렸고, 어떤 씨는 가시덤불 속에 떨어져 가시덤불이 함께 자라 그 기운을 막았는데, 어떤 씨는 좋은 땅에 떨어져, 100배의 열매를 맺게 되었다는 것이다." 이 비유는 세 복음서에 모두 나오며, 도마복음(말씀 9)에도 평행 본문을 갖고 있다. 세 복음서 기자들과 도마복음이 모두 소개하고 있다고 하는 점에서 이 비유는 구전 과정과 초대 교회 안에서 그만큼 중요한 비유였고, 이 비유의 교훈도 그만큼 중요했었다고 생각할 수 있다. 그렇다면 이 비유 본문은 우리에게 무엇을 가르치는가? 그러나 이 비유를 올바로 이해하기 위해서는 무엇보다도 먼저 본래 예수가 주후 30년경 그의 공생애 사역 가운데서 이 비유를 통해서 주시려고 했던 교훈은 무엇이었는지, 그리고 나중에 누가가 주후 1세기 말경에 이 비유를 그의 복음서 현재의 문맥에 소개할 때의 교훈은 무엇인지를 구분해서 살펴볼 필요가 있다.[175]

---

175) 눅 8:11~15와 그 평행 본문들(막 4:13~20; 마 13:18~23)에 나오는 소위 "해석 본문"은 본래 예수 자신의 해석이 아니라 후대 복음서 기자들에 의한 해석으로, 별개의 비유로 보아야 한다. Jeremias는 이 해석 본문이 예수 자신의 해석이 아니라고 보는 여러 근거들을 제시하고 있다. Cf. *The Parables of Jesus*, pp. 77~79. J.D. Kingsbury도 이 해석 본문이 비유 자체에 대한 해석이나 설명으로 볼 수 없다고 말한다. 비록 비유 본문과 해석 본문 사이에 씨와 땅, 곧 말씀과 인물에 공통점이 있기는 하지만, 비유에서는 말씀에 강조점이 있으나, 해석 본문에서는 인물에 강조점이 있다는 것이다. 즉 강조점이 교회 밖에 나가 말씀의 씨를 뿌리는 전도자로부터 교회 안에서 말씀을 듣는 네 종류의 사람에게로 옮겨져 있다는 것이다. Cf. *The Parables of Jesus in Matthew 13: A Study in Redaction Criticism*, Richmond: John Knox Press, 1979, p. 62.

1) 역사적 예수의 본래 비유 의도

예수의 비유를 연구하는 학자들의 해석에 의하면 예수가 이 비유를 주시게 된 동기와 목적은 우리의 일반적인 기대와는 아주 다른 것이었다고 말한다. 그들의 설명에 의하면 예수께서 이 비유를 말씀하신 본래의 의도와 목적은 다음과 같은 것이었다. 우리가 복음서 기록을 통해 잘 알고 있듯이 예수께서 공생애 활동을 시작하셨을 때, 가시는 곳마다 수많은 무리가 따라다녔고, 그들에게 많은 환영을 받았던 것으로 알려지고 있다. 그래서 많은 사람들은 예수의 공생애 활동이 처음부터 끝까지 아주 성공적이었던 것으로 생각하고 있다. 물론 이런 생각이 크게 잘못된 것은 아니다. 예수께서 산 위에 올라가 설교하실 때, 즉 산상 설교를 하실 때 수많은 무리가 모여들어 그의 말씀을 들었다. 그리고 갈릴리 바닷가에서는 5,000명의 무리와 4,000명의 무리가 예수의 말씀을 듣기 위해 몰려들었다. 한 중풍병자는 예수님을 찾았을 때 그 집 앞에는 인산인해여서 예수께 접근하기 위해서는 지붕에 올라가 지붕을 뜯어내고 내려와야만 할 정도였다. 어떤 혈루병 여인은 무리 틈에서 예수의 뒤로 접근할 수밖에 없었다. 요즘 말로 예수는 사람을 몰고 다니는 인물이었다. 이처럼 예수께서 가시는 곳마다 사람들이 많이 모였고, 예수의 인기와 명성이 온 나라에 널리 퍼져 있었던 것도 사실이다. 그래서 종교 지도자들이나 정치 지도자들이 예수의 일거일동에 신경을 곤두세우기도 했고, 끝내 예수를 없애려고도 했다.

그러나 복음서를 주의 깊게 살펴보면, 예수의 공생애 활동이 항상 그렇게 성공적인 것만은 아니었고, 모든 사람들로부터 환영을 받았던 것만은 아니었다는 사실을 알게 된다. 가령 예수의 활동은 그의 고향 동네인 갈릴리에서조차도 환영을 받지 못했고, 그래서 별다른 성과가 없었던 것으로 나타나고 있다. 마가복음 6장 1~6절에 보면 예수께서 그의 고향 회당에서 가르치셨을 때, 사람들이 "이 사람은 목수로 마리아의 아들이 아닌가? 또 야고보와 요셉과 유다와 시몬의 형이 아닌가? 또 그의 누이들은 다 우리와 같이 여기 살고 있지 않은가?"라고 말하면서 예수를 우습게 알고 배척했다. 그래서 예수도 그들의 믿음 없음을 이상히 여기면서 "예언자가 자기 고향에서는 높임을 받지 못한다"는 말씀을 하시면서 그곳을 떠나실 수밖에 없었다. 또한 누가복음 4장 28~29절에 보면 예수께서 가버나움 회당에서 설교하셨을 때, 그 말씀을 들었던 사람들이 모두 화를 내면서 예수를 동네에서 쫓아내어 동네 밖 산 벼랑까지 끌고 가서 그를 밀어 떨어뜨려 죽이려고 했던 것을 알 수 있다. 뿐만 아니라 종교 지도자들은 계속 예수의 뒤를 따라다니며 책잡아서 그를 없애려고 애를 쓰기도 했다. 그리고 나중에는 백성들을 선동하여, "십자가에 못 박으소서"라고 외치게 만들기도 했다. 예수의 공생애 활동 중에는 처음부터 끝까지 고향 사람들은 물론, 유대 종교 지도자들의 반대가 있었고, 따라서 장애물이 아주 많이 있었던 사실을 부인할 수 없다. 또한 마가복음 3장 21절에 보면, "예수의 친족들이 예수가 정신 나갔다는 소문을 듣고 예수를 붙들러 나섰습니다"라고 기록되어 있기도 하다. 예수께서 귀신을 쫓아내는 것이 예수 자신이 귀신들렸기 때문에 귀신의 힘으로 귀신을 쫓아낸 것이라고 생각했기 때문이다. 예수는 이렇게 고향 사람들, 그 당시 종교 지도자들, 심지어 사랑하는 가족들로부터도 오해를 받고 배척당하고 있었다. 예수의 공생애 활동이 그렇게 순탄하지만도 않았고, 그렇게 성공적이지도 않았다는 이야기이다.

그렇다고 예수를 믿고 따르던 제자들도 모두가 다 처음부터 끝까지 예수를 잘 믿고 따랐던 것도 아니었다. 예수를 따르는 제자들 가운데서조차도 예수의 공생애 활동이 그렇게 환영을 받고 성공적이었던 것만도 아니었던 것으로 나타나고 있다. 가령 요한복음 6장 60절에 보면, 예수의 설교 말씀을 듣던 제자들 중에는 예수의 말씀이 너무 어렵고 귀에 거슬린다고 생각하여 예수를 버리고 떠나는 사람들도 많이 생겨났다. 요한복음 6장 66절에 보면, "그 때부터 제자 가운데서 많은 사람들이 떠나가고 그를 따르지 않았습니다"라고 기록되어 있다. 그리고 그 본문에 보면 자기를 버리고 떠나가는 제자들의 무리를 보면서 예수께서는 열두 제자들을 붙잡고, "너희도 가려느냐?"라고 묻으신다. 제자들 가운데서도 더러 등을 돌리면서 이탈하는 사람들이 있었다는 것을 단적으로 증거해 주는 성경 본문이다. 더구나 열두 제자 중에 나중에 예수를 배반하는 제자까지 생겨나지 않았던가? 예수의 제자들 가운데서도 예수의 가르침이 어렵다는 이유로, 그리고 또 예수를 따르는 것이 성공을 보장해 주는 것이 아니라는 생각을 하여 일찌감치 예수를 버리고 떠나는 사람들도 있었던 것이다.

이런 상황 속에서 적대자들이나 제자들을 막론하고 많은 사람들이 볼 때, 별 볼일 없어 보이는 갈릴리 나사렛의 목수 아들 예수가 어부 제자 등 열두 명들을 중심으로 시작한 이른바 "예수 운동"(Jesus movement)은 처음부터 성공할 수 없어 보이는, 실패로 끝나 버릴 운동처럼 생각되었을지도 모른다. 예수 이전에, 또는 예수 당시에 나타났던 비슷한 예언자들의 예언 운동과 마찬가지로 한때 나타났다가 금방 사라져 버릴 거짓 메시아의 운동 중 하나로 생각되기도 했을 것이다. 이런 상황에서 예수의 공생애 활동은 많은 사람들에게 실제로 실패로 끝나 버릴 회개 운동으로 생각되었을지도 모른다. 많은 사람들은 "나사렛에서 무슨 선한 것이 나겠느냐?"(요 1:46), "그리스도가 어찌 갈릴리에서 나겠느냐?"(요 7:41), "상고하여 보라 갈릴리에서는 선지자가 나지 못하느니라"(요 7:52)고 빈정대면서 멸시와 의혹에 가득 찬 눈으로 예수와 그 제자들의 활동을 지켜보고 있었을 것이다. 예수의 공생애 활동이 결코 그렇게 성공적이지만은 않았다는 이야기이다. 이런 상황은 예수의 제자들 가운데서조차도 마찬가지였을 것이다. 일부 제자들 가운데서는 예수의 공생애 활동이 과연 적대자들의 반대와 배척에도 불구하고 성공할 수 있을까? 자신들이 계속 예수를 따르는 것이 헛수고로 끝나는 것은 아닐까? 하는 의문을 가진 사람들이 생겨날 수도 있었다. 그래서 예수를 따르면서도 의혹에 찬 눈으로 예수를 바라보곤 했을 것이다. 예수로서는 맥이 빠지는 난감한 상황이 아닐 수 없었다. 그럼에도 불구하고 예수는 의혹과 의심의 눈초리로 자신을 바라보고 있는 적대자들과 일부 제자들을 향해서 어떤 확신과 분명한 답변을 주어야 했을 것이다.

"씨 뿌리는 자의 비유"는 이런 상황에서 예수가 적대자들과 자신의 제자들을 향해서 주신 비유였다.[176] 그리고 이때의 이 비유의 주요한 목적은 실패로 끝날지도 모른다고 생각하는 자신의 공생애 활동을 변호하시기 위한 것이었다. 비유 말씀에 의하면 씨 뿌린 자가 뿌린 씨앗 중 대부분이 낭비되었다. 최소한 4분의 3이 길가나 돌밭이나 가시덤불에 떨어져 허비되었고 낭비되었다. 그 해 농사가 실패할 것처럼 생각될 수밖에 없을 것이다. 그러나 이처럼 많은 씨가 낭비된다고 해서, 씨를 뿌리는 농부나 농사짓는 사람이 실망하고 좌절하여 씨 뿌리기를, 농사짓기를 포기하는 사람은 없지 않은가? 씨 뿌리는 농부는 자기가 뿌리는 씨 중의 상당한 분량이 낭비될 것이라는 사실을 알면서도, 옥토에 떨어진 얼마 안 되는 씨 때문에 결국 놀라운 수확을 거두게 된다는 것을 그 누구보다도 잘 알고 있지 않은가? 이와 같은 농부처럼, 예수는 비록 사람의 눈으로 보기에는 자신의 많은 수고와 노력이 많은 사람들의 무관심과 반대 때문에 허사가 되고, 실패할 것처럼 보일지라도, 결국 마지막에 가서는 놀라운 결과와 수확이 있을 것이라고 확신하고 있다. 예수는 바로 그런 확신을 적대자들은 물론 자신의 제자들에게도 알려 주고자 했다. 소위 "씨 뿌리는 자의 비유"를 주신 목적이 바로 거기에 있었다.

따라서 예수께서는 맨 처음에 이 "씨 뿌리는 자의 비유"를 말씀하셨을 때 자신을 씨 뿌리는 농부에 비유하면서 자신의 공생애 활동이 실패할 것으로 생각하고 있는 적대자나, 실패로 끝나지나 않을까 염려하는 제자들을 향해서 비록 현재로서는 실패와 헛수고처럼 보일지라도 결국에 가서는 확실한 결과와 놀라운 수확이 있을 것이라는 확신을 심어 주려고 하셨다. "시작은 미미하나 끝은 창대하리라"는 구약의 말씀처럼, 실패와 헛수고처럼 보이는 자신의 활동에 대해 변증하며 제자들에게는 절대로 실망하지 말고 끝까

---

176) Bultmann은 이 비유가 본래 예수의 삶의 자리에서는 "절반은 좌절에서 나온 예수의 독백"일 수 있다고 지적했다. Cf. *The History of the Synoptic Gospel*, New York: Harper & Row, 1968, p. 200. 비유 연구가인 Jeremias도 씨 뿌리는 자의 실패는 곧 예수의 실패를 말하는 것이며 이 비유는 예수의 활동이 처음에는 아무런 소망이 없는 것처럼 보이지만, 하나님은 그것을 통해 그가 약속했던 승리의 결말을 이루어 놓으신다는 것을 이 비유를 통해 강조함으로써 보잘 것 없어 보이는 자신의 활동을 변호하며 옹호하려고 했다고 보고 있다. Cf. *The Parables of Jesus*, London: SCM Press, 1963, p. 150.

지 기다려 놀라운 성과를 지켜보라고 제자들을 격려하기 위해 준 비유였다는 말이다. 따라서 예수의 이 비유는 본래 실패와 낭비에도 불구하고 놀라운 추수와 수확이 있을 것을 가르치는 확신에 찬 교훈이었다. 따라서 예수의 삶의 자리에서는 "씨 뿌리는 자의 비유"라는 명칭보다는 오히려 "추수의 비유"(a harvest parable)라고 부르는 편이 더 옳다.

2) 누가가 이 비유를 소개하면서 주려는 메시지

이처럼 이 비유가 본래는 예수에게 "추수와 수확의 비유"였음에도 불구하고 오랫동안 "씨 뿌리는 자의 비유"로 알려지게 된 것은 예수 이후 초대 교회에서 이 비유가 예수의 본래 의도와는 달리 말씀의 씨를 뿌리는 전도자들에게 주는 교훈으로 유용하게 이용되었기 때문이었던 것으로 알려지고 있다. 즉 예수께서 부활 승천하신 이후 초대 교회는 활발한 전도 활동을 벌이는 가운데 모든 교인들에게 "땅 끝까지 이르러 복음을 전하도록," 즉 세상의 모든 사람들을 대상으로 열심히 복음의 씨를 뿌리도록 전도를 강권했다. 아마도 누가와 누가의 공동체에서는 더욱 그러했을 것이다. 그런 상황에서 초대 교회에서는 예수의 이 비유를 말씀을 전파하는 전도자들에게 확신을 주기 위한 교훈으로 이용하기 시작했다. 이런 상황에서 초대교회는 복음을 전도하는 "전도자들"을 말씀의 "씨를 뿌리러 나간 사람"에게 비유하면서 너희가 나가서 말씀의 씨를 뿌릴 때도, 전하는 말씀을 듣는 사람들마다 다 그 말씀을 잘 듣고 받아들이는 것이 아니라는 사실에 대해서, 즉 전도의 어려움에 대해서 미리 알려 주려고 했다. 열심히 씨를 뿌리며 전도를 하더라도 말씀을 잘 받아들이지 않거나("바위 위에 떨어진" 씨처럼, 눅 8:6) 혹은 도리어 반대를 하는("가시덤불이 함께 자라 그 기운을 막는" 것처럼, 눅 8:7) 경우가 있다는 사실을 가르치면서, 그런 사실에 대해 놀라거나 낙심치 않고 도리어 마음의 준비를 하여 대비하도록 지도하려는 것이 목적이었다. 농부가 밭에 나가 뿌리는 씨가 모두 옥토에 떨어져 결실하는 것이 아니듯이, 전도자가 전하는 복음의 말씀이 듣는 모든 사람의 마음의 옥토에 다 떨어지는 것은 아니다. 전도의 말씀을 듣는 사람들 중 적어도 4분의 3은 말씀을 거절하고 반대할지도 모른다. 그러나 그렇다고 전도하는 일을 포기해서는 안 된다. 많은 씨가 낭비된다고 씨 뿌리기를 포기하는 농부는 없기 때문이다. 비록 뿌린 씨의 4분의 1만이 옥토에 떨어진다고 하더라도 결과적으로는 놀라운 추수와 수확을 거둘 수가 있다. 마찬가지로 전도의 대상들 중 4분의 3이 아무런 반응을 보이지 않는다고 하더라도, 전도 받은 사람들 중 단지 4분의 1만이 말씀을 받아들인다고 하더라도, 다시 그 사람을 통해서 얻는 마지막 결과는 놀라운 것이 될 수 있다. 그러니까 전도 대상자들 중에 반응하지 않거나 반대하는 사람들이 많다고 실망하거나 좌절하지 말고, 전도 말씀을 받아들이는 4분의 1에 해당하는 사람들에 희망을 두고 말씀 전하는 일을 쉬지 말라는 격려의 교훈을 주는 것이 초대교회가 예수의 이 비유를 통해 가르치려고 했던 주요 목적이었다. 결국 "씨 뿌리는 자의 비유"는 초대 교회 시절에 복음의 씨를 뿌리러 나서는 많은 전도자들에게 주는 격려와 희망의 메시지였다.[177] 상당한 낭비와 일시적인 실패에 개의치 말고 열심히 전도하라. 그리하면 말씀을 받아들인 소수를 통해서 결국 놀라운 결과를 보게 될 것이라는 메시지였다. 이처럼 초대 교회가 이 비유를 전도자들에게 주는 비유로 사용했다는 점에서 분명히 이 비유의 명칭으로 "씨 뿌리는 자의 비유"가 아주 적절한 셈이다. 씨 뿌리는 자는 곧 말씀을 전하는 전도자를 뜻하는 것이기 때문이다.

복음 선교에 남다른 관심을 갖고 있던 누가에게는 이 비유가 전도자들 혹은 선교사들에게 주는 아주 좋은 교훈으로 생각되었을 것이다. 누가가 이 비유를 누가복음 8장 1~3절에서 예수가 그의 열두 제자들과 여인 전도대원들을 대동하고 "도시와 마을을 두루 다니시며 하나님 나라를 선포하시고 복음을 전하셨다"는 기록에 뒤이어 소개하고 있다는 점에서 분명히 누가는 이 비유를 "선교를 위한 비유"로 이해하고 소개하고 있는 것으로 생각된다.

---

177) E. Linnemann, *Jesus of the Parables: Introduction and Exposition*, New York: Harper & Rowp. pp. 117~118.

⑩ 열두 제자의 전도 파송(9:1~6)

예수가 제자들 가운데서 열둘을 택하여 그들에게 "사도"라는 이름을 주었다는 기록은 열두 제자들의 명단과 함께 누가복음 6장 13~16절에서 이미 나온 바 있다. "사도"(*"apostolos"*)란 명칭의 의미 자체가 "보냄을 받았다"(*"apostelein"*)란 뜻이다. 그런데 누가복음 6장 13절에서 이름뿐이었던 "사도들"이 여기서는 실제로 "보냄을 받은" "사도들"이 되고 있다(2절, "he sent them"). 여기서 예수는 "열두 제자들을 불러 모아 모든 귀신을 제어하고 병을 고치는 능력과 권세를 주신"(9:1) 후에, "하나님 나라를 선포하며 병을 고치게 하려고 그들을 내보내셨다(9:2)." 그들에게 맡겨진 일은 정확히 예수가 지금까지 해 오시던 일이었다. 예수는 4장 43절에서 "내가 다른 여러 동네에서도 하나님 나라의 복음을 전해야 한다. 하나님이 이 일을 위하여 나를 보내셨다"고 말했는데, 이제 여기서 "하나님 나라의 복음을 전하는 일을 위하여 보내심을 받았던 예수"가 다시 열두 "사도들"을 세워 그들로 하여금 "하나님 나라의 복음을 전하는 일을 위하여 보내셨다." 더구나 예수가 열두 사도들에게 준 "능력과 권세"는 예수 자신이 갖고 행사하시던 것이었다(4:36; 5:17; 6:19; 8:46). 그런데 예수가 이 "능력과 권세"를 열두 사도들을 내보내시면서 그들에게 주셨다. 따라서 누가의 의도는 아주 분명하다. 사도들의 선교는 예수의 선교를 계속하는 것이다. 그래서 누가는 실제로 보냄을 받은 열두 제자들이 예수처럼 그분을 따라서 "나가서 여러 마을을 두루 다니며 가는 곳마다 복음을 전하고 병을 고쳤다"(9:6)고 전하고 있기도 하다. 선교 활동을 수행할 때 제자들은 마땅히 그의 선생과 같아야 했다.

예수는 열두 사도들을 전도 파송하면서 그들에게 "능력과 권세"만을 주신 것이 아니다. 전도 여행을 위한 구체적인 지침까지 주셨다. 그런데 그 지침 중에는 먼저 "금지 사항"이 포함되어 있다. "여행을 하는데 아무것도 가지고 가지 말라. 지팡이나 전대나 떡이나 돈이나 두 벌 속옷을 가지지 말라"(9:3). 전도 여행을 위한 지침으로 주어진 이 "금지 사항"은 좀 놀라운 것이고, 어떤 점에서는 이해하기가 어려운 것이기도 하다. 왜냐하면 그 당시 여행하는 사람들이 최소한의 안전을 위해 일반적으로 늘 갖추는 것까지도 "가지고 가지 말라"고 하는 것이기 때문이다. 그러나 예수가 사도들에게 주신 이 "금지 사항"에는 다음과 같은 중요한 의도가 담겨 있는 것으로 생각된다. 그것은 곧 보냄을 받은 사도들은 그들의 안전을 위해서 주님 이외에 다른 어떤 것에도 의지해서는 안 된다는 신학적인 의미다. "지팡이"는 여행자에게 보행을 위한 보조기구이기도 하지만, 때로는 짐승들과 강도들을 상대하기 위한 무기이기도 했다.[178] "전대나 떡이나 돈"도 여행자들에게는 필요한 준비물이었다. 그러나 문제는 "전대나 떡이나 돈" 그 자체에 있는 것이 아니라 주님의 인도와 지원 이 외에 우리 자신의 공급에 의존하며 그것에 더 의지하는 것이다. 마태의 평행 본문에 보면 이 말씀 바로 뒤에 "일꾼이 자기 먹을 것을 얻는 것은 마땅하다"(마 10:10)는 부연 설명이 첨가되어 그런 "금지 사항"의 이유를 어느 정도 밝히고 있기는 하다. 비록 누가가 여기에 그런 설명을 구태여 첨가하지는 않았지만,[179] 누가도 거의 같은 생각을 하고 있었을 것으로 생각된다. 하나님께서 마땅히 돌보실 것이라는 점이 어느 정도 전제되어 있다는 말이기도 하다.[180] 그들은 그들을 환영하는 사람들의 접대를 받아들여야 하고, 그것으로 만족해야 한다. 따라서 엘리스(E.E. Ellis)의 다음과 같은 해석이 옳다

178) 평행본문인 막 6:8에서는 "지팡이 외에는"이란 문구가 나오는 것으로 보아 "지팡이"만은 허용된 것으로 전해지고 있다. Cf. 왕하 4:29에서 엘리사는 게하시에게 "네 지팡이를 손에 들고 가라"고 지시한다.

179) 그러나 누가는 그 말을 눅 10:7에서 칠십인 제자들에게 주는 선교 지침 가운데서 소개하고 있다. 딤전 5:18에도 같은 말(cf. 고전 9:14)이 나오는 것으로 보아 이 말씀은 유대인들 가운데 잘 알려진 말씀이었던 것으로 보인다.

180) "it is much more an indication of their reliance and trust in the providence of God himself." Cf. Fitzmeyer, *The Gospel According to Luke*, p. 752.

고 생각한다. "본질적인 의미는 준비 없이 가라는 것이 아니라, 하나님을 의지하고 자신의 자원에 의지하지 말라는 것이다("to rely on God and not on one's own resources")."[181]

누가복음의 자료로 생각되는 마가복음 6장 8~9절의 경우, "지팡이"와 "신발"은 허용되고 있는데, 누가복음의 경우에는 그 두 가지를 포함하여 "아무것도 가지고 가지 말라"며 모든 것을 다 금지하고 있다. 그 이유가 무엇일까? 아마도 그 이유는 누가복음에서만 예수의 부름에 따라 예수를 따르는 제자가 될 때, 그들이 모두 "모든 것을 버리고"(눅 5:11; 눅 5:28; 눅 13:33; cf. 눅 18:22) 예수를 따랐음이 강조되고 있는 것과 관련이 있는 것으로 보인다. 예수를 따를 때 모든 것을 버리고 나설 수 있었던 것처럼, 예수로부터 보냄을 받을 때에도 모든 것을 버리고 나설 수 있어야 한다는 점을 누가는 강조하고 있는 것으로 생각된다. 그리고 이것은 또한 예수의 부름을 받고 그를 따르는 일과 예수로부터 보냄을 받아 선교 활동에 나서는 일은 결코 다른 일이 아니라 똑같은 일이라는 점을 분명히 보여 주는 것으로도 생각된다.

그런데 예수의 전도 명령 중에 "금지 사항"만 있는 것은 아니다. 예수는 이어서 "어느 집에 들어가든지 거기서 유하다가 거기서 떠나라"(눅 9:5)는 명령과 함께 "누구든지 너희를 영접하지 아니하거든 그 성에서 떠날 때에 너희 발에서 먼지를 버려 저희에게 증거를 삼으라"(눅 9:6)고 명령하셨다. 이 두 가지 지시 사항의 의미가 무엇인지에 대해서 좀 더 살펴보기로 하자. 첫째로 예수는 전도 여행을 떠나는 제자들에게 "어느 집에 들어가든지 거기서 유하다가 거기서 떠나라"(9:5)고 명하셨다. 그런데 평행 구절인 마가복음 6장 10절에서는 "뉘 집에 들어가거든 그곳을 떠나기까지 거기 유하라"고, 마태복음 10장 13절에서는 "아무 성이나 촌에 들어가든지 그 중에 합당한 자를 찾아내어 떠나기까지 거기서 머물라"고 되어 있다. 누가의 문구가 마가와 마태와 약간 다르기는 하지만 "일단 어느 한 집에 들어가 머물렀을 경우에는 거기를 떠나

181) E. E. Ellis, *The Gospel of Luke*, p. 137.

기까지 그곳에서 계속 머물라"는 의미란 점에서는 큰 차이가 없다. 이 명령은 "어느 성이나 어느 촌에 들어가든지 한 집에 들어갔다가 다시 다른 집으로 옮기는 일은 하지 말라"는 의미이기도 하다. 이 명령이 주어진 이유는 무엇일까? 곤잘레스(Justo L. Gonzalez)는 이 명령이 주어진 이유에 대해 다음과 같이 설명하고 있다. (오늘날에도 그렇지만 그 당시에도) "떠돌이 사기꾼들이 어느 집이나 어느 마을에 들어가 그들의 대접을 받다가, 대접이 불충분할 때, 그들의 교훈이 의심을 받을 때, 또는 또 다른 사람이 더 많은 것을 제공할 때, 쉽게 다른 영접자에게로 옮겨가서 기숙하는 일이 많이 생겨나고 있었다. 제자들은 그들 자신의 연명과 위안을 위해서 선교에 임하고 있는 것이 아니다. 그들은 그 당시 접대 관습에 따라 접대하는 사람의 집에 머물러야 하며, 접대하는 사람을 이용, 착취하거나 기회가 생겼다고 더 푸른 초장으로 옮겨가서는 안 된다."182)

둘째로 예수는 제자들에게 "누구든지 너희를 영접하지 아니하거든 그 성에서 떠날 때에 너희 발에서 먼지를 버려 저희에게 증거를 삼으라"(눅 9:5)고 명했다. 이 말씀도 마가복음 6장 11절과 마태복음 10장 14절에 평행 본문을 갖고 있기는 하지만, 역시 누가의 본문과 적지 않은 차이를 보이고 있다. 특히 이 명령의 경우, 누가의 본문이 마가의 본문과 비슷한 점이 있는 반면에, 마가와 마태의 본문이 누가의 본문과 달리 비슷한 점을 보이고 있는 것도 있다. 가령 "떠날 때에 너희 발에서 먼지를 버려 저희에게 증거를 삼으라"는 말씀은 마가복음 6장 11절과 누가복음 9장 5절이 비슷한데, 마태 본문에서는 "저희에게 증거를 삼으라"는 말이 나오지 않는다. 다른 한편으로 누가복음 9장 5절에서는 "누구든지 너희를 영접하지 아니하거든"이라고 했는데, 마가복음 6장 11절과 마태복음 10장 14절에서는 "누구든지 (혹은 어느 곳에서든지) 너희를 영접하지 아니하고 너희 말을 듣지도 아니하거든"이라고 "너희를 영접하지 아니하는 것"에 "너희 말을 듣지도 아니하거든"이란 말을 더 첨가하

---

182) Justo L. Gonzalez, *Luke(Belife: A Theological Commentary on the Bible)*, Westminster: John Knox Press, 2010, p. 113.

였다. 아마도 누가는 "너희를 영접하는 것"과 "너희 말을 듣는 것"을 같은 것으로 생각하여 "너희 말을 듣지 아니하거든"을 생략한 것으로 보이기도 한다. 그러나 그보다는 누가의 경우 누가복음 9장 5절에서 예수가 제자들에게 "너희를 영접하지 아니하거든 그 성에서 떠나라"고 말씀한 것을 누가복음 9장 53절에서 사마리아 마을사람들이 "예수를 영접하지 아니하였을" 때, 예수가 제자들을 데리고 그곳을 떠나 "다른 마을로 향하여 갔다"(눅 9:56)는 것과 직접 연결시키기 위해서 그랬던 것으로 생각되기도 한다. 실제로 누가는 누가복음 9장 5절와 누가복음 9장 55절에서 똑같이 "영접하지 아니하였다"는 문구를 사용하고 있다(9:5, *"me dexontai"*; 9:53, *"oux edexanto"*). 예수는 9장 1~6절에서 제자들에게 명하신 그대로를 9장 51~56절에서는 친히 제자들 앞에서 실천하여 모범을 보이신 것으로 되어 있다.

그렇다면 "그 성에서 떠날 때에 너희 발에서 먼지를 버려 저희에게 증거를 삼으라"는 말의 의미는 무엇일까? 그 말의 문자적 의미는 "그 성에 속한 것 가운데서 여전히 너희에게 붙어 있는 것이 있다면 다 제거해 버리라"는 뜻인데, 그 성과의 모든 연관성을 끝내 버리는 상징적인 행위다. 유대인들은 이교도들의 땅에서 팔레스틴으로 돌아올 때 똑같은 일을 했던 것으로 알려지고 있다. 따라서 다음과 같은 맨슨(T.W. Manson)의 말이 옳은 것으로 생각된다. "도시를 떠나기 전에 발을 닦는 의식의 의미는 그 도시가 이교도들의 도시라고, 그리고 심지어 그 도시가 이스라엘의 도시이고 그 주민들이 나면서부터 유대인이라고 하더라도 참 이스라엘의 일부가 아니라고 간주하는 것이다."[183] 누가는 사도행전 13장 51절에서 비시디아 안디옥 사람들이 바울과 바나바의 말을 반대하며 비방할 때, 그곳을 떠나면서 "발의 먼지를 떨어 버리고 이고니온으로 갔다"고 전하고 있다. 따라서 먼지를 떨어 버리는 행동은 배척의 표징으로, 제자들이 발에서 먼지를 떨어 버리는 상징적인 행동 가운데서 그 성은 배척을 당하는 것이며 동시에 마지막 심판에서도 배척을 당하

183) T.W. Manson, *The Sayings of Jesus, London*, 1949, p. 76.

는 것의 증거가 되고 있다.

링게(Sharon H. Ringe)는 누가복음 9장 1~6절의 본문 이야기를 마치 수련생들이 수련 과정을 다 마치고 "졸업식"(commencement ceremony)을 하면서 "능력과 권세"를 받고 수련 과정에서 배웠던 것, 곧 하나님 나라 선포와 병 고침을 계속하기 위해 보냄을 받는 장면에 비유하고 있다.[184] 그러면서 그는 예수가 과연 생전에 그의 추종자들을 선교를 위해 파송했는지에 대해 의문을 제기하고 있기도 하다.[185] 그가 이런 의문을 제기하는 이유는 무엇보다도 요한복음에서는 제자들을 그렇게 전도 파송하는 이야기가 없기 때문이고, 공관복음에서 모두 열두 제자의 파송 이야기가 나오기는 하지만, 누가복음의 경우는 그 이야기가 열두 제자의 파송 이야기와 칠십인 제자의 파송 이야기로 나뉘어 중복적으로 소개되고 있기도 하기 때문이다. 따라서 열두 제자들을 파송하는 본문의 이야기는 오히려 초대 교회 지도자들이 나중에 예수 자신의 사역 경계를 넘어 나가 복음을 전파하던 "교회의 후대 선교 활동의 국면들"을 반영하는 것으로 생각될 수도 있다. 거의 똑같은 선교 여행 지침이나 규율이, 즉 "아무것도 가지고 가지 말라"는 지시가 9장 3절에서는 열두 제자들에게, 10장 4절에서는 다시 칠십인 제자들에게 똑같이 주어지고 있고, 또 "환영하지 않거든 발의 먼지를 떨어버리고 그 동네를 떠나라"는 지시의 경우도 9장 5절에서는 열두 제자들에게, 10장 10~11절에서는 다시 칠십인 제자들에게 비슷한 형태로 주어지고 있는 것도 그 때문인 것으로 생각된다. 결국 누가는 예수의 생전에 있었던 제자 파송 이야기를 가지고 후대 전도자나 선교사 파송 이야기로 발전시킨 것이라기보다는 오히려 초대 교회의 선교 상황을 염두에 두고 누가복음 9장 1~6절을 기록한 것으로 보아야 할 것이다. 그래서 불트만(Bultmann)은 공관복음이 제시하고 있는 이 "선교 명령"을 "교회의 규정"들 가운데 포함시키고 있고 "이것이 본래는 부활하신(혹은

---

184) Sharon H. Ringe, *Luke*, p.128.

185) "We cannot be certain that Jesus actually sent out followers on their own missions during his lifetime." Cf. *Luke*, 128.

승천하신) 주님의 말씀이라고, 즉 교회의 산물(a Church product)이라"고 말한다.[186]

그런데 공관복음서에 나오는 "선교 명령" 세 본문들(막 6:7~13; 마 10:7~11; 눅 9:1~6)을 공관 비교해 볼 때, 우리는 제자 파송을 위한 선교적인 목적이 누가의 본문에서만 다른 두 복음서에 비해서 더욱 분명히 강조되고 있는 점을 보게 된다. 이것은 첫째로 누가복음 9장 2절에서만 "하나님 나라를 선포하게 하시려고 그들을 내보내셨다"(*"apesteilen autous kerussein ten baseleian tou theou"*)고, "보내다"(*"apostello"*)와 "선포하다"(*"kerusso"*)란 동사와 함께 선포의 내용인 "하나님 나라"(the kingdom of God)라는 명사가 분명히 드러나고 있다. 이처럼 다른 복음서 기자들과는 달리, 오직 누가만이 본문을 통해서 제자들의 파송이 하나님 나라 선포를 위한 파송임을 분명히 밝히고 있다. 둘째로 본문의 결론 구절이라고 말할 수 있는 누가복음 9장 6절에서도 누가는 다른 복음서 기자들과 달리 "제자들이 나가서…복음을 전파했다"("they departed…preaching the gospel")는 말로 본문을 결론짓고 있다. 특히 여기서 누가가 사용한 "복음을 전파하다"(*"euaggelizomai"*)란 동사는 오직 누가복음에서만 사용되고 있는 누가의 단어이다.[187] 셋째로 오직 누가만이 파송을 받은 열두 제자들이 "나가서 여러 마을을 두루 다니며 가는 곳마다"(새번역, 눅 9:6) 복음을 전했다는 말을 첨가하고 있다. 이 문구는 다른 평행 본문에는 없는 분명한 "누가의 첨가문"(a Lucan addition)[188]이며, 누가가 이 문구를 첨가한 이유는 제자들이 나가서 선교할 대상 지역이 세상의 "모든 곳"(every where)[189] 임을 강조하기 위한 목적 때문이었을 것으로 생각된다. 따라서 우

---

186) R. Bultmann, *The History of the Synoptic Tradition*, New York: Harper & Row, 1963, p. 145.

187) *"euaggelizomai"*란 동사가 복음서들 중에서는 예외적으로 마태복음에서 오직 한 번(마 11:5) 사용되었을 뿐, 다른 복음서들에서는 전혀 사용된 바가 없다. 그러나 그 동사가 누가복음에서는 10번(눅 1:19; 2:10; 3:18; 4:18; 4:43; 7:22; 8:1; 9:6; 16:16; 20:1), 사도행전에서는 15번(행 5:42; 8:4; 8:25; 8:35; 8:40; 10:36; 11:20; 13:32; 14:7; 14:15; 14:21; 15:35; 16:10; 17:18) 사용되고 있다.

188) Fitzmyer, *The Gospel According to St. Luke*, p. 755.

189) KJV에서 "every where"라고 번역한 헬라어 *"pantaxou"*란 부사가 9:6 문장의 마지막 강조의 위치에서 사용되어 있다. 한글 개역성경에서는 "각 촌에 두루 행하여 처처에"라고, 그리고 공동번역에서는 "여러 마을을 두루 다니며 이르는 곳마다"라고 번역하였다.

리는 누가가 다른 어떤 복음서 기자들보다 더 제자들의 선교 활동에 많은 관심을 갖고 있었고, 이 본문을 가지고 자기 시대 누가 공동체의 선교 사역을 위한 선교적 지침으로 구성하여 제시한 것이라고 생각할 수 있게 된다.

11 거라사 귀신 들린 사람의 개종(8:26~39)

누가복음 8장 26절부터 39절에 소개되는 이적 이야기, 곧 예수가 거라사 지방에 들어가 귀신 들린 사람을 고쳐 준 이야기는 누가복음에서 이방인들을 향한 누가의 선교 비전과 열정을 이해하고 선교 과업의 이행을 위한 과정을 이해하는 데에, 아마도 가장 중요한 본문 가운데 하나라고 생각한다. 물론 누가복음 본문들 가운데 이방인 백부장의 종을 고친 이야기(7:1~10), 예수가 제자들을 데리고 사마리아 동네에 들어간 이야기(9:51~56), 열두 제자들과는 별도로 칠십 인 제자들을 파송하는 이야기(10:1~20) 등 이방 선교에 대한 누가의 비전을 읽을 수 있는 부분들이 많기는 하다. 그러나 이방인 백부장의 종을 고쳐 준 이야기의 경우, 누가복음에 따르면, 예수는 평행 본문인 마태복음의 경우와 달리 예수가 이방인 백부장을 직접 만나지 않고 그가 보낸 유대인 장로들만을 만나 그들 부탁으로 백부장의 종을 고쳐주었다고 되어 있다. 누가는 누가복음에서 예수가 그의 생전에 이방인을 직접 만난 사실에 대해 상당히 조심스런 태도를 보이고 있으며, 그래서 백부장과의 직접적인 만남 대신에 그의 부탁을 받은 유대인 장로들을 만나 그들의 부탁으로 백부장의 종을 고쳐 주는 이야기로 수정한 것 같다. 이방인과의 자유로운 만남과 그들에 대한 선교는 예수의 죽음 이전, 곧 그의 생전이 아니라 예수의 죽음 이후에, 초대 교회에서나 가능했던 일로 여겼기 때문인 것 같다.

또한 예수가 누가복음에서 제자들을 직접 사마리아 동네로 들어가게 보낸 이야기의 경우도, '온 유대와 사마리아와 땅 끝까지!'라는 누가의 선교 비전과, 그리고 특히 마태복음에서 예수가 열두 제자들을 세운 후 파송하면서 그들에게 "이방인의 길로도 가지 말고 또 사마리아 사람들의 도시에도 들어가지 말라. 다만 이스라엘 집의 잃은 양에게로 가라."(마 10:5)고 명령했던 사실을 고려할 때, 이방 선교라는 관점에서 보아 나름대로 아주 의미 있는 중요한 본문이기는 하지만 그 이야기 가운데서 "그 마을 사람들이 예수를 받아들이지 않았다."(눅 9:53, 새번역)는 점이 언급되는 것을 생각하면, 그 이야기는 결국 선교적으로 아무런 성과가 없었던 이야기, 곧 실패한 시도에 대한 이야기에 지나지 않아 보인다.

그러나 예수가 이방인들의 거주 지역이라고 할 수 있는 '거라사'[190] 지방에 들어가 그곳에서 귀신 들린 사람을 고쳐 준 이야기의 경우는, 예수가 직접 자신의 일행들과 더불어 이방인 지역에 들어갔던 이야기이고, 더구나 그곳에서 직접 "이교도로 생각되는 사람"(one who is presumably a pagan)[191], 곧 이방인(a Gentile)을 직접 만나 그를 고쳐 준 이야기이며, 또한 그를 개종시켜 그가 자신이 경험했던 일을 낱낱이 전파하게 해 준 이야기이기 때문에, "이방인을 향한 누가의 선교적 관심을 위해 중요할 수밖에 없다."[192] 마가는 예수가 들어간 거라사 지방이 "바다 건너편"(막 5:1)이라고, 마태는 그냥 "건너편"(마 8:28)이라고만 언급했는데, 오직 누가만이 "갈릴리 맞은편"(눅 8:26), 곧 "갈릴리 반대편"이라고 표현함으로써 거라사가 유대인들이 사는 지역이 아니라 이방인들이 사는 지역임을 좀 더 분명히 밝힌다.[193] 이 밖에도 보봉은

---

190) 이 지명이 공관복음에서는 똑같은 명칭으로 나타나고 있지 않다. 가령 마태복음에서는 "가다라", 마가와 누가에서는 "거라사"로 기록되어 있다. 누가복음의 사본들 가운데서도 다음과 같이 세 가지 형태의 지명이 사용된다. (1) Gerasenon(오늘날의 Jerash) (2) Gadarenon(오늘날의 Umm Qeis) (3) Gergesenon(오늘날의 Kersa?)이다. 예수가 실제로 들어갔던 지역이 이 중 어떤 곳인지 정확히 알아내기는 불가능한 편이다.

191) Fitzmyer, *The Gospel According to St. Luke*, p. 735.

192) Fitzmyer는 이 이야기를 가리켜 "이교도들의 땅에서 있었던 병 치료 이야기"(the episode of cure in pagan territory)라고 말한다. Cf. *The Gospel According to St. Luke*, p. 735. 그렇기에 "is important for the Lucan missionary concern for the Gentiles." p. 737. Frederick W. Danker도 예수가 이방인들이 사는 지역에 들어갔다는 이 이야기가 "특히 누가가 사도행전에서 기록하는, 사도들의 선교를 통한 확장을 예견케 한다는 점에서 의미가 있다."고 지적한다. Cf. *Jesus and the New Age: A Commentary on St. Luke's Gospel*, Philadelphia: Fortress Press, 1988, p. 181.

193) 더구나 누가복음 8:22에서 예수가 제자들에게 "호수 저편으로 건너가자 하셨다."고 말한 점으로 보아 예수 자신이 갈릴리 바다 건너편 거라사 지방, 즉 이방인들이 사는 지역으로 건너가고자 하는 분명한

이 사건이 유대인의 땅이 아닌 곳에서 일어났다는 사실이 다음과 같은 점들에서 잘 드러난다고 지적한다. 귀신의 이름과 숫자, 죽은 사람들 가운데서 사는 불결한 생활, 돼지에 대한 언급, 그리고 하나님을 가리켜 '지극히 높으신 자'(*hupsistos*, most high)란 명칭을 사용한 것 등등이 있다.[194] 따라서 "누가에 의하면, 이것은 예수가 이방인 땅에 진출한 유일한 경우며 그의 사역이 유대인들의 공동체 경계 밖에서 일어난 유일한 경우다."[195] 탈버트는 다음과 같은 말로 이 이야기의 의미를 지적한다. "거라사는, 돼지 떼에 대한 언급으로도 확인할 수 있듯이, 이방인 영토다. (누가)복음서 여기서 유일하게 예수는 유대 영토의 경계를 벗어나 이교도 땅으로 여행하신다. 그의 선교가 이방인에게 이르고 있다."[196] 누가에 따르면, 누가복음에서 예수는 이미 사도행전의 사도들에 앞서서 이방인 땅에 들어가셨다. 그래서 누가는 이 이야기를 통해 장차 사도행전에서 제자들의 선교 활동이 이방 지역으로 확장되는 것을 예시해 주고 있는 셈이다.

누가가 이미 누가복음 2장 32절, 3장 6절, 4장 25절부터 27절에서 예고했듯이 구원은 모든 백성들을 위한 것이 아닌가. 그러나 여기서 누가가 드러내려는 요점은 단지 예수가 유대인의 땅을 넘어 이방인의 땅에도 들어가셨다는 사실, 곧 '예수의 선교적 관심의 보편성'만을 강조하는 것이 아니라, 이를 넘어 '예수의 능력의 보편성'을 강조하는 것으로 보인다. 이적 이야기를, 그것도 영적인 능력인 귀신 축출 이적 이야기를 이용한 이유가 바로 거기에 있을 것이다. 즉, 귀신을 지배하는 예수의 능력은 유대 땅에서만 아니라 이방 땅에서도 역시 강하게 드러나고 있음을 보여 주는 셈이다. 더구나 만일 더러운 귀신(눅 8:29)이 더러운 짐승들인 돼지 떼에 들어가 갈릴리 호수 안으로 들어가게 되면 예수의 능력으로부터 벗어날 수 있다고, 그래서 예수의 능력과 그의 선교에 치명상을 줄 수 있을 것이라고 생각했다면, 그것은 큰 오산일 수

의지가 있었음이 드러난다.

194) F. Bovon, *A Commentary on the Gospel of Luke 1:1~9:50*, p. 323.

195) Sharon H. Ringe, *Luke*, p. 119.

196) C. H. Talbert, *Reading Luke*, p. 97.

밖에 없다. 왜냐하면 그 더러운 귀신들을 쫓아내 갈릴리 호수로 몰아넣은 분은 바로 직전의 본문(8:22~25)을 통해 증거된 바와 같이, 바다와 호수를 다스리며 지배하는 분이기 때문이다. 예수의 능력의 보편성에 대한 강조는 현재의 문맥에서 아주 중요한 의미를 갖는다. 왜냐하면 다음 장인 9장에서 예수는 열두 제자들에게 "능력"을 주어서(9:1) 그들을 선교 파송하고 있기 때문이다. 예수의 능력을 받아 나서는 선교사들이라면 바다를 두려워할 필요가 없으며(참고. 행 27~28장), 이방 땅의 귀신들의 능력을 두려워할 필요도 없을 것이다(참고. 행 16:16 이하; 19:13 이하).[197] 예수의 능력은 유대 땅에서만 아니라 이방 땅 어느 곳에서도 강하게 역사하기 때문이다.

더구나 누가는 예수가 공생애 초기에 갈릴리 가버나움에서 안식일에 회당에 들어가 귀신 들린 사람 하나를 고친 이야기를 소개한 바 있었다(4:31~37). 이것이 누가가 누가복음에서 소개한 예수의 공생애 활동 중 첫 번째 이적이었다. 누가복음에서 예수는 공생애 활동 초기에 유대 땅에서, 갈릴리 가버나움에서 더러운 귀신 들린 사람을 고쳐 주었는데, 누가복음은 바로 그 예수가 갈릴리 바다 건너편 이방 지역 거라사 지방에 들어가서도 또다시 그리고 똑같이 더러운 귀신 들린 사람 하나를 고쳐 주었다고 전한다. 흥미롭게도 누가복음에서 예수가 유대 땅에서 행한 첫 번째 이적이 귀신 들린 사람을 고친 일이었으며, 예수가 이방인 땅에 들어가 행한 첫 번째 이적도 귀신 들린 사람을 고친 일이었다고 전한다.

그래서 두 이야기는 본래 서로 다른 이야기임에도 불구하고 누가복음에서 다음과 같이 그 형식과 사용된 문구들에 있어서는 몇 가지 공통점을 보여 준다. 첫째로, 두 이야기에서 모두 귀신 들린 사람이 각각 "큰 소리"(with a loud voice, 4:33; 8:28)로 "예수여…우리를(나를) 어떻게 하시렵니까?"(4:34; 8:28)라고 외친다. 둘째로, 두 이야기에서 모두 귀신들은 예수의 정체를 올바로 알아본다(하나님의 거룩한 분, 4:34; 지극히 높으신 하나님의 아들, 8:28). 셋째로, 두 이

197) C. H. Talbert, *Reading Luke*, p. 98.

야기에서 똑같이 예수는 귀신을 향해 "그 (사람)에게서 나오라."(come out of the man, 4:35; 8:29)고 명령했다. 넷째로, 예수가 귀신을 쫓아낸 것을 보고 사람들이 "모두 놀랐고"(4:36) "두려워했다"(8:35).

누가는 분명히 이 두 이야기를 통해 예수가 공생애 활동 중 유대 땅에서나 이방 땅에서나 모두 귀신 들린 사람을 고친 이야기를 첫 번째 이적으로 행했다는 사실을 전해 주는 셈이다. 누가의 이런 기록은 분명히 예수의 공생애 첫 설교와 관련이 있어 보인다. 누가는 예수가 공생애 첫 설교를 통해 자신이 기름 부음을 받아 이 땅에 보냄을 받은 목적은 "포로 된 자들에게 해방을 선포하고…눌린 자들을 놓아 주는"(4:18) 일이라고 강조한 바 있다. 예수는 이 설교를 하신 직후에 곧바로 갈릴리 가버나움에 있는 회당으로 들어가 거기서 귀신에 사로 잡혀 고통을 당하는 한 사람을 고쳐 주어 귀신으로부터 해방시켰다(4:31~37). 갈릴리 동네 가버나움에서, 그것도 안식일에 회당에서 행한 이적이었다. 분명히 그 사람은 유대인이었을 것이다. 그런데 예수는 한차례의 갈릴리 사역을 마친 후에 이번에는 "갈릴리 맞은편에 있는 거라사 지방"으로 들어가셨다(8:26). 그러고는 그 동네에서 나온 사람으로 "귀신 들린 사람을 만났다"(8:27). 그 사람은 분명히 이방인이었다. 더구나 귀신에 사로잡힌 채 "쇠사슬과 쇠고랑으로 얽매여" 무덤 사이에서 살고 있던 사람이었다. 예수는 그 사람으로부터 귀신을 쫓아내 온전히 낫게 해 주었다. 레기온이란 귀신으로부터 해방시켰던 것이다. 누가로서는 예수가 "포로 된 자를 해방시키고…눌린 자를 놓아 주는 일" 역시 "먼저는 유대인에게, 그리고 다음으로는 이방인에게" 베풀어 주셨다고 전해 주고자 했던 것이다.

누가가 소개하는 이적 이야기들 중에서는 이 이야기가 가장 많은 지면을 차지하고 있는데, 누가로서는 예수가 이방 땅에 들어가 이방인을 고쳐 주는 이 이야기가 갖는 의미를 그만큼 크고 중요하게 생각했기 때문이었을 것이다. 누가가 마가복음에 나오는 이적 이야기를 소개할 때 그는 일반적으로 그의 복음서에서는 마가의 내용을 부분적으로 삭제해 내용을 축소하는 경향이 있다.[198] 그러나 이 이적 이야기만큼은 누가가 마가복음 본문 가운데 없는 내용을 오히려 부분적으로 첨가하여 삽입하고 있는 것을 알 수 있다. 이 같은 부분들은 특별히 누가의 독특한 관심사와 강조점을 반영하고 있어 누가의 의도를 알아낼 수 있는 중요한 열쇠가 될 수 있다. 가령, 마가복음의 경우 고침을 받은 사람이 "옷을 입고 정신이 온전하여 앉은 것"을 사람들이 보고 두려워했다고 전하는데, 누가는 편집 과정에서 "예수의 발 아래 앉았다."는 문구를 하나 더 첨가하는 작업을 통해 마가복음에서는 읽을 수 없는 중요한 메시지를 하나 더 읽을 수 있게 만들어 준다. 누가복음 8장 35절에 보면 누가는 고침을 받은 사람이 옷을 입고 정신이 온전하여 **"예수의 발 아래 앉은 것"**을 보고 사람들이 두려워했다고 기록했다. 바로 이 말을 첨가하여 귀신 들린 것을 고침 받은 사람이 주님의 발 아래 앉는 자세, 곧 '제자의 자세'를 취했다고 소개함으로써 그가 마치 예수의 제자가 된 것이라는 의미를 드러내고 있다.[199] 이런 누가의 의도는 고침을 받은 그 사람이 "예수와 함께 있기를 구한"(8:38) 사실 때문에 더욱 분명히 확인될 수 있다.[200] 만일 누가의 의도가 정말로 그 사람이 예수의 제자가 되었다는 것을 말해 주려는 데 있었다면, 예수는 공생애 활동 가운데서 이미 이방인 땅에 들어가 첫 이방인 제자를 얻었다고 말할 수도 있을 것이다. 이런 생각은 누가만이 귀신 들렸던 자가 단순히 고침을 받은 것이 아니라 "구원을 받았다."(*esothe*, 눅 8:36)고 말하고 있는 점

---

198) 마가복음에 나오는 이적 이야기의 본문이 누가복음에서는 축소됐다. 귀신 들린 사람을 고친 이야기(막 1:21~28; 눅 4:31~37), 나병환자를 고친 이야기(막 1:40~45; 눅 5:12~16), 중풍병자를 고친 이야기(막 2:1~12; 눅 5:17~26), 풍랑을 잔잔케 한 이야기(막 4:35~41; 눅 8:22~25), 야이로의 딸과 혈루병 여인을 고친 이야기(막 5:21~43; 눅 8:40~56), 오천 명을 먹이신 이야기(막 6:30~44; 눅 9:10~17), 귀신 들린 아이를 고친 이야기(막 9:14~29; 눅 9:37~43), 맹인 바디매오를 고친 이야기(막 10:46~52; 눅 18:35~43) 등등이 있다.

199) Fitzmyer, *The Gospel According to St. Luke*, pp. 739~740. Fitzmyer는 고침을 받은 사람이 "예수와 함께 있기를 구하였다."고 했던 말의 의도가 무엇인지 분명치는 않으나, 누가가 "예수의 발 아래 앉았다."는 문구를 첨가한 것으로 보아서도 '제자가 되기를 원했던 것'으로 이해할 수도 있다고 말한다.

200) F. W. Danker는 "'예수와 함께' 있는 것에 대한 또 다른 표현은 (예수를) '따르는 것'이라"고 말한다. Cf. *Jesus and the New Age*, p. 184. 그렇다면 그는 실제로 예수를 따르는 제자가 되기를 원했다고 해석할 수도 있을 것이다.

때문에도 그 타당성을 인정할 수밖에 없다.[201]

그런데 우리는 누가가 소개하는 이 본문 이야기 가운데서 예수의 능력에 대한 상반된 반응이 나타난다는 점에도 주목해야 한다. 이처럼 한편으론 예수의 능력 때문에 고침을 받은 사람이 예수의 제자가 되기도 했다. 그래서 이 이야기를 전하는 공관복음서 기자들 중 오직 누가만이 고침을 받은 사람이 "예수의 발 아래 앉았고"(8:35), "구원을 받았고"(8:36), 그래서 예수와 "함께 있기를 구했다."(8:38)고 기록했다. 그러나 예수의 능력이 이렇게 긍정적인 결과만 가져 온 것은 아니다. 다른 한편으로 귀신 들렸던 자를 고친 예수의 능력을 보았던 "거라사인의 땅 근방 모든 백성이 크게 두려워하여 떠나가시기를 구했다."(8:37)는 말이 나오는 것으로 보아, 바로 여기에 예수에 대한 배척의 주제가 나타나고 있기도 하다.[202] 귀신들이 돼지에게로 들어가고 돼지 떼들이 호수에 들어가 몰사하게 되자(8:33), 돼지 떼를 치던 사람들이 성읍과 촌에 들어가 일어난 일들을 알렸다. 사람들이 와서 귀신 들린 사람이 고침을 받은 사실과 함께 돼지 떼가 모두 몰사한 사실을 알고는 예수께 자기들로부터 떠나달라고 요청했다.[203]

더구나 비록 예수가 거라사 성읍에서 배척당했다는 주제가 마가복음과 마태복음에서 경제적인 동기와 명백하게 연관되었다고 보이지는 않지만, 그러나 누가 문서의 보다 큰 문맥에서 보면 배척하는 동기가 경제적인 문제와 연관되어 있다는 사실은 누가의 주요한 의도 가운데 하나라고 생각된다. 이 점은 특히 사도행전에서 더 분명히 드러난다. 가령 사도행전 19장 23절 이하에 보면 에베소에서 데메드리오란 은장이가 바울의 전도 설교로 자신이 입게 될 경제적인 손실 때문에 바울을 반대하는 소란을 일으켰었다. 누가는 이 이야기를 소개하면서 분명히 "은으로 아데미 신당을 만들어 직공들에게 적

201) 마태복음은 물론, 마가복음 5:15에선 "그 귀신 들렸던 자 곧 군대 지폈던 자가 옷을 입고 정신이 온전하여 앉았다."는 언급만 있을 뿐, 고침을 받았다거나 누가의 경우처럼 "구원받았다."는 직접적인 언급은 전혀 없다.

202) 이 주제는 이미 누가복음 2:34~35; 4:28~29; 6:11에서 나타난 바 있다.

203) 예수가 누가복음 9:5에서 "누구든지 너희를 영접하지 않는 사람이 있거든 그 동네를 떠나라."고 명령하셨는데, 이 말씀은 분명히 누가복음 8:37을 반영하고 있다.

지 않은 돈벌이를 하면서"(19:24) "이 사업으로 잘 살고 있었던"(19:25) 그들의 "직업이 신용을 잃을 위험"(19:27)에 처했다고 말한다. 결국 그 소란이 있은 후에 바울은 에베소를 떠나 마게도냐로 가게 되었다(20:1). 또한 사도행전 16장 16절 이하에 보면 귀신 들린 여종을 이용해 점을 쳐서 큰 이익을 내던 주인들이 있었는데, 바울이 그 여종에게서 귀신을 쫓아내어 그 여종을 고쳐 주었다. 그러자 그 여종의 "주인들은 자기들의 이익을 얻을 희망이 끊어진 것을 알고 바울과 실라를 붙잡아 가지고 관원들이 있는 광장으로 끌고 갔다"(16:19). 그 결과 바울과 실라는 "채찍으로 여러 번 맞은 후에 감방에 들어가게 되었고"(16:23), 나중에는 "그들을 석방하면서 그 도시에서 떠나 달라고 요청하였다"(16:39). 흥미롭게도 "떠나 달라."는 요청의 말이 누가복음 8장 37절에서와 똑같은 용어로 되어 있다는 점에 우리는 주목해야 한다.[204] 결국 이런 누가의 기록들은 장차 많은 기독교 선교사들이 일부 피선교지의 사람들이 복음 선교로 입게 될 지도 모를 경제적 손실 때문에 똑같은 반대와 배척을 당하게 될 것임을 알려 주는 귀중한 메시지가 될 수도 있을 것이다.

이야기의 마지막 결론 부분에서도 누가는 마가나 마태와 약간 다른 점을 보여 준다. 마태복음의 경우, 이 이적 이야기는 "온 시내가 예수를 만나려고 나가서 보고 그 지방에서 떠나시기를 간구하더라."(마 8:34)는 말로 끝이 난다. 그러나 누가복음은 마가복음의 경우와 마찬가지로 사람들이 예수께 나아와 그 지방에서 떠나기를 구했다는 말(눅 8:37)에 이어서 고침을 받은 사람과 예수 간의 대화, 즉 "귀신 들렸던 사람이 함께 있기를 간구하였으나, 허락지 아니하시고 저에게 이르시되 집으로 돌아가[205]…고하라"(눅 8:38~39)는 말로 끝나고 있다. 누가가 8장 56절에서는 예수가 야이로의 딸을 고친 후 "이 일을 아무에게도 말하지 말라."고 명했는데, 여기서는 "돌아가서…고하라." 고 명했고, 그래서 귀신 들렸던 자가 가서 "예수께서 자기에게 어떻게 큰 일

---

204) 누가복음 8:37, '*erotesen…apelthein*'; 사도행전 16:39, '*erotesen…apelthein*'

205) 우리말 성경들에서는 "돌아가라."고 똑같이 번역되어 있지만 헬라어 원어 성경에서는 마가복음과 누가복음이 각각 다른 동사로 표현되어 있다. "Go(*hupage*) home to your friends", 막 5:19); "Return(*hupostrepho*) to your home", (눅 8:39).

하신 것을 온 성내에 전파했다."(8:39)고 전한다. 누가는 아마도 이 이야기, 즉 예수가 이방 땅에 들어가 귀신 들렸던 이방인을 고쳐준 이야기, 그래서 이방인 한 사람을 "구원했고"(8:36), 그래서 이방 땅에서 첫 제자(참고. 8:35)를 얻었던 이야기가 정말로 널리 전파되어야 한다고 생각했을 것이다. 귀신 들렸던 사람이 예수께서 자기에게 하신 일을 온 성내에 "전파했다."(*kerysso*)고 했는데, 이 헬라어 단어가 '사도들의 설교를 나타내는 표준적인 동사'(the standard verb for apostolic preaching)라는 지적이 맞다면,[206] 이 귀신 들렸던 사람은 고침을 받고 구원을 받아 제자가 되어 또 한 사람의 새로운 '선포자'가 되었음을 암시해 주는 것일 수도 있다. 이와 같은 누가의 결론 부분은 우리에게 다음과 같은 교훈을 준다.[207]

1) 누가복음 기자는 이 이야기를, 주님으로부터 특별한 은혜를 받고 구원을 받아 제자가 된 사람들에게는 복음 전파의 책임이 따른다는 중요한 교훈을 주는 하나의 구체적인 예화로 제시한다고 생각된다. 예수를 통해 레기온이란 더러운 귀신으로부터 해방되어 고침을 받았던 거라사 사람처럼 말이다.

2) 누가가 전하는 이 이야기는 복음을 증거하고 전파하기 시작해야 할 곳은 무엇보다도 자신의 집, 혹은 자신이 살고 있는 동네라는 교훈을 준다고 생각된다. 거라사 귀신 들렸던 사람이 고침을 받고 했던 일이 "집으로 돌아가…예수께서 자기에게 어떻게 큰 일 하신 것을 온 성내에 전파하는 일"(눅 8:39)이 아니었던가.

3) 믿고 따르는 사람들이 취해야 할 복음 전파의 수단은 자신의 경험에 대한 개인적인 간증이다. 즉, 예수께서 자기에게 행하신 일이 어떤 것인지를 증거하는 것이다(눅 8:39, "하나님이 네게 어떻게 큰 일 하신 것 … 예수께서 자기에게 어떻게 큰 일 하신 것").

우리는 이 말의 의미를 누가가 두 형태의 제자들 혹은 두 형태의 증거자들

206) F. W. Danker, *Jesus and the New Age*, p. 184.
207) C. H. Talbert, *Reading Luke*, pp. 99~101.

을 구분하고 있다는 사실을 깨달을 때만 잘 이해할 수 있게 될 것이다. 다시 말해 '예수와 함께'(with Him, 8:1, 38)하는 사람들과 그렇지 않은 사람들 간의 구분과 차이이다.

한편으로 누가복음 저자는 어떤 제자들(열두 제자들과 몇몇 갈릴리 여인들)은 "요한이 세례 주던 때부터 시작하여 예수께서 우리를 떠나 하늘로 올라가시던 날까지 줄곧"(행 1:22) '예수와 함께' 있었다는 사실을 강조한다. 누가에게 열두 제자들은 예수의 공생애 활동 초기부터 예수가 부활 승천할 때까지 예수와 함께 있으면서 예수가 말씀하고 행하는 모든 일의 목격자이기도 했다. 누가는 이런 목격자들이 교회의 운명을 지배하고 있다고 생각했다. 사도행전에서 열두 제자들이 예루살렘을 중심으로 기독교 선교를 지배하고 있는 이유가 거기에 있다. 빌립이 사마리아에 복음을 전파하여 많은 사람들이 믿게 되었을 때 "사마리아 사람들이 하나님의 말씀을 받아들였다는 말을 예루살렘에 있는 사도들이 듣고 베드로와 요한을 그들에게 보내어"(행 8:14) 베드로와 요한이 사마리아에 내려가서 "그들이 모두 성령을 받게 해 달라고 기도해 준"(행 8:5) 이유가 거기에 있으며, 또 한 이방인 백부장 고넬료와 그 가족의 개종을 주도했던 인물이 베드로였고, 그 일을 나중에 예루살렘 교회에 보고했던 이유가 거기에 있다.

그러나 다른 한편으로 누가는 열두 제자들이 아닌 제자들과 증인들, 곧 예수와 함께하지 못했던 제자와 증인들에 대해서도 말하고 있다. 사도행전에선 바울이 그런 사람들의 대표자라고 할 수 있다. 누가는 바울을 가리켜 "사도"(행 14:14)요 교회의 교사라고 말한다. 그러나 바울은 열두 제자들에게 종속되어 있다. 바울은 부활 승천하신 예수를 보았던 일에 대한 증인이다(행 26:6). 누가 문서 전체의 테두리 안에서 볼 때 바울은 귀신 들렸다가 구원을 받은 거라사 사람과 마찬가지로 예수 그리스도가 자신의 경험 가운데서 행한 일에 대한 증인일 뿐이지, 예수의 지상 생활 동안 예수와 함께했던 사람은 아니다. 거라사 귀신 들렸던 사람은 집으로 돌아가 하나님께서 그를 위해 행하신 일들을 전파하라는 지시를 받았다. 그는 이제 예수로부터 위임을 받은 선교 사업의 일환으로 그가 살던 성내에서, 즉 그 성 안에 살고 있는 이방인들 가운데서 자신에게 베풀어졌던 하나님의 놀라운 구원 활동에 대한 증인이 되어야 했다. 비록 그가 '예수와 함께' 그리고 '열두 제자들과 함께'하지도 못했지만, 그 때문에 그의 선교 사역이 반대를 받거나 무시될 수는 없는 일이었다(참고. 눅 9:49~50). 결국 교회 안에는 두 형태의 제자들, 두 형태의 증인들이 있는 셈이다. 두 형태의 제자들 모두 예수로부터 위임을 받은 사람들이다. 따라서 두 형태의 제자들이 모두 다 합법적인 사람들임에 틀림없다.

신학적으로는 이것이 종교적 경험과 전통 간의 관계에 대한 문제와 관련이 있다. 거라사 귀신 들렸던 사람은 사도행전에 나오는 바울과 마찬가지로 자신의 종교적 경험으로부터 복음을 받아들인 기독교 증인을 상징한다고 볼 수 있다. 그들에게는 실제로 어떤 일이 일어났었다. 물론 그 일은 예수 때문에 생겨났다. 그들은 다른 사람들에게도 똑같은 일이 일어날 수 있도록 초대하며 권한다. 누가가 봤을 때, 바로 이런 일이 참된 전도 활동, 진정한 선교 활동이 아니었겠는가. 그러나 동시에 그런 종교적 경험이 정말로 기독교적 경험인가를 올바로 분별할 수 있는 척도가 있는데, 그것이 바로 예수의 지상 사역에 관한 전통의 권위다. '예수와 함께' 있었던 사람들이 바로 그 전통의 근원이며 상징이다. 누가의 사상에서는 경험과 전통, 신학과 신앙 간에 아무런 차이도 간격도 없어 보인다.

⑫ 사마리아 마을로의 제자 파송(9:51~56)

누가복음 9장 51절은 누가복음 안에서 아주 중요한 전환점을 이루고 있다. 왜냐하면 이 구절을 중심으로 예수의 갈릴리 활동 부분(3:1~9:50)과 예수의 예루살렘 여행 부분(9:51~19:44)이 구분되기 때문이다. 누가복음 9장 51절부터 19장 44절까지는 누가복음의 독특한 부분으로, 일반적으로 '여행 설화'라고 불린다. 또는 누가복음의 '중심 부분'이라고도 불린다. 글자 그대로 누가복음의 '가운데 토막'이다. 누가복음에서 이 여행 설화 부분이 누가복음 전체의 삼분의 일이 넘는 부분이고, 특히 이 부분에 나오는 내용들은 거의 대부분이 누가복음에만 나오는 누가의 특수 자료들에 속한다. 따라서 다른 어떤 부분에서보다도 누가 자신의 독특한 의도와 사상이 가장 잘 나타나는 부분이라고 말할 수도 있다. 그리고 이 부분 때문에 예수는 누가복음에서 특히 '여행자'로 그 모습을 드러내게 된다(Jesus the travellor).

이처럼 누가복음의 이 부분에서 예수가 여행자, 특히 '전도 여행을 하는 전도자'로 등장하는데, 이것은 누가 문서 제2권인 사도행전 13장에서부터 사도 바울이 '여행자'로, 특히 '전도 여행을 하는 전도자'로 등장하는 것과도 대칭을 이루면서, 바울 전도 여행의 예표가 되는 셈이다. 더구나 우리의 본문과 함께 누가복음에만 나오는 선한 사마리아인의 비유(10:30~37)와 열 명의 문둥병자를 고쳐 준 이야기(17:11~19) 등 '사마리아 사람'을 다루는 본문들이 모두 예수의 예루살렘 여행 부분에서 소개된다는 점에도 주목해야 한다. 예수의 여행이 누가에게는 예수가 사마리아인들에게로 다가가는 발걸음이라는 의미를 갖고 있으며, 이는 곧 예수가 사마리아 사람들을 넘어 이방인에게로 다가가는 것임을 예고하는 것이다. 실제로 초대 교회의 선교 역사에서 사마리아 땅은 복음이 갈릴리와 유대 땅을 넘어 '땅 끝까지' 나아가기 위한 관문이 되고 있기 때문이다. 그런 점에서 예수가 공생애 사역 중에 제자들을 사마리아 마을로 들어가도록 "앞서 보내셨다."(9:52)는 누가복음 본문의 이야기는, 나중에 사도행전에서 제자들이 사마리아 지역에 들어가 복음을 전도했다는 이야기의 예표이며 보증이 되기도 한다. 구체적으로 사도행전 8장을 보면, 스데반의 죽음으로 야기된 박해 때문에 일곱 지도자들 중 하나인 빌립이 사마리아 지역에 들어가 복음을 전파하는 이야기가 나오는데, 이것은 누가복음에서 예수가 이미 지상 사역 가운데서 사마리아인들에 대해 관심을 보이고, 또 공생애 활동 가운데서 제자들을 사마리아 마을로 "앞서 보내셨다."는 사실을 근거로 발전된 이야기일 것이다.

누가복음 9장 52절을 보면, 예수가 제자들을 사마리아인의 마을로 자기보다 "앞서 보내셨다."(*aposteilen…pro prosopou autou*)고 했다. 그런데 흥미롭게도 누가는 9장 52절에서 제자들을 사마리아 사람들의 마을로 '파송하신' 예수가 다음 장인 10장 1절에서 칠십 인 제자들을 다시 파송하실 때에도, 9장 52절에서 사용했던 문구를 똑같이 사용하여 여러 마을과 여러 곳으로 "앞서 보내셨다."(*aposteilen…pro prosopou autou*)고 기록했다. 여기서 우리는 누가가 예수께서 '사자들'(messengers), 곧 제자들을 사마리아 마을로 파송할 때나(9:52), 칠십 인의 다른(others) 제자들을 여러 마을과 여러 곳으로 파송할 때나(10:1) 똑같은 문구를 반복 사용하고 있는 점에 주목해야 한다.[208] 누가가 이처럼 똑같은 문구를 9장 52절과 10장 1절에서 반복 사용한 의도는 9장 52절에서의 사마리아 마을로의 제자 파송과 10장 1절에서의 칠십 인 제자 파송을 서로 밀접히 연결시키기 위해서라고 보아야 옳을 것이다. 이 경우, 만일 누가가 10장에서의 제자들 파송을 이방인들을 위한 선교 파송으로 생각했다

208) 거의 똑같은 문구(*apou ostello…pro prosopou sou*)가 누가복음 7:27에서도 사용되었는데, 거기서는 말라기 3:1의 인용으로 세례 요한이 예수보다 앞서 와서 그의 길을 예비한다는 의미다.

면,[209] 9장 52절에서 제자들을 사마리아 사람들의 마을로 파송한 이야기는 당연히 예수가 칠십 인 제자들을 이방 선교를 위해 파송하기에 앞서서 다른 제자들을 사마리아 선교를 위해 파송하셨다는 사실을 말하고자 했다고 이해할 수 있을 것이다. 마치 누가 문서의 제2권 사도행전 13장에서 바울과 바나바 등에 의한 이방 선교가 전개되기 전에 사도행전 8장에서 빌립 등에 의해 사마리아 선교가 이루어졌다고 기록한 것처럼 말이다. 실제로 누가는 사도행전 8장 14절에서는 사마리아 사람들이 누가복음 9장 53절에서 했던 일과는 다른, 아니 정반대 일을 하고 있다고 기록한다. 즉 사도행전 8장 14절에서는 "누가가 같은 헬라어 동사(*dechomai*)를 사용하여 그들이 하나님의 말씀을 '영접하였다'고 기록했다."[210] 그러나 누가복음 9장 53절에서는 사마리아 사람들이 "영접하지 않았다."고 기록했다. 누가복음 9장 53절에서 영접하지 않았던 사마리아 사람들이 사도행전 8장 14절에서는 영접했다고 기록함으로써, 누가는 누가복음 9장 51절에서 56절 본문과 사도행전 8장 14절 이하를 서로 밀접히 연결시켜 평행시키고 있는 것이다.

누가의 이런 기록을 보더라도, 9장 52절에서 56절 본문은 당연히 누가의 머릿속에서 10장 1절에서 20절과 밀접히 연관되어 있다고 보아야 할 것이다. 탈버트가 "누가복음 9장 52절에서 56절과 10장 1절에서 20절이 갈릴리 사역의 초기에 제시된 4장 16절에서 30절과 마찬가지로 여행 설화 서두에서 복음이 모든 백성에게 전해져야 한다는 누가의 보편주의(the Lukan universalism)에 초점이 맞추어져 있다."[211]고 말했을 때, 그 점을 잘 이해했던 것 같다. 9장 52절에서 56절은 10장 1절에서 20절과 함께 이미 4장 16절부터 30절에서 엘리야와 엘리사의 사역을 통해 예시된 바 있는 이방인 선교, 혹은 세계 선교를 반영하고 있다고 생각된다. 그러나 9장 52절에서 56절과 10장 1절에서 20

209) "이 본문에 대한 전통적인 해석은 70이라는 숫자가 이방인 나라들의 숫자이기 때문에 이것을 이방인 선교의 근거로 보는 것이다." Cf. Sharon H. Ringe, *Luke*(Westminster Bible Companion), Westminster John Knox Press, 1995, p. 152.

210) F. W. Danker, *Jesus and the New Age: A Commentary on St. Luke's Gospel*, Philadelphia: Fortress Press, 1988, p. 209.

211) C. H. Talbert, *Reading Luke*, p. 115.

절을 앞에 나온 9장 1절에서 6절과 함께 연결시켜 보면, 우리는 누가가 9장 1절에서 6절과 9장 52절에서 56절, 10장 1절에서 20절을 연속으로 나란히 소개하여 '유대인과 사마리아인과 이방인' 모두를 위한 세계 선교 신학을 대변하고 있다고 생각할 수 있다.[212] 이 세 본문들은 모두 "그가 그들을 보냈다." (*kai apesteilen autous*, 9:2, 52; 10:1)는 문구로 시작된다. 9장 2절에서 보냄을 받은 사람들은 열두 제자들이었고, 9장 52절에서는 사마리아 동네로 보냄 받은 야고보와 요한을 포함한 사자들이었으며, 10장 1절에서는 70인의 제자들이었다. 따라서 누가복음의 예수는 선교를 위해 열두 제자들 이외에 더 많은 제자들을 추가로 파송한 셈이다. 열두 제자들만이 세계 선교의 책임을 다 맡아 감당할 수 없다고 생각했기 때문일 것이다. 실제로 기독교 역사 가운데 세계 선교의 과업을 이룬 사람들은 열두 제자들만이 아니었다. 열두 제자들은 유대인들을 위해, 그리고 야고보와 요한을 포함한 사자들은 사마리아인들을 위해, 그리고 70인의 제자들은 이방인을 위해 각각 별도로 파송했다고 누가는 전하고 있는 셈이다. 따라서 누가복음의 경우, "9장 1절에서 6절과 9장 52절에서 56절, 10장 1절에서 20절, 이 본문이 사도행전 1장 8절에서 부활하신 그리스도의 위임 명령, 곧 '너희는 예루살렘과 온 유대와 사마리아와 땅 끝까지 이르러 내 증인이 될 것'이란 말씀을 위한 (역사적) 근거를 예수의 지상 생애 가운데 확립시키고 있다."[213]고 보아야 할 것이다.

이런 의미에서 샤론 링게가 9장 52절에서 56절과 4장 16절에서 30절 간의 밀접한 연관성에 대해 다음과 같이 지적하고 있는 점에 대해서도 주목해야 한다.[214] 첫째로, 두 본문 모두에서 엘리야 선지자에 대한 암시가 나타난다. 4장 25절부터 27절에서 엘리야와 엘리사는 예수가 본받게 될 긍정적인 모델, 곧 이방 선교를 위한 모델로 나타나고 있는데, 9장 54~55절에서는 엘리야의 극렬한 측면이 오히려 배격된다. 둘째로, 두 본문이 모두 복음서의 주요 부

212) Talbert, *Reading Luke*, p. 116.
213) Talbert, *Reading Luke*, p. 116.
214) Sharon H. Ringe, *Luke*, p. 149.

분, 즉 갈릴리 사역 부분과 여행 부분을 시작하면서 각각 예수가 그 마을 사람들로부터 배척당하는 이야기를 소개한다. 그리고 이런 방법으로 예수가 여행 마지막에 종교 지도자와 정치 지도자들은 물론 예루살렘 주민들에게 배척당하게 될 것임을 예고한다. 셋째로, 여기에서 그리고 4장 30절에서 모두 예수가 배척을 당한 일이 오히려 새로운 지역으로 선교하기 위한 계기가 되고 있다. 마치 예루살렘에서 예수가 배척당함으로써 복음이 "모든 족속에게와 열방에로", 즉 "땅 끝까지" 전파될 수 있는 계기가 되고 있는 것과도 마찬가지다(눅 24:7; 행 1:8). 결국 4장 16절에서 30절에 반영되어 있는 이방 선교의 비전이 9장 52절에서 56절과 10장 1절에서 20절을 통해 점차 실현되어 가는 것을 보여 주고 있는 셈이다.

이처럼 초대교회 사마리아 선교의 근거와 시발점을 예수에게서 찾으려는 시도는, 누가복음에서 예수가 공생애 활동 중에 사마리아인과 사마리아 지역에 대해 많은 관심을 보였다는 사실 때문에, 그리고 9장 52절부터 56절에서 예수가 사자들 혹은 제자들을 사마리아 마을에 앞서 보내셨다는 사실 때문에 그 정당성이 인정될 수 있다. 누가복음에 의하면, 예수는 공생애 활동 중에 유대인들에게만 다가간 것이 아니라, 유대인들이 경멸과 멸시의 대상으로 여겼던 사마리아 사람들에게도 다가가 진지한 관심과 호의적인 태도를 드러내고 있는 분으로 소개되고 있다. 일반적으로 다른 유대인들이 사마리아인들에게서 얼굴과 시선을 돌려버릴 때, 예수는 오히려 그의 자애로운 얼굴과 따뜻한 시선을 사마리아인들에게로 돌리고 있다고 누가는 소개한다. 실제로 이런 마음과 태도가 그들을 향한 복음 선교로 이어지는 요인이 아니고 무엇이겠는가. 관심을 가지고 사마리아인에게로 다가가는 첫 발걸음이 바로 그들에게 복음을 전파하게 되는 첫 단계가 아니고 무엇이겠는가. 누가가 사마리아인들에 대한 예수의 선교 비전을 드러내 주고 있는 대목이 아닐 수 없다.

누가복음 본문을 보면, 예수는 예루살렘을 향해 떠나면서, 먼저 제자들을 "사마리아인의 한 촌"(9:52)으로 앞서 보내셨다. 당시 유대인들은 사마리아인들은 부정한 사람들이라고 생각했기 때문에 "유대인들과 사마리아인들은 서로 상종하지 아니하였다"(요 4:9). 이런 역사적 관례를 염두에 둔다면, 또 마태복음에서 예수조차도 제자들을 파송하면서 "이방 사람들의 길로도 가지 말고 또 사마리아 사람들의 도시에도 들어가지 말라. 다만 이스라엘 집의 잃은 양에게로 가라"(마 10:5~6)고 명령했던 점을 염두에 둔다면, 예수가 제자들을 사마리아인의 동네에 들어가도록 앞서 보내신 일은 좀 놀라운 일이 아닐 수 없다. 보통 유대인들로서는 감히 생각할 수도, 엄두도 낼 수 없는 일이었기 때문이다. 사마리아인들을 당시 유대인들과 다른 눈으로 바라보는 사람이 아니고서는, 즉 사마리아인들을 부정하다고 생각하여 멀리 하고자 하는 보통 유대인들의 생각을 뛰어 넘은 사람이 아니고서는 할 수 없는 일이었다. 그런데 예수가 본문 가운데서 그 일을 하셨다. 다른 유대인들과 달리, 그들의 시선을 의식하지 않고 제자들을 사마리아인의 마을에 들어가도록 보내셨다. 이것은 예수 자신이 사마리아인들에게로 발걸음을 내딛었다는 것을 의미한다. 더구나 제자들을 먼저 보낸 목적이 "자기를 위해 준비시키기 위해서"(*hos hetoimasai auto*, to prepare for for him)라고 했다. 피츠마이어는 이것을 '숙박'(lodging)을 위한 준비로 해석하는데,[215] 만일 예수의 의도가 정말로 그것이었다면 누가의 예수는 "유대인과 사마리아인이 서로 상종하지 않았다."(참고. 요 4:9)는 당시의 관례까지 넘어서서, 마치 요한복음 4장의 예수처럼[216] 사마리아 동네에 들어가 함께 유숙하고자 했던 것이다. 누가는 이처럼 예수를 유대인과 사마리아인 간의 장벽, 인종 간의 차별과 지역 간의 차별을 완전히 무시 혹은 극복한 분으로 소개하고 있다. 그리고 누가가 소개하는 예수의 이런 모습이 실제로 복음을 전파하는 모든 선교사들의 모범이 되어야 할 것이다. 선교는 지역 간의 모든 장벽과 인종 간의 모든 차별을 극복하는 데서부터 시작되어야 하지 않겠는가.

그런데 누가복음 본문에 의하면, 사마리아인들은 예수의 일행을 "예루살

215) Fitzmyer, *The Gospel According to Luke*, p. 829.
216) 요한복음 4:40을 보면, 예수는 사마리아 동네에 들어가 "이틀 동안 거기 유하셨다."

렘으로 올라가는" 유대인 순례자들로만 생각하며 "영접하지 않았다."고 했다. 여기서도 우리는 '배척당하는 예수'의 모습을 보게 된다. 예수는 갈릴리 고향에서도 배척을 당하신 분이 아닌가. 그리고 나중에 예수살렘에 올라갔을 때에도 유대인들로부터 배척을 당하신 분이 아닌가. 배척당하는 것이 모든 전도자의 운명임을 보여 주는 한 단면일 수도 있다. 피츠마이어는 이 점을 두고 다음과 같이 말한다. "갈릴리 사역이 배척당하는 이야기(4:16~30)로 소개되는 것과 마찬가지로, 이제 복음서의 다음 주요 부분인 여행 설화도 배척의 이야기로 소개된다. 엘리야 주제가 이전 이야기(4:25~26)에서 소개되었는데, 여기서도 엘리야의 주제가 다시 나타난다(9:54)."[217] 예수의 공생애 첫 설교 가운데서 엘리야의 이름이 거론되며 그의 사역에 대해 언급하는데, 여기서도 엘리야의 이름과 그의 사역에 대한 언급이 나온다고 말하는 까닭은 9장 54절과 관련해서 "하늘에서"란 문구 앞에 "엘리야가 한 것처럼"이란 문구가 들어 있는 사본들도 많기 때문이다.[218]

사마리아인들을 향한 예수의 선의가 선의로 받아들여지지 않는 상황에 직면하여, 예수의 제자들 중 보아너게, 곧 우뢰의 아들이란 별명을 가진 성질 급한 야고보와 요한이 나서서 예수께 "주여 우리가 불을 명하여 하늘로 좇아 내려 저희를 멸하라 하기를 원하시나이까?"(눅 9:54)라고 말했다. 예수의 선의를 받아들이지 않는 사마리아 사람들에 대한 보복을 요구하는 말이다. 주님의 호의와 선의가 무시당하고 배격당하는 것을 본 제자들로서는 어쩌면 당연한 반응일 수 있다. 어쩌면 야고보와 요한의 이 말은 그 당시 보통의 유대인들이라면 누구나가 사마리아인들에 대해 갖고 있던 자연적인 감정의 표현일 수도 있다. 유대인들에게 사마리아인들은 흔히 '하늘로부터 천벌을 받아 마땅한 사람들'로 생각되었기 때문이다.

그러나 본문을 보면 예수의 반응은 여느 유대인들에게서 볼 수 있는 것이

217) Fitzmyer, *The Gospel According to Luke*, p. 827.
218) Cf. Bruce M. Metzger, *A Textual Commentary on the Greek Testament*, New York: United Bible Society, 1975, p. 148.

아니었다. 분명히 사마리아인들에 대한 예수의 생각은 당시 다른 유대인들의 생각과는 달랐다. 예수는 사마리아인들에게 보복하라고 요구하는 제자들을 "돌아보시며 꾸짖었다"(눅 9:55)고 했다. 더구나 다른 사본 증거에 따르면, 예수는 제자들을 꾸짖은 직후에 다음과 같은 말씀을 하셨다고 전해진다. "그리고 말씀하시기를 너희는 너희가 어떤 영에 속했는지 알지 못하는도다. 인자가 온 것은 사람의 생명을 멸하기 위함이 아니라 구원하기 위함이니라." 만일 이 말씀이 들어 있는 사본이 더 진정성이 있다면, 그래서 예수가 실제로 이런 말씀을 여기서 한 것이 사실이라면, 예수는 제자들이 사마리아인들에 대해 다른 유대인들과 똑같은 생각을 하는 것을 꾸짖으면서 동시에 사마리아인들도 예수의 구원의 대상임을 분명히 밝혔던 것이라고 생각된다. 예수에게는 유대인들만이 아니라 사마리아인들도 똑같이 구원의 대상이고, 예수는 그들 또한 구원하기 위해 오신 분이기 때문이다. 여기서 "나는 사람의 생명을 구원하기 위해 왔노라."고 말했을 때의 단어가, 예수가 다른 사마리아인, 곧 고침을 받고 돌아와 감사하며 하나님께 영광을 돌렸던 사마리아 문둥병자를 향해 "일어나 가라. 네 믿음이 너를 구원하였느니라."(눅 17:19)고 말했을 때의 단어(*sozein*)와 똑같다는 사실에도 주목해야 한다. 예수에게는 사마리아인이 분명히 구원의 대상이었다. 그 말은 곧 그들 역시 당연히 선교의 대상이었다는 뜻일 것이다. 바로 여기서, 누가만이 소개하는 이 본문에서 우리는 사마리아인들에 대한 누가의 선교적 관심이 드러나고 있는 것을 보게 된다.

본문이 주는 선교적 메시지

누가의 이 본문은 '보냄을 받은 사람들'이, 특히 복음을 들고 파송 받은 사람들이 나아가는 길이 어떤 길인지를 다시 한 번 생각하게 해 준다. 예수가 파송한 제자들이 사마리아인의 동네에 들어갔을 때, 사마리아 사람들은 "예루살렘을 향하여 가는 사람들"이라는 이유로, 자기들과는 인종적·종교적으로 다른 사람이라는 이유로, 제자들은 물론 "예수를 영접하지 않았다."(9:53). 이 때문에 예수의 제자들은 무척이나 서운했었던 것 같다. 다른 유대인들이 사마리아인들에 대해 무관심하며 무시하는 것과 달리 예수는 그들에게 관심을 갖고 그들의 마을을 찾아줬는데도, 특히 그들을 구원하기 원했는데도 그런 깊은 뜻과 성의를 무시하고 영접하지 않다니, 예수의 제자들로서는 기분이 상할 일이었을 것이다. 그러니 제자들 중 성질 급하기로 유명한 야고보와 요한이 "우리가 하늘에서 불을 내려다가 그들을 태워버릴까요?"라고 말한 것도 어느 정도 이해할 만하다. 그러나 예수는 그런 말을 한 제자들인 야고보와 요한을 꾸짖었다고 했다. 그들의 심정을 이해하지 못해서가 아니다. 그때 제자들은 분개하기에 앞서서, 예수가 처음 공생애 활동에 나서면서 갈릴리 가버나움 회당에서 첫 설교를 했을 때도 사람들이 예수의 설교에 화를 내고 일어나 예수를 동네에서 쫓아내 동네 밖 산벼랑까지 끌고 가서 예수를 밀쳐 떨어뜨리려고 했던 일을 기억했어야 했다. 또 예수가 갈릴리 건너편 이방인의 땅인 거라사 지방에 들어가 귀신 들린 사람을 고쳐 주었을 때 "거라사 지방에 있는 모든 사람들이 예수께 떠나가 주시기를 간청하며"(8:37) 배척했던 일도 기억했어야 했다. 하나님으로부터 또는 예수로부터 '보냄을 받은 사람들'이 그렇게 쉽게 영접되지 않는다는 사실을 깨달아야 했다. 파송 받은 전도자들은 반대와 배척에 항상 준비되어 있어야 한다는 사실을 깨달아야 했다. 전도자의 길이 그리 순탄하지만은 않다는 사실을 늘 염두에 두어야만 했다. 파송 받은 전도자는 수많은 반대와 배척의 장벽을 넘어가야 할 사람들이다. 예수처럼, 그리고 베드로와 바울처럼 순교의 상황에도 준비되어 있어야 한다. 영접하지 않는 사람들에게 분노하고 저주하기보다 오히려 그럴 때, 주님께서 하셨던 다음과 같은 말씀들을 기억해야 한다. "원수를 사랑하고 너희를 미워하는 사람들에게 선을 행하라. 너희를 저주하는 사람들을 축복하고 너희를 모욕하는 사람들을 위하여 기도하라…너희를 사랑하는 사람들만을 사랑하면 자랑할 것이 무엇이냐? 죄인들도 자기를 사랑하는 사람들을 사랑한다. 너희에게 좋은 일을 하는 사람들에게만 너희가 좋은 일을 하면 자랑할 것이 무엇이냐? 죄인들도 그만한 일은 하고 있다"(눅 6::27~33).**219)** "사람들이 너희를 미워하고 또 인자 때문에 너희를 배척하고 욕하고 누명을 씌우면 너희는 복이 있다"(눅 6:22).

누가의 이 본문은 또한 보냄을 받은 사람들이 가서 만나야 할 사람들, 곧 선교의 대상이 누구인지에 대해서도 다시 한 번 생각하게 해 준다. 유대인 제자들에게도 사마리아 사람들은 역시 혐오의 대상이었을 것임에 틀림없다. 가능하면 멀리하고 싶은 대상, 가능하면 상종하고 싶지 않은 대상이었을 것이다(참고. 요 4:9). 야고보와 요한이 말했듯이 "하늘로부터 불을 내려다가 태워 버리고 싶은" 대상일지도 모른다. 더구나 그런 가운데서 "영접을 받지 못하는" 푸대접을 받았을 때, 사마리아인들은 더욱 미움과 증오의 대상이 되었을 것이다.

그러나 예수는 "하늘로부터 불을 내려다가 저들을 태워 버릴까요?"라고 말하는 제자들을 "돌아보시고 꾸짖었다." 분명히 복음 선교는 9장 54절 직후에 다른 사본들에 나오는 예수의 말씀처럼 "사람의 생명을 멸하는 것이 아니라 구원하는 것"이기 때문일 것이다. 선교의 대상은 구원하고 싶은 사람 혹은 구원받을 사람이 아니라, 진정한 의미에서는 오히려 멸망당할 사람들이 그 대상이 아닌가. 미움과 혐오의 대상이라고 선교 대상에서 제외될 수는 없을 것이다. 다메섹에서 아나니아가 기독교인들을 잡아 박해하고 있는 바울을 찾아가 "형제여!"라고 부르며 주님 앞으로 인도했던 일을 기억해야 한다. 베드로가 자기 민족을 지배하는 로마 제국의 백부장 고넬료를 찾아가 복음을 전하며 세례를 주는 일도 결

219) F. W. Danker는 그의 누가복음 주석에서 실제로 야고보와 요한이 "누구든지 너희를 영접하지 않는 사람이 있거든 그 동네를 떠날 때 그들에게 주는 경고하는 표로 네 발의 먼지를 떨어버리라."(9:5)는 예수의 이전 지시를 넘어 하늘의 불(=심판)을 기대하는 행동을 했던 반면에 "예수는 6:29의 지시를 예증해 주고 있다."고 말하면서, 6:29이 그들의 요구를 교정해 주는 예수의 지시로 보고 있다. Cf. *Jesus and the New Age*, p. 209.

코 하기 쉬운 일은 아니었을 것이다. 할 수만 있다면 피하고 싶은 일이기도 했을 것이다. 그러나 성령의 지시와 도움을 받아 놀라운 일을 해낼 수 있었다. 우리는 우리가 믿는 예수 그리스도가 이미 믿는 우리와 같은 사람을 위해 죽은 것이 아니라 아직 믿음에 접해 보지 못한 사람, 우리를 미워하며 배척하는 사람, 그래서 우리가 피하고 접촉하고 싶지 않은 사람들을 위해서도 죽으셨다는 사실을 잊지 말아야 한다. 그리고 "그리스도는 우리의 화평이십니다. 그는 유대 사람과 이방 사람 사이에 막혔던 담을 허시고 둘을 하나로 만드시고 서로 원수 된 것을 자기 몸으로 해소시키신 분입니다."(엡 2:14)라고 말했던 바울의 말씀을 가슴에 새겨야 할 것이다. 또한 "원수를 사랑하고 너희를 박해하는 사람들을 위하여 기도하라. 그래야 너희가 하늘에 계신 아버지의 아들이 될 것이다."(마 5:44~45)라고 말했던 주님의 말씀도 기억해야 할 것이다. 선교 전선에서는 인종의 차별이나 지역의 장벽 등 어떤 장애물도 있을 수 없기 때문이다. 그리스도 안에서는 유대인이나 헬라인이 없고, 남자나 여자가 없으며, 자유인이나 종이 없기 때문이다.

따라서 누가의 이 본문은 이방 선교에 나서기 전에, 이방 선교를 위해 먼저 사마리아 사람들의 동네 문을 열기 전에, 선교사가 걸어가야 하는 길이 어떤 길인지, 선교사가 선교 대상으로 삼아야 할 사람들이 누구인지 한 번 깊이 생각하게 해 주는 귀중한 교훈이 아닐 수 없다. 이런 점에서도 이 본문은 '선교사들을 위한 매뉴얼'이라고 말할 수도 있을 것이다.

13 칠십 인 제자의 파송(10:1~24)

공관복음 전승에 따르면, 예수는 자기를 따르는 추종자들 가운데서 특별히 열두 제자들을 세워 나중에 그들을 전도 파송했다고 전해진다(막 3:14; 마 10:1~5; 눅 9:1~2). 그런데 누가복음 10장에 보면, 아니 오직 누가복음 10장에서만, 예수가 열두 제자들을 파송하는 이야기와는 별도로, 또는 열두 제자 파송에 추가해서 별도로 칠십 인 혹은 칠십이 인의 '다른'(*ἑτέρους*) 제자들을 다시 세워 '둘씩'(*ἀνὰ δύο*) 파송하는 이야기가 나온다. 예수의 지상 사역 중에 예수가 제자들을 이처럼 이중으로 파송하는 이야기는 복음 전승 가운데서 오직 누가복음에서만 나오는 이야기이기 때문에 이는 분명히 '누가의 구성'(a Lucan composition) 혹은 '누가의 창조물'(a Lucan creation)이라고 이해할 수 있다.[220]

1) 누가의 이중적인 제자 파송

예수가 열두 제자들 이외에 칠십 인의 다른 제자들을 별도로 파송한 이야기가 다른 어떤 복음서들에서는 전혀 나오지 않기 때문에, 그리고 누가복음 10장에서 칠십 인 제자들을 파송하면서 그들에게 말씀하신 명령들이 부분적으로 마태복음 10장에서 열두 제자들에게 주셨던 파송 명령과 거의 똑같

220) J. Fitzmyer, *The Gospel According to Luke*, Vol. II., p. 843. Fitzmyer는 예수가 열두 제자들과는 별도로 칠십 인의 다른 사람들을 파송했다고 전하는 "Verse 1 is clearly of Lucan composition"이라고(*The Gospel of St. Luke*, p. 842), 그리고 "Luke has clearly created this literary 'doublet' from the 'Q' material that is parallel to Mark 6:6b~13"이라고 말한다.

은 형태로 나오기 때문에, 누가는 분명히 마가복음 6장 6절에서 13절과 평행을 이루는 Q자료로부터 이 같은 문학적 중복 형태(doublet)를 만들어낸 것이다. 더구나 누가복음 22장 35절에 보면, 예수가 열두 제자들과 마지막 만찬을 나누는 자리에서 열두 제자들을 향해 "내가 너희를 보낼 때 **돈주머니와 자루와 신을 가지지 말라고** 했는데 부족한 것이 있더냐?"고 물었다는 기록이 나오는데, 이 질문이 누가복음에서는 9장에서 열두 제자들을 파송할 때 주셨던 명령이 아니라 도리어 10장에서 칠십 인의 '다른' 제자들을 파송할 때 주셨던 명령과 일치한다고 기록되어 있다. 누가복음 9장 3절에서 예수가 열두 제자들을 파송하며 말씀했을 때는 "여행을 하는데 아무것도 가지고 가지 말라. **지팡이나 전대나 떡이나 돈이나 두 벌 속옷을 가지지 말라.**"(9:4)는 명령이었는데, 누가복음 10장 4절에서 예수가 칠십 인 제자들을 파송하며 주었던 말씀은 "**전대나 여행용 자루나 신을 가지고 가지 말라.**"는 명령으로, 누가복음 22장 35절에서 열두 제자들에게 하신 말씀과 거의 그대로 일치하고 있다. 누가복음 22장 35절 말씀이 누가복음에서는 열두 제자들에게 말씀했던 명령(9:3)이 아니라, 실제로는 칠십 인 제자들에게 말씀하셨던 명령(10:4)이었던 셈이다. 따라서 누가는 예수가 열두 제자들을 전도 파송한 이야기(눅 9장)를 근거로, 그러나 그 일과는 별도로 칠십 인의 다른 제자들을 추가로 전도 파송한 이야기를 중복해서 만들어낸 것이다.

누가가 칠십 인 제자들의 파송 이야기를 별도로 구성하여 소개하는 이유는 누가복음 10장 2절에서 찾아볼 수 있을 것이다. 누가는 10장 1절에서 예수가 칠십 인의 '다른' 제자들을 뽑아 여러 마을과 여러 곳으로 '둘씩' 보냈다고 말한 직후에 곧바로 10장 2절에서 "추수할 것은 많으나 일꾼이 적다. 그러니 추수하는 주인에게 추수할 일꾼을 보내어 주시라고 청하라."는 말씀을 첨가했다. 예수의 이 말씀은 마태복음 9장 37절과 도마복음 말씀 73에 평행 본문을 갖고 있다. 누가가 이 말씀을 여기에, 즉 칠십 인 제자 파송과 관련하여 소개하는 이유는 추수하는 일, 곧 선교의 대상이 너무나도 많은 점을 고려할 때, 열두 제자들만으로는 부족하다고 생각했기 때문일 것이다. 특히 예수가 칠십 인을 파송할 때에 둘씩 보냈다고 했는데, 분명히 이것은 사도행전에서 안디옥 교회가 이방 선교사를 파송할 때 바나바와 바울 "두 사람에게 안수하여 보낸 것"(행 13:1~3)을, 그리고 나중에 바울과 바나바가 서로 결별했을 때도 바나바는 마가라 하는 요한과 함께, 바울은 실라와 함께 각각 둘씩 한 팀을 이루어 선교 여행을 떠난 것(행 15:37~40)을 반영하고 있다고 생각된다.

2) '72인' 제자들인가? '70인' 제자들인가?

본문 사본들 가운데는 '70인'[221]으로 기록된 부분들이 있는가 하면, '72인'[222]으로 기록된 부분들도 있다. 이것은 마치 창세기의 히브리어 맛소라 본문에서 야벳과 함과 셈의 자손들의 숫자가 70인이라고 기록되었는데, 헬라어 70인 역 본문에서는 그 자손들의 숫자가 72인이라고 기록되어 있는 것과도 비슷하다. 그 경우를 보더라도 70이란 숫자는 분명히 보다 본래적인 72란 숫자를 대충 나타낸 숫자일 것이다. 따라서 본래는 72인이었는데 전승 과정에서 나중에 70인으로 바뀌었다고 생각해야 옳을 것이다.[223]

70이란 숫자는 구약성경에서 자주 사용된 숫자이기도 하다. 창세기 10장 2절에서 31절의 목록에 나오는 세상 나라의 숫자가 70으로 되어 있고, 민수기 11장 16~17절에서는 모세가 자기를 돕기 위해 70인 장로들을 임명하는 이야기가 나온다. 물론 이밖에도 신명기 10장 22절에 보면 애굽에 내려갔던 70인 조상들의 이야기가 나온다.[224] 그런데 학자들 중에서는 대체로 누가복음 10장 1절에 언급된 '70'이란 숫자가 구약 창세기 10장의 영향을 받았는지 아니면 민수기 11장 16~17절의 영향을 받았는지를 두고 의견이 갈라지며,

---

221) 알레프 사본, A 사본, D 사본, 그리고 C, K, W, X 사본 등등.

222) P75, B 사본, D 사본, 그리고 the Old Latin 사본과 the Old Syriac 사본 등등

223) "a change from seventy-two to seventy in copying would be more likely than vice versa." Cf. J. Fitzmyer, *The Gospel According to St. Luke*, p. 845.

224) '70'이란 숫자가 사용된 다른 본문들: 출애굽기 1:5, "야곱의 허리에서 나온 사람이 모두 칠십"; 출애굽기 15:27, "엘림에 이르니 거기에 물샘 열둘과 종려나무 일흔 그루가 있는지라."; 사사기 9:2, "여룹바알의 아들 칠십 명"; 열왕기하 10:1, "아합의 아들 칠십 명"

구약 어느 본문의 영향인가에 따라서 그 숫자가 상징하는 의미에 대한 해석도 달라진다. 가령 누가복음 10장 1절의 70인 제자가 민수기 11장의 '70인 장로'의 영향을 받았다고 생각하는 학자들은 70인 장로들이 모세의 출애굽 사역을 돕기 위해 임명된 사람들이기에 그들의 활동 대상은 이스라엘 백성들이고 따라서 누가복음 10장에서 파송된 70인 제자들도 이방인들을 위해서가 아니라 이스라엘 백성들을 위해 파송되었다고 생각한다.[225] 그러나 다른 한편으로는 누가복음 10장 1절에 언급된 70인 제자들은 창세기 10장에 열거된 70개 세계 나라를 가리킨다고 보고는 누가가 소개하는 70인 제자 파송은 세상 나라의 이방인들을 위한 파송이라고 주장한다.[226]

3) 70인 제자 파송 이야기의 구성 의도

결국 이 문제와 관련하여 제기되는 가장 중요한 질문은 다른 복음서 저자들과는 달리 오직 누가만이 '열두 제자들에 이어 70인 제자들을 별도로 파송하는 이야기를 이처럼 그의 복음서에서 추가해서 소개하는 이유는 무엇일까' 하는 점이다. 한마디로 누가가 예수의 지상 사역 기간 동안 열두 제자들에 의한 유대인들에 대한 선교와 그 이후 초대교회 시절에 '다른' 제자들에 의한 이방인들에 대한 선교를 염두에 두었기 때문일 것이다. "이 본문에 대한 전통적인 해석은 70이라는 숫자가 이방인 나라들 숫자이기 때문에 이것을 이방인 선교의 근거로 보는 것이다."[227]라는 말에서도 알 수 있듯이, 이것이 70인 제자들의 파송 이야기에 대한 일반적인 해석이기도 하다. 누가로서는 나중에 사도행전에서 전개될 이방 선교를 염두에 두고, 초대교회의 이방 선교

---

225) S. G. Wilson은 이런 견해를 지지하는 학자들로 Caird, King, Leaney, Manson 등을 거명한다. Cf. *The Gentiles and the Gentile Mission in Luke-Acts*, p. 45. Wilson 자신도 누가복음 10:1은 창세기 10장보다는 신명기 11장을 가리킨다고 보면서, "누가가 70인 제자의 선교 파송을 말하면서 한쪽 눈으로 교회의 후대 선교를 바라보았을 수는 있지만, 그러나 인접한 문맥으로 보아 70인의 선교 파송은 분명히 이스라엘을 향한 것이다"라고 말한다. Cf. p. 47.

226) Cf. Rengstorf, Jeremias, W. Manson, Flender 등등.

227) Sharon H. Ringe, *Luke*(Westminster Bible Companion), Westminster John Knox Press, 1995, p. 152.

가 사도행전에서, 즉 초대교회 시대에 비로소 시작된 것이 아니라 이미 누가복음에서 예수의 사역을 토대로 발전되었음을 밝히기 위해 이 이야기를 구성해 소개하고 있다는 말이다. 따라서 누가는 다른 복음서 저자들과는 달리 예수가 누가복음 9장에서 일차적으로 열두 제자들을 파송한 것은 유대인들을 위한 선교를 위해서이고, 또 그들에 이어 누가복음 10장에서 다시 이차적으로 70인의 다른 제자들을 파송한 것은 이방인들을 위한 선교를 위해서라는 사실을 분명히 밝히기 위한 의도를 갖고 있었던 것이다. 마태복음 10장 5절에서 분명히 알 수 있듯이 열두 제자들은 예수로부터 "이방사람들의 길로도 가지 말고, 또 사마리아 사람들의 도시에도 들어가지 말고, 오직 이스라엘의 잃은 양에게로만 가라."는 전도 명령을 받은 사람들이다. 따라서 열두 제자들로부터 사마리아 선교나 이방인 선교를 기대할 수는 없는 일이었고, 사도행전을 보더라도 그들은 실제로 초대교회 안에서 이방인 선교에 적극적으로 나서지 않았다. 그러니 누가로서는 자기 시대에 이미 시작된 이방인 선교와 그 성과가 어떻게 가능했는지에 대해 설명할 필요가 있었을 것이다. 이것은 또한 누가만이 예수가 주로 유대인들만을 대상으로 복음을 전도한 내용을 소개하는 누가복음에 이어서, 나중에 그의 제자들이 사마리아인들과 이방인들을 대상으로 복음을 전도한 내용을 소개하는 사도행전을 기록한 사실과도 밀접히 연관되어 있을 것이다. 열두 제자들이 예수로부터 사마리아 지역과 이방 지역 선교에 대한 금지 명령을 받은 사람들이라면, 누가 시대에 이미 시작되어 열매를 거두고 있는 사마리아 지역과 이방 지역에 대한 선교의 성과는 누구에 의해서였는지에 대한 설명이 필요했을 것이란 말이다. 그들은 분명히 열두 제자들이 아닌 '다른' 제자들이었을 것이기 때문이다. 이것과 관련해 누가가 사도행전에서 기독교 역사상 이방 선교의 첫 선구자로 헬라파 지도자들인 '일곱 사람들', 그 중에서도 스데반과 빌립을 강조하고 있는 점에 주목해야 한다.[228] 특히 사도행전에서 빌립은 기독교 역사상 최초로 사

228) 스데반은 신학적으로, 빌립은 실제적으로 이방 선교를 향한 첫 발걸음을 내민 사람이다. 김득중, 「선교를 위한 복음서: 사도행전 해석」 참고.

마리아 지역에 들어가 복음을 전한 사람이며, 이방인인 에디오피아 내시에게 복음을 전하고 세례를 베푼 최초의 인물로 소개된다.

4) 누가복음 9:1~6 그리고 누가복음 9:52~56과의 관계

탈버트는 누가복음 9장 52절에서 56절과 누가복음 10장 1절에서 24절이 "누가의 세계 선교 신학을 가리킨다."[229]고 말한다. 그에 따르면, 누가복음에서 예수는 9장 1절부터 6절에서 열두 제자를 파송했고, 9장 52절부터 56절에서는 사마리아 지역으로 사자들을 보내셨으며,[230] 10장 1절부터 20절에서는 칠십 인 제자들을 파송하셨다. 이렇게 볼 경우, 누가는 열두 제자들을 유대인 선교를 위해, '야고보와 요한'을 포함한 '사자들'을 사마리아 선교를 위해, 그리고 칠십 인 제자들을 이방인 선교를 위해 파송하는 것을 암시하고 있으며, 그래서 사도행전 1장 8절에서 언급된 바와 같이 "온 유대와 사마리아와 땅 끝까지"의 세계 선교를 염두에 두고 있다고 생각된다. 그래서 심지어 탈버트는 누가 문서 전체 구조에서 볼 때, 누가복음 10장에서 이방인 선교를 위해 제자들을 파송하는 것이 사도행전 13장에서 바울의 이방 선교 여행이 시작되는 것과 평행을 이룬다고 말하면서, 마치 9장 52절에서 56절이 사도행전 8장에 나오는 사마리아 선교를 보증해 주는 것처럼, 10장 1절에서 20절은 초대교회의 이방인 선교를 예고하면서 예수의 생애로부터 바울의 이방인 선교를 보증해 주고 있다고 지적한다.[231] 따라서 누가복음 9장 52절에서 56절과 10장 1절에서 20절은 갈릴리 사역 초기에 제시되었던 4장 16절에서 30절과 마찬가지로 여행 설화 서두에서 복음이 모든 백성에게 전해져야 한다는 누가의 보편주의에 초점이 맞추어져 있는 셈이다.

---

229) C. H. Talbert, *Reading Luke*, p. 114.

230) Talbert에 의하면, "사자들"(messengers)이라고 좀 애매한 표현이지만 본문 가운데서 "야고보와 요한"의 이름이 나오는 것으로 보아 여기서 말한 사자들은 결국 열두 제자들을 포함한다. Cf. *Reading Luke*, p. 116.

231) Talbert, *Reading Luke*, p. 115.

누가의 이런 의도는 다른 한편으로 그가 이른바 누가복음의 여행 설화 혹은 가운데 토막에서 소개하는 예수의 '큰 잔치 비유'(눅 14:15~24) 내용에서도 그대로 잘 나타난다. 마태복음에서 평행 본문으로 소개되는 '혼인 잔치 비유'(마 2:1~4)에 따르면, 처음 초청받은 손님들이 당일 이런 저런 핑계를 대며 혼인 잔치 참석을 거절했을 때, 임금이 다른 종들에게 "결혼 잔치는 준비되었으나 청함을 받은 사람들이 마땅하지 않으니 너희는 큰 거리에 나가서 만나는 대로 잔치에 청해 오라."(22:9)고 명했고, 그래서 종들이 큰 거리에 나가 악한 사람이나 선한 사람이나 만나는 대로 다 잔치 자리에 데려왔다. 그런데 누가가 소개하는 평행 본문인 '큰 잔치 비유'에 의하면, 누가는 마태와 달리 처음 초청받은 손님들이 모두 참석하기를 거절했을 때, 주인이 일차적으로 종들을 내보내서 "동네 큰 거리와 골목에 가서 가난한 사람들과 불구자들과 맹인들과 절뚝발이들을 이리로 데려 오너라."(눅 14:21)고 시킨 후에, 그래도 여전히 자리가 남아 있자 다시 이차적으로 종들을 내보내서 "큰 길이나 울타리 밖에 나가서 억지로라도 사람들을 데려다가 내 집을 채우도록 하라."(눅 14:23)고 명령했다고 기록되어 있다. 일차적으로는 "동네 큰 거리와 골목에서" 데려오는 일이었고, 이차적으로는 "큰 길이나 울타리 밖에 나가서" 데려오는 일이었다. 비유 연구가인 독일의 예레미아스(Jeremias)에 의하면, 일차적으로 초청을 거절한 손님들 대신에 먼저 성읍 안에서 잔치에 데려온 사람들은 이스라엘의 세리와 죄인들을 의미하고, 반면에 이차적으로 성읍 밖에 있는 자들을 데려온 것은 이방인들을 가리킨다.232)

다음으로 누가가 열두 제자들의 파송 이야기에 이어 다시금 칠십 인 제자들의 파송 이야기를 구성하여 소개하는 또 다른 중요한 의도 가운데 하나는, 누가로서는 "선교의 특권이 결코 열두 제자들에게만 한정된 것이 아니라"233)는 점을 강조하고 싶었던 것 같다. 이 점은 탈버트가 이미 강조한 바 있다. 그

232) J. Jeremias, *The Parables of Jesus*, London: SCM Press, 1969, p. 64.

233) "Authorization for mission is by no means limited to the Twelve." Cf. F. W. Danker, *Jesus and the New Age: A Commentary on St. Luke's Gospel*, Philadelphia: Fortress Press, 1988, p. 211.

에 따르면, 열두 제자들에 뒤이은 칠십 인 제자들의 파송 이야기는 "열두 제자보다 더 많은 사람들이 선교에 개입되어 있다. 정말이지 보편성을 상징하는 선교가 열두 제자들에 의해서만 이루어지는 것이 아니다."[234]란 점을 분명히 밝힘과 동시에 사도행전에서 소개될 열두 제자들의 활동과 바울과 같은 '다른 사람들'의 활동 간의 차이를 명확히 보여 주기 위한 의도를 갖고 있다. 이렇게 볼 경우, 누가복음에서 9장 1절에서 6절과 9장 52절에서 56절, 10장 1절에서 24절은 결국 사도행전에서 복음이 "예루살렘과 온 유대로부터 사마리아와 땅 끝까지 전파되리라."는 말의 모형이 되고 있으며, 그리고 탈버트가 말한 바와 같이 '누가의 세계 선교 신학'(the Lukan theology of world mission)을 가리킨다고 보아야 할 것이다.

5) 사도행전과의 관계

우리는 칠십 인 제자 파송 이야기가 누가복음 10장에서 소개되고 있다는 점에도 먼저 주목해야 한다. 이 자료가 소개되는 문맥이 또한 아주 중요하기 때문이다. 왜냐하면 10장에서의 칠십 인 제자 파송이 9장에서 예수가 열두 제자들을 파송한 직후이기 때문이라서 그렇기도 하지만, 특히 예수가 사마리아 동네에 들어간 이야기(눅 9:51~56)가 소개된 직후이기 때문에 더욱 그렇게 생각된다. 더구나 누가복음 9장 51절에서 19장 44절은 일반적으로 누가복음의 여행 설화 혹은 중심 부분으로 알려져 있는데, 이 부분의 내용들이 대부분 누가의 특수 자료들로 구성되어 있는데다가 사도행전의 전도 여행 부분과 여러 모로 평행을 이루고 있는데, 칠십 인 제자들의 파송 이야기가 바로 이 부분에서, 즉 10장 1절부터 24절에서 소개되고 있다는 점이 의미 있는 일로 생각될 수밖에 없다. 누가에게는 칠십 인 제자들의 파송이 예수와 열두 제자들에 의한 전도 활동(누가복음)에 이어 사도행전에서 계속될 더 많은 다른

234) C. H. Talbert, *Reading Luke: A Literary and Theological Commentary on the Third Gospel*, New York: the Crossroad, 1982, p. 116.

제자들에 의한 전도 여행을 의미한다고 해석될 수 있기 때문이다. 실제로 탈버트는 마치 누가복음 9장 52절부터 56절에서 예수가 사마리아 동네에 들어간 이야기가 사도행전 8장에서 빌립이 사마리아에 들어가 복음을 전파하여 복음화시킨 선교를 정당화해 주고 있는 것과 마찬가지로, 누가복음 10장 1절 이하에 나오는 칠십 인 제자의 파송 이야기는 사도행전에서 전개될 교회의 이방인 선교를 예고하면서 바울의 이방인 선교를 예수의 생애로부터 정당화해 주려는 의도를 갖고 있다고 본다.[235] 따라서 누가복음 9장 52절에서 56절과 누가복음 10장 1절에서 24절은 예수의 가버나움 설교를 전해 주는 누가복음 4장 16절에서 30절과 마찬가지로 예수의 여행 설화 서두에서 누가의 보편주의 혹은 누가의 세계 선교 신학을, 즉 복음이 모든 백성에게 전파되어야 한다는 점을 강조하고 있는 셈이다.[236]

6) 선교 사역을 위한 구체적인 규정들

누가복음 10장 1절부터 20절에서 우리가 관심을 가져야 할 부분은 예수가 칠십 인 제자들을 별도로 파송했다는 사실과 더불어 예수가 그들을 파송하면서 내렸던 선교 명령 내용이다. 칠십 인 제자들에게 주었던 선교 명령 내용과 관련해서 아주 흥미로운 사실은 이미 지적했던 바와 같이 그 명령이 9장에서 이미 소개한 열두 제자들에 대한 파송 명령과 여러 가지 점에서 서로 평행을 이룬다는 점이다. 첫째로, 하나님 나라를 전파하라는 명령이 열두 제자들에게나 칠십 인 제자들에게나 똑같이 주어진다(9:2; 10:9, 11). 둘째로, 여행을 하기 위해 전대나 여행용 자루나 신을 가지고 가지 말라는 명령도 똑같이 열두 제자들과 칠십 인 제자들에게 주어진다(9:3; 10:4). 셋째로, 환영하지 않는 도시를 떠날 때는 발의 먼지를 떨어 버리라는 지시도 열두 제자들과 칠십

---

235) "9:52~56 and 10:1~24 point to the Lukan theology of world mission." Cf. Talbert, *Reading Luke*, p. 114.

236) Talbert, *Reading Luke*, p. 115.

인 제자들에게 똑같이 주어진다(9:5; 10:1~11). 넷째로, "어떤 집에든지 들어가라."는 명령도 열두 제자들과 칠십 인 제자들에게 똑같이 주어진다(9:4; 10:5). 결국 열두 제자 파송과 칠십 인 제자 파송이 거의 같은 형태로 주어진다는 말인데, 이는 또한 누가복음에만 나오는 칠십 인 제자들 파송 이야기가 독자적 이라기보다는 오히려 이미 소개된 열두 제자들 파송 이야기를 모델로 구성된 이야기라는 점을 뒷받침해 주는 단서가 될 수 있다.

예수가 열두 제자에게 준 선교 명령과 칠십 인 제자에게 준 선교 명령이 이렇게도 너무나도 비슷하게 소개되고 있기 때문에, 불트만(Bultmann)은 이런 말씀들이 "교회의 규정들에 속하는 것"이라면서, 여기서 말씀하는 분은 실제로 역사적 예수가 아닌 부활 승천한 주님이며, 따라서 이 말씀은 "교회의 산물"이라고 말한다.[237] 엘리스도 누가복음 10장 1절에서 12절이 "후대 부활절 이후의 교회 선교 가운데서 이용되던 선교 교훈들"이라고 말한다.[238] 초대교회가 선교 규정으로 사용하던 것의 반영이란 뜻이다. 이런 의미에서 보면, 누가복음 10장 4절부터 11절에서 예수가 칠십 인 제자들에게 준 선교 명령은 선교 파송을 받은 모든 시대 모든 사람들에게 주는 선교 규정으로 읽을 수도 있을 것이다.

(1) "전대나 여행용 자루나 신을 가지고 가지 말라"(4절)

이 명령은 제자들에게 생활하거나 사역할 때에는 전적으로 보내신 분을 의존해야 한다는 것을 요구하며 강조하고 있다. 댄커는 다음과 같이 말한다. "22장 35절이 지시하는 바와 같이 표준적인 여행 필수품을 준비하지 않았다는 것은 보내신 분에 대한 전적인 의존을 지시하는 것이다."[239] 누가는 나중에 예수가 마지막 만찬 석상에서 제자들에게 "내가 너희를 보낼 때 돈주머니

---

237) R. Bultmann, *The History of the Synoptic Tradition*, p. 145.

238) "mission instructions which were untilized in later post-resurrection missions of the Church." E. E. Ellis, *The Gospel of Luke*(Eerdmans, 1981), p. 154.

239) F. W. Danker, *Jesus and the New Age*, p. 214: "As 22:35 indicates, the absence of standard traveling equipment is to indicate their total dependance on the Sender."

와 자루와 신을 가지지 말라고 했는데 부족한 것이 있더냐?"라고 물었을 때 그들이 "없었습니다."라고 대답했다고 전해 준다(22:35). 우리는 누가복음에서만 (예수가) 제자들을 불러낼 때 그들이 모두 "모든 것을 다 버리고"(5:11, 28) 따랐다고 기록하는 사실과 또한 누가복음에서만 제자직과 관련하여 "너희 중에 누구든지 자기 소유를 다 버리지 않으면 내 제자가 될 수 없다."(13:33)는 말이 강조되고 있는 데에 주목해야 한다. 소유물에 마음을 빼기는 한, 온전히 선교 사역에 임할 수는 없기 때문일 것이다.

⑵ "길에서 아무에게도 인사하지 말라"(4절)

이 명령은 여러 가지 해석을 야기했다. 첫째로, 이 명령은 선교 파송을 받은 사람들이 선교 활동 중에 사람들과 만나서 이야기하는 일로 시간을 낭비해서는 안 된다는 뜻으로 해석된다. 추수 때가 임박했으므로 알곡이 상하기 전에 곳간으로 들여놓아야 하기 때문이다. 그들의 인사는 7~8절에 암시되어 있듯이 "길에서"가 아니라 "집"이나 "동네"를 향해 해야 할 것이다. 이 명령은 열왕기하 4장 29절에서 엘리사가 게하시에게 "내 지팡이를 손에 들고 가라. 사람을 만나거든 인사하지 말며 사람이 네게 인사할지라도 대답하지 말라."고 지시했던 것을 상기시킨다. 파송 받은 사람에게 가장 중요한 일은 '도중에' 덜 중요한 일 때문에 지장을 받거나 잘못 되어서는 안 된다는 말씀일 것이다. 둘째로, 이 명령은 길에서 인사하는 일로 지체하지 말고 급히 가라고(haste) 지시하는 것이 아니라 봉헌 혹은 헌신(dedication)을 가리킨다고 해석되기도 했다. 제자들은 입 또는 말이 아니라 행동, 즉 설교와 치유에 치중해야 한다는 명령이다. 하나님 나라 선포가 요구하는 인간관계는 인사치례와 같은 단순한 사회적 관계를 넘어서는 일이기 때문이다.

⑶ "이 집에 평안이 있으라"(5절)

마태복음에서는 "평안을 빌어 주라."(마 10:12)고 했는데, 누가복음에서는 보다 셈족의 형태에 가깝게 "이 집에 평안이 있으라."(Peace be to this house)

로 되어 있다. 여기서 말하는 "집"(*oikos*)은 그 집에 거주하는 모든 권속을 포함하는 말로 이해해야 할 것이다(행 10:2; 16:15). 5절에 나오는 명령의 문구는 구약에서 다윗이 나발이란 사람에게 소년 열 명을 보내 "네 집이 평강하라."라고 문안하게 시킨 일을 상기시킨다. '길에서' 나누는 진부한 인사(4절 참고)와는 대조적으로 예수의 구원이 가져다주는 평안을 선포하는 것이다. 예수의 입에서는 평안이 때때로 구원과 연결되어 있기 때문이다(눅 7:50; 8:48).

(4) "거기서 주는 것을 먹고 마시라"(7절), "너희에게 주는 음식을 먹으라"(8절)

이것은 베드로가 사도행전 10장에서 환상 가운데 하늘로부터 내려온 더러운 짐승들을 잡아먹으라는 명령을 듣고, "주님, 결코 그럴 수 없습니다. 저는 속된 것이나 깨끗하지 않은 것은 먹은 일이 없습니다."(10:4)라고 주저하며 거절했던 것을 반영해 준다. 그때 베드로에게 "하나님께서 깨끗하게 하신 것을 속되게 여기지 말라."는 음성이 들려왔다. 그런 일이 있은 후 베드로는 이방인 고넬료의 집을 찾아들어갔고, 거기서 '며칠 동안'을 더 유숙했다고 전해진다. 이 이야기에서 볼 수 있듯이, 초대교회 안에서 이방인들과 음식을 나누는 일이나 이방인의 음식을 먹는 일은 유대인들의 음식법(food laws)과 관련하여 아주 중요한 이슈 가운데 하나였다.[240] 따라서 이런 점에서 볼 때, "거기서 주는 것을 먹고 마시라."는, 그리고 "너희에게 주는 음식을 먹으라."는 명령은 이방인들을 향해 복음을 들고 나간 사람들에게는 음식과 관련하여 정결과 부정을 구별하지 말라는 교훈이기도 한 셈이다.

(5) "병자들을 고쳐 주고 하나님 나라가 가까이 왔다고 말하라"(10절)

누가는 여기서 보냄을 받은 선교자들이 해야 할 가장 중요한 선교 활동에 대해 구체적으로 언급한다. 병자들을 고치는 일과 하나님 나라가 가까이 왔다고 말하는 일이다. 마태복음 10장 7~8절에서는 예수가 열두 제자들을 파

---

240) Sharon H. Ringe, *Luke*(Westminster Bible Companion, Westminster John Knox Press, 1995), p. 152.

송하면서 그들이 가서 할 일에 대해 "가서 하늘나라가 가까이 왔다고 전파하라."는 말씀(10:7)과 함께 "앓는 사람을 고쳐 주고…귀신을 쫓아내라."(10:8)고 명령하셨다. 그런데 누가는 여기서 그 순서를 바꾸어 예수가 "앓는 사람을 고쳐 주고 하나님 나라가 가까이 왔다고 말하라."고 명령하셨다고 기록했다. 누가로서는 전파하는 하나님 나라 복음의 "말씀이 하나님의 행동에 근거되어 있다."고 생각했기 때문일 것이다.[241] 누가복음 11장 20절에서 누가가 "내가 하나님의 손을 힘입어 귀신들을 쫓아낸다고 하면 하나님의 나라는 이미 너희에게 임한 것이다."라고 말한 것도 그 때문이다. 선교사들은 자기가 전하는 말을 자기가 행하는 일로 먼저 보여 주어야 할 것이다.

(6) "환영하지 않거든…발에 묻은 먼지를 떨어버리고 가라"(11절)

예수의 이름으로 보냄을 받은 사람들이라고 다 환영을 받는 것은 아니다. 예수의 보냄을 받고 사마리아 동네에 들어갔던 야고보와 요한 등 예수의 사자들도 환영을 받지 못했다. 예수는 그런 경우에 대비해서 제자들에게 환영받지 못하고 배척받으면 발에 묻은 먼지를 떨어버리라고 그곳을 떠나라고 지시한다. 이것은 누가복음 9장 51절부터 56절에서 야고보와 요한이 자신들의 일행을 영접하지 않는 사람들에 대해 "하늘로부터 불을 내려 태워 버릴까요?"라고 말했던 것을 반영한다. 누가는 앞에서 예수가 영접하지 않는 사람들에 대한 그런 보복적 태도를 보였던 야고보와 요한을 꾸짖었다고 기록한 바 있다. 선교를 위해 보냄을 받은 자들이 영접을 하지 않았다고 보복적인 생각을 해서는 안 되고, 다만 먼지를 털고 하나님의 나라가 가까웠다는 소식만 알리고 떠나면 된다. 실제로 누가는 사도행전 13장 51절에서 바울과 바나바가 비시디아 안디옥에서 복음을 받아들이지 않는 사람들에 대해 발의 먼지를 떨어내고 있다고 전해 주고 있다. 보냄을 받은 선교사들을 배척하는 것은 그들을 보낸 예수를 배척하는 일이기도 하며, 더구나 예수와 하나님 간의 밀

---

241) Michael D. Goulder, *Luke: A New Paradigm*, Sheffield Academic Press, 1994, p. 469.

접한 관계를 생각한다면 예수를 배척하는 것이 곧 하나님을 배척하는 것이기도 하다(눅 10:16; 참고. 행 9:5; 22:7~8; 6:~11, 14~15)[242]. 그래서 보냄을 받은 선교사를 배척하는 동네는 소돔에 대한 심판보다 더한 심판이 있게 될 것이다(10:12).

(7) 칠십 인 제자들의 귀환 보고(10:17~20)

예수의 열두 제자들의 경우에도, 파송 귀환 보고에 대한 언급은 나온다. 누가복음 9장 10절에 보면, "사도들이 돌아와 자기들의 행한 모든 일을 예수께 말씀드렸습니다."라고 기록되어 있다. 이는 마가복음 6장 30절에 나오는 말씀을 그대로 반영한 것이다. 그러나 칠십 인 제자들의 귀환 보고에 관한 누가의 기록은 열두 제자들의 경우와 아주 다르다. 열두 제자들이 돌아와 보고했을 때는 누가가 "예수께서 그들을 데리시고 따로 벳새다라고 하는 동네로 물러가셨습니다."(눅 9:10)라고 기록했다. 마가복음 6장 31절에서 예수가 그들을 향해 "따로 조용한 곳으로 가서 잠시 쉬자."는 말이 있는 것으로 보아 예수는 열두 제자들이 선교 여행으로부터 돌아왔을 때 그들에게 휴식을 마련해 주고자 했던 것 같다. 그러나 누가복음 10장에서 칠십 인 제자들이 선교 여행으로부터 돌아와 보고했을 때는 '휴식'에 대한 언급은 전혀 없이 예수가 그들의 보고에 대한 답변 형식으로 몇 가지 중요한 교훈을 준다.

첫째로 주목해야 할 점은 칠십 인 제자들이 "기쁨에 넘쳐 돌아와서" 보고한 중요한 내용은 "주님의 이름으로 귀신들까지도 우리에게 복종합니다"(10:17)란 말이었다. 여기에 대해 예수는 이미 사탄이 하늘로부터 떨어졌다는 말씀과 칠십 인 제자들에게 이미 원수의 모든 세력을 꺾는 권세가 주어졌기 때문에 아무것도 그들을 해치지 못할 것이라고 말씀하셨다. 그런데 예수의 이 말씀은 기독교 선교에 아주 중요한 차원의 의미를 준다. 왜냐하면 이 말씀에 의하면, 사탄의 멸망은 직접적으로 예수 자신에 의한 것만이 아니라 그의

242) Talbert, *Reading Luke*, p. 117.

제자들의 설교와 선교에 의한 것이기도 하기 때문이다. "기독교 메시지는 예수가 악과 억압의 모든 세력들을 정복하셨다는 것만이 아니라 하나님의 어린 양이 그의 양들을 이 세상에 보내셨을 때, 기독교인들도 악과 억압에 대해 승리할 수 있는 사명과 능력을 가지고 있다는 것이다."[243]

둘째로 주목해야 할 점은 칠십 인 제자들이 기쁨에 넘쳐 돌아와 자신들의 성공적인 선교 활동에 대해 보고하면서 귀신들조차도 자기들에게 복종하더라고 말했을 때, 예수는 칠십 인 제자들을 향해서 "귀신들이 굴복한다고 기뻐하지 말고 너희의 이름이 하늘에 기록된 것을 기뻐하라."(10:20)고 말씀하신 점이다. 선교사들에게 무엇이 가장 중요한 것인지에 대해 관심을 돌리며, 가장 근본적이며 궁극적인 문제를 지적해 주고 있기 때문이다. 영적인 권능을 가졌다고, 그래서 귀신들까지도 복종시켰다고, 그래서 성공적인 선교 활동을 했다고 구원이 보장되는 것은 아니다. 특별한 권세를 부여받아 성공적인 선교 활동을 했다고 하더라도 예수의 제자들은 무엇보다도 먼저 자신들의 이름이 생명책에 기록되는 일의 중요성에 대해 깊이 생각할 수 있어야 한다.

이 마지막 교훈의 말씀은 모든 시대 모든 선교사들에게도 아주 귀중한 말씀이다. 선교사들이 성공적인 선교 활동에 대해 얼마든지 기뻐할 수 있다. 얼마든지 화려하고 놀라운 보고서를 작성하여 제출할 수는 있다. 그러나 그런 보고를 할 수 있게 된 것은 자신의 능력 때문이 아니라 '우리에게 주어진 권세' 때문이다. 자신에게 귀신까지도 복종할 수 있는 권세, 사탄까지도 떨어뜨릴 수 있는 권세, 그래서 성공적인 선교 활동 보고를 할 수 있는 그런 권세를 준 분 앞에서 자신의 이름이 정말로 하늘에 기록되었는지를 물어볼 수 있어야 할 것이다.

---

243) Justo Gonzalez, *Luke*(Belief: A Theological Commentary on the Bible), Westminster John Knox Press, 2010, p. 136.

⑭ 선한 사마리아인의 비유(10:30~37)

예수 당시 사마리아인들은 유대인들로부터는 멸시와 천대, 증오와 적개심의 대상이었다.[244] 그래서 요한복음에 "유대인과 사마리아인은 서로 상종하지 않았다."[245](요 4:9)는 말이 나오기도 했다. 그런데 누가복음에서, 그것도 오직 누가복음에서만 예수는 사마리아인을 긍정적으로 보여 주는 비유, 곧 '선한 사마리아인의 비유'라고 알려진 비유 하나를 소개한다. 이 비유는 다른 복음서 전승들 가운데서는 전혀 소개되지 않았다. 여느 복음서 저자들 모두가 아무런 관심을 기울이지 않은, 그래서 소개하지 않고 그냥 지나쳐 버린 이 비유를 오직 누가만이 선택하여 그의 복음서에서 소개하는 이유가 무엇일까?

그 당시 사마리아인들에 대한 일반적인 편견, 곧 유대인들의 관점에서는 선택된 하나님의 거룩한 백성의 피를 이방인들과 섞어 버린 부정하고 불결한 사람들이란 편견, 그래서 누가복음 9장 52절부터 26절에서 야고보와 요한의 입을 통해 드러나고 있듯이 "하늘로부터 천벌을 받아 마땅한 사람들"이란 그런 편견들 때문에, 다른 복음서 저자들은 아마도 사마리아인을 높이 평가하는 예수의 이 비유를 중요한 비유로 소개하는 데 주저했을 것이다. 누가

---

244) 이 적개심의 역사에 대해 간단히 설명하기 위해서는 Robert H. Stein, *An Introduction to the Parables of Jesus*, Philadelphia: The Westminster Press, 1981, pp. 76~77; J. M. Ford, *My Enemy is My Guest: Jesus and Violence in Luke*, New York: Orbis Book, 1984, pp. 80~83 등을 참조하라.

245) "서로 상종하지 않았다."라고 번역된 헬라어 동사(*sugchrontai*)의 본래 의미는 'use nothing in common,' 즉 '같은 그릇을 같이 사용하지 않는다.'는 뜻이다. 유대인들이 보기에 사마리아인들은 부정한(impure) 사람들이기에 그들이 사용하는 그릇들도 모두 부정하므로 유대인은 그런 부정한 그릇을 함께 사용할 수 없다고 생각했다. Cf. R. E. Brown, *The Gospel According to John*, I., New York: Doubleday, 1980, p. 170.

복음 이전에 기록된 정경 복음서 가운데 마가복음에서는 '사마리아' 혹은 '사마리아인'이라는 단어 자체를 한 번도 사용한 바가 없다. 기피 단어라고 생각했을지도 모른다. 마태복음에서 '사마리아'란 단어가 오직 한 번 10장 5절에서 사용되기는 했지만, "사마리아 고을에 들어가지 말라."는 예수의 선교 명령에서 보듯이 아주 부정적으로만 사용되었을 뿐이다. 초대 기독교 안에서 사마리아 지역 혹은 사마리아인에 대한 편견이 얼마나 부정적이었던가를 볼 수 있는 하나의 단서라고 생각할 수도 있다. 이런 상황에서 누가로서는 오히려 사마리아에 대한 부정적인 잘못된 편견을 불식시킬 필요가 있었을 것이다. 더구나 이방인 선교와 세계 선교에 관심을 갖고 있는 누가로서는 이방 선교의 문을 열기 위해서라도 사마리아인들에 대한 선교가 당면한 그리고 시급한 과제였을 테고, 따라서 사마리아인들에 대한 일반적인 부정적 편견의 시정이 필요했을 것이며, 독자들에게 사마리아인들에 대한 보다 호의적이며 긍정적인 이해를 가지게 할 필요가 있었을 것이다.

만일 우리가 이런 관점에서 누가가 소개하는 '선한 사마리아인의 비유'를 읽는다면, 우리는 사마리아인들에 대한 다른, 그리고 새로운 이해를 갖게 될 것이다. 분명히 누가복음에 나오는 이 '선한 사마리아인의 비유'는 독자들이 사마리아인에 대해 긍정적이며 호의적인 이해와 관심을 갖게 만드는 데 도움이 될 수 있을 것이다. 우리는 누가가 예수의 이 비유를 9장 52절부터 56절에 나오는, 제자들을 사마리아인 동네로 파송한 이야기에 뒤이어 소개하고 있다는 점에도 먼저 주목해야 한다. 누가는 9장 54절에서 야고보와 요한의 입을 통해 그 당시 일반적으로 만연된 사마리아인들에 대한 아주 부정적인 견해가 어떠한 지를 보여 준 바 있다. 그런 후에 여기 10장에서 누가는 이 비유를 통해 그 당시 유대인들로부터 미움과 증오의 대상이었던 사마리아인 가운데 한 사람이, 경건과 신앙의 모범이라고 알려진 제사장과 레위인이 감히 하지 못했던 일, 즉 길에서 강도를 만나 죽어 가는 사람을 살려 주었다는 이야기를 들려주고 있다. 누가가 소개하는 선한 사마리아인의 "비유는 멸시당하던 사마리아인을 영웅으로 그리고 성경을 믿고 순종하는 제사장과 레위인을 악한 사람으로 만들고 있다."[246] 이 비유를 듣거나 읽는 유대인들에게는 놀라운, 아니 충격적인 일이었을 것이다.

이 비유에서 강도를 만나 죽어 가던 사람은 추측컨대 분명히 유대인이었을 것이다. 예루살렘으로부터 여리고로 내려가는 길을 쉽게 다닐 수 있는 사람은 흔히 남부 유대인들이었기 때문이다. 그리고 이 유대인이 길에서 강도를 만나 옷을 벗기고 상처를 입어 거의 죽어 가고 있었다. 그런데 누가가 전해 주는 예수의 이 비유에 따르면, 예루살렘에서 여리고로 내려가는 길에서 죽어 가는 유대인을 구해 준 사람은 유대인 종교 지도자들인 제사장이나 레위인이 아니라 도리어 유대인들로부터 그토록 미움과 멸시를 당해 오던 사마리아인이었다. 길에서 강도를 만나 죽어 가는 유대인을 살려 준 영웅적인 인물이 사마리아인이라고 말해 주는, 그래서 사마리아인을 돋보이게 해 주는 이 비유를 소개하는 누가의 의도는 무엇인가? 누가는 왜 이 비유를 현재의 문맥에서 소개하는 것일까?

과거로부터 지금까지 이 비유는 주로 다음과 같이 두 가지 관점에서 많이 해석되어 왔다. 하나는, 소위 기독론적 해석 혹은 그리스도 중심적 해석이고 다른 하나는, 윤리적 해석이다. 먼저 두 해석의 요지를 살펴보고 그런 해석의 문제가 무엇인지 생각해 보자.

1) 기독론적 해석 혹은 그리스도 중심적 해석

이 해석은 예수를 이 세상에서 고통당하며 죽어 가는 사람들의 구세주로 가르치기 위해서 예수가 바로 이 비유에 나오는 사마리아인과 같은 분이라는 점을 강조하는 데 초점을 맞추고 있다. 이럴 경우 이 비유에 나오는 여러 세부 내용들은 다음과 같은 의미를 갖는 알레고리로 이해할 수 있다.[247]

---

246) C. H. Talbert, *Reading Luke*, p. 124.

247) 선한 사마리아인의 비유에 대한 이런 알레고리적 해석은 초대교회로부터 일반적으로 사용되어 온 해석이다. Cf. Warren S. Kissinger, *The Parables of Jesus: A History of Interpretation and Bibliography*, Metuchen, N. J. & London: The Scarecrow Press, 1979, pp. 2~33; R. H. Stein, *An Introduction to the*

예루살렘 = 하늘

여리고 = 세상

강도만난 사람 = 아담(= 인간)

강도 = 사탄이나 마귀

제사장과 레위인 = 율법과 예언자

선한 사마리아인 = 그리스도

여관 = 교회

두 데나리온 = 구약과 신약

다시 돌아올 때 = 예수가 재림할 때

이처럼 이 비유를 기독론적인 알레고리로 해석할 때, 이 비유의 메시지는 결국 예수 그리스도가 선한 사마리아인과 같은 분, 그래서 이 세상 사람들은 구약의 제사장이나 예언자들을 통해 구원받을 수 있는 것이 아니라 오직 예수 그리스도를 통해서만, 교회를 통해서만 구원받을 수 있다는 메시지를 가르치는 비유로 이해하게 된다.

그러나 이 비유를 말씀하신 예수의 본래 의도가 이런 것은 아니었을 것이다. 왜냐하면 복음서에서 예수가 자기 자신을 선포한 경우가 거의 없기 때문이다. 예수는 하나님 나라를 선포했고, 하나님을 그리고 복음을 믿으라고 선포한 적은 있지만 결코 자신을 믿으라고, 자신을 선포 대상이나 선포 내용으로 전하지 않았다. 따라서 예수께서 자신이 이 세상 모든 사람들을 구원할 구원자임을 가르치기 위해 이 비유를 말씀하셨다고 생각하기는 어렵다. 나중에 교회가 예수를 세상의 구원자로 가르치고 전파하기 위해 그런 설교를 발전시켰을 수는 있고, 또 그런 의미에서 이런 해석이 나름대로 의미가 있는 기독론적 설교일 수는 있다. 그러나 그것이 이 비유를 말씀하셨던 예수의 의도

Parables of Jesus, Philadelphia: The Westminster Press, 1981, pp. 42~47.

였다고 믿기는 어렵고, 또 오늘날 복음서를 연구하는 학자들도 일반적으로 그것이 본래 예수의 의도는 아니었다고 생각한다. 더구나 예수가 이 비유를 말했을 때는 아직 '교회'가 생기지도 않았던 때였는데, 예수가 이 비유를 말씀하면서 여관을 교회를 가리키는 의미로 사용하셨다고 생각하는 것은 너무 지나친 역사적 비약이 아닐 수 없다.

2) 윤리적 해석

다른 한편으로 이 비유는 이 세상에서 살아가는 동안 우리 주변에서 고통을 당하는 사람을 만날 경우, 제사장이나 레위인의 경우처럼 그냥 지나치지 말고 사마리아인처럼 그를 도와주어야 한다는 윤리적인 교훈을 주는 비유라고 자주 해석되어 왔다. 실제로 이 비유는 "내 이웃이 누구냐?"란 질문에 대한 예수의 대답 형태로 주어진 비유인데, 비유의 결론은 "너도 가서 이와 같이 행하라."는 말로 끝나고 있다. 그래서 결국 모든 기독교인들은 이 세상에 살아가면서 이 비유에 나오는 사마리아인처럼 기독교적 사랑의 실천자가 되어야 한다는 것을 가르치는 데 목적이 있는 비유라고 해석되어 왔던 것이다. 기독론적 해석이 선한 사마리아인을 '그리스도'라고 강조하는 것과는 달리, 이처럼 윤리적인 해석은 선한 사마리아인을 모든 시대의 모든 '기독교인들'로, 그래서 모든 기독교인들이 이 세상에서 선한 사마리아인과 같은 사람이 되도록 가르치는 비유라고 해석되어 왔다.

물론 이런 해석이 나름대로 훌륭한 교훈을 주는 설교가 될 수는 있지만, 그러나 그런 교훈과 설교가 예수가 이 비유를 말씀한 본래 의도에 대한 올바른 해석이라고 보기는 어렵다. 왜냐하면 오늘날 많은 비유 연구가들이 지적하는 바와 같이, 만일 그것이 본래 예수의 의도였다면 이 비유에 등장하는 인물들의 배역이 좀 달라져야만 하기 때문이다. 다시 말해 예수가 본래 이 비유를 가지고 너희가 불쌍한 사람들을 만났을 때는 이 비유에 나오는 사마리아인처럼 자비와 사랑을 베푸는 사람이 되라는 것을 가르치고자 했다면, 등장인물들의 배역이 지금과 같아서는 안 된다는 지적이 제기되었다. 오히려 강도를 만나 죽어 가고 있는 사람을 그 당시 불쌍한 사람 중 하나로 생각되던 사마리아인으로 설정하고, 그 사람이 유대인의 땅을 여행하다가 강도를 만나 죽어 갈 때 그를 도와주는 사람을 평신도 유대인으로 설정해야 더 적절한 비유 교훈이 될 수 있다는 지적이었다.[248] 이렇게 유대 땅에서 불쌍한 사람이 죽어 가는 것을 보고 종교 지도자들인 제사장이나 레위인이 도와주지 않았는데, 오히려 유대인 평신도가 그를 도와주고 살려주는 이야기 형태가 될 때, 윤리적인 교훈의 의미는 더 분명히 잘 드러날 수 있을 것이기 때문이다. 그런데 예수는 이 비유를 말씀하시면서 평신도 유대인이 불쌍한 사마리아인을 도와주는 이야기로 배역을 구성하지 않고, 거꾸로 유대인들로부터 멸시와 천대를 받아 오던 사마리아인이 미움과 증오의 대상일 수 있는 유대인을 도와주는 이야기로 말씀하셨다고 누가는 전한다. 따라서 본래 불쌍한 사람을 만나거든 도와주라는 윤리적인 교훈을 주기 위한 비유는 아니었다고 보아야 할 것이다.

존스(G. V. Jones)는 이 비유는 결코 "선한 행동을 했던 한 여행자에 대한 유쾌한 이야기가 아니다. 이 이야기는 사회적·인종적·종교적 우월성을 저주하는 일종의 고발이라"고 지적했다.[249] 셀린(Sellin)도 같은 의미에서 이 비유는 "윤리적 및 기독론적 관점에서 읽을 것이 아니라 인종학적 관점에서 읽어야 한다."고 말한 바 있다.[250] 이 비유의 중요 강조점은 결코 고통당하며 죽어 가는 사람을 돕는 사랑의 '행위'에 있는 것이 아니라, 오히려 그런 사랑의

248) 이런 구성이 더 적합할 것이라는 생각 때문에 실제로 예수의 본래 비유에서는 사마리아인 대신에 이스라엘인이 등장했을지도 모른다고 주장한 학자들도 있었다. 예를 들면, J. Halevy, Rev. Etud. Juives 4(1882)와 C. Montefiore, *Synoptic Gospels II*(London, 1927), pp. 466~467의 경우들이다. 그러나 J .D. M. Derrett은 이런 생각을 '불필요한 것'으로(cf. "Law in the New Testament: Fresh Light on the Parable of the Good Samaritan," *NTS* 10, 1963/64, p. 24), 그리고 J. Fitzmyer는 '무리한 생각'으로(cf. *The Gospel According to Luke*, II., p. 887) 일축했다. 이런 생각은 예수의 의도를 이해하지 못한 무지에서, 오직 비유를 이해하기 쉽게 구성하려는 생각에서 나왔다고 본다.

249) G. V. Jones, *The Art and Truth of the Parables*, London: S. P. C. K., 1964, p. 258.

250) G. Sellin, "Lukas als Gleichniserzaehler: D*ie Erzaehlung vom barmherzigen Samariter*(Luke 10:25~37)," ZNW 65(1974), pp. 166~168, 그리고 66(1975), pp. 10~60.

행위를 한 '사람'에게 있다는 점[251]에 주목해야 한다. 예수의 이 비유에서는 '강도를 만나 죽어 가는 사람', 곧 '자비와 사랑의 행동이 필요한 사람'을 '이웃'으로 강조하고 있는 것이 아니라, 도리어 그에게 사랑을 베푼 '사마리아인'을 진정한 이웃으로 강조하고 있다는 점에 주목해야 한다.

이 비유의 서론을 보면, 한 율법학자가 예수께 나아와 "영생을 얻는 길이 무엇이냐?"고 묻자, 예수는 그 질문에 대한 대답으로 하나님을 사랑하고 이웃을 네 몸과 같이 사랑하는 것이 중요하다고 가르쳤다. 그러자 율법학자가 "그러면 누가 내 이웃이냐?"고 물었고, 이웃이 누구인지 설명하기 위해 예수는 이 비유를 들었다고 되어 있다. 그런데 율법학자가 "내 이웃이 누구인가?"라고 물었을 때 그 이웃은 분명히 우리가 사랑해야 할 '대상'이었다. 그러나 이 비유의 결론 부분에서 예수가 "이 세 사람 중 누가 강도 만난 사람의 이웃이냐?"고 물었을 때의 이웃은 사랑해야 할 '대상'이 아니라 사랑을 베푼 사마리아인, 곧 '사랑의 주체'였다. 따라서 이 비유의 핵심은 사랑의 대상인 불쌍한 사람, 곧 강도를 만나 죽어 가는 사람에게 있는 것이 아니라 오히려 사랑을 베푼 사람, 곧 사랑의 주체인 사마리아인에게 있다. 바로 이런 점 때문에 이 비유의 본래 목적이 단지 불쌍한 이웃을 도와주어야 한다고 가르치는 데 있는 것은 아니라고 지적한다. 그렇다면 예수는 이 비유를 통해 무엇을 가르치려고 했는가?

3) 예수의 비유 의도는?

오늘날 많은 비유 연구가들은 이 비유가 단순히 불쌍한 사람을 만났을 때 그에게 사랑을 베풀라고 가르치는 아름다운 사랑의 비유, 곧 단순한 이웃 사랑을 가르치는 비유가 아니라, 오히려 사마리아인이 그 당시 미움과 적개심의 높은 장벽을 허물고 보통의 유대인들이 쉽게 할 수 없는 일을 했다는 교

251) J. D. Crossan, *In Parables*, New York: Harper & Row, 1985, pp. 64~65.

훈, 즉 인종주의와 지역주의와 관련된 특별한 교훈을 주는 이야기라고 지적한다. 이런 관점에서 본다면, 예수가 맨 처음 이 비유를 말씀했을 때는 남부 유대인과 북부 사마리아인 간의 지역적인 감정 혹은 인종적인 갈등의 문제와 관련하여, 특히 사마리아인에 대한 편견의 문제와 관련하여, 새로운 교훈을 주려고 했던 비유라고 쉽게 생각할 수 있게 된다. 이 비유가 본래 불쌍한 사람을 만났을 때 도와주라는 이웃 사랑의 교훈을 주는 비유가 아니라, 해묵은 인종간의 갈등이나 지역감정의 문제를 다룬 비유였다는 사실은 이 비유를 현대적으로 의역해 놓은 미국의 한 현대판 번역본을 읽어 보면 금방 알 수 있다. 미국의 남부 흑인들이 쉽게 성경을 이해할 수 있게 만든 이른바 「목화밭 성경」*"The Cotton Patch Version"*이란 책이 있는데, 거기에 보면 선한 사마리아인의 비유를 다음과 같이 번역하고 있다.

"한 백인이 미국 남부 애틀랜타(Atlanta)로부터 북부 알바니아(Albania)로 여행을 하고 있었다. 그런데 고속도로 위에서 갱들이 그 사람을 덮쳐 주머니를 털고 새 양복을 빼앗고 그를 때려 눕혀 실신상태에 빠지게 해 놓고는 그를 고속도로 길 옆에 팽개친 채 그의 새 자동차까지 빼앗아 타고는 달아나 버렸다. 그런데 잠시 후 한 백인 목사가 차를 타고 그곳을 지나게 되었다. 백인 목사는 쓰러져 신음하며 뒹굴고 있는 그 사람을 보고는 액셀러레이터를 힘껏 밟아 급히 그곳을 빠져나갔다. 그 후에 다시 한 백인 성가대 지휘자(음악 목사)가 그 고속도로를 달리다가 그곳에 와서 그 사람을 보고는 그도 역시 힘껏 액셀러레이터를 밟아 그곳을 급히 빠져나가 피해 버렸다. 그런데 다음으로 한 흑인이 그 길로 차를 몰고 여행하다가 사고를 당한 그 사람을 보고는 차에서 내려 상처를 싸매 주고 차에서 물통을 꺼내 피를 닦아 주고 그를 다시 차에 실어 가까운 알바니아의 병원으로 데리고 갔다. 그러고는 간호사에게 '이 백인을 잘 돌보아 주시오. 이 사람을 고속도로변에서 만나 이리로 데리고 왔습니다. 여기 제가 가지고 있던 돈 2달러가 있습니다. 만약에 돈이 더 들면 그리고 이 백인이 지불

할 수 없다면 제가 봉급날에 나머지를 다 갚겠습니다.' "252)

그런데 예수의 비유에 관한 참고서를 썼던 슈타인(R. H. Stein)은 이 미국의 현대판 번역과 마찬가지로 독일의 상황에 맞는 현대판 의역을 하나 소개하고 있다.

"한 독일 사람이 히틀러를 지지하는 정치 집회에 참석하기 위해 베를린(Berlin)으로부터 프랑크푸르트(Frankfurdt)로 내려가고 있었다. 그런데 라이프찌히(Leibzig)에 이르렀을 때 그는 노상 강도를 만나 실컷 얻어맞아 길에서 거의 죽어 가고 있었다. 마침 나치당의 한 관리가 그곳을 지나가다가 그 사람을 보고는 마음속으로 '우리 당에서는 저런 일을 저지르는 놈들을 다루는 특별한 방법을 알고 있지!'라고 중얼거리면서 그냥 그 곁을 지나가고 말았다. 잠시 후에 한 루터교 목사가 그곳을 지나가다가 다시 그 사람을 보고는 마음속으로 '인간의 타락이 어느 정도인지 이제는 놀랄 것도 없지!'라고 말하면서 그냥 지나가 버리고 말았다. 그런데 마침 한 유태인이 그곳을 지나가다가 그 사람을 보고는 불쌍히 여겨 그를 등에 들쳐 업고는 유태인들이 사는 자기 동네로 데리고 왔다. 그러고는 동네 사람들에게 '나는 여기 지체하면서 이 사람을 계속 돌볼 만한 시간 여유가 없네. 지금 우리 식구들이 독일 사람에게 붙잡혀 아우스비츠 수용소로 끌려가고 있는 중이네. 나는 당장 그리로 가 보아야 하니까 자네들이 이 사람을 좀 치료해 주기 바라네. 내가 여기 이렇게 돈을 놓고 가겠네. 만일 돈이 더 들면 나중에 내가 와서 다 갚겠네….' "253)

이런 현대판 비유 의역들을 읽는다면, 우리는 즉각 예수의 선한 사마리아인의 비유가 결코 불쌍한 사람을 도와주라는 것을 가르치는, 즉 도움이 필요

252) Clarece Jordan, *The Cotton Patch Version of Luke and Acts, Jesus' Doing and the Happenings: A Modern Translation* with s Southern Accent, fervent, Earthy, Rich in Humor, New York: Association Press, 1969, pp. 46~47.

253) R. H. Stein, *An Introduction to the Parables of Jesus*, p. 80.

한 이웃에게 사랑과 자비를 베풀라는 것을 가르치는 그런 단순한 윤리적인 비유가 아니라는 점을 잘 알 수 있게 된다. 유대인과 사마리아인, 미국의 백인과 흑인간의 인종적인 갈등과 적개심의 역사는 아주 오래되었다. 그런데 예수가 맨 처음 이 비유를 말씀했을 때만 해도 유대인과 사마리아인 간의 미움과 갈등의 역사는 이미 800년의 역사를 갖고 있었다. 예수는 자기 시대에 와서 거의 극에 달한 유대인과 사마리아인간의 인종적인 갈등의 높은 장벽을 허무는 일 없이는 참다운 소통의 삶이, 참다운 구원의 삶이 불가능하다고 생각했던 것 같다. 그래서 예수는 이 비유를 통해 사마리아인이 유대인을, 그것도 유대인 때문에 고통을 당해 왔고 한이 맺혔던 사마리아인이 자기들의 원수와도 같은 유대인을, 그리고 유대인 종교 지도자들까지도 도와주지 않는 유대인을 모든 미움과 증오를 넘어서 자비를 베풀어 살려 주었다는 점을 강조하고 있다. 그래서 사마리아인들에 대해 갖고 있는 해묵은 편견으로부터 벗어나도록 도와주려고 했다. 예수가 이 비유를 통해 가르치려고 했던 교훈이 누가복음 다른 곳에서도(눅 6:32~33, "너희를 사랑하는 사람들만을 너희가 사랑하면 자랑할 것이 무엇이냐? 죄인들도 자기를 사랑하는 사람들은 사랑한다. 너희에게 좋은 일을 하는 사람들에게만 너희가 좋은 일을 하면 자랑할 것이 무엇이냐? 죄인들도 그만한 일은 하고 있다.") 그대로 나타나고 있는 점에서도 그러하다.

4) 누가의 비유 의도는?

누가는 이 비유를 통해 우리의 사랑과 자비의 대상이 형제들과 사랑하는 사람들에게만 국한되어서는 안 되고, 인종의 장벽, 지역의 장벽, 증오의 장벽을 넘어, '이방인들'과 '박해하는 자들'에게까지도 확대되어야 한다는 점을 가르치려고 했던 것 같다. 이것은 복음을 전도하는 선교사들의 경우, 더욱 그러해야 할 일이다. 사마리아인에 대한 해묵은 편견을 극복하는 일은 문화와 종교가 다른 사람들에 대한 편견을 극복하는 일과 결코 다르지 않다. 이방 선교나 세계 선교의 시작은 지역주의 및 인종주의의 장벽을 넘어서는 데서부터 그리고 다른 지역에 사는 다른 민족에 대한 편견을 극복하는 데서부터 시작되어야 하는 것이 아니겠는가. 누가가 예수의 이 비유를 그의 복음서에서, 그것도 제자들을 사마리아 마을로 파송한 이야기에 이어서 소개하는 이유는 그들에 대한 선교를 위해서는, 그 선교에 앞서서 그들에 대한 편견부터 없애는 일이 중요했기 때문일 것이다. 누가는 이 비유를 통해 사마리아인을 영웅으로 만들면서, "사마리아인이 선할 수 없고, 제사장과 레위인이 악할 수 없다."는 잘못된 편견을 깨부수고 있는 셈이다.[254] 따라서 이 비유를 읽는 사람이라면, 마땅히 이 비유의 판단을 받아들여 자신의 가치세계 전체를 깨부수어야만 할 것이다.

그런데 예수 당시는 물론이고 초대교회에서 이방 선교는 사마리아 지역의 문을 열고 나아가는 데서부터 시작되어야만 했었다. 그리고 지역주의 및 인종주의 장벽을 넘기 위해서는 우선 사마리아인에 대한 해묵은 편견을 극복하는 일에서부터 시작해야만 했다. 나중에 사도행전에서 베드로가 자기 민족을 억압하고 있는 로마 제국의 군인으로서 백부장이었던 고넬료를 찾아가 복음을 전해 줄 때, 그리고 다메섹의 아나니아가 자기와 같은 기독교인들을 박해하러 온 사울을 찾아가 "형제여!"라고 부르며 예수의 말씀을 전해 줄 때, 그들은 모두 예수의 '선한 사마리아인의 비유'에서 사마리아인이 자기들을 그토록 무시하며 천대하던 유대인, 그것도 강도를 만나 죽어 가고 있던 유대인에게 했던 일을 그대로 반복했던 데에 지나지 않을 것이다. 아니 예수가 이 선한 사마리아인의 비유를 통해 가르치려고 했던 교훈의 핵심, 곧 사람과 사람 사이를 가로막고 있는 장벽과 잘못된 편견을 허물고 넘어서야 한다는 교훈의 핵심을, 그리고 "가서 너도 이와 같이 하라."(눅 10:37)는 교훈을 제대로 잘 이해하고 실천한 데에 지나지 않을 것이다. 선교가 "거의 죽어 가고 있는 사람"(눅 10:30)의 이웃이 되어 주면서(눅 10:36) "돌보아 주는 일"(눅 10:34)을 하는 것이 아니고 무엇이겠는가.

---

254) Talbert, *Reading Luke*, p. 124. Cf. 이 비유는 "청중들이 그들로서는 말할 수 없는 것, 곧 bad (Samaritan) cannot be good; and good (priest and Levite) cannot be bad란 모순된 말을 말하도록 요구하고 있다."

결국 누가는 이 비유를 통해 선교사들에게는 두 가지 교훈을 주고 있다. 첫째로, 선교의 대상이 되는 다른 민족에 대한 잘못된 편견을 넘어서야 한다는 교훈이다. 선교가 종교적으로나 문화적으로 뒤떨어진 사람들에게 복음을 전해 주는 것이란 잘못된 생각을 버려야 한다. 과거의 선교사들이 보여 주었던 제국주의적 우월주의도 버려야 할 것이다. 이런 잘못된 편견을 넘어서는 일이 없이 진정한 의미에서의 선교는 불가능할 것이기 때문이다. 둘째로, 이 비유는 선교사들에게 이 비유에 나오는 사마리아인처럼 선교 대상이 되는 사람들, 곧 '죽어 가고 있는 사람들'에게 참다운 이웃이 되어 주어야 한다는 교훈을 준다. 선교는 단순히 은혜를 베풀며 복음을 나누어 주는 일이 아니라 진정한 의미에서 그들의 참 이웃이 되는 일이기 때문이다.

⑮ 요나의 표징(12:29~31)

사람들이 예수께 나아와 "표징"(sign)을 "구하는"(to seek) 이야기는 모든 공관복음서에 네 형태의 본문으로 소개되고 있다(막 8:11~13; 마 16:1~4; 마 12:38~42; 눅 11:29~32). 그러나 이 네 본문들을 잘 비교해 보면, 우리는 이 네 본문이 모두 똑같은 하나의 자료에 근거한 평행 본문은 아니라는 사실을 알게 된다. 이 네 본문들에서 모두 "표징"("*semeia*")이란 명사와 표징을 "구한다"("*zeteo*")는 동사가[255] 사용되고 있는 공통점 때문에 평행 본문으로 생각되기가 쉬운 것이 사실이다. 그러나 "표징"에 관해 말해 주는 네 본문들을 면밀히 살펴보면, 마가복음 8장 11~13절과 마태복음 16장 1~4절이 서로 평행 본문이고, 마태복음 12장 38~42절과 누가복음 12장 29~32절이 서로 평행 본문이라는 사실을 알게 된다. 따라서 우리는 먼저 이 두 평행 본문을 구별해서 살펴보는 일이 필요하다.

1) "하늘로부터 오는 표징"(막 8:11~13; 마 16:1~4)

"표징"을 "구하는" 것과 관련된 이 네 본문들 중 마가복음 8장 11~13절과 마태복음 16장 1~4절은 평행 본문이며, 마태복음 12장 38~42절과 누가복음 12장 39~42절과는 구별되는 것으로 생각된다. 이렇게 생각하는 데에는 처음 두 본문, 곧 마가복음 8장 11~12절과 마태복음 16장 1~4절만이 나

---

255) 마가와 누가는 각각 "*zeteo*"란 동사를 사용하고 있는데, 마태는 마 12:39와 마 16:2에서 각각 같은 어근에서 나온 "*epizeteo*"란 동사를 사용하고 있다."

중 두 본문과는 달리 다음과 같은 두 가지 공통점을 갖고 있기 때문이다. 첫째는 "하늘로부터 오는 표징"(a sign from heaven)이란 문구는 오직 마가복음 8장 11~12절과 마태복음 16장 1~4절에서만 나오지, 다른 두 본문(마 12:38~42; 눅 11:29~32)에서는 전혀 나오지 않는다. 둘째는 이 두 본문에서만 "바리새인들"[256]이 표징을 요청했고, 또 표징을 요청한 것이 "예수를 시험하기"("to test him") 위한 것이었다는 언급이 나온다. 따라서 마태복음 16장 1~4절은 분명히 마가복음 8장 11~12절을 문서 자료로 구성된 것으로 보이기 때문에 이 두 본문을 나름대로 "평행 본문"이라고 부르는 데 아무런 문제가 없을 것으로 생각된다.

그러나 평행 본문임에도 불구하고 마가복음 8장 11~13절과 마태복음 16장 1~4절 사이에서 우리는 다음과 같은 중요한 차이점들을 분명히 볼 수가 있다. 첫째로 마가복음 8장 12절에 보면, 예수는 "하늘로부터 오는 표징"을 요구하는 바리새파 사람들을 향해 "어찌하여 이 세대가 표징을 구하느냐? 내가 진실로 너희에게 이르노니 이 세대에게 표징을 주시지 아니하리라"고 말씀하심으로써 "표징"을 요청하는 것에 대해 단호히 "거절"의 뜻을 분명히 밝히고 있다. 그래서 마가복음 8장 11~13절의 제목은 마땅히 "표징의 거절"(a refusal of sign)이라고 불러야 옳다.[257] 더구나 마가복음 8장 11~12절에서는 "요나의 표징"(the sign of Jonah)이란 문구 자체가 전혀 사용된 바 없기 때문에, 이 본문이 "요나의 표징" 이야기와 연관될 여지도 없다. 둘째로 마태는, 오직 마태만이 예수가 "하늘로부터 오는 표징"(a sign from heaven)의 요청에 대한 대답 형식으로 "너희가 저녁에는 하늘이 붉으면 날이 맑겠다 하고 아침에는 하늘이 붉고 흐리니 오늘은 날씨가 사납겠다 한다. 너희가 날씨는 분별할

---

256) 막 8:11에서는 "바리새인들," 그리고 마 16:1에서는 "바리새인과 사두개인들."

257) 이 본문에 대해서 일반적으로 "The Demand for a Sign"이란 제목을 붙이고들 있기는 하지만(cf. E. Scheizer, *The Good News According to Mark*, Virginia: John Knox Press, 1970, p. 157; C.S. Mann, *Mark: A New Translation with Introduction And Commentary* (The Anchor Bible, New York: Doubleday & Company, 1986, p. 328), R.H. Gundry는 그의 마가복음 주석에서 "The Power of Jesus' Denying the Request for a Sign"란 제목을 붙이고 있는 것처럼(Cf. *Mark: A Commentary on His Apology for the Cross*, Grand Rapids: Eerdmans, 1993, p. 401), "표징을 거부하심"이라고 붙이는 것이 보다 정확할 것으로 보인다.

줄 알면서 "때의 표징"(a sign of time)은 분별하지 못하느냐?"(마 16:2~3)라고, "때의 표징"에 대한 말씀을 소개하면서, 바로 이어서 "악하고 음란한 세대가 표징을 구하나 "요나의 표징"(the sign of Jonah) 밖에는 다른 아무 표징도 보여 주지 않을 것이다"(마 16:4)란 말씀을 첨가함으로써, 마가복음의 "표징에 대한 거부" 말씀을 "때의 표징"에 대한 말씀으로, 동시에 "요나의 표징"에 대한 말씀으로 바꾸어 놓았다. 그러니까 "표징의 거부"에 관한 말씀을 소개하면서 "요나의 표징"에 대한 말씀과 처음으로 연관시킨 사람은 마태였던 것으로 보인다.

2) "요나의 표징"(막 12:38~42; 눅 11:29~32)

마태는 "하늘로부터 오는 표징"에 관한 말씀(마 16:1~4)을 소개하기 위해서 마가복음 8장 11~12절을 자료로 사용한 것 이 외에, 마태복음 12장 38~42절에서 Q 자료에 나오는 "요나의 표징"에 관한 말씀을 별도로 다시 소개하고 있다. 그리고 바로 여기에서 마태는 누가복음 11장 29~31절에서처럼, "요나의 표징"이란 문구와 함께 "이 세대가 심판을 받는 날에 니느웨 사람들이 나타나 이 세대를 정죄할 것인데, 니느웨 사람들은 요나의 전도를 듣고 회개했기 때문이다"(마 12:40), 그리고 "이 세대가 심판을 받는 날에 남방 여왕이 나타나 이 세대를 정죄할 것인데 그 여왕은 솔로몬의 지혜를 듣기 위하여 땅끝에서 왔기 때문이다"(마 12:42), 그러나 "보라, 요나보다 더 큰 이가 여기 있고"(마 12:;41), "보라, 솔로몬보다 더 큰 이가 여기 있다"(마 12:42)는 말을 소개하고 있다. 따라서 마태복음 12장 38~42절과 누가복음 11장 29~32절은 Q 자료를 근거로 구성된 평행 본문으로 생각되며, 이 두 본문이 똑같이 "요나의 표징"에 관한 말씀이기 때문에, 당연히 "하늘로부터 오는 표징"을 요구한 본문인 마가복음 8장 11~13절과 마태복음 16장 1~4절과는 구별되어야 할 것으로 생각된다. 특히 누가복음 11장 29~32절에서는 "하늘로부터 오는 표징"(막 8:11; 마 16:1)과 "때의 표징"(마 16:3)이란 말이 나오지 않는다. 따라서 "요나의 표징"을 다루는 누가복음 11장 29~32절을 올바로 이해하기 위해서는 그 평행 본문인 마태복음 12장 38~42절과 비교하면서, 누가가 마태와 달리 어떤 목적을 가지고 어떤 점을 강조하고 있는지 살펴볼 필요가 있다.

앞에서 지적한 바와 같이, "요나의 표징"에 대한 예수의 말씀이 마태복음과 누가복음에 평행 본문으로 나타나고 있고(마 12:38~42; 눅 11:29~32), 두 본문은 Q 자료에서 나온 것으로 생각된다. 그래서 이 두 평행 본문 사이에는 다음과 같은 공통점들이 나타난다. 첫째로 두 본문에서 모두 이 세대를 가리켜 "악한 세대"라고 부르고 있다(눅 11:29; 마 12:39[258]). 둘째로 이 두 본문에서만 "요나의 표징"이란 말과 함께 "요나의 표징 밖에는 보일 표징이 없다"(마 12:39; 눅 11:29)는 문구가 나온다. 셋째로 "심판 때에 니느웨 사람들이 일어나 이 세대 사람을 정죄하리니 이는 그들이 요나의 전도를 듣고 회개하였음이라"(마 12:41; 눅 11:32)는 말과 "남방 여왕이 일어나 이 세대 사람을 정죄하리니 이는 그가 솔로몬의 지혜로운 말을 들으려고 땅 끝에서 왔음이라"(마 12:42; 눅 11:31)는 말과 함께 "요나보다 더 큰 이가 여기 있다"(마 12:41; 눅 11:32)는 말과 "솔로몬보다 더 큰 이가 여기 있다"(마 12:42; 눅 11:31)는 말이 모두 이 두 본문에서 똑같이 나타나고 있다. 마태와 누가가 같은 Q 자료를 사용했기 때문이다.

그러나 누가의 본문과 마태의 본문을 서로 비교해 보면, 두 본문 사이에는 평행 본문임에도 불구하고, 다음과 같이 중요한 차이점들이 드러나고 있다. 첫째로 "표징"을 구한 사람들이 마태복음에서는 "서기관과 바리새인들"인데 비해서 누가복음에서는 "사람들"(눅 11:16)이나 "무리들"(눅 11:29)이다. 표징을 구하는 악한 세대를 마태복음에서는 "서기관과 바리새인들"로 규정하고 있는데, 이것은 마태가 누가보다 유대 종교 지도자들, 특히 서기관과 바리새인들에 대해 더 부정적이고 비판적인 점을 반영하는 것으로 보인다.[259] 그

258) 마태 12:39에서는 "악한"이란 형용사에 "음란한"이란 형용사가 하나 더 붙어 "악하고 음란한 세대"라고 되어 있다. 마태는 16:4에서도 "악하고 음란한 세대"란 말을 사용하고 있는데, 이 표현은 마태복음에서 이 두 곳에서만 나오는 마태적인 표현이다. 막 8:38에서는 "음란하고 죄 많은 이 세대"란 말이 사용되고 있다.

259) 마태복음에서는 예수가 예루살렘에 입성한 후 바리새인들이 여러 번 예수의 적대자들로 나타나고

러나 누가복음에서는 서기관과 바리새인들이 다른 복음서들의 경우처럼 그렇게 부정적으로만 소개되고 있지는 않은 편이다.[260] 그래서 누가는 누가복음 독자들을 염두에 두고 "서기관과 바리새인들"을 "사람들"과 "무리들"로 바꾸어서 일반화시킨 것으로 생각된다. 둘째로 "요나가 낮과 밤으로 사흘을 큰 물고기 뱃속에 있었던 것같이 인자도 낮과 밤으로 사흘을 땅속에 있을 것이다"란 말씀은 오직 마태복음에만 나온다.[261] 따라서 요나가 사흘 동안 큰 물고기 뱃속에 있었던 것을 예수가 사흘 동안 땅속에 있었던 것을 대비시키는 것은 오직 마태복음에서만 볼 수 있는 특징이지 결코 누가복음에서는 찾아볼 수 없는 특징이다. 셋째로 "요나가 니느웨 사람들에게 표징이 되었던 것처럼 인자도 이 세대의 표징이 될 것이다"(눅 11:30)란 말씀은 오직 누가복음에만 나온다. 따라서 누가복음에서는 이 세대에 주는 표징으로 "요나"와 "인자" 예수가, 그리고 니느웨 사람들과 이 세대 사람들이 직접 대비되어 강조되고 있는 점이 특징이다. 우리는 이런 차이점들을 통해서 누가가 이 본문을 통해서 소개하려는 마태와는 다른 의도를 읽어 낼 수 있게 된다.

3) "요나의 표징"을 소개하는 누가의 의도

같은 문서 자료인 Q 자료로부터 "요나의 표징"에 관한 말씀을 인용하여

있는데(마 28:62), 누가복음에서는 "바리새인"이 예수의 예루살렘 입성 이후에는 거의 등장하지 않는다. 유일한 예외가 눅 19:39인데, 여기서도 "바리새인"은 부정적이거나 적대적인 의미로 나타나고 있지 않다.

260) 누가복음에서 예수는 바리새인들과 어느 정도 우호적인 관계를 맺고 있었던 것으로 나타나고 있다. 예를 든다면, 예수는 여러 번 바리새인들의 초청을 받아 그들의 집에 들어가 함께 식사를 나누기도 했고(눅 7:36; 11:37; 14:1), 사제지간의 대화를 나누기도 했으며(눅 17:20~21), 헤롯이 죽이려고 하니 피신하라고 알려 준 사람도 바리새인이었다(3:31). 물론 눅 11:39,42,43 등에서 바리새인들을 가리켜 "화가 있으리로다"란 저주 선언들이 나타나고 있기는 하지만, 평행 본문인 마태 23장과 비교하면, 바리새인에 대한 저주 선언은 어느 정도 완화되어 있는 것도 사실이다. 눅 11:46과 11:52의 경우는 저주 선언의 대상이 오히려 "바리새인"으로부터 "서기관들"에게로 돌아서고 있다. 누가는 바리새인 자체를 비난했다기보다 바리새인들의 "위선"을 비판했다. 바리새인에 대한 누가의 이런 호의적인 관점은 아마도 함께 전도 여행을 했던 사도 바울 자신이 "바리새인"(빌 3:5)이었다는 사실 때문이었을 것으로 추정된다.

261) 마태가 이 말씀을 첨가한 것은 요나에 관한 구약 이야기를 예수의 부활에 대한 알레고리로 발전시킨 것으로 생각된다. 요나의 표징을 예수의 부활에 대한 언급으로 보는 관점은 초대 교회의 해석이지 예수 자신의 생각으로 돌릴 수는 없다. Cf. Fitzmyer, *Luke*, p. 931.

소개하면서도 누가와 마태의 두 본문(눅 12:39~42; 마 12:38~42) 사이에는 적지 않은 차이가 있음을 확인했다. 분명히 이런 차이는 두 복음서 기자의 편집 의도의 차이 때문인 것으로, 즉 "요나의 표징" 이야기를 가지고 독자들에게 전하려고 했던 신학적 설교 의도의 차이 때문인 것으로 생각된다. 그렇다면 누가가 마태와 달리 그의 복음서에서 "요나의 표징" 이야기를 가지고 독자들에게 강조하려고 했던 메시지는 무엇일까? 누가는 일찍이 복음서의 서두 부분에서 아기 예수의 탄생과 관련하여 천사의 입을 통해서 "너희가 가서 강보에 싸여 구유에 누인 아기를 보리니 이것이 너희에게 표징이니라"(2:12)고 말한 바 있다. 그리고 이어서 시므온의 입을 통해 예수가 "이스라엘 중에 많은 사람을 넘어지게도 하고 일어서게도 하며 또 사람들의 반대를 받는 표징(sign)으로 세워진 분"(눅 2:34)이라고 말한 바 있다. 예수 자신이 "표징"이란 말이다. 또 예수가 예루살렘 성전의 멸망을 예언했을 때 제자들이 "이런 일이 생기려고 할 때 어떤 표징(sign)이 있겠느냐"고 묻기도 했고(눅 21:7), 예수가 붙잡혀 심문을 당할 때는 헤롯이 예수가 행하는 어떤 표징(sign)을 보기 원하기도 했다(눅 23:8)고 전한 바 있다. 그런데 여기에서 누가는 예수가 표징을 구하는 사람들을 향해서 "요나의 표징 밖에는 아무 표징도 보여 주지 않을 것이다"(11:29)라고 말하면서 "요나가 니느웨 사람들에게 표징이 되었던 것처럼 인자도 이 세대의 표징이 될 것이다"(11:30)라고 말했다고 전한다. 예수 자신이 이 세대를 위한 "표징"이 될 것이란 말이다. 그런데 누가에게 "요나의 표징"은 마태복음의 경우처럼 예수가 사흘 동안 땅속에 있었던 것을 가리키는 표징이 아니라, 이방인들인 니느웨 사람들이 회개하라는 요나의 말씀을 듣고 회개하였는데, 이 세대 사람들은 "요나보다 더 위대한 분"인 예수의 말씀을 듣고도 회개하지 않고 있는 것을 가리키는 표징이다.

우리는 먼저 요나가 하나님께로부터 이방 땅인 니느웨로 가서 말씀을 전하라고 보냄을 받은 선지자라는 사실에 주목해야 한다. 요나 1장 1~2절에 보면 "여호와의 말씀이 아밋대의 아들 요나에게 임하니라 이르시되 너는 일어나 저 큰 성 니느웨로 가서 그것을 향하여 외치라"는 말씀이 나온다. 요나 3

장 1~2절에서 다시금 "여호와의 말씀이 두 번째로 요나에게 임하니라 이르시되, 일어나 저 큰 성읍 니느웨로 가서 내가 네게 명한 바를 그들에게 선포하라"는 말씀이 나온다. 요나는 분명히 구약성서에서 이방인의 땅 니느웨로, 이방인인 니느웨 사람들에게로 보냄을 받은 선지자이다. 바로 이 때문에 많은 학자들은 구약성서 안에 이미 선교의 개념이 있다는 사실을 증명하고자 할 때 대표적으로 이 두 곳, 즉 바로 요나서와 제2 이사야서를 지적하고 있는 것이다.[262] 그런데 누가는 여기서 요나가 니느웨 사람들에게 표징이 되었던 것처럼 예수가 이 악한 세대에 표징이 된다고 말하고 있다. 요나가 니느웨 사람들에게 보냄을 받은 선지자라면, 예수는 악한 이 세대에 보냄을 받은 선지자, 그러나 "요나보다 더 큰 이"라고 증거하고 있는 것이다.

마찬가지로 남방의 여왕이 아주 먼 곳으로부터 솔로몬의 지혜를 들으려고 왔었는데, 이 세대의 사람들은 가까이 있는 "솔로몬보다 더 위대한 분"인 예수의 지혜로운 말씀을 들으려고도 하지 않았다. 그래서 마지막 심판 때에는 요나의 말씀을 듣고 회개한 니느웨 사람들이 "요나보다 더 위대한 분"이신 예수의 말씀을 듣지 않은 이 세대 사람들을 정죄하게 될 것이란 말씀처럼, 마지막 심판 때에 솔로몬의 지혜를 듣기 위해 먼 곳으로부터 왔던 남방의 여왕이 아주 가까운 곳에서 "솔로몬보다 더 위대한 분"의 지혜로운 말씀을 듣지 않은 이 세대 사람들을 정죄하게 될 것이라고 말한다. 예수는 "하늘로부터" 보냄을 받은 선지자란 의미에서 요나처럼 "먼 곳으로부터" 온 선지자이다. 그러나 물론 요나보다 더 큰, 더 위대한 분이다(11:32). 누가에게 예수의 설교와 말씀이신 예수는, 이 세대에 주어질 유일한 표징이다. 그런데 예수의 설교와 말씀이신 예수에 대한 이 세대의 반응은 누가가 7장 32절에서 언급한 바와 같이 "피리를 불어도 춤추지 않았고, 애곡을 하여도 울지 않았다." 그런 반응이 요나의 표징에 대한 말씀을 통해 그들에 대한 경고로 나타나고 있다. 요나의 설교를 듣고 회개한 니느웨 사람들이 일어나 마지막 심판 때에 이 세

262) Stephen G. Wilson, *The Gentiles and the Gentile Mission in Luke-Acts*, Cambridge At the University Press, 1973, p. 2.

대 사람들을 정죄할 것이다(눅 11:32).

시므온이 예언했던 바와 같이, 예수 자신이 이 세대를 위한 하나님의 표징(sign)이다. 예수가 솔로몬의 지혜보다 더 위대한 하나님의 지혜이며, 요나가 전한 말씀보다 더 위대한 하나님의 말씀이기 때문이다.[263] 그러나 예수는 시므온이 예언했던 그대로 "사람들의 반대를 받는 표징"(눅 2:34)이기도 했다. 이 세대 사람들이 예수의 말씀을 듣지 않고 반대하기 때문이다. 누가가 요나의 표징에 관한 말씀(11:29~32)을 누가복음 11장 28절에 나오는 예수의 말씀, 곧 "하나님의 말씀을 듣고 이를 지켜 행하는 사람이 오히려 행복하다"는 말씀에 바로 이어서 소개하는 이유가 바로 거기에 있다. 따라서 우리는 "요나의 표징"에 관한 누가의 이 본문 가운데서 니느웨 사람들과 남방의 여왕 등 이방인들이 긍정적인 모델로 제시되고 있다는 점에 주목할 필요가 있다. 피츠마이어(Fitzmyer)는 이것이 누가가 보여 주는 "하나님의 보편적인 구원의 관심"(universal salvific concern)[264]이라고 말한다. 구약에 나오는 요나의 이야기 가운데서 우리는 하나님의 명령에 대해 거부하며 반항했던 성난 유대인 예언자 요나와 순종하며 회개하는 이방인들(뱃사람, 니느웨 사람들, 그리고 짐승들과 물고기까지)이 서로 대조되는 것을 보게 된다. 요나의 말씀을 듣고 회개한 사람들도 이방인들인 니느웨 사람들과 솔로몬의 지혜를 들으려 멀리서 찾아온 사람은 오히려 이방인인 남방의 여왕이었다. 니느웨 사람들과 남방의 여왕이 예수의 말씀을 듣지도 않고 회개하지도 않는 "이 세대 사람들," 곧 하나님의 택함을 받았다고 자부하는 유대인들을 정죄하게 될 것이라는 말씀은 결국 택함 받은 유대인과 이방인의 운명의 역전(reversal)을 말하는 것 이외의 다른 것이 아닐 것이다. 누가는 예수가 백부장의 종을 고치신 이적 이야기 가운데서 이방인 백부장을 향해서 "나는 이스라엘 중에서 아직 이런 믿음을 본 일이 없다"(7:9)고 칭찬했다고 말한 바 있다. 그리고 누가

---

263) Sharon H. Ringe, *Luke*, p.170("both divine Wisdom and divine Word–greater than the wisdom of Solomon and the word of Jonah alike").

264) Fitzmyer, *Luke*, p. 932.

복음 13장 28~30절에서는 "아브라함과 이삭과 야곱과 모든 예언자들은 하나님 나라 안에 있는데 너희가 밖에 쫓겨난 것을 알게 될 때, 너희는 거기서 슬피 울며 이를 갈 것이다. 사람들이 동과 서에서, 그리고 남과 북에서 하나님 나라 잔치에 참석하기 위하여 모여들 것이다. 보라 나중 된 사람이 먼저 되고 먼저 된 사람이 나중 될 것이다"라고 말한 바 있다. 그런데 여기서는 택함 받은 이 "악한 세대"가 듣지도 않고 회개하지 않고 있는데, 오히려 니느웨 사람들이 말씀을 듣고 회개한 사실에 대해서, 그리고 가까이 있는 이 "악한 세대"가 전혀 지혜의 말씀을 듣지 않고 있는데, 오히려 멀리 "땅 끝에서부터" 남방 여왕이 솔로몬의 지혜를 듣기 위해서 찾아온 사실에 대해서 말하고 있다. 누가는 이런 말들로써 은연중에 "니느웨 사람들"과 "남방 여왕"과 같은 이방인들을 오히려 긍정적인 모델로 제시하는 것으로 보인다. 그래서 피츠마이어(Fitzmyer)는 여기서 우리는 "이 이야기가 누가가 말하고 있는 구원의 보편주의를 위해 갖고 있는 의미를 간과하지 말아야 한다"[265]고 강조하고 있는 것이다.

265) Fitzmyer, *Luke*, p. 934.

16 하나님 나라 잔치에 참석할 이방인들 (13:22~30)

마태복음 8장 11~12절에도 나오는 누가복음 13장 28~29절의 말씀, 곧 "사람들이 동과 서에서 그리고 남과 북에서 하나님 나라 잔치에 참석하기 위해서 모여들 것이다"란 말씀은 불트만(Bultmann)이 '이방인들과 하나님 나라'(the Gentiles and the Kingdom)란 명칭을 붙인 데서도 알 수 있듯이,[266] 이방인 선교 혹은 세계 선교와 관련된 말씀이다. 그런데 누가복음에서는 이 말씀이 마태복음과는 완전히 다른 문맥에서,[267] 그것도 서로 다른 단편적인 말씀들이 함께 혼합된 형태 가운데서 소개되고 있다. 누가가 이 말씀을 소개하고 있는 전후 문맥을 살펴보면 다음과 같다.

13:18~19, 겨자씨 비유
13:20~21, 누룩 비유
13:22~24, 구원 받을 사람이 적느냐는 질문과 함께 좁은 문 비유
13:25~27, 문을 닫아버린 주인의 비유
13:28~29, 너희는 쫓겨나고 다른 사람들이 동서남북에서 하늘 잔치에 모여든다.
13:30, "나중 된 사람이 먼저 되고 먼저 된 사람이 나중 될 것이다."

그런데 누가복음 13장 18~31절에 나오는 말씀들이 마태복음에서는 여러 곳

266) R. Bultmann, *The History of the Synoptic Tradition*, New York: Harper & Row, 1968, p. 116.
267) 마태복음에서는 이 말씀이 이방인 백부장의 종을 고치신 이야기(8:5~10)과 연결되어 소개되고 있다.

에 흩어져 소개되고 있다(마 7:13~14, 22~23;8:11~12;19:30;20:16;25:10b~12). 마가복음과 평행을 이루고 있는 것은 오직 마가복음 10장 31절이 누가복음 13장 30절에 나오는 것뿐이다. 따라서 누가의 본문은 누가가 본래 독립적이고 단편적으로 전해지던 여러 자료들을 자신의 독특한 의도와 목적에 따라 구성하여 여기에 편집해 넣은 것으로 보아야 할 것이다. 누가의 편집 의도를 이해하기 위해서 우리는 먼저 누가가 소개하고 있는 누가복음 13장 22~30절의 본문을 다음과 같이 크게 네 부분으로 나누어 살펴보기로 한다.

(1) 서두 질문과 답변(22~24절)

어떤 사람의 질문: "주님, 구원받을 사람이 적습니까?"

예수의 답변: "좁은 문으로 들어가기를 힘쓰라. 내가 너희에게 말한다. 들어가려고 애를 써도 들어가지 못할 사람이 많을 것이다."

(2) 닫힌 문의 비유(25~27절)

문을 열어 달라고 두드려도 주인은 "나는 네가 어디서 왔는지 모른다. 모두 내게서 물러가라."고 말한다. 당연히 들어갈 것으로 생각했던 사람이 쫓겨나고 있다.

(3) 마지막 심판에 대한 말씀(28~29절)

"너희는 하나님 나라로부터 쫓겨나서 슬피 울며 이를 갈 것이며, 도리어 동과 서에서, 그리고 남과 북에서 사람들이 하나님 나라 잔치에 참석하러 모여들 것이다."

(4) 결론적인 말씀(30절)

"보라, 나중 된 사람이 먼저 되고 먼저 된 사람이 나중 될 것이다."

한편으로 누가의 이 본문(13:22~30)은 일종의 서론처럼 소개된 '두 개의 하나님 나라 비유', 곧 '겨자씨 비유와 누룩 비유'(13:18~21)에 뒤이어 나온다. 그래서 두 비유에 사용된 "하나님의 나라"란 단어(13:18, 20)가 13장 29절에 나오는 "하나님의 나라"와 연결되고 있어서, 마치 이 본문이 "하나님의 나라"

란 단어들로 샌드위치 되어 있는 편집된 형태이기도 하다. 그리고 다른 한편으로는 13장 29절에서 "사람들이 동과 서에서, 그리고 남과 북에서 하나님의 나라 잔치에 참석하기 위해 모여들 것이다."란 말씀은 바로 다음 장에 나오는 큰 잔치 비유(14:15~24)와도 내용 면에서 연결되어 있고, 따라서 큰 잔치 비유의 서론(14:15)에서 "하나님의 나라 잔치에 앉게 될 복이 있는 사람"이 자연스럽게 누가복음 13장 29절에서 "하나님의 나라 잔치에 참석하기 위해 모여들 사람들"과 연결되고 있기도 하다. 이렇게 보면 누가는 나름대로 이 본문을 구성하여 현재의 위치에 편집해 넣음으로써 '하나님 나라에 들어가 구원을 받을 자가 누구인가?'라는 질문과 함께, 택함 받은 이스라엘 사람들, 즉 당연히 하나님 나라에 들어갈 것으로 생각하고 있던 사람들이 끝내 하나님 나라에 들어가지 못하고 도리어 이방인들이 하나님 나라 잔치에 들어가게 된다는 메시지를 던져 주고 있는 것이다.

1) 겨자씨 비유 및 누룩 비유와 누가 본문 간의 관계

누가는 누가복음 13장 18절부터 21절에서 하나님 나라의 비유들인 '겨자씨 비유'와 '누룩 비유'를 소개한 후에 예수의 예루살렘 여행 후반부를 시작한다. 그러면서 이 후반부 서두에서 어떤 사람이 예수께 나아와 "주님, 구원받을 사람이 적습니까?"(3:23)란 질문을 던지는 것으로 시작하고 있다. 이 질문은 앞의 두 비유와 밀접히 연관되어 있어 보인다. 왜냐하면 "하나님 나라는 무엇과 같으며 무엇에 비할까?"란 질문으로 시작된 두 비유는 모두 하나님 나라에 대한 비유인데, 하나님 나라와 구원은 별개의 주제가 아니기 때문이며, 또한 누가는 13장 29절에서 "사람들이 동과 서에서 그리고 남과 북에서 하나님 나라 잔치에 참석하기 위하여 몰려들 것이다."라고 말하면서 "하나님의 나라"란 말을 사용하여 앞의 두 비유에서 사용된 "하나님의 나라"란 말을 상기시켜 주고 있기 때문이다.

"구원받을 사람이 적습니까?"란 질문에 대해 예수는 "좁은 문으로 들어가기를 힘쓰라. 내가 너희에게 말한다. 들어가려고 애를 써도 들어가지 못할 사람이 많을 것이다."(13:24)라고 대답한다. 그러면서 누가는 예수의 교훈을 하나의 비유 형태로 제시한다(3:25~27). "집주인이 일어나 문을 닫아 버리면 너희가 밖에 서서 문을 두드리며 '주인이여, 문을 열어 주십시오.' 하고 졸라도, 주인은 '너희가 어디서 왔는지 나는 모르겠다.'고 대답할 것이다. 그러면 너희가 '우리는 주인 앞에서 먹고 마셨으며 주인께서 우리를 큰 거리에서 가르치셨습니다.' 하고 말할 터이나, 주인은 '너희가 어디서 왔는지 나는 모르겠다. 악을 일삼는 자들아, 모두 내게서 물러나라.'고 말할 것이다." 이 비유는 마태복음 25장 1절에서 13절에 나오는 비유, 특히 25장 11절에서 "주여, 주여, 문을 열어 주십시오."라고 말하는 '닫힌 문'의 비유와 마태복음 7장에 나오는 '좁은 문'에 대한 비유(7:13~14), 그리고 7장 21절에서 23절에 나오는 "나는 너희를 도무지 알지 못한다."는 말씀들이 혼합적으로 구성된 형태다. 요점은 능히 좁은 문으로 들어갈 수 있을 것이라고 생각하던 사람이 주인으로부터 "나는 너를 모른다."는 말과 더불어 문을 열어 주지 않아서 들어가지 못하게 된다는 내용이다. 이 경우 마땅히 들어갈 것으로 생각했던 많은 사람들에게는 이 '좁은 문'이 영원히 '닫힌 문'이 되어 버릴 것이다. 좁아서 많은 사람들이 들어갈 수 없다던 '좁은 문'이 곧바로 주인이 다시는 열어 주지 않는 '닫힌 문'으로 바뀌고 있는 것이다. 누가가 누가복음 13장 34~35절에서 "예루살렘아, 예루살렘아, 예언자들을 죽이고 너를 위하여 보내심을 받은 사람들을 돌로 치는 자여, 암탉이 병아리를 모아 날개 아래 품듯이 내가 몇 번이나 네 자녀를 모으려고 했던가? 그런데 너희는 원하지 않았다."고 탄식하면서 예루살렘을 거론한 것으로 보아, 누가는 당연히 하나님 나라에 들어갈 것으로 생각하고 있던 택함 받은 유대 백성들이 하나님 나라에 들어가지 못하게 될 것임을 언급하고 있다고 생각한다. 그리고 이 말씀이 앞에서 소개된 바 있는 "사람들이 동과 서에서 그리고 남과 북에서 하나님 나라의 잔치에 참석하기 위하여 몰려들 것이다."(13:29)란 말씀에 뒤이어 소개되고 있는 점으로 보아, 누가는 선택된 이스라엘 백성이 하나님 나라 잔치에 들어가지 못하고,

도리어 동과 서에서 그리고 남과 북에서 몰려든 이방인들이 하나님 나라의 잔치에 들어가게 될 것임을 말하고 있다. 예수의 예루살렘 여행 부분에서, 그것도 여행 부분의 후반부가 시작되는 부분에서(13:22, "예수께서 예루살렘을 향하여 가시는 길에….")268) 누가는 이방인 선교와 그들의 구원을 내다보면서 독자들의 눈앞에 그 점을 미리 보여 주고 있는 셈이다.

누가의 이런 의도는 누가가 좁은 문과 닫힌 문에 대한 언급과 함께 "나는 너희가 어디서 왔는지 알지 못한다. 악을 일삼는 자들아, 모두 내게서 물러가라."는 말씀과 마태가 이방인 백부장의 종을 고쳐 준 이야기(마 8:5~10)에 이어서 소개했던 주님의 말씀(마 8:11~12)을 여기에서 소개하면서 '유대인의 멸망과 이방인의 구원'이란 주제를 다루고 있는 점에서도(눅 13:28~30) 드러난다. 누가가 여기서 소개하는 이 말씀은 이방인의 구원을 강조하고 있다는 점에서 누가의 이방 선교 비전과 관련하여 아주 중요한 말씀이 아닐 수 없다. 누가는 마태와 달리 이 말씀에 이어서 "보라 나중 된 사람이 먼저 되고 먼저 된 사람이 나중 될 것이라."는 말씀을 별도로 첨가함으로써 이방인이 유대인보다 먼저 될 것임을 강조하고 있기도 하다.

2) 겨자씨 비유 및 누룩 비유와 이방인의 구원

누가가 누가복음 13장 22절에서 30절에 나오는 본문 말씀을 가지고 이방인의 구원 문제를 다루고 있다는 점은 무엇보다 전후문맥을 통해서도 어느 정도 잘 알 수 있다. 누가는 앞에서 이미 지적했던 바와 같이 이 본문 말씀을 하나님 나라에 관한 두 비유, 곧 겨자씨 비유와 누룩 비유에 이어서 소개한다. 마치 이 두 비유가 본문 말씀의 서론이나 되는 것처럼 말이다. 고울더가 잘 지적하고 있듯이, "누가는 겨자씨와 누룩 비유를 가지고 새로운 토픽을

---

268) 누가복음에서는 9:51에서 처음으로 "예루살렘을 향하여" 떠나는 언급이 나오고, 이어서 13:22에서 두 번째로 "예수께서 예루살렘을 향하여" 가시는 언급이 나온다. 그리고 다시 세 번째로 17:11에서 "예수께서 예루살렘을 향하여 가시는" 언급이 다시 나온다.

시작하고 있는데, 이것은 그의 마음에 아주 친근한 새로운 주제, 곧 이스라엘에 대한 심판과 이방인에 대한 구원의 도래란 주제다."269) 다시 말하자면, 누가는 본문의 말씀을 소개하기에 앞서서 '겨자씨 비유와 누룩 비유'를 서론처럼 소개하는데, 이 비유들 자체가 누가에게는 이방인의 구원을 다루는 비유 이외의 다른 것이 아니라는 말이다.

누가가 여기서 소개하는 겨자씨 비유의 메시지를 올바로 이해하기 위해서는 먼저 평행 본문들과 비교해 보아야 한다. 그런 비교를 통해 누가가 겨자씨 비유를 소개하는 의도와 목적이 더 잘 드러나기 때문이다. 맨슨(T. W. Manson)에 따르면, 이 겨자씨 비유에는 두 가지 요점이 있는데, 곧 '성장'과 '대조'다.270) 따라서 우리는 공관복음서 기자들이 이 비유를 소개할 때, 각각 강조점을 어디에 두는지, 즉 작은 시작과 큰 결과를 비교하는 '대조'에 강조점을 두는지 아니면 많은 새들이 깃들고 둥우리를 칠 정도로 크게 자란다는 것을 말하는 '성장'에 두는지를 잘 살펴보아야 한다. 누가의 겨자씨 비유 본문을 마가나 마태의 비유 본문과 비교해 볼 때, 중요한 차이점으로 눈에 뜨이는 것은 마가복음이나 마태복음의 비유 본문에서 강조되고 있는 점, 곧 겨자씨가 "모든 씨보다 작은 것이로되 모든 나물보다 커졌다."(막 4:31~32; 마 13:32)란 말이 삭제되어 없다는 사실이다. 이것은 분명히 누가가 의도적으로 그 말씀을 삭제했기 때문으로 보인다. 그렇다면 누가는 왜 "모든 씨보다 작은 겨자씨가 모든 나물보다 커졌다."는 말을 비유 본문에서 삭제해 버렸을까? 누가의 관심이 모든 씨보다 작다는 것과 모든 나물보다 커졌다는 것을 대조하는 데 있지 않기 때문이다. 누가에게는 그것이 이 비유에서 강조하고자 하는 요점이 아니었다.

누가의 주요 관심사와 강조점은 도리어 "겨자씨 한 알이 자라서 나무가 되어 공중의 새들이 그 가지에 깃들게 되는 것"에 있다. 즉 고울더의 해석에

---

269) Michael D. Goulder, *Luke: A New Paradigm*, p. 571.

270) T. W. Manon, *The Teachings of Jesus*, Cambridge University Press, 1955, p. 123. Cf. I. H. Mashall, 루가복음 II,(국제성서주석), 한국신학연구소, 1984, p. 245.

따르면, "하나님의 나라가 열방들을 위한 집이 될 수 있다는 점이다."[271] 그래서 누가는 가장 작은 것과 가장 큰 것 간의 대조에 대한 언급을 삭제해 버린 채, 곧바로 겨자씨가 나무로 성장한 것에로, 그래서 공중의 모든 새들이 깃들 수 있게 되는 것에로 관심의 초점을 옮기고 있다. "공중의 새"란 용어는 묵시 문학과 랍비 문헌들에서 이방 백성들을 상징하고, 이런 이방인에 대한 관심이 마태복음과 누가복음의 공통 자료인 Q자료의 중요한 특징이기도 하다.[272] 그리고 예레미아스에 따르면, '깃든다'(*katakendo*)는 헬라어 동사는 "이방인들이 하나님의 백성으로 연합된다는 것을 나타내는 종말론적인 전문용어"[273]이다. 누가의 강조점이 대조(contrast)보다는 성장(glowth)에 있다는 사실은 누가의 비유 본문 가운데서 "자라서…되어"란 말, 곧 '자란다.'(grow)는 말과 '되다.'(become)란 동사가 반복하여 드러나고 있는 점에서도 볼 수 있다. 성장의 불가피성이 바로 누가복음의 예수가 선포하는 하나님 나라의 특성이다.[274]

교회의 전 세계적 선교 개념이 다시금 겨자씨 비유와 한 쌍을 이루는 누룩 비유(13:21~22)를 통해서도 드러난다. "내가 하나님의 나라를 무엇으로 비교할까? 마치 여자가 가루 서 말 속에 갖다 넣어 전부 부풀게 한 누룩과 같으니라." 마가복음에서는 오직 겨자씨 비유(4:30~32)만 나올 뿐 누룩 비유는 소개되고 있지 않다. 그런데 마태복음과 누가복음에서만 겨자씨 비유가 누룩 비유와 한 쌍의 형태로 같이 소개된다. 따라서 누가는 누룩 비유를 마가복음이 아니라 마태와 똑같이 또 다른 공통 자료인 Q자료로부터 가져온 것 같다. 따라서 이 두 비유가 나중에 한 쌍의 형태로 연결된 것은 "교회가 전 세계적으로 확대되고 이방인이 가입하게 된 것을 목격한 (초대교회) 기독교인이 마가복음의 겨자씨 비유 형태를 나중에 확대하여 발전시킨 것"[275]으로 생각된다.

---

271) M. D. Goulder, *Luke: A New Paradigm*, p. 567.

272) T. W. Manson, *The Teachings of Jesus*, p. 123.

273) J. Jeremias, *The Parables of Jesus*, London: SCM Press, 1972, p. 147.

274) Fitzmyer, *The Gospel According to Luke*, p. 1016.

275) Goulder, *Luke: A New Paradigm*, p. 569.

누가가 겨자씨 비유(13:8~19)에 이어서 이처럼 누룩 비유를 함께 소개하는 의도는 무엇인가? 만약 하나님 나라가 누룩과 같다면, "가루 서 말"은 누룩이 들어가 보이지 않게 감추어져 있는 세상을 가리키고, 가루 전체가 부풀어 오르는 것은 하나님의 말씀이 하늘 아래 모든 나라들에게로 전파된다는 의미 이외의 다른 뜻은 없다.[276] 그래서 핸드릭스(Herman Hendrickx)는 그의 비유 연구서에서 다음과 같이 말한다. "두 비유(겨자씨와 누룩)는 누가에 의해서 선교와 연관되었음이 분명하다. 그 비유들은 하나님 나라에 대한 선포가 전 세계적으로 전파될 것이라고 약속하고 있다."[277] 따라서 누가는 겨자씨 비유와 누룩 비유를 통해 하나님 나라가 모든 이방인들이 깃들 수 있을 만큼 크게 성장했고, 또 온 세계 모든 나라에 영향을 미칠 만큼 커졌음을 증거하고 있다고 보아야 할 것이다.

3) 동과 서에서 남과 북에서 하나님 나라로 몰려들 사람들

이 말씀은 마태복음 8장 11~12절에도 나온다. 거기서는 이방인 백부장의 믿음을 칭찬한 후에 곧바로 예수의 "내가 너희에게 말한다."는 서두 발언과 더불어 "많은 사람들이 동쪽과 서쪽으로부터 와서 하늘나라에서 아브라함과 이삭과 야곱과 함께 잔치에 참석하겠고, 이 나라의 아들들은 바깥 어두운 데 쫓겨나 거기서 울며 이를 갈 것이라."고 기록되었다. 그런데 누가복음에서는 "내가 너희에게 말한다."는 서두 발언과 "많은 사람들"이란 단어가 나오지 않는다. 누가는 그런 것들을 생략했다. 그 대신에 "동쪽과 서쪽에서"란 말에 이어 "남쪽과 북쪽에서"란 문구를 첨가했다. 사실 동쪽과 서쪽은 '전 세계'를 뜻하는 말이다.[278] 그럼에도 누가가 거기에 다시 "남쪽과 북쪽에서"란 문구를 첨가한 것은 온 세계의 범위를 더 넓게 이해시켜서 이방인들의 의미를 더

---

276) Goulder, *Luke: A New Paradigm*, p. 567.

277) Herman Hendrickx, *The Parables of Jesus*, San Francisco: Harper & Row, 1986, p. 49.

278) Cf. 말 1:11; 슥 8:7; 사 59:19 등등. Cf. I. H. 마샬, 루가복음 II(국제성서주석), p. 256.

욱 분명히 드러내기 위한 의도에서 나왔다고 생각한다. "동과 서에서 그리고 남과 북에서 하나님 나라 잔치에 모여들 사람들"(29절)이 "하나님 나라 안에 있는 아브라함과 이삭과 야곱과 모든 예언자들"(28절)과 대조가 되어 있는 것을 보더라도, 그들은 분명히 이방인들을 가리킨다.[279] 그래서 마샬은 "이 구절의 주어는 물론 이방인들이라"고 말한다.[280]

또한 마태의 본문에서는 "많은 사람들이 동쪽과 서쪽에서 올 것이다."(마 8:11)란 말이 먼저 나오고 그 이후에 "이 나라의 아들들은 바깥 어두운 데 쫓겨날 것이다."(마 8:12)란 말이 나오는데, 누가의 본문에서는 그 순서가 바뀌어서, 누가복음 13장 29절에서 먼저 "아브라함과 이삭과 야곱과 모든 예언자들은 하나님 나라 안에 있는데 너희가 밖에 쫓겨난 것을 알게 될 때, 너희는 거기서 슬피 울며 이를 갈 것이다."란 말이 나온 이후에 누가복음 13장 30절에서 "사람들이 동과 서에서 그리고 남과 북에서 하나님 나라 잔치에 참석하기 위해 모여들 것이다."란 말이 나온다. 마태의 경우, 이방인 백부장의 믿음에 대한 칭찬이 있은 직후에 이방인들이 하나님 나라에 들어가게 될 것임을 먼저 말하고 있는 반면에, 누가는 먼저 이스라엘의 운명을 언급한 후에 동과 서에서 그리고 남과 북에서 사람들, 곧 이방인들이 몰려올 것이라고 언급한다. 누가가 마태의 경우에 비해 더 하나님의 구원 역사에서의 우선순위를 염두에 둔 것처럼 생각된다. 바울이 "먼저는 유대인에게, 그 후에 이방인에게로"라고 말했던 것처럼 말이다.

그리고 누가가 13장 29절에서 "사람들이 동과 서에서 그리고 남과 북에서 하나님 나라 잔치에 참석하기 위해서 모여들 것이다."라고 말했을 때, 그는 이 말씀을 누가복음 14장에 나오는 큰 잔치 비유(14:15~24)와 연관시키려는 의도를 갖고 있었다. 왜냐하면 누가는 큰 잔치 비유의 서론으로 "하나님의 나라에서 잔치에 앉을 사람은 복이 있도다."(14:15)라는 말을 첨가했는데,

---

279) Stephen G. Willson, *The Gentiles and The Gentile Mission in Luke-Acts*, Cambridge At the University Press, 1973, p. 3.

280) I. H. 마샬, 루가복음 II., p. 257.

이것은 그가 의도적으로 큰 잔치 비유를 들 때, 누가복음 13장 29절에 나오는 "하나님 나라 잔치에 참석하기 위해 동과 서에서 그리고 남과 북에서 모여든 사람들"을 염두에 두었던 것으로 보이기 때문이다. 만약 이것이 사실이라면, 누가에게 있어서 "동과 서에서, 남과 북에서 하나님의 나라 잔치에 참석하기 위하여 몰려든 사람들"(13:29)은 분명히 큰 잔치 비유에서 당연히 그 잔치에 참석할 것으로 생각했던 사람들이 참석하지 못했을 때, 그들 대신에 이차적인 초청으로 "큰 길이나 울타리 밖에서 데려온 사람들"과 같은 사람들, 곧 이방인들을 의미한다고 보아야 옳을 것이다.[281] 이 본문의 결론 부분에서 "나중 된 사람이 먼저 되고 먼저 된 사람이 나중 될 것이라."(13:30)고 말한 것도 14장의 큰 잔치 비유의 결론 부분에서 먼저 초청받은 사람이 잔치에 참석하지 못하고, 나중에 초청받은 사람이 잔치에 참석한 것을 그대로 반영해 주고 있는 것이기도 하다. 고울더가 누가복음 13장 22절에서 14장 24절 항목의 제목을 '이스라엘과 이방인'이라고 붙인 까닭도 바로 이런 이해 때문이었을 것이다.[282]

4) 나중 된 자가 먼저 되고 먼저 된 자가 나중 될 것이다!

이 말씀은 마가복음 10장 31절과 마태복음 19장 30절에 평행 본문을 갖고 있다. "먼저 된 자가 나중 되고 나중 된 자가 먼저 될 사람이 많을 것이다." 그러나 누가의 본문은 오히려 마태복음 20장 16절에서 포도원 농부 비유의 결론 말씀으로 소개되는 말씀에 더 가깝다. "이와 같이 나중 된 자가 먼저 되고 먼저 된 자가 나중 될 것이다." 그러나 누가는 나중과 먼저의 순서를 뒤바꾸었다. 따라서 누가의 본문 형태는 나중에 믿기 시작한 사람들이 먼저 믿기 시작한 사람들보다 더 중요하게 고려될 수 있다는 점을 강조하고 있다. 특히 이

---

281) Fitzmyer도 "이 새로운 사람들은 누가의 관점에서는 이방인들이라"고 말한다. Cf. *The Gospel According to Luke*, p.1023.

282) Michael D. Goulder, *Luke: A New Paradigm*, p. 571.

말은 "복음을 먼저 들은 유대인들과 이방인들을 대조하는 것이라고 볼 수 있다."[283] 누가로서는 나중에 믿기 시작한 이방인들이 먼저 믿었던 유대인들보다 더 중요시 될 수 있음을 뜻하는 것이기도 하다. 마치 이방인 백부장의 믿음이 이스라엘 가운데서는 볼 수 없을 정도로 훌륭하고 큰 믿음이라고 예수로부터 칭찬을 받은 경우처럼 말이다(눅 7:9).

따라서 이 말씀은 바로 앞에서 소개된 "동과 서에서 그리고 남과 북에서 하나님 나라 잔치에 참석하기 위하여 몰려들" 이방인을 염두에 둔 것이다. 또한 누가가 우리의 본문을 구성함에 있어서 얼마나 이방인의 구원에 대해 진지한 관심을 보이고 있는지를 알게 해 주는 또 다른 중요한 단서가 아닐 수 없다.

---

283) I. H. 마샬, 루가복음 II.(국제성서주석), p. 257.

17 큰 잔치 비유(14:15~24)

예수가 맨 처음 이 비유를 말씀하셨을 때 이 비유를 통해 가르치려고 했던 주요 요점은, 처음 초청된 사람들이 잔치에 들어가지 못하고 도리어 잔치에 초청받지 못했던 사람들이 잔치에 들어갔다는 사실이다. 예수의 이 비유에서 '처음 초청을 받은 사람들'은 누구인가? 예수의 처음 청중들에게 이들은 당연히 하나님의 택함을 받은 유대인들일 것이다. 그렇다면 '초청받지 못했던 사람들'은 누구인가? 분명히 세리와 죄인들이었을 것이다. 따라서 예수가 이 비유를 맨 처음 말씀했을 때, 그의 상황에서는 하늘나라에 들어갈 것으로 생각되던 사람들인 경건한 유대인들이나 종교 지도자들이 끝내 예수의 초청에 응하지 않고, 도리어 하늘나라에 들어가지 못할 것으로 여기던 사람들, 곧 세리와 죄인들이 예수의 초청에 응하고 있는 사실을 가리키는 것이다. 그렇다면 분명히 예수는 이 비유를 통해, 하나님 나라는 임했고, 이를 받아들일 것이라고 생각했던 유대인, 특히 종교 지도자들이 오히려 배척하고, 반면에 받아들이지 않을 것이라고 생각했던 사람들, 곧 세리와 창녀 같은 사람들이 받아들이고 있다는 것을 가리킨다고 생각된다.

그래서 어떤 비유 연구가들은 이 비유의 핵심이 초청받은 손님들이 하나님 나라의 잔치를 배척한 사실에 대해 주인이 진노한 데 있다고 보아서 이 비유의 명칭을 오히려 '성난 주인의 비유'(the parable of the irate master)라고 붙이는 게 좋겠다고 주장하기도 했다. 또 다른 비유 연구가는 이 비유의 강조점이 손님들 곧 이스라엘의 종교 지도자들이 하나님 나라를 배척한 데 있다고 보아서 이 비유의 명칭을 '초청을 거절한 손님들의 비유' 혹은 '불순종한 손님들의 비유'(the parable of the disobedient guests)라고 붙이는 게 좋겠다고 제안

하기도 했다. 그런가 하면 어떤 비유 연구가는 이 비유의 강조점이 유대 종교 지도자들의 배척으로 인해 초청의 기회가 다른 사람들, 세리와 죄인들과 같은 사람들에게 주어지고 있다고 보아서, 이 비유의 명칭을 '대신 초청된 손님들의 비유'(the parable of the replacement guests)라고 붙이는 게 좋겠다고 말하기도 했다.[284] 나름대로 비유 초점의 한 면을 각각 잘 지적하고 있다고 생각된다.

그러나 예수가 십자가에 달려 돌아가신 이후, 초대교회 안에서 교회 지도자들이 이 비유를 초대교회 교인들의 신앙 교육 및 설교적 목적을 위해 자주 인용하는 가운데 교육 목적 혹은 설교 목적에 따라서 비유 본문이 상당히 다른 형태로 바뀌게 되었다. 그래서 오늘날 우리에게는 이 비유가 누가복음과 마태복음 이외에 외경 복음서인 도마복음에서도 전해지고 있는데, 세 복음서들에 나오는 이 '큰 잔치 비유' 본문이 세 복음서들에서 모두 서로 약간씩 다르게 변형된 형태로 소개되고 있다. 그 같은 내용의 변화는 그 비유를 소개하는 복음서 저자들의 의도와 목적이 서로 다르기 때문으로 보아야 한다. 따라서 우리는 예수의 이 비유가 각 복음서들에서 어떤 본문 형태로 서로 다르게 소개되는지를 면밀히 살펴보면서 각 복음서 저자의 독특한 비유 의도를 읽어낼 수 있어야 할 것이다.

이 비유가 일반적으로 '큰 잔치 비유'란 명칭으로 불리고 있기는 하지만, 실상 이 비유 명칭은 오직 누가복음의 비유 본문에만 해당될 뿐이다. 누가복음 14장 16절을 보면 예수의 이 비유가 "어떤 사람이 큰 잔치를 배설하고 많은 사람을 청하였더니…."라는 말로 시작되기 때문이다. 그러나 마태복음의 경우, 22장 2절을 보면, "천국은 마치 자기 아들을 위하여 혼인 잔치를 베푼 어떤 임금과 같으니 그 종들을 보내어 그 청한 사람들을 혼인 잔치에 오라 하였더니…."란 말로 시작된다. 그래서 마태복음에 나오는 이 비유의 명칭은 '큰 잔치 비유'가 아니라 도리어 '혼인 잔치 비유' 혹은 '결혼 잔치 비유'이다.

---

284) Cf. Robert H. Stein, *An Introduction to the Parables of Jesus*, Philadelphia: the Westminster Press, 1981, p. 85.

그러나 예수가 맨 처음 이 비유를 말씀했을 때는 결혼 잔치가 아니라 단지 잔치 혹은 큰 잔치를 가리키는 것이기에 일반적으로는 큰 잔치 비유라고 부르는 편이 더 옳아 보인다. 왜냐하면 외경 복음서인 도마복음서에서도 예수의 이 비유를 소개하는데, 거기서도 혼인 잔치나 결혼 잔치가 아니라 그냥 단지 '잔치'라고만 언급하기 때문이다. 따라서 도마복음에 관한 한, 이 비유의 명칭은 '어떤 잔치 비유'라고 말해야 할 것이다.

그러나 비유 명칭만이 복음서들마다 다른 것이 아니다. 마태와 누가의 비유 본문을 비교해 보면, 우리는 금방 두 복음서의 비유 본문 간에 상당히 중요한 차이점들이 있다는 사실을 알게 된다. 그 차이점들 가운데서 몇 가지를 지적한다면 다음과 같다. 첫째로, 비유를 말씀하신 장소가 두 복음서에서 서로 다르다. 마태복음에선 이 비유가 "성전에서"(21:23) 주어지는데, 누가복음에서는 "안식일에…바리새인의 두령의 집에서"(14:1) 주어진다. 둘째로, 비유의 대상이 서로 다르다. 마태복음에서는 "대제사장들과 백성들의 장로들"(21:23), 곧 종교 지도자들에게 이 비유를 말씀했는데, 누가복음에서는 "식사 중에"(14:15) "함께 식사하던 사람 중에 하나"(14:16)에게 이 비유를 말씀했다고 기록되어 있다. 셋째로, 비유가 소개된 문맥 또는 비유가 소개된 시기가 서로 다르다. 누가복음에서는 예수가 예루살렘으로 여행하는 도중에, 즉 여행 설화 가운데서 이 비유가 소개된다. 그러나 마태복음에서는 예수가 예루살렘에 이미 입성한 후에 이 비유가 소개된다. 이런 점들로 보아, 우리는 곧 복음서 기자들이 예수의 비유를 절대로 똑같은 의도와 목적을 갖고 똑같은 비유 형태로 그대로 소개하고 있는 것이 아니라는 사실을 알게 된다.

우리는 누가가 이 비유를 소개하는 의도가 무엇인지 알아보기 전에 먼저 마태가 이 비유를 가지고 독자들에게 주려고 했던 교훈이 무엇이었는지 살펴보아야 한다. 그래야 마태와는 다른 누가의 독특한 비유 의도가 무엇인지를 더 잘 알 수 있게 될 것이기 때문이다. 먼저, 마태의 비유 의도를 알아보기 위해서는 마태복음에 나오는 비유 본문과 관련해서 다음과 같은 사실에 주목해야 한다. 우선 우리는 마태복음에서 이 비유가 도마복음은 물론 누가복음의 경우와도 달리 "대제사장들과 백성들의 장로들"(21:23)에게 주는 비유로 소개하고 있다는 점을 명심해야 한다. 비유를 말씀한 대상이 '적대자들'이었다. 그러나 이보다 더 중요한 것은 마태복음에서 이 비유가 첫째로는, 상당히 알레고리화되어 있다는 점과 둘째로는, 이 비유의 결론으로 누가복음 본문에서는 찾아볼 수 없는, 그리고 독자적인 비유로 전해지던 것으로 보이는 '예복을 입지 않은 자의 비유'가 비유의 결론 형식으로 첨가되어 있다는 점이다.

실제로 마태복음의 비유 본문은 누가복음과는 상당히 다른 형태로 되어 있다. 그 중 하나가, 비유가 이른바 알레고리적으로 상당히 발전되어 소개된다는 점이다. 가령, 누가복음에서는 잔치를 베푼 사람이 "어떤 사람"이었는데, 마태복음에서는 "임금"으로 바뀌었고, 누가복음에서는 큰 잔치였는데, 마태복음에서는 왕이 자기 아들을 위해 베푼 "결혼 잔치"로 바뀌어 있다. 또 누가복음에서는 초청하러 나간 종이 한 사람의 종이었는데, 마태복음에서는 처음에는 "그의 종"(22:3)이고 다음으로는 "다른 종"(22:4)으로 그 수가 확대되어 있다. 더구나 마태의 비유 본문에서는 누가나 도마의 경우와는 아주 달리 잔치에 초청받은 사람들 중에 어떤 사람들은 초청장을 들고 온 종을 잡아 죽였고, 그래서 임금이 노하여 군대를 보내어 그 살인한 자들을 진멸하고 그 동네를 다 불살라 버린다(22:6~7). 상식적으로 이해할 수 없는 일들이 벌어지고 있는데, 실상 이런 이야기들은 예수의 본래 비유에는 없는 이야기들이었을 것이다.

또한 그런 이야기들이 누가복음이나 도마복음에도 나오지 않는 점으로 미루어 볼 때, 분명히 마태가 그런 이야기를 첨가하여 비유를 알레고리적으로 확대한 것으로 보인다. 마태가 이처럼 알레고리적으로 비유를 확대 발전시킨 이유와 목적은 독자들에게 이 비유를 예언자들의 출현으로부터 예루살렘 멸망을 지나 마지막 심판 때까지 이르는 구원사의 요약으로 이해시키기 위해서였다.[285] 그래서 마태복음에서만 처음엔 "그의 종"이 가고 다음에 "다른

---

285) J. Jeremias, *The Parables of Jesus*, London: SCM Press, 1969. pp. 67~68.

종"이 초청하러 나가고 있는데, 이것은 처음에는 예언자들이 그리고 다음에는 다른 종인 사도들이 초청하러 나간 것을 의미하기 위해서라고 생각된다. 또한 초청하러 갔던 종들을 잡아 죽인 것은, 곧 이스라엘 백성들이나 그 지도자들이 예언자들이나 사도들을 많이 잡아 죽인 것을 뜻하고, 그래서 왕의 왕이신 하나님께서 노하여 로마 군대를 보내어 이스라엘 사람들과 그 지도자들을 진멸하고 예루살렘을 다 불태워 잿더미로 만든 것을 가리킨다. 마태의 의도는 이처럼 유대인들이 복음을 배척하고 하나님의 초청에 응하지 않았기 때문에 하나님이 보내신 로마 군대에게 멸망당하게 되었으며, 그 대신에 초청받지 못했던 다른 사람들, 곧 "사거리 길에 가서 만난 사람들"(마 22:9), "악한 자나 선한 자들"(마 22:10)이 이 잔치에 참석할 수 있게 되었다는 점을 강조하려는 것이었다. 이것은 분명 마태복음이 기록되던 일 세기 말경의 팔레스타인 상황을 그대로 반영하면서 당시 마태 교회 구성원들에게 주는 설교적인 교훈이었다.

마태가 이 비유를 하나님의 구원 역사의 요약으로 이해했다는 사실은, 우선 마태복음의 문맥에서 분명히 드러난다. 마태는 이 비유를 누가와는 달리 악한 포도원 농부 비유에 이어서 나란히 소개한다. 그리고 마태에게 혼인 잔치 비유나 악한 포도원 농부 비유는 같은 종류의 비유, 곧 같은 메시지와 같은 교훈을 주는 비유였다. 그 점은 같은 비유들을 같은 문맥에서 나란히 소개하고 있다는 점에서만 아니라, 두 비유에서 같은 용어들이 같은 패턴에 따라 소개되는 점에서도 드러난다.[286]

악한 포도원 농부 비유(21:33~46)	결혼 잔치 비유(22:1~14)
자기 종들을 보내고(35절) 다른 종들을 보내고(36절) 자기 아들을 보내고(37절)	자기 종들을 보내고(3절) 다른 종들을 다시 보내고(4절) 종들이 나가(10절)

286) Cf. 김득중, 「복음서의 비유들」(컨콜디아사, 1988), p. 123.

그리고 초청받은 손님들과 농부들이 종들에게 행한 일도 같은 단어로 똑같이 표현했다.

"내어 쫓아 죽이니라"(21:35, 39)

"능욕하고 죽이니"(22:6)

또한 주인이 그 손님들에게 행한 일이나 포도원 주인이 농부에게 행한 일도 같은 단어로 표현했다.

"악한 자들을 진멸하고"(21:41)

"살인자들을 진멸하고"(22:7)

결국 마태에게 이 두 비유는 같은 패턴, 같은 용어들에 의해 같은 메시지를 가진 일종의 쌍둥이 비유이고, 두 비유의 공통된 메시지는 이스라엘이 하나님의 종들을 영접하지 않았고 도리어 그들을 죽여 버렸기 때문에 하나님의 축복이 "다른 농부들에게"(21:41), 그리고 초청받지 않은 "다른 사람들에게"(22:9~10) 주어지게 되었다는 것이다. 이 때문에 마태복음에서 이 비유가 "대제사장들과 백성들의 장로들" 곧 이스라엘의 지도자들에게 준 비유 형태로 제시되고 있는 것이다.

둘째로, 마태는 이 비유의 결론으로 예복 비유를 첨가[287]함으로써 누가복음에는 없는 독특한 자신만의 설교를 제시한다. 즉 22장 11절에서 14절을 보

287) Jeremias, *The Parables of Jesus*, p. 65. J. C. Fenton은 마태가 첨가한 예복 비유 본문이 마태의 용어로 가득 차 있다고 말한다. Cf. *The Gospel of St. Matthew*(Pelican Gospel Commentaries), Baltimore: Penquin Books, 1963, p. 350. 더구나 이 예복 비유는 본래 독립적인 비유였다고 알려지고 있다. 그렇게 볼 수밖에 없는 데에는 다음과 같은 이유들이 있다. 첫째는, 같은 비유를 소개하는 누가복음과 도마복음에는 이 비유가 첨가되어 있지 않다. 둘째는, 결혼 잔치 비유에서는 "종"(*doulos*, 3, 4, 6 ,8, 10절)이란 단어가 사용되는데, 예복 비유에서는 다른 단어, 곧 "사환"(*diakonoi*, 13절)이란 단어가 사용된다. 셋째는, 내용상의 모순이다. 잔치 자리를 채우기 위해 길에서 악한 자나 선한 자나 만나는 대로 데려왔는데, 난데없이 예복을 입지 않았다고 수족을 결박해 내어 쫓는 것은 앞의 비유 내용과 잘 어울리지 않는다.

면, 비유의 결론 부분에서 마태는 길거리에서 만나는 대로 악한 자나 선한 자들을 데려다가 잔치 자리를 채웠는데, 잔치가 진행되고 있는 도중에 갑자기 임금이 잔치 자리에 나타나서 잔치에 참석한 손님들 중 예복을 입지 않고 참석한 사람들의 수족을 결박하여 바깥 어두운 데로 내어 쫓아 거기서 슬피 울며 이를 갈게 하라고 명령한다. 누가복음에 없는 이런 내용을 마태가 결론으로 첨가한 이유는 무엇일까? 그것은 마태 교회의 당시 상황에서 처음에 초청받은 이스라엘 종교 지도자들이 잔치를 거절해서 그들 대신으로 길에서 만나는 대로 악한 사람이나 선한 사람을 막론하고, 세리와 죄인과 창녀들을 막론하고, 잔치에 참석할 수 있게 했지만, 그러나 그런 사람들이라고 하더라도, 그리고 비록 "누구나 오라.", "아무나 오라."는 초청의 말을 듣고 갑자기 교회 안으로 들어왔다고 하더라도, 일단 교회 안에 들어와서는 교회 생활에 적절한 몸가짐과 생활을 갖추어야 한다는 것을 가르치기 위해서였다. 그것은 믿으라는 초청, 그리고 누구나 오라는 부름을 받고 교회 안에 몰려온 많은 사람들 중에 마음의 준비 없이, 도덕적인 결단이나 변화 없이, 믿음에 합당한 열매도 없이 그냥 교회 생활을 형식적으로만, 또는 과거 믿지 않을 때의 생활과 다름이 없는 생활을 계속하는 사람들이 많이 있었기 때문일 것으로 보인다. 교회 안에서 나타나는, 그리고 교인들 가운데서 나타나는 일종의 도덕 부재의 상황을 보면서 마태는 교인들에게 하나님의 초청에 합당한, 하나님 나라의 백성에 합당한, 다시 말해서 교회 생활에 합당한 선한 열매를 맺어야 한다는 것을 가르치기 위해서 '예복'의 필요성을 강조하는 것이었다. 마태가 말하는 예복이 진정한 회개일 수도 있고, 믿음의 구체적 증거인 사랑의 생활이나 선행일 수도 있다. 이런 것이 없이 교회 생활을 하는 사람은 결국 어두운 데 쫓겨나 슬피 울며 이를 갊이 있을 것이라고 설교하는 셈이다. 이것은 순전히 '마태의 목회적인 관심'[288]에서 나온 것이다.

그런데 누가가 소개하는 예수의 비유 형태는 마태와는 상당히 다르다. 특

288) "Matthew's pastoral concern." Cf. Davies and Allison, *Matthew* III., p. 208.

히 다음과 같은 두 가지 점에서 다르다. 첫째는, 비유를 소개하는 문맥이 다르다. 마태가 이 비유를 착한 포도원 농부 비유와 연관시켜 구약으로부터 신약에 이르는 하나님의 구원 역사의 요약, 곧 이스라엘이 복음을 배척하고 이방인이 대신 복음을 받아들이고 구원의 자리에 나아오는 하나님의 구원 계획에 대한 비유로 가르쳤다면, 누가는 이 비유를 누가복음의 가운데 토막인 여행 설화 가운데서, 특히 '잔치'와 관련하여 '초청'에 관한 교훈을 주는 누가복음 14장에서, 구체적으로 하늘나라 잔치에 초청받아야 할 사람들이 어떤 사람들이어야 하는지를 가르치는 문맥 가운데서 소개한다.[289] 누가의 '선교적 관심'을 읽을 수 있는 대목이다. 특히 14장 13절에서 예수는 잔치를 배설하고 사람들을 초청할 때는 "가난한 사람들과 불구자들과 절뚝발이들과 맹인들을 청하라."(14:13)고 가르친다. 그러고는 그 뒤를 이어 큰 잔치 비유를 소개하는 가운데, 처음에 초청받은 사람들이 응하지 않았을 때 주인이 종을 다시 내어보내 "가난한 자들과 불구자들과 맹인들과 절뚝발이들을 이리로 데려오라."(14:21)고 명한다. 결국 누가복음 14장에서 잔치와 초청에 관한 교훈을 주면서 누가는 14장 13절과 21절에서 두 번씩이나 "가난한 사람들과 불구자들과 절뚝발이들과 맹인들을 청하라."는 말씀을 강조한다. 바로 여기서 우리는 누가가 사회에서 소외당하고 있는, 이른바 '변두리 인생들'이 하늘나라 잔치에 초대되어야 할 사람들임을 강조하고 있는 것을 보게 된다. 누가복음에서 일차적인 선교 대상은 분명히 가난한 사람들과 불구자들과 절뚝발이들과 맹인들과 같은 사람, 곧 이스라엘의 사회 안에 있는 '불쌍한 사람들'이다. 누가복음을 가리켜 '레미제라블의 복음'이라고 말한 이유가 바로 여기에 있다. 불쌍한 사람들에 대한 누가의 관심이 이 비유를 통해서도 아주 강하게 드러난다. 결국 누가는 자신의 관심에 따라서 이 비유를 각색하여 소개하고 있는 것이 분명하다.

---

289) 누가복음 14장에서 '잔치'를 가리키는 헬라어 '*deipnon*'은 네 번 사용되었고(12, 16, 17, 24절), '초청'과 관련된 헬라어 동사 '*kaleo*'는 열 번이나 사용되었다(7, 8, 8, 9, 10, 12, 13, 16, 17, 24절). 그래서 누가복음 14장의 주제는 '잔치와 초청'이다.

둘째는, 누가의 비유 본문이 마태와는 다른 중요한 차이점, 특히 누가가 마태와 달리 그의 선교적 관심을 드러내는 중요한 차이점 가운데 하나는, 누가복음에서만 종을 내보내 다른 사람들을 잔치에 초청할 때 일차 초청으로만 끝나지 않고 이차 초청으로 확대되고 있는 점이다. 누가복음에서는 마태복음에서와는 달리 처음에 초청받은 사람들이 응하지 않았을 때 주인이 종을 내보내 일차적으로는 시내 거리와 골목으로부터 "가난한 자, 병신, 소경 및 저는 사람들"을 불러오게 하였다(14:21). 그러나 그래도 잔치 자리에 여유가 많이 있는 것을 알게 된 주인은 이차적으로 종을 "길과 산으로 나가서"(14:23), 즉 시내 밖으로 나가서 사람들을 데려오라고 명령한다. 누가복음에서만 일차 초청에 이어 다시 이차 초청의 명령이 주어지고 있다. 이렇게 비유 본문을 구성하여 제시하는 누가의 의도와 목적은 과연 무엇일까? 누가에게는 일차 초청이 이스라엘 안의 불쌍한 사람들, 세리와 죄인들이나 각종 병자들을 위한 것이고, 이차 초청이 성벽 밖에 있는 이방인들을 위한 것으로 해석되고 있다.[290] 슈타인도 "이차 초청과 관련해서는, 누가가 예수의 교훈 가운데 오직 암시되어 있고 때때로 언급되었지만 자기 시대의 이방 선교에 비추어서 그것을 명시적으로 밝혔던 것이다."라고 말한다.[291] 이렇게 볼 때, 첫 번째의 일차 초청은 누가의 인도주의 사상의 표현이고, 두 번째의 이차 초청은 그의 보편주의나 세계주의 사상의 표현이라고 말할 수 있다. 고울더는 이 비유의 핵심적인 교훈을 다음과 같이 잘 요약한다. 누가는 14장 15절부터 24절에서 만찬 주제를 계속 이어 가면서 큰 잔치 비유라는 이 "유명한 비유 가운데서 먼저는 이스라엘의 가난한 자들을 향한 그리고 둘째로는 밖에 있는 이방인들을 향한 교회의 이중 선교를 해설하고 있다."[292] 이 경우, 두 번째

---

290) "to the highway and hedge, that is outside the town, and so outside the Jewish community." Cf. Michael D. Goulder, *Luke: A New Paradigm*, Sheffield: Sheffield Academic Press, 1994, p. 590. J. Jeremias, *The Parables of Jesus*, London: SCM Press, 1969, p. 64.

291) Cf. *An Introduction to the Parables of Jesus*, Philadelphia: the Westminster Press, 1981, p. 91. R. H. Stein도 일차 초청은 "to the outcasts of Israel(the streets and lanes of the city", 그리고 이차 초청은 "to the Gentiles(the highways and hedges)"라고 지적한다.

292) Michael D. Goulder, *Luke: A New Paradigm*, p. 588.

이차 초청은 누가의 이방 선교, 혹은 세계 선교에 대한 비전을 드러내는 것 이외의 다른 것이 아니라고 볼 수 있다. 스티븐 윌슨도 "누가가 두 번째의 이차 초청을 첨가한 것 같은데, 만약 사실이라면, 이것은 누가가 이미 역사적 사실이 되어 버린 이방인의 영접을 반영하는 것이라"고 생각한다.[293]

이 비유에서 일차 초청에 이어 다시 이차 초청을 하기 위해 종들을 내보내는 것은, 예수가 9장에서 일차로 열두 제자를 파송한 후에 다시 이차로 칠십인 제자를 파송했던 사실을 상기시켜 주기도 한다. 이처럼 주인이 종을 두 번 내보낸 것이 열두 제자 파송과 칠십 인 파송을 의도한 것이라면, 즉 이 비유에서 종들을 이차적으로는 다시 "길과 산으로 나가서" 사람들을 초청하라고 했던 두 번째 파송이, 앞서 열두 제자를 파송한 데에 이어 두 번째로 칠십 인을 파송한 것을 의미한다면, 이 비유에서의 이중 파송은 분명히 유대인을 위한 선교 파송에 뒤이은 이방인을 위한 선교 파송을 의도했다고 이해해야 옳을 것이다.

또한 마태복음에서는 처음 초청받은 사람들이 잔치에 응하지 않았을 때 다른 사람들을 초청하는 이유가 "청한 사람들이 합당치 아니하기"(22:8) 때문이었다. 그러나 누가복음에서는 일차 초청이 있은 이후에 다시 이차적으로 초청하는 이유가 "아직도 자리가 남아 있기 때문"(눅 14:22)이었다. 즉 마태의 관심이 먼저 택함을 받은 이스라엘의 종교 지도자들이 '합당치 못하기' 때문에 그들 대신에 다른 사람들이 초청을 받게 된 사실에 있다면, 누가의 관심은 먼저 이스라엘 백성들이 초청되었어도 아직 하나님 나라에는 여전히 자리가 충분이 남아 있기 때문에 이방인들도 초청될 수 있다는 데 있었을 것이다.[294] 마태에게는 '합당성' 여부가 문제 되기 때문에 '예복 비유'가 결론으로 첨가되었지만, 누가로서는 인간의 '합당성'에 관계없이 하나님의 초청의 자리에 여유가 많기 때문에 얼마든지 초청될 수 있는 것이었고, 그래서 누가

---

293) Cf. *The Gentiles and the Gentile Mission in Luke-Acts*, p. 34.

294) Goulder는 "누가가 예수의 평생 사업인 위대한 이방 선교를 위해서 (충분한) 자리를 만들어 놓고 있다."고 말한다. Cf. *Luke*, p. 591.

는 일차 초청에 이어 다시 이차 초청이 필요했기 때문에 이중 초청을 강조하고 있는 것이다. 더구나 누가복음 14장 23절을 보면, 주인이 일차 초청에 이어 다시 종을 향해 "길과 산울가로 나가서 사람을 강권하여 데려다가 내 집을 채우라."고 명한다. 여기서 말한 "길과 산울가로 나가라."는 말은 이스라엘의 길과 '유대와 사마리아를 벗어나 땅 끝까지'를 의미하는 것 이외에 다른 것이 아닐 것이다. 더구나 누가는 "강권하여 데려다가 내 집을 채우라."고 명령한다. 이는 선교를 제자들 편에서 선택의 문제가 아니라, 주님의 명령이라는 점에서 필수의 문제로 받아들여야 할 것임을 의미한다고 보아야 한다. 선교는 해도 되고 하지 않아도 되는, 그런 과제가 아니라 주님의 "강권"에 의해서 해야만 하는 일이다. 이것이야말로 선교의 명령을 강하게 드러내 주는 누가의 메시지가 아닐 수 없다. 이런 점에서 누가의 큰 잔치 비유는 마태의 '목회적 관심'[295]과 달리 누가의 '선교적 관심', 특히 이방 선교에 대한 관심을 강하게 반영해 주는 비유라고 말하지 않을 수 없다.

295) "No doubt Matthew's own church was mainly Jewish and his concern was a pastoral stress on righteousness." Cf. Goulder, *Luke*, p. 590.

18 탕자의 비유(15:11~31)

누가복음 15장 11절에서 31절에 나오는 예수의 비유는 흔히 '탕자의 비유'로 알려져 왔다. 예수의 많은 비유들 중 아마도 가장 잘 알려진 비유(one of the most well-known parables) 중 하나일 것이다. 그러나 어쩌면 예수의 많은 비유 중 가장 잘못 알려진(one of the most mis-understood parables) 비유 가운데 하나일지도 모른다. 이 비유에 대한 아주 다른 해석들이 너무 많이 제기된 것을 보면 그런 생각이 들게 된다. 너무나도 상이한 해석들이 그렇게도 많이 제기된 까닭은 무엇일까? 아마도 이 비유를 해석하면서 이 비유의 중심인물, 곧 비유의 주인공이 누구인가에 대해서부터 서로 해석이 달라지기 때문인 것 같다. 그래서 이 비유의 명칭 혹은 제목도 아주 다양하게 나타난다. 예를 들어 비유의 중심인물을 둘째 아들인 '탕자'라고 생각할 때, 이 비유의 명칭이나 제목은 일반적으로 잘 알려진 바와 같이 '탕자의 비유'[296] 혹은 '잃은 아들의 비유'[297]가 되어 버린다. 그러나 이 비유의 중심인물을 '맏아들'이라고 보고 해석할 때에는, 이 비유의 명칭이 '투덜대는 형의 비유'[298] 혹은 '기뻐하지 않는 형의 비유'가 된다. 다른 한편으로 이 비유의 중심인물을 두 아들

---

296) 이 비유가 교회 안에서 전통적으로 '탕자의 비유'(the parable of the prodigal son)로 알려지게 된 데에는 제16세기 영어성경들의 난외에 바로 이런 명칭이 붙여져서 전해졌기 때문인데, 그것은 그 이전에 라틴어 벌게이트(the Vulgate) 성경에 붙여진 같은 명칭(*De filio prodigo*)을 그대로 번역해서 옮겨놓은 것에 지나지 않는다.

297) 전통적인 독일어 명칭은 '잃은 아들의 비유'(der Verlorene Sohn)이다. 이 명칭은 이 비유 앞에 편집되어 있는 다른 두 비유, 곧 잃은 양 비유(15:3~7)와 잃은 은전(15:8~10) 비유와 그 주제나 내용 면에서 잘 연결되며 일치된다는 장점이 있다.

298) F. W. Danker는 'the parable of the reluctant brother'란 명칭을 붙였다. Cf. *Jesus and the New Age: A Commentary on St. Luke's Gospel*, Philadelphia: Fortress Press, 1988, p. 275.

을 가진 '아버지'라고 생각할 경우, 이 비유의 적절한 명칭은 '사랑이 많으신 아버지 비유' 혹은 '아버지의 사랑에 대한 비유'[299]가 되어 버린다. 이처럼 비유의 중심인물을 누구로 보는가에 따라, 혹은 비유의 제목을 어떻게 붙이는가에 따라 이 비유에 대한 해석은 아주 여러 가지로 달라진다.[300] 우리는 먼저 이 비유에 대해 그동안 어떤 다양한 해석들이 제기되어 왔는지 살펴보면서, 그런 여러 해석들의 요지와 문제점은 무엇인지부터 알아보기로 하자.

1) 이 비유는 '탕자의 비유' 혹은 '잃은 아들의 비유'인가?

이 비유는 교회 안에서 너무나 오랫동안 **'탕자의 비유'**라고 불려 왔고, 또 그런 명칭과 제목으로 가장 잘 알려져 왔다. 그리고 이 명칭에 가까운 또 다른 명칭이 있다면 그것은 전통적인 독일어 명칭인 **'잃은 아들의 비유'**(der Verlorene Sohn)일 것이다. 이런 명칭들은 모두 다 이 비유에 등장하는 인물들 중 '둘째 아들'에 초점을 맞춘 것이란 점에 별다른 차이가 없다. 그러나 우선 누가복음의 이 비유 본문을 해석할 때, 둘째 아들에 초점을 맞추고 그를 비유의 중심인물이라고 생각하여 '탕자의 비유' 혹은 '잃은 아들의 비유'라고 부르는 것이 얼마나 적절한지, 그렇게 부르는 것이 과연 옳은 것인지에 대해 질문해 보아야 한다. 이렇게 이 비유를 탕자의 비유나 잃은 아들의 비유라고 부를 때, 이 비유의 등장인물 중 가장 중요한 사람은 바로 가출한 둘째 아들, 곧 유산을 갖고 집을 나가 모두 탕진해 버린 탕자가 되는 셈이다. 그리고 이렇게 볼 경우, 비유의 교훈은 비록 탕자가 유산을 모두 탕진하고 빈털터리가 되었지만 그래도 회개하고 아버지의 집으로 돌아왔기 때문에 아버지로부터 환영

---

299) J. Jeremias는 "the parable of the Father's Love"란 제목을 붙이고 있고(*The Parable of Jesus*, London: SCM Press, 1963, p. 128), R. H. Stein은 'the parable of the gracious father'라고 붙이고 있다(*An Introduction to the Parables of Jesus*, Philadelphia: the Westminster Press, 1981, p. 115).

300) 그 밖에도 Sharon H. Ringe는 이 비유가 한 가정의 이야기를 하면서 아버지와 아들과 종 등 남자만을 다루고 있고 여성들, 특히 어머니에 대한 언급이 없다는 점을 지적하면서 이 비유를 'the parable of the absent mother'라고 부른다. Cf. *Luke*(Westminster Bible Companion), Louiville: Westminster John Knox Press, 1995, p.209.

을 받는다는 이야기가 된다. 따라서 이 비유는 결국 탕자의 회개와 구원을 가르치는 비유가 되는 셈이다. 아무리 큰 죄를 지은 죄인이라고 하더라도 회개하고 하나님께 돌아오기만 하면 용서받고 구원받을 수 있다는 교훈을 주는 비유가 된다. 더구나 비유 가운데 15장 17절을 보면, 탕자는 제정신이 들었다고 했고, 18절에 보니까 "일어나 아버지께로 돌아가겠다."고 결심한다. 즉 탕자는 회개했다는 말이다. 그가 자기의 죄악 된 생활에서 돌아서서 아버지께로 돌아왔기 때문에 그는 구원을 받을 수 있었고, 기쁨의 잔치에 참여할 수 있었다는 메시지인 셈이다. 우리가 이 비유를 이처럼 둘째 아들, 곧 탕자에게 초점을 맞추어 놓고 읽을 때 우리는 이런 교훈을 배울 수 있게 된다. 그리고 이런 식으로 이해할 경우 이 비유는 탕자의 비유나 잃은 아들의 비유라고 부르는 것이 옳아 보이기도 한다.

그러나 비유 연구가들 가운데서는 일찍이 이 비유를 탕자의 비유나 잃은 아들의 비유라고 부르는 것이 옳지 않다고 지적한 사람들이 있었다. 이 비유에 그런 명칭이나 제목을 붙이고 비유의 초점을 둘째 아들에게만 맞출 경우에는, 결코 이 비유를 올바로 이해할 수 없다는 지적이다. 그런 지적에는 분명히 일리가 있어 보이며, 따라서 공감할 수밖에 없다. 왜냐하면 이 비유 본문인 누가복음 15장 11절부터 32절에서는 결코 탕자나 잃은 아들만 다루고 있는 것이 아니며, 또한 이 비유의 중심인물이 탕자 곧 둘째 아들만은 아니기 때문이다. 만약 이 비유가 15장 11절에서 24절로만 구성되어 있다면, 그 자체가 하나의 독립된 비유로 읽을 수 있어서 혹시 탕자의 비유나 잃은 아들의 비유란 명칭이 적절할 수도 있을 것이다. 그러나 이 비유 본문(15:11~32)은 탕자나 잃은(둘째) 아들이 집을 나갔다가 다시 돌아오는 것에 대해 말하고 있는 본문인 전반부 15장 11절에서 24절 이외에 별도로 큰아들 혹은 맏아들에 대한 이야기를 다루고 있는 후반부 15장 25절에서 32절이 첨가되어 있다는 사실을 간과하지 말아야 한다.[301] 더구나 맏아들에 관한 이야기를 전하는 15장

301) 이 비유는 15:25에서 전반부와 후반부가 분명히 구분되기 때문에 누가복음 15:11~32이 '두 개의 비유, 곧 탕자에 관한 비유와 맏아들에 관한 비유'가 아닌가 하는 논란이 있었다. 본래는 별개의 두 비유였는데,

25절에서 32절이 이 비유 본문의 결론 역할을 하고 있다는 점에서 더 중요할 수도 있다. 실제로 이 비유의 초점은 둘째 아들이 집을 나갔다가 다시 돌아왔고 아버지가 그를 기쁘게 영접했다는 데 있는 것만이 아니다. 오히려 비유의 중심은 둘째 아들이 집으로 돌아왔는데도 그것을 전혀 기뻐할 줄 모르고, 도리어 아버지를 향해서 둘째 아들을 위해 잔치를 베푼다고 투덜대며 불평하는 맏아들을 비판하며 공격하는 데 있다는 지적이 있어 왔다. 그리고 이런 지적은 결코 쉽게 무시할 수 없다. 누가복음 현재의 문맥에서 이 비유는 앞의 두 비유(잃은 양, 눅 15:3~7; 잃은 은전, 15:8~10)에 이어 소개되는데, 세 비유가 모두 예수가 죄인들을 환영하고 같이 식사를 한다는, 바리새인과 서기관들의 불평과 비판에 대한 대답의 일환으로 주어지고 있다(15:2). 죄인들을 환영하고 함께 식사하는 예수에 대해 불평하는 종교 지도자들을 이 비유에서 동생의 귀가와 그를 환영하는 잔치에 대해 불평하는 맏아들에 비유하고 있는 셈이다. 따라서 비유의 후반부인 15장 25절에서 32절을 무시 혹은 도외시한 채, 즉 맏아들의 이야기를 완전히 무시한 채 이 비유의 초점을 둘째 아들에게만 맞추어 놓고 탕자 비유 혹은 잃은 아들 비유라고 말한다면 우리는 이 비유 본문의 절반만을 다루는 과오를 범하는 것이며, 그래서 결과적으로는 비유 본문 전체를 올바로 이해하지 못하는 문제점을 갖게 될 수밖에 없을 것이다.

2) 이 비유는 '두 아들의 비유'인가?

비유 본문이 15장 11절에서 32절이고 전반부의 둘째 아들 이야기에 이어 후반부에 맏아들의 이야기가 나온다는 점에서, 이 비유의 명칭이 탕자의 비

누가가 그 둘을 합쳐 놓았다는 주장도 있었고, 누가가 전승 가운데 물려받은 본래의 비유(15:11~24)에 후반부 해석 부분을 첨가했다는 주장도 있었다. 후자의 주장을 하는 대표적인 학자는 Jack T. Sanders이다(cf. *Tradition and Redaction in Luke* XV.11~32, NTS 15, 1968, pp. 433~438). 그러나 A. M. Hunter는 이 비유가 'one of two-pointed parable'이라면서 비유의 후반부(24~31절)가 후대 누가의 첨가라는 점을 부인하는데, 이것이 오늘날 일반적인 견해다. Cf. *Interpreting the Parables*, London: SCM Press, 1972, p. 62. 결국 이 비유는 '정점이 두 개인 비유'(a two-peaked parable)라고 보아야 할 것이다. Cf. Fitzmyer, *The Gospel According to Luke*, pp. 1084~1085.

유나 잃은 아들의 비유로 불릴 수는 없고, 도리어 '두 아들의 비유'라고 부르는 것이 더 옳다는 주장이 제기되어 오기도 했다.[302] 실제로 이 비유 본문은 "어떤 사람에게 두 아들이 있었다."(15:11)는 말로 시작되고 있으며, 그래서 실제로 이 본문도 15장 11절에서 24절은 둘째 아들에 관한 이야기이고, 15장 25절에서 31절은 맏아들에 관한 이야기로 구성되어 있다. 전반부에서는 자기 몫의 유산을 가지고 집을 뛰쳐나가 돈을 모두 탕진한 후 다시 집으로, 아버지께로 돌아오는 둘째 아들이 주요 등장인물로 나타난다. 반면에 후반부에서는 돌아온 동생을 위해 아버지가 큰 잔치를 베풀고 기뻐하는 것을 못마땅하게 생각해서 잔치에 들어가려고도 하지 않는 맏아들이 주인공처럼 나타난다. 그래서 결과적으로 이 비유는 '두 아들'에 관한 이야기이고, 당연히 '두 아들의 비유'라고 부르는 게 옳아 보인다.

그리고 거의 같은 의미에서 어떤 학자들은 이 비유를 가리켜 '잃은 두 아들' 혹은 '두 탕자'의 비유라고 부르기도 했다.[303] 작은 아들만 탕자가 아니라 큰아들도 탕자라고 생각하기 때문이다. 그것은 맏아들이 비록 몸은 아버지와 함께 있어서 아버지와 집을 버리고 떠난 적이 없기는 했지만, 마음은 이미 아버지로부터 멀리 떠나 있어서 아버지와 같은 생각을 가질 수 없었다. 더 나아가 '아버지'란 호칭도 사용하지 않은 채 동생을 가리켜 "당신의 이 아들"(15:30)이라고 말하면서 아버지에게 불평하며 항의하고 있다. 더구나 멀리 떠난 동생을 가리켜 "창녀와 함께 지내느라고 아버지의 재산을 다 먹어 버린 아들"이라고 동생을 비난하고 있는데, 동생이 창녀들과 함께 재산을 탕진하고 있었다는 사실을 그가 과연 어떻게 알았을까? 그의 몸은 비록 집에 머물러 있었지만 그의 마음은 동생처럼 늘 먼 지방에, 그리고 동생이 하고 있는 일에 있었다는 말이 된다.[304] 이렇게 볼 경우 이 비유에서는 둘째 아들만

---

302) '두 아들 비유'와 비슷하게 'the parable of two brothers'란 명칭을 사용하기도 했다. Cf. C. Stuhlmueller, *Jerome Bible*, p. 148.

303) A. M. Hunter는 그의 비유 연구서에서, 이 비유는 "맏아들 역시 탕자이기 때문에 실제로 '잃은 두' 아들에 대한 이야기"라고 말한다. Cf. *Interpreting the Parables*, London: SCM Press, 1972, p. 62, n.1.

304) F. W. Danker, *Jesus and the New Age*, pp. 171~172. A. M. Hunter도 이 비유를 가리켜 '잃은 두 아들'에 대한 이야기라고 말하면서, "맏아들이 비록 육체적으로 집을 나간 적이 없지만 아버지의 생활 방식과는

탕자였던 것이 아니라 맏아들도 실제로는 탕자였던 셈이다. 그러니 이 비유는 분명히 '두 아들의 비유' 혹은 '잃은 두 아들 비유' 혹은 '두 탕자의 비유'라고 불러야 마땅할 것 같다. 흥미롭게도 비유 본문 중 15장 20절을 보면, 둘째 아들이 "이에 일어나서 아버지께로 돌아가니라."라는 말에서 볼 수 있듯이 아버지의 집을 향해 돌아오는 아들의 모습이 소개되는데, 이 말은 25절에서 "맏아들이 밭에 있다가 돌아와 집에 가까웠을 때"란 말에서 볼 수 있듯이 아버지의 집을 향해 돌아가는 맏아들의 모습이 소개되는 것과 평행을 이룬다. 둘째 아들은 먼 나라로부터, 그리고 첫째 아들은 밭으로부터 집으로 돌아오고 있다. 결국 둘째나 첫째 아들이 모두 아버지의 집으로 돌아오는 것이 언급되고 있는 셈이며, 이 점에서 이 비유는 '집으로 돌아오는 두 아들'의 이야기일 수도 있다.

3) 이 비유는 '사랑하는 아버지의 비유'인가?

이 비유의 주인공, 즉 중심인물은 탕자로 표현되는 둘째 아들인가? 아니면 그의 회개와 귀가를 기뻐하지 않는 맏아들인가? 그러나 이 비유 본문의 초점이 둘째 아들(탕자)이나 맏아들, 곧 두 아들들에게만 있는 것도 아니고, 도리어 두 아들을 거느리고 있는, 그리고 두 아들 모두를 사랑하며 용납하는 '아버지'에게 있다는 지적도 제기되었다. 그래서 이 비유를 오히려 **'사랑하는 아버지의 비유'** 혹은 **'아버지의 사랑에 대한 비유'**라고 불러야 옳다는 학자들도 있다. 실제로 이 비유는 "어떤 사람에게 두 아들이 있었다."(15:11)는 말로, 즉 두 아들을 가진 "어떤 사람" 곧 '아버지'에 대한 언급으로 시작되고 있다. 그리고 비유 본문 자체가 아버지에게서 시작해서 아버지로 끝나고, 아버지만이 돌아온 탕자를 다루는 전반부(15:11~24)와 투덜거리는 맏아들을 다루는 후반부(15:25~31)에서 모두 진정한 이야기의 주인공으로 등장하면서 전

전혀 일치되지 않고 있다는 점에서 그도 역시 탕자이다."라고 지적한다. Cf. *Interpreting the Parables*, p. 62, n.1.

반부와 후반부를 통합한다. 즉 비유의 전반부에서는 탕자인 둘째 아들이 주인공이고 후반부에서는 투덜대는 맏아들이 주인공이지만, 오직 아버지만이 전반부와 후반부 모두에서 중심인물로, 진정한 주인공으로 등장한다. 그리고 아버지만이 전반부와 후반부 모두에서 아주 사랑이 많으신 분으로, 그래서 둘째 아들이나 맏아들을 모두 사랑으로 영접하는 분으로 묘사되고 있다. 즉 전반부에서 아버지는 아버지 재산 중에서 자기에게 돌아올 유산을 미리 달라고 요구하는 둘째 아들의 요구를 거절하지 않고 그대로 들어주고 있으며, 둘째 아들이 그 유산을 모두 탕진하고 거지꼴이 되어 돌아올 때도 아버지의 권위나 체면도 생각하지 않고 맨발로 달려가 포옹하고 입을 맞추었고 좋은 옷과 반지, 신발을 주어 아들의 명예를 회복시켜 주었으며 기쁨에 넘쳐 송아지를 잡아 큰 잔치를 베풀어 주었다. 게다가 후반부에서 아버지는 투덜대며 불평하는 맏아들에게 다가가 "아들"이라고 부르면서 "내 것이 다 네 것이라."고 말해 주면서 맏아들을 위로하며 그를 잔치가 벌어지고 있는 집 안으로 끌어들이고 있다. 전반부와 후반부 모두에서 이 아버지는 '사랑과 은혜가 많은 아버지'로 드러나고 있다. 결국 이 비유의 중심인물은 맏아들이나 둘째 아들, 곧 두 아들이 아니라 오히려 '아버지'라고 보아야 옳을 것이다.

더구나 이 비유와 연결되어 있는 다른 두 비유들이 양 한 마리를 잃은 목자, 그리고 은전 하나를 잃은 여인을 각각 주제로 삼았듯이 여기서는 두 아들을 가진 아버지를 주제로 삼고 있기 때문에 마땅히 비유의 초점이 두 아들을 가진 아버지에게로 집중되어야 한다는 것이다. 이렇게 생각할 경우, 이 비유의 교훈도 결국은 "이와 같이 하나님은 잃은 아들이 돌아온 것을 기뻐하여 잔치를 베푼 아버지처럼 자비롭고 은혜로우며 긍휼로 가득차고 사랑으로 넘치는 분이며, 또한 죄지은 아들을 쉽게 용납한다고 못마땅해 하는 맏아들까지도 사랑으로 용납하시는 분이라"는 것을 강조하는 셈이 된다.

따라서 어떤 비유 명칭이 이 비유 본문에 가장 적절한 것인가 하는 문제는 이 비유의 메시지를 어떻게 이해하고 해석하느냐 하는 문제와 직접적으로 연관될 수밖에 없다. 그렇다면 이상의 여러 비유 명칭들 중 어떤 명칭이 가장 적절한가? 또는 만일 앞에서 지적했던 다양한 비유 명칭들이 모두 다 누가의 의도에 적합한 것이 아니라면, 어떤 비유 명칭이 필요한가? 도대체 누가는 이 비유 본문을 통해 독자들에게 어떤 메시지를 주고 있는가? 그러나 이 질문에 대답하기 전에 먼저 우리는 예수가 본래 이 비유를 말씀했을 때는 어떤 메시지를, 그리고 누가복음서 저자가 이 비유를 그의 복음서에 소개할 때는 또 어떤 메시지를, 강조하려고 했었는지를 구별해서 물어보아야 한다. 그 둘을 구별할 때 우리는 어떤 명칭이 예수의 본래 의도에 적합하며, 또 어떤 명칭이 누가의 의도에 적합한지를 분별할 수 있을 것이다.

4) 이 비유를 말씀한 예수의 본래 의도는?

예수가 맨 처음 이 비유를 말씀했을 때는 어떤 의도를 가지고, 어떤 교훈을 주려고 했을까? 그리고 그때 이 비유의 초점이 어디에 있었을까? 분명히 예수는 탕자였던 둘째 아들을 염두에 두고 이 비유를 말씀한 것이 아니라, 오히려 맏아들에 초점을 맞추어 이 비유를 말씀했던 것 같다. 누가복음 15장 2절을 보면, 예수는 본래 이 비유를 바리새인과 서기관들을 향해서 말씀했다고 기록되어 있다. 그리고 이 비유를 말씀하게 된 동기도 "바리새인들과 서기관들이 서로 수군거리면서 예수가 죄인들을 환영하고 그들과 함께 식사를 하고 있는 것"에 대해 불평하며 투덜대고 있었기 때문이었다. 예수는 자신이 죄인들을 영접하고 그들과 식사한다고 투덜거리는 종교 지도자들을 보면서, 너희는 이 비유에서 죄로부터 돌아서서 집으로 돌아온 탕자를 환영하며 그를 위해 잔치를 베푼 아버지에 대해 투덜대며 불평하는 맏아들과 똑같은 놈들이라고 빗대어 공격하려고 했던 것 같다. 이 비유에서 둘째 아들이 세리와 창녀 같은 죄인들을 가리킨다면, 가출했다가 집에 돌아온 동생을 위한 잔치를 전혀 기뻐하지 않고 마땅치 않게 생각하면서 그 자리에 함께 참여하기를 즐겨하지 않았던(15:28) 큰아들은 많은 죄인들이 예수를 통해 회개하고 하늘나라 구원 잔치에 참여하는 것을 못마땅하게 여기면서 예수가 그들을 영접하며 그들과 어울린다고 불평하며 투덜거렸던 예수 당시의 경건한 종교 지도자들의 모습을 가리키는 것 이외에 다른 것이 아니었을 것이다. 따라서 예수에게는 맏아들이 이 비유의 핵심 인물인 셈이며, 동생의 회개와 귀가를 반가워하지 않는 맏아들의 못된 심리를 공격하며 비판하는 것이 이 비유의 본래 목적이었던 것이다. 이렇게 볼 경우, 예수의 의도에 적합한 비유의 명칭은 마땅히 **'투덜대며 불평하는 맏아들의 비유'** 혹은 **'기뻐하지 않는 형의 비유'** 일 것이다.

5) 이 비유를 소개하는 누가의 의도는?

그렇다면 나중에 복음서를 기록하면서 이 비유를 소개하는 누가의 의도는 무엇일까? 우선, 우리는 이 비유가 복음서들 가운데서 오직 누가복음에서만 나온다는 사실, 그리고 이 비유가 누가복음에서도 여행 설화 부분에서 나온다는 사실에 주목해야 한다. 누가의 특수한 관심을 드러내는 비유라고 생각하지 않을 수 없다. 누가가 이 비유를 통해 주려고 하는 메시지는 무엇일까? 우리는 누가의 이 비유 가운데서 이방인에 대한 누가의 선교적 관심을 찾아보고자 한다. 무엇보다도 먼저 우리는 비유 본문 가운데서 "어떤 사람에게 두 아들이 있었는데"(눅 15:11), 그 중 둘째 아들이 아버지의 재산 중 자기 몫을 다 가지고 "먼 나라로 갔다."(15:13)고 말한 점과 그가 거기서 재산을 낭비하고 아주 궁하게 되었을 때 "돼지를 쳤다."(15:15)고 언급하는 점에 주목하고자 한다. 그리고 마지막으로, 아버지가 가출했던 둘째 아들과 함께 그의 귀가와 그를 위한 잔치를 즐거워하지 않고 불평하던 맏아들까지 모두 다 영접하여 집으로 받아들이고 있다는 점에도 주목해야 한다.

첫째로, 둘째 아들은 자기 몫의 재산을 가지고 "먼 나라로 갔다." 그런데 누가가 여기서 사용한 '멀다.'란 의미의 헬라어 형용사 '*makran*'은 누가가 이방 지역 혹은 이방인을 가리키는 의미로 사용하는 단어다. 이런 점은 누가가 같은 단어를 사용한 다른 본문을 통해 확인된다. 가령 사도행전 2장 39절을 보면, 베드로는 그의 예루살렘 오순절 설교 가운데서 모여 있는 사람들을 향해 성령을 선물로 받을 것이라는 "이 약속은 너희와 너희 자녀와 모든 먼 데 있는 사람, 곧 주 우리 하나님이 얼마든지 부르시는 자들에게 하신 것이라"고 말하고 있다. 여기서 "먼 데 있는 사람"("멀리 떨어져 있는 사람", 새번역)은 분명히 유대인 및 유대인의 자녀와 구별되는 이방인들을 가리켰다. 또한 사도행전 22장 21절을 보면, 바울이 자신의 개종에 대해 두 번째로 설명하는 가운데서 "나더러 또 이르시되 떠나가라 내가 너를 멀리 이방인에게로 보내리라."고 말씀하셨다고 증거하는데, 여기서는 그 의미가 더욱더 분명하게 드러난다. 누가의 문서에서 누가복음 15장 13절, 사도행전 2장 39절, 사도행전 22장 21절 이외에 달리 '멀다.'란 헬라어 형용사 '*makran*'이 사용된 곳인 누가복음 7장 6절에서는 흥미롭게도 이방인 백부장의 종을 고쳐 주는 이야기 가운데서다(눅 7:6). 이런 점들로 미루어 볼 때, 누가가 예수의 이 비유 가운데서 둘째 아들이 "먼 나라"로 갔다고 언급하는 것은 그가 이방인의 지역, 이방 땅으로 갔다는 의미로 보아야 할 것이다.[305]

둘째로, 누가는 둘째 아들이 자기 재산을 다 탕진한 후에 아주 궁하게 되었을 때, "그 나라 백성 중 한 사람에게 붙여 살았고…돼지를 쳤다."(15:15)고 말한다. 여기서 언급된 "그 나라 백성"이란 분명히 이방인을 가리키고, 이 점은 둘째 아들이 "돼지를 쳤다."는 말에서도 확인할 수 있다. 예수가 산상설교 가운데서 "거룩한 것을 개들에게 주지 말고 진주를 돼지들에게 던지지 말라."(마 7:6)는 말씀에서도 드러나듯이 "돼지들"은 "이교도 혹은 비(非)이스라엘인에 대한 상징"이다.[306] 이와 관련해서 우리가 주목해야 할 흥미로운 사실은 누가복음에서 돼지들이 언급된 또 다른 본문이 바로 예수가 이방인의 땅인 거라사 지방에 들어가서 귀신 들린 사람을 고쳐 준 이야기라는 점이다(눅 8:32~33). 따라서 예수의 비유 가운데서 둘째 아들이 "돼지를 치면서…돼

305) Fitzmyer는 "디아스포라 유대인들이 살고 있는 어떤 나라로" 이민 갔다고 해석한다. Cf. *The Gospel According to Luke*, p. 1088.

306) Cf. W. D. Davies and D. C. Allison, *The Gospel According to Saint Matthew*, vol. I, Edinburgh: T.&T. Clark, 1988, p. 677.

지가 먹는 쥐엄 열매로 배를 채워 보려고"(15:16) 했다는 것은 그가 이방인의 생활을 하고 있었음을 반영하는 것 이외에 다른 것이 아니다. 이런 점들로 미루어 볼 때, 우리는 실제로 이 비유가 이방인에 대한 관심을 반영해 주고 있다고 볼 수 있다.[307] 탕자는 아버지의 집을 뛰쳐나와 "먼 지방으로 갔고" (5:13), 아주 궁하게 되었을 때 유대인들에게 가서 도움을 요청한 것이 아니라 이방인을 찾아가 "돼지를 쳤다."고 했다(15:15). 그리고 "돼지가 먹는 쥐엄 열매로 배를 채워 보려고 했다." 탕자는 글자 그대로 이방인의 땅에 들어가 이방인처럼 이방인의 삶을 살고 있었다.

그런데 이방인 가운데서 이방인처럼 살던 이 둘째 아들이 '제정신이 들어' (15:17) 일어나 "아버지의 집을 향하여 길을 떠났다."(15:20)고 했다. '제정신이 들었다'는 말은 '그의 회개의 시작'[308]으로 볼 수 있다. 아버지는 회개하고 돌아오는 이 둘째 아들을 영접하여 그를 위해 잔치를 베풀었고, 그것을 못마땅하게 여겼던 맏아들까지도 집으로 받아들이고 있다. 누가가 이 비유 가운데서, "먼 나라" 이방 땅으로 나갔던 둘째 아들, "돼지들"과 더불어 이방인들의 삶을 살던 둘째 아들이 끝내 아버지의 집으로 돌아오는 이야기, 그리고 그가 아버지로부터 환영받는 이야기를 소개할 때, 그는 분명히 이방인의 회개와 이방인의 구원을 염두에 두었을 것이다. 이방인이 회개하고 구원의 자리에 나아오는 것에 대해 많은 유대인들이 이 비유에 나오는 맏아들처럼 못마땅하게 생각하기도 했지만, 그러나 하나님은 회개하고 돌아오는 이방인들을 환영하실 뿐만 아니라, 그것에 대해 불평하던 유대인들까지도 다 구원의 자리로 받아들인다는 점을 말하고 있는 것이다.

이런 점에서 본다면 일찍이 초대 교부 가운데 한 사람이었던 테툴리안 (Tertullian)이 비록 알레고리적인 해석 방법이기는 했지만, 이 탕자의 비유에서 아버지를 하나님으로, 맏아들을 유대인으로, 작은 아들을 기독교인이나

307) Talbert가 이 점을 분명히 지적한다. "He had associated with a Gentile(vss. 15~16) in stead of going to the Jewish community for help. He had, moreover, made his living in what for a Jew was a sinful way(feeding pigs). Cf. *Reading Luke*, p. 149.

308) "the beginning of his repentance," Cf. Fitzmyer, *The Gospel According to Luke*, p. 1088.

이방인으로 해석한 것은 나름대로 비유 메시지를 제대로 파악한 해석이라고 볼 수 있다.[309] 결국 테툴리안도 이 탕자 비유에서 비록 맏아들인 유대인이 선택받은 백성들이란 자부심 때문에 둘째 아들이며 탕자인 이방인들의 구원에 대해 기뻐하지 않고 있기는 하지만(참고. '투덜대는 형의 비유'), 하나님 아버지께서는 유대인과 이방인 모두를 받아들이며 영접하여 구원하신다(참고. '사랑이 많으신 아버지의 비유')는 교훈, 즉 맏아들과 둘째 아들, 유대인과 이방인 모두가 다 하나님의 사랑과 구원의 대상이라는(참고. '두 아들의 비유') 교훈을 읽었던 셈이다. 이것은 현대에 와서 엘리스가 이 비유를 해석한 것과 별로 다르지 않다. 엘리스에 의하면, 이 비유에서 "아버지의 사랑은 **종교적인 유대교**(맏아들)**와 비종교적인 유대인**(탕자) 모두에 대한 하나님의 태도를 나타내 준다. 누가의 독자들을 위한 의미는 다만 하나님은 세상을, 즉 속되고 혼합된, 도덕적-비도덕적인, 마귀가 다스리는 그런 세상을 사랑하신다는 것이다."[310] 따라서 이방인의 땅으로 가서 이방인의 삶을 살았던 둘째 아들이 아버지의 집으로 돌아와 잔치에 참여하게 되었다는 이야기와 아버지가 그 아들을 영접하고 환영했다는 이야기를 말하고 있는 이 비유는 누가로서는 이방인에 대한 관심을 반영해 주는, 그리고 그들의 구원에 대한 비전을 보여 주는 비유라고 생각된다.

309) 탕자 비유에 대한 테툴리안의 알레고리적 해석 내용은 다음과 같이 정리할 수 있다. 아버지 = 하나님: 맏아들 = 유대인: 둘째 아들 = 이방인 혹은 기독교인: 먼 나라 = 이방 땅 돼지 = 귀신: 좋은 옷 = 아담이 타락할 때 잃어버린 아들 신분: 반지 = 기독교인의 세례: 잔치 = 성만찬. Cf. R. H. Stein, *An Introduction to the Parables of Jesus*, Philadelphia: The Westminster Press, 1981, p. 44; A. M. Hunter, *Interpreting the Parables*, London: SCM Press, 1972, p. 24; Warren S. Kissinger, *The Parables of Jesus: A History of Interpretaion and Bibliography*, London: The Scarecrow Press, 1979, p. 6.

310) E. E. Ellis, *The Gospel of Luke*, p. 196.

19 사마리아 문둥병자의 개종(17:11~19)

이 본문은 누가복음에서, 특히 누가복음의 여행 설화 가운데서 사마리아인이 등장하는 세 번째 이야기에 해당된다. 그리고 다른 복음서들에서는 찾아볼 수 없는 누가의 특수 자료에 속하는 이야기다. 본문의 이야기 자체는 예수가 열 명의 문둥병자들을 고쳐 준 일종의 이적 이야기처럼 보인다. 그러나 이 본문이 전형적인 이적 이야기 형태로 구성되어 있지는 않다. 이적적인 요소에 대한 관심이 크게 부각되어 있지도 않을 뿐만 아니라, 예수가 병 고침과 관련하여 단지 "제사장들에게 가서 너희 몸을 보이라."(17:14)고 말씀한 것 이외에는 예수가 문둥병을 고쳐 주는 행위와 관련해서 아무런 직접적인 언급도 나오지 않는다.[311] 더구나 다른 이적 이야기들의 전형적인 결론의 경우처럼, 이야기의 마지막 결론 부분에, 이른바 '무리들의 합창', 곧 '무리들이 보고 크게 놀랐다.'든가, '우리가 이와 같은 일을 본 적이 없다.'고 말하는 언급들도 나오지 않는다. 양식 비평적으로는 이적 이야기로 분류되기 어려운 본문이기도 하다.[312] 그래서 피츠마이어는 이 본문 제목도 전통적으로 말하는 것처럼 '열 명의 문둥병자를 고친 이야기'(the Cleansing of Ten Lepers)라고 부

311) Fitzmyer는 "가서 제사장들에게 너희 몸을 보이라."고만 말했을 뿐, "예수는 그들을 고쳐 주지 않은 채, 그리고 분명히 아무런 도움도 주지 않은 채 보냈다."고 말한다. 그리고 비록 D사본의 경우, 예수께서 "제사장들에게 가서 너희 몸을 보이라 하고 말씀하셨습니다."란 말 뒤에 "tetherapeuesthe"(be healed)가 첨가되기는 하지만, 그리고 P75의 경우, "내가 원하노니 깨끗해져라 그러자 그들은 즉시 깨끗해졌다"는 말이 첨가되기는 하지만, 이런 첨가 문구들은 분명히 사본 필사자가 마태복음 8:3과 조화시키기 위해 소개한 문구다. Cf. *The Gospel According to Luke*, p. 1154.

312) 양식 비평가인 M. Dibelius는 이 이야기를 이적 이야기로 분류하지 않고, 'a legend of Jesus'로 분류하며, R. Bultmann의 경우도 이 이야기를 그냥 'a biographical apophthegm'으로 분류한다. Cf. J. Fitzmyer, *The Gospel According to Luke*, p. 1150.

르기보다 오히려 글롬비자(O. Glombitza)가 붙인 것처럼 '감사한 사마리아인'(The Thankful Samaritan)이라고 부르든가, 아니면 그룬드만(W. Grundmann)처럼 '고침을 받은 열 명의 문둥병자와 감사한 사마리아인'(The Healing of the Ten Lepers and the Thankful Samaritan)이라고 부르는 게 더 좋겠다고 말하기도 한다.[313]

이 본문의 독특한 특징은, 탈버트가 지적한 바와 같이 '두 부분으로 구성된 이적 이야기'(a two-part miracle story)라는 점에 있다. 즉, 본문 내용이 두 부분으로 구분되는데, 전반부인 "11절에서 14절은 열 명의 문둥병자들이 깨끗해진 일에 대해 말해 주는 반면, 15절에서 19절은…사마리아인의 개종에 대해 언급한다."[314]는 것이다. 본문이 이적 이야기 형태로 시작했지만, 감사하지 않은 아홉 명의 유대인 문둥병자와 돌아와 감사한 사마리아 문둥병자, 그리고 병 고침의 이적과 믿음의 안목을 대조시키는 일종의 '선언 이야기'(a pronouncement story)로 끝나는 셈이다. 이런 점을 두고 피츠마이어는 "이적 이야기가 누가의 손에 의해서, 또는 아마도 누가 이전 전승에서 이미 선언 이야기가 되어 버렸다."고, 그래서 "이적 이야기가 보다 더 중요한 것(15~18절)을 위한 보조 역할을 한다."고 말한다.[315] 그래서 탈버트는 누가복음 17장 11절에서 19절 본문이 예수의 이적 이야기로 시작하는 것처럼 보이지만 실제로는 그 이야기가 사마리아인의 개종을 위한 촉진제 역할을 한다고 지적한다.[316] 그러므로 이 본문 이야기의 핵심은 다른 유대인 문둥병자들과는 달리, 문둥병으로부터 고침을 받고 다시 예수께 돌아와 하나님께 영광을 돌려 끝내 구원을 받은 사마리아인을 부각시키는 데 있다.[317]

그런데 누가복음 17장에서 소개되는 '열 명의 문둥병자를 고쳐 준 이야기'가 구약성경 열왕기하 5장에 나오는, 수리아의 군대 장관 나아만이 문둥병으

---

313) Fitzmyer, *The Gospel According to Luke*, pp. 1151~1152.

314) C. H. Talbert, *Reading Luke*, p. 165.

315) J. Fitzmyer, *The Gospel According to Luke*, p. 1150.

316) Talbert, *Reading Luke*, p. 165.

317) Sharon H. Ringe는 "아주 단순한 병 고침의 이야기가 외국인이 구원을 받는 이야기로 변형되었다."고 말한다. Cf. *Luke*, Louisville: Westminster John Knox Press, 1995, p. 220.

로부터 깨끗함을 받고 개종하는 이야기와 상당히 비슷하다는 사실에 주목해야 한다. '두 부분으로 구성된 이적 이야기'라는 점에서도 또한 그러하다. 열왕기하 5장에서도 수리아 사람 나아만 장군은 엘리사 선지자의 말을 듣고 요단강에 가서 일곱 번 몸을 씻어 문둥병이 나아서 깨끗하게 되었다. 그러고는 곧바로 "하나님의 사람(엘리사)에게로 도로 와서 그의 앞에 서서 이르되 내가 이제 이스라엘 외에는 온 천하에 신이 없는 줄을 아나이다. 청하건대 당신의 종에게서 예물을 받으소서."(왕하 5:15)라고 일종의 신앙고백과 더불어 예물을 바치면서 하나님께 영광을 돌렸다. 본문의 구성과 내용에서 그리고 본문이 결론적으로 '외국인의 믿음과 개종'을 강조하고 있는 점 등, 이런 괄목할 만한 유사성을 보이기 때문에, 우리는 누가가 전하는 이 이야기의 배경에 분명히 열왕기하 5장에 나오는 나아만 장군 이야기가 있었고 누가가 이를 참고했을 거라고 생각하게 된다. 이런 생각은 누가복음에서 특히 엘리야와 엘리사가 많이 언급되는 점과[318] 누가복음이 엘리야와 엘리사 전승에 많이 의존한다는 학자들의 지적에서도[319] 어느 정도 뒷받침되고 있다. 누가가 이처럼 그의 복음서에서 예수의 사역을 열왕기에 나오는 엘리야와 엘리사 전승을 배경으로 소개하는 경향을 보이는 까닭은 예수를 옛날 북부 이스라엘에서, 곧 사마리아 지역에서 활동하던 선지자와의 연관성을 통해 보다 북부 사마리아 지역에 관심을 갖고 계신 분으로 묘사하기 위한 의도 때문으로 생각된다. 누가에게 예수는 '새로운 엘리야'(the new Elijah) 혹은 '새로운 엘리사'(the new Elisha)로 이해되고 있는 셈이다.

---

318) Cf. 눅 1:17; 4:25, 26; 9:8, 19, 30, 33, 54.

319) Thomas L. Brodie의 누가복음에 관한 다음과 같은 논문들은 전적으로 열왕기를 배경으로 이루어진다. Cf. "Luke 7:36~50 as an Internalization of 2 Kings 4:1~37: A Study in Luke's Use of Rhetorical Imitation," *Biblica* 64(1983), pp. 457~485; "Towards Unravelling Luke's Use of the Old Testament: Luke 7:11~17 as an Imitation of I Kings 17:17~24," *NTS* 32(1986), pp. 247~267; "The Departure for Jerusalem(Luke 9:51~6) as a Retorical Imitation of Elijah's Departure for the Jordan(2 Kgs 1:1~2:6)," *Biblica* 70(1989), pp. 96~109; "The Accusing and Stoning of Naboth(1 Kgs 21:8~13) as One Component of the Stephen Text(Acts 6:9~14; 7:58a)," *CBQ* 45(1983), pp. 417~432; "Towards Unravelling the Rhetorical Imitation of Sources in Acts: 2 Kings 5 as One Component of Acts 8:9~40," *Biblica* 67(1986), pp. 41~67; "Jesus as the New Elisha: Cracking the Code," *ExpTime* 93(1981), pp. 39~42.

누가복음 17장 11절부터 19절에서도, 엘리사로부터 고침을 받았던 문둥병자 나아만의 이야기에서와 마찬가지로 예수의 병 고침이 사마리아 문둥병자를 개종시키는 결정적인 계기가 되었음을 잘 보여 준다. 결론 구절이라고 할 수 있는 17장 19절을 보면, 예수는 돌아와서 하나님께 영광을 돌린 사마리아인을 향해 "일어나 가라. 네 믿음이 너를 구원했다."고 말했는데, 여기서 "구원했다."는 말은 단순히 육체적으로 문둥병이 고침을 받아 깨끗해졌다는 사실만을 가리키는 것이 결코 아니다. 다른 아홉 명의 유대인 문둥병자들도 고침을 받아 깨끗해지기는 했다. 그러나 그들은 '구원을 받지 못했다.' 그들은 선물만 보았지, 그 선물을 주시는 분이 누구인지를 보지 못했다. 그러나 사마리아 문둥병자가 구원을 받았다는 것은 그가 예수의 병 고침의 은혜를 받는 가운데서 그 은혜를 주시는 분이 누구인지를 제대로 보았고,[320] 그분에게 적절히 응답했다는 것을 의미한다. 바로 이것이 사마리아인의 "믿음"이었다("네 믿음", 눅 7:19). 그리고 이것이 아홉 명의 문둥병자와 한 명의 사마리아인의 운명을 갈라놓은 중요한 차이점이었다. 그 차이점은 유대인과 사마리아인의 차이가 아니었다. 정결한 백성과 부정한 백성의 차이가 아니었다. 택함 받은 백성과 멸망 받을 백성의 차이가 아니었다. 하나님 앞에 언제나 중요한 것은 '믿음이 있느냐? 없느냐?'의 차이다.

이 본문처럼 '두 부분으로 구성된 이적 이야기'의 경우 언제나 마지막 강조점과 마지막 클라이맥스는 두 번째 부분에 있기 때문에, 이 본문도 마지막 강조점과 마지막 클라이맥스는 사마리아인의 믿음과 그의 개종에 있다고 보아야 한다. 누가는 사마리아 문둥병자가 고침을 받고 난 후에 어떤 태도를 보였는지에 대해 많은 관심을 기울이는 것 같이 보인다. 그래서 그 부분에 대해 상당한 지면을 할애하고 있는 것이 사실이기도 하다. 누가에 의하면, 고침을 받은 문둥병자는 "자기가 병이 나은 것을 보고 큰 소리로 하나님을 찬양했다"(17:15). 그리고 예수께 돌아와 "예수의 발 앞에 엎드려 감사했다"(17:16).

---

320) F. W. Danker는 이 점을 다음과 같은 말로 표현한다. "He saw the Giver in the gift." Cf. *Jesus and e New Age: A Commentary on St. Luke's Gospel*, Philadelphia: Fortress Press, 1988, p. 291.

병 고침을 받은 경험만으로 구원을 받은 것이 아니다. 사마리아 문둥병자는 고침을 받은 후에, 하나님이 예수를 통해 자기에게 하신 일을 진심으로 인정했고, 그래서 하나님을 찬양했다. 그는 예수께 돌아와 예수의 발 앞에 엎드려 감사했던 것이다. 그리고 그것이 그가 육체적인 병 치료를 넘어 구원을 경험할 수 있게 해 주었다. 따라서 이 사마리아 문둥병자가 하나님을 찬양하면서 예수께 돌아와 감사했다는 이야기는, 사도행전 8장에서 "빌립이 하나님 나라와 그리스도의 이름에 관한 복음을 전하니 남녀가 다 믿고 세례를 받았다."(8:12)는 이야기와 사마리아 사람들 가운데 "많은 중풍병자와 불구자들이 고침을 받았다."(8:7)는 이야기를 상기시킨다. 예수가 사마리아 문둥병자를 고쳐 주었는데, 빌립은 사마리아 중풍병자와 불구자들을 고쳐 주었다. 바로 이런 점 때문에 콘젤만은 누가복음 17장 11절에서 17절 본문을 가리켜 누가가 초대교회에서의 사마리아 선교를 정당화하기 위한 시도라고 본다.[321]

누가가 이 본문의 이야기를 통해 보여 주려는 또 하나의 교훈은, 하나님의 은혜를 받아 감사함으로써 구원을 받는 사람이 흔히는 우리가 가장 그렇지 못할 거라고 생각하는 사람이라는 점을 보여 주는 것이다. 본문의 이야기를 읽는 사람이 보통의 유대인이라면, 아마도 그는 열 명의 문둥병자들 중에서 고침을 받고 '구원을 받은' 사람이 유대인이 아니라 사마리아 사람이라는 사실에 대해 좀 의외라고 생각했을지 모른다. 일반적인 상식에 위배되는 일이라고 여길 수 있기 때문이다. 그러나 본문에 의하면, 문둥병으로부터 고침을 받고 돌아와 하나님을 찬양하며 예수께 감사하여 구원을 받은 사람은 분명히 사마리아인이었지 유대인이 아니었다. 나머지 아홉 명의 유대인 문둥병자들은 전혀 믿음의 반응을 보이지 못했고, 따라서 구원을 받지 못했다. 누가의 관심이 '이방인'[322](17:18)의 믿음과 개종에 쏠리고 있다는 데에 주목해야 한다. 결국 이 이야기는 유대인들이 복음을 받아들이지 않는 반면에 이방

---

321) Conzelmann, *The Theology of St. Luke*, p. 72.

322) 헬라어 '*allogenes*'는 신약성경에서 오직 여기서만 사용되는데, 그 문자적 의미는 '다른 인종에 속하는 사람'이란 뜻으로 이스라엘 집에 속한 사람이 아닌 '외국인'이란 의미다. Cf. Fitzmyer, *The Gospel According to Luke*, p. 1155.

인들이 열성적으로 받아들이는 것을 보여 주는 이야기가 아닐 수 없다. 바로 이런 점을 두고, 엘리스는 다음과 같이 말한다. "감사하지 않은 '아홉' 사람은 예수의 사역에 대한 유대 백성들의 일반적인 태도를 예시해 주고, 사마리아인은 복음에 대한 비(非)유대인의 장래 반응을 예언해 준다."[323] 더구나 이 본문의 이야기는 하나님으로부터 절대 구원을 받지 못할 거라고 일반적으로 유대인들이 생각했던 사마리아인이 구원을 받았다는 것을 증거하고 있다는 점에서 사마리아인들에 대한 해묵은 잘못된 편견에 대한 공격이라고 말할 수도 있을 것이다.[324] 결국 누가는 이 본문 이야기를 통해 유대인이냐, 사마리아인이냐가 중요한 것이 아니라, 인종적이며 종교적인 배경의 차이가 중요한 것이 아니라, 믿음이 있느냐의 여부가 중요하다는 것을 강조하고 있는 셈이다. 이렇게 본다면 선교 대상과 관련해서도 정말로 중요한 것은 어느 인종인가, 어느 지역 사람인가 하는 문제가 아니다. 어떤 종교적 배경이나 문화적 배경을 갖고 있는 사람이냐 하는 것도 아니다. 그런 것과는 관계없이 모든 사람들이 다 그 대상이 될 뿐이고, 그들에게 믿음을 심어 주는 일이 가장 중요하다.

그런데 누가복음에 나오는 예수의 공생애 첫 번째 설교(눅 4:18~30) 가운데서 누가는 이미 "예언자 엘리사 시대에 이스라엘에 문둥병자들이 많이 있었지만 그들 가운데 아무도 깨끗함을 받지 못하고 다만 수리아 사람 나아만이 깨끗함을 받았다."고 강조한 바 있다. 예수가 공생애 첫 번째 설교를 통해 말씀했던 그 내용이 이 이적 이야기에서도 그대로 다시 드러난다. 열 명의 문둥병자들이 예수를 통해 다 같이 고침을 받았지만, 예수의 구원의 은혜는 아홉 명의 유대인 문둥병자들이 아니라 다만 사마리아 문둥병자에게만 주어졌다. 예수는 이 사마리아 문둥병자를 향해서만 "네 믿음이 너를 구원했느니라."고 말씀했다. 이야기의 요점은 결국 감사하지 않은 아홉 명의 유대인 문둥병자

323) E. E. Ellis, *The Gospel of Luke*(The New Century Bible Commentary, Grand Rapids: Eerdmans, 81, p. 208.

324) 실제로 H. D. Betz는 누가복음 저자가 이 본문의 이야기를 소개하는 의도가 "clearly polemical"이라고 말한다. Cf. "The Cleansing of the Ten Lepers(Luke 17:11~19)," *JBL* 90(1971), p. 325.

와 감사한 사마리아인 문둥병자 간의 대조, 즉 구원받지 못한 유대인 문둥병자와 구원받은 사마리아 문둥병자 간의 대조에 있는 셈이다. 예수 공생애 활동의 첫 설교의 메시지가 여기서도 다시 그대로 적용되고 있다.

더구나 본문에서 예수가 돌아와 예수 앞에 엎드려 감사한 사마리아 문둥병자를 앞에 놓고, "열 사람이 다 깨끗함을 받지 아니하였느냐? 그 아홉은 어디 있느냐? 이 이방인 외에는 하나님께 영광을 돌리러 돌아온 자가 없느냐?"고 말씀했던 점에 대해 다시금 주목해야 한다. 예수는 열 명 중 돌아와서 감사한 사마리아 문둥병자를 가리켜 분명히 '이방인'이라고 말했다. 당시 유대인들이 사마리아인들을 이방인처럼 여겼기 때문에 예수가 이런 말씀을 했던 것일까? 아니면 예수가 사마리아인과 이방인의 차이를 혼동한 것일까? 만일 그것이 아니라면, 여기서 예수가 사마리아인을 가리켜 이방인이라고 지칭한 것은 중요한 의미가 있어 보인다. 아마도 예수는 여기서 '사마리아인'을 보면서, 그에게서 그리고 그를 넘어서 이방인을 내다보고 계셨다고 생각할 수 있기 때문이다. 예수의 관심이, 또 이 이야기를 소개하는 누가의 관심이 단지 사마리아인에게만이 아니라 사마리아인을 넘어 이방인에게로 향하고 있기 때문이란 말이다. 누가복음의 예수는 사마리아인을 넘어 이방인까지 내다보았던 것이다.

누가는 다른 복음서 기자들과는 달리 그의 복음서에서 사마리아인들과 이방인들의 믿음에 대해 많은 관심을 기울인다. 누가복음 7장 1절부터 10절에서는 예수가 이방인 백부장의 종을 살려 준 이야기를 소개하면서, 예수가 이방인 백부장을 향해 "나는 이스라엘 중에서는 아직 이런 믿음을 본 일이 없다."고 그의 믿음을 칭찬했다고 강조한다. 이런 점을 염두에 둔다면 우리는 이 이야기 가운데서도 이방인의 믿음에 대한 누가의 강조를 보게 된다. 이것은 곧 하나님의 특별한 선택을 받은 백성들보다 오히려 하나님으로부터 버림받았다고 생각하는 이방인들이 하나님의 사랑과 구원을 받을 수 있는 사람들임을 강조하는 것이기도 하다. 누가는 하나님을 잘 믿을 것으로 기대했던 사람들보다 오히려 하나님을 잘 믿지 않는다고 생각했던 사람들이 실제로는 하나님을 더 잘 믿고 더 훌륭한 믿음의 모델이 될 수 있다는 것을 가르치고 있다.

마지막으로, 우리는 이 본문의 이야기(17:11~19)를 누가복음의 여행 설화 부분에 나오는 다른 두 본문, 특히 사마리아인을 다루는 두 본문(9:51~56; 10:30~37)과 연관시켜 읽어보아야 한다. 이 세 본문이 모두 누가복음의 여행 설화 부분에서 사마리아인의 문제를 다루는 본문들이기 때문이다. 그래서 이 세 본문을 함께 연결시켜 읽을 때 우리는 세 본문을 소개하는 누가의 의도를 어느 정도 이해할 수 있게 될 것이다. 특히 세 본문에서 사마리아인에 대한 이미지가 단계적으로 점차 좋아지고 있는 점에 관심을 기울여야 한다. 첫 번째 본문인 9장 53~54절에서는 사마리아인들이 유대인들의 잘못된 편견에 따라 아주 부정적으로 소개되는 것을 볼 수 있다. 사마리아 지역 "마을 사람들은 예수를 영접하지 않았다"(9:53). 그리고 예수의 유대인 제자들은 사마리아인들 모두를 하늘로부터 불이 내려와 태워버리기를 원했다(9:54). 사마리아 사람들은 불결하고 부정한 사람들이라서 상대할 대상이 못 되었고, 그들은 구원을 받을 수 없는 대상으로 여겨졌을 뿐이었다. 그러나 두 번째 본문인 10장 30절에서 37절을 통해 사마리아 사람에 대한 이미지가 달라지게 되었다. 사마리아인이 예루살렘에서 여리고로 내려가는, '피의 길'(the Red or Bloody Way)[325]로 알려진 위험 지역에서 유대인 제사장들이나 레위인이 감히 하지 못했던 일, 즉 자신의 생명에 대한 위험을 무릅쓰고 강도를 만나 죽어 가고 있는 유대인을 구해 주지 않았는가. 누가가 소개하는 '선한 사마리아인의 비유'에서 사마리아인이 '선한' 사람이었고, 유대인 제사장과 레위인은 '악한' 사람이었다. 그렇다면 사마리아 사람들에 대한 해묵은 편견과 오해는 바뀌어야만 하는 것이 아닐까? 그리고 세 번째 본문인 17장 11절부터 19절에서 유대인과 사마리아인으로 구성된 열 명의 문둥병자들 가운데서 똑같이

325) Jerome 시대로부터 '예루살렘으로부터 여리고로 내려가는 길'은 강도들의 습격이 많은, 그래서 많은 피를 흘리는 길이라고 하여 'the Red, or Bloody Way'로 불려 왔다고 한다. Cf. William Barclay, *The Gospel of Luke, The Daily Study Bible*, Edinburgh: The Saint Andrew Press, 1981, p. 139; Fitzmyer, *The Gospel According to Luke*, p. 886.

예수로부터 병 고침을 받았지만, 오직 사마리아 문둥병자만이 "자기 병이 나은 것을 보고 큰 소리로 하나님을 찬양하며 돌아와 예수의 발 앞에 엎드려 감사했다"(17:15~16). 그러고는 예수로부터 "네 믿음이 너를 구원했다."(17:19)는 말씀을 듣게 되었다. 이렇게 해서 다른 유대인 문둥병자들은 구원을 받지 못했는데, 사마리아 문둥병자는 구원을 받았다는 말로 이야기는 끝이 난다.

"역사는 반복된다."는 말의 진리를 그대로 증거라도 하듯이, 누가는 그의 복음서 서두에서 예수의 공생애 첫 설교 말씀을 통해 "이스라엘에 문둥병자들이 많았는데 그들 가운데 아무도 깨끗함을 받지 못하고, 다만 수리아 사람(이방인) 나아만만이 깨끗함을 받았다."(눅 4:27)고 전해 주었는데, 그가 전했던 예수의 그 첫 설교 메시지 내용이 여기서 그대로 다시 되풀이되어서, 유대인 문둥병자들이 아홉이나 있었는데, 그들 가운데 아무도 구원함을 받지 못하고 다만 사마리아인(이방인, 17:18)만이 구원을 받았다고 전해 주고 있지 않은가. 그래서 댄커는 누가의 이 본문 이야기를 두고 다음과 같이 말한다. "이제 사마리아인이 구약의 나아만처럼(왕하 5장; 눅 4:27) 이스라엘을 위한 모델이 되고 있으며 이방인에게로 은혜가 펼쳐지는 것의 상징이 되고 있다."[326] 결국 누가는 그의 복음서에서 사마리아인이 등장하는 세 이야기를 통해 '선교를 위한 매뉴얼' 곧 성공적인 선교를 위해 거쳐야 할 세 단계를 보여 주고 있는 것처럼 생각된다. 그것은 곧 증오와 미움의 대상, 결코 구원받을 수 없을 것으로 생각되는 사람들이지만, 일단 그들에 대한 편견과 인식을 바꾸면 그들의 구원에 대한 길이 활짝 열리게 될 것이란 교훈이 아니고 무엇이겠는가.

---

326) F. W. Danker, *Jesus and the New Age*, p. 291.

20 악한 포도원 농부 비유(20:9~19)

일반적으로 "악한 포도원 농부 비유"[327]라고 불리는 예수의 이 비유는 모든 공관복음서(막 12:1~12; 마 21:33~46; 눅 20:9~19)와 외경 복음서인 도마복음(말씀 65)에 소개되어 있다. 그러나 네 복음서에 소개되는 이 비유 본문들 사이에는 상당한 차이가 있다.[328] 당연히 예수께서 말씀하셨던 본래의 비유 형태와 의도는 무엇이고, 또 나중에 첨가와 수정 등의 변형을 통하여 소개하는 후대 복음서 기자들의 의도는 무엇일까 하는 질문이 제기될 수밖에 없다. 그러나 우리의 주요 관심은 무엇보다도 누가복음에 기록된 비유 본문이다. 특히 예수께서 돌아가신 후 초대 교회 안에서 오랜 기간 동안 구전으로 전해지던 이 비유를 최초로 자신의 복음서에 기록한 누가의 편집 의도가 무엇인지를 밝혀보고자 하는 것이 목적이다. 그의 편집 의도를 알아보기 위해서는 무엇보다도 먼저 예수께서 그의 삶의 자리(the first Sitz im Leben of Jesus)에서 말씀하셨던 본래 비유의 형태와 의도는 무엇인지를 알아볼 필요가 있다. 그리고 그 이후 마가가 초대 교회의 삶의 자리(the second Sitz im Leben of the primitive church)에서 오랜 동안 구전으로 전해지던 이 비유를 그가 처해 있던 삶의 자리(the third Sitz im Leben of the Evangelist)에서 복음서에 기록하면서 이 비유를 얼마나 어떻게 변형시켰는지를 찾아보는 일이 중요하다.

---

327) 우리 말로 "악한 포도원 농부 비유" 혹은 "악한 포도원 일꾼 비유"라고 부르는 것과 마찬가지로 영어로도 "the parable of the wicked husbandmen" 혹은 "the parable of the wicked tenants" 또는 "the parable of the wicked vinedressers"라고 부르고 있다.

328) 공관복음서 본문들 간의 차이점을 위해서는 무엇보다도 〈공관대조〉(Gospel Parallel)를 참조하는 것이 좋다. 그리고 김득중, 「복음서의 비유들」(컨콜디아사, 1988), pp. 90~99 참조.

1) 예수의 본래 비유 형태와 의도

우리는 소위 악한 포도원 농부 비유를 예수의 입을 통해서 예수의 비유로 듣는 것이 아니라 복음서 기자들의 기록을 통해서 복음서 기자들의 비유로 읽게 된다. 그러나 예수께서 말씀하셨던 본래의 비유 형태와 복음서 기자들이 전해주고 있는 비유 본문이 똑같다고 생각하기는 매우 어렵다. 왜냐하면 예수의 비유가 오랜 기간 동안 여러 사람들의 입을 통해 전해졌고, 그 과정에서 예수의 본래 비유 형태가 정확히 그대로 전해진 것이 아니기 때문이다. 이 점은 악한 포도원 농부 비유를 전해주고 있는 세 공관복음서의 비유 본문들이 서로 적지 않게 다르다는 점에서, 뿐만 아니라 외경인 도마복음서를 통해 전해지고 있는 악한 포도원 농부 비유 본문도 공관복음서의 비유 본문들과 아주 큰 차이를 보이고 있는 점에서도 아주 분명해 보인다. 따라서 우리가 누가복음이나 다른 공관복음에서 읽게 되는 이 비유 본문이 예수께서 그의 삶의 자리에서 말씀하셨던 비유의 원형 그대로라고 믿기는 아주 어렵다. 본문의 비유 형태가 복음서 기자들의 손에 의해 너무나도 많은 변화를 일으킨 것으로 보인다. 특히 도마복음을 통해 전해지고 있는 이 비유의 본문을 읽어볼 때 공관복음에 소개되고 있는 비유 본문이 상당히 확대 발전되어 있음을 금방 알 수 있게 된다. 그렇다면 예수께서 맨 처음 이 비유를 말씀하셨을 때, 이 비유는 어떤 형태였으며, 그 경우 예수님의 본래 의도는 무엇이었을까?

앞에서 이미 언급했던 바와 같이 악한 포도원 농부 비유의 본문은 우리에게 네 가지 서로 다른 형태로 전해지고 있는데, 그 중에서 가장 짧은 형태, 가장 단순한 형태, 곧 신학적 채색이 별로 드러나지 않은 본문은 도마복음의 비유 본문이다. 따라서 우리는 도마복음의 비유 본문이 가장 확대 발전되지 않은, 본래의 비유 형태에 가장 가까운 모습을 보존해 주고 있다고 생각할 수 있다.[329] 원문에 가장 가까운 본문을 찾으려는 본문 비평 작업에서도 "가장

---

329) C.H. Dodd, *The Parables of the Kingdom*, New York: Scribner's, 1961, pp. 124~132; J. Jeremias, *The Parables of Jesus*, London: SCM Press, pp. 70~77. Cf. K. Snodgress, "The Parables of the Wicked

짧은 본문이 가장 좋은 본문이라"는 원칙을 채택하고 있다. 또한 현재의 중요한 요인은 이 비유 본문의 경우 공관복음에서 확대 발전된 본문들이 대부분 다 초대 교회의 신앙을 반영해 주고 있는 부분들이라는 사실에 있다. 따라서 만약 우리가 도마복음 비유 본문을 중심으로 마가의 비유 본문에서 확대 발전된 부분, 곧 마가가 나중에 교회의 필요와 요구에 의해서 첨가했을 것으로 생각되는 부분들을 삭제하면 비교적 원형에 가까운 비유 본문을 다음과 같이 찾을 수 있을 것으로 생각된다.

"예수께서 말씀하셨다. 어떤 사람이 포도원 하나를 가지고 있었는데 그것을 농부들에게 맡겨 그들로 하여금 거기서 일하면서 자기에게 열매를 바치도록 했다. 그는 농부들이 자기에게 바칠 포도원의 열매를 받아오게 하기 위해서 자기의 종을 보냈다. 그들은 그의 종을 잡아 때리고 그를 거의 죽게 만들었다. 그 종이 돌아와서 그의 주인에게 사실대로 말했다. 그의 주인은 말하기를 아마도 그들은 너를 알아보지 못했을 것이라고 말하면서 다른 종을 보냈다. 농부들은 이 종도 때려보냈다. 다음에 주인은 자기의 아들을 보내면서 아마 그들이 나의 아들은 존경할 것이라고 생각했다. 그러나 그들은 그가 포도원의 상속자였다는 것을 알고는 주인의 아들까지 잡아 죽였다."[330]

가정적인 것이기는 하지만 예수의 비유 원형에 가장 가까운 것을 이처럼 찾아놓았을 때 우리는 다음과 같은 몇 가지 질문에 직면하게 된다. 첫째는 예수 비유의 본래 형태에서 마지막 결론 구절이 무엇이었을까 하는 점이다. 공관복음에서는 모두 "포도원 주인이 이 농부들을 어떻게 하겠느냐?"로 끝나고 있다. 그리고 도마복음에서는 "들을 귀가 있는 자들은 들으라"고 결론짓

Husbandmen: Is the Gospel of Thomas Version the Original?" NTS 21(1974), pp. 142~144. Dan Otto Via는 "가장 알레고리적인 요소가 적은 본문이 가장 원문에 가깝다"고 보고 있다. Cf. *The Parables*, p. 134. 뿐만 아니라 C.S. Mann은 그의 마가복음 주석에서 도마복음서의 비유 본문이 "본래의 형태, 혹은 예수께서 말씀하셨던 비유 형태에 근사한" 본문이라고 말한다. Cf. *Mark(The Anchor Bible)*, p. 461.

330) 만약 "주인이 포도원을 빼앗아 다른 사람들에게 주었다"는 말이 예수의 본래 비유에 포함되어 있었다고 본다면, Jeremias의 해석대로 예수의 본래 의도는 하나님 나라 은사가 이전의 농부들인 회개하지 않는 유대 백성들로부터 회개하고 돌아오는 세리와 죄인들에게로 돌아간다는 복음을 전하는 데 있었다고 볼 수 있다. Cf. Jeremias, *Parables*, 70~77.

는다. 즉 포도원 농부들이 마지막으로 주인의 아들까지 죽였다는 것으로 비유가 끝나지 않고, 예수의 질문, 곧 "포도원 주인이 이 농부들을 어떻게 하겠느냐?"로 끝났을 가능성이 많기 때문이다. 도나휴(Donahue)가 생각하고 있는 것처럼 9절의 질문이 본래 "비유의 드라마적 초점"331)일 경우,332) 예수께서 이 비유를 통해서 당시 청중에게 주려고 했던 메시지는 무엇이었을까? 예레미야스(Jeremias)는 예수 비유가 본래 "포도원 주인이 와서 농부들을 죽이고 포도원을 다른 사람에게 맡길 것이다"로 끝났을 것으로 보면서, 이 경우 예수의 본래 비유 의도는 포도원이 다른 사람들에게로 넘어가는 것, 곧 하나님 나라의 은사가 이제 이전의 농부인 유대교 지도자들로부터 세리와 죄인들에게로 넘어가는 것을 선포하는 데 있었던 것으로 보인다.333) 결국 예수는 이 비유를 통해서 그의 은혜와 자비가 사회의 소외 계층과 변두리 사람들에게로 주어진다는 것을 옹호했던 것이다.334)

둘째로 우리가 제기할 수 있는 또 다른 중요한 질문은 예수의 이 본래 비유에서 가장 중요한 중심인물은 누구이며 비유의 핵심은 무엇인지에 관한 문제이다. 이 질문은 비유를 올바로 해석하는 데 아주 중요하다. 전통적으로 이 비유에 붙여진 명칭에 의한다면 이 비유의 중심인물은 "(악한) 포도원 농부들"이다. 물론 이런 이해는 이 비유를 예수를 배척한 이스라엘 백성들에 대한 하나님의 배척이란 구원사의 알레고리로 보는 이해에서 나온 것으로 보인다. 그러나 이 비유를 이스라엘의 구원사에 대한 알레고리로 읽는 것은 예수의 의도를 읽는 것이 아니라 도리어 초대 교회나 복음서 기자들의 의도를 읽는 것이기 때문에, "악한 포도원 농부들"을 이 비유의 중심인물로 보는 것은 예수의 본래 비유 의도와는 다른 것으로 생각된다. 예수의 본래 비유

331) Donahue, *The Gospel in Parable*, Philadelphia: Fortress Press, 1988, p. 54.

332) D.E. Nineham은 눅 17:9를 예로 들어가면서 예수께서 비유 가운데서 제기한 질문에 대해서는 대답하지 않는 것이 대체적인 습관이라고 말한다. 오히려 복음서 기자들이 비유들의 교훈을 제시해 주기 위해서 가끔 대답 형태로 교훈을 주고 있다고 본다. Cf. *St. Mark*, London: Adam & Charles Black, 1968, p. 312.

333) Jeremias, *The Parables of Jesus*, pp. 70~77.

334) C.S. Mann도 "예수에게 있어서 비유의 본래 의미는 가난한 자, 멸시받는 자, 그리고 소외된 자에 대한 그의 선포를 변호하는 것"이라고 말한다. Cf. *Mark(The Anchor Bible)*, p. 462.

에서 중심인물은 결코 "포도원 농부들"이 아니라 오히려 "포도원 주인"이었다고 생각할 수 있다. 비유를 면밀히 살펴보면 이 비유에는 포도원 주인의 행동을 묘사해 주는 동사들로 가득 차 있다. 예수의 본래 비유 형태에서만 아니라 그것을 처음 문서로 전해 주고 있는 마가의 본문과 누가의 본문에서도 포도원 주인의 행동이 비유 이야기의 발전을 결정하고 있다. 그가 종들을 계속 보내지 않았다면, 또는 첫 번째 종이 능욕당한 후 다른 종을 보내지 않았다면 비유의 내용은 아주 달라졌을 것이다. 15절의 수사학적 질문, 곧 "포도원 주인이 이 사람들을 어떻게 하겠느뇨?"라는 질문은 이 비유의 극적인 초점이 되고 있다. 그런데 이 질문은 포도원 주인이 어떻게 하겠느냐는 질문만 아니라 사실상 포도원 주인이 어떤 종류의 인물인가를 묻고 있는 것이기도 하다. 예수는 이 비유를 통해서 회개하지 않는, 그래서 계속 하나님께 반역하고 있는 백성들에게 그들이 회개하고 돌아올 때까지, 즉 회개하고 소출을 바칠 때까지 인내심을 가지고 기다리고 계신 분이라는 점을 강조하려고 했던 것으로 생각된다. 마치 집을 나간 탕자가 돌아올 때까지 문밖에 나가 기다리고 있는 "사랑이 많은 아버지"처럼! 그러니까 예수께서는 이 비유를 통해서 자신을 믿지 않고 받아들이지도 않는 이스라엘에 대한 공격을 하고 있는 것이 아니라 그들의 긍정적인 반응을 원하며 기다리고 있는 하나님을 보여 주고 있다. 따라서 예수에게는 이 비유의 초점이 "악한 농부들"에게 있는 것이 아니라 도리어 "포도원 주인"에게 있는 것으로 보인다. 그래서 예수의 본래 의도에 따른 좀 더 적절한 이 비유의 명칭은 "인내심이 많은 포도원 주인(the patient vineyard owner)의 비유"라고 보아야 할 것이다.[335]

2) 편집적인 손질을 통해 본 누가의 의도

---

335) 이것은 마치 "포도원 일꾼 비유" 경우에 있어서도 예수의 본래 의도는 오히려 한 시간 일한 일꾼들에게도 하루 품삯을 주는 "자비로운 고용주의 비유"였던 것과 마찬가지이다. Derrett, "Allegory and Wicked Vinedressers," *JTS* 25(1974), pp. 426~432도 이 비유의 본래 의도는 구원사에 대한 설명에 있는 것이 아니라 하나님을 반역하는 사람들에 대한 하나님의 인내하심을 보여주는 데 있다고 말한다.

누가복음의 이 비유 본문에 보면, 예수의 본래 비유 형태에는 없었던 것으로 보이는 내용들이 많이 첨가되어 있다. 나중에 첨가되고 삽입된 구절들과 문구들은 누가가 편집 과정에서 자신의 의도를 반영하기 위한 중요한 수단들이었던 것으로 알려지고 있다. 따라서 예수의 본래 비유에는 없던 것들이었는데, 후에 누가에 의해서 첨가된 내용들은 이 비유를 소개하는 누가의 의도를 알아내기 위한 중요한 열쇠가 되는 셈이다. 마가가 예수의 본래 비유에 첨가한 것으로 알려지고 있는 요소들은 어떤 것들인지 하나씩 살펴보면서 그 신학적 의도가 무엇인지를 알아보기로 하자.

(1) 타국 주제

9절 부분에 보면 포도원 주인은 농부들에게 포도원을 세로 주고 "타국에 갔다"는 문구가 나온다. 이 문구가 공관복음에는 모두 나오지만 도마복음에는 없다. 물론 이 문구가 예수의 입에서 나왔을 수도 있다. 그 경우 팔레스틴을 점령하고 있던 외국인 부재 지주(foreign absentee landlord)를 암시하는 문구로 생각될 수도 있다. 그러나 이미 이 문구는 초대 교회 안에서 부활 승천하셔서 제자들로부터 멀리 떨어져 계신 주님을 가리키는 일종의 알레고리로 사용되었던 것으로 생각된다.336) 누가의 본문에서는 "타국 주제"에 이어서 "오래 있다가"란 문구를 다시 첨가하였는데, 이것은 주님의 재림이 오랜 동안 지연되는 초대 교회의 상황, 혹은 보다 구체적으로 누가 공동체의 상황을 반영하고 있다는 것을 생각할 수 있게 해 준다.

(2) "내 사랑하는 아들" 명칭

도마복음과 마태복음에서는 다만 "내 아들"이란 표현이 사용되고 있을 뿐이다. 아마도 예수의 본래 비유에서도 그러했을 것이다. 그런데 누가복음에서(마가복음에서도) "사랑하는 아들"이란 문구로 바뀌었다. 그러나 누가는 마

---

336) 예를 들어 달란트 비유(마 25:14~30)에서도 주인은 종들에게 돈을 맡기고 "타국에 갔고," 므나 비유(눅 19:12~27)에서도 "먼 나라로 갔다."

가복음과 달리 "내 사랑하는 아들"(13절)이란 문구를 사용함으로써 누가복음 3장 22절에서 들려 왔던 하늘 음성과 정확히 일치시켜 자신의 기독론을 반영해 주고 있다. 그래서 누가에게 이 비유에 나오는 "사랑하는 아들"은 예수를 가리키는 것 이외에 다른 것이 아닌 것으로 보인다.

(3) 포도원 밖에서의 죽음

마가복음 12장 8절에 의하면 포도원 주인의 아들은 "잡아 죽인 후에 포도원 밖에 내어 던짐을 당했다." 그런데 누가는 (마태도) 포도원 농부들이 주인의 "아들"을 "포도원 밖으로 쫓아내어 죽였다"(15절)고 기록했다. 누가가 포도원 주인 아들의 죽음을 "사랑하는 아들", 곧 예수의 죽음으로 이해했고, 그래서 좀 더 분명하게 "포도원 밖에서 죽임을 당한 것"으로 표현된다. 분명히 "이것은 예수가 성 밖에서 죽임을 당한 것에 대한 언급(요 19:17; 히 13:12~13)" 일 것이다.[337] 따라서 "사랑하는 아들"의 죽음은 누가에게 분명히 예수의 죽음을 뜻하는 것 이외의 다른 것이 아니었다.

(4) "주인이 와서 농부들을 죽이고 포도원을 다른 사람들에게 줄 것이다"(16절 상반절)

포도원 농부들이 주인의 종들과 주인의 "사랑하는 아들"까지 죽여 버리자, 주인이 와서 농부들을 죽여 버리고 포도원을 그 악한 농부들로부터 빼앗아서 "다른 사람들에게" 맡길 것이라고 한다. 예수의 본래 비유는 도마복음 본문에서와 같이 "그러니 포도원 주인이 어떻게 하겠느냐?"로 끝난 것으로 생각된다. 일반적으로 예수께서는 비유의 끝부분에 나오는 질문에 아무런 대답을 제시하지 않는다(예: 눅 17:9). 오히려 복음서 기자들이 그 질문에 대한 대답을 제시함으로써 비유의 교훈을 밝혀 주는 습관이 있다. 여기서도 "주인이 와서 (열매를 바치지 않은) 농부들을 죽여 버렸다"(16절 상반절)는 문구를 통

337) Jeremias, *The Parables of Jesus*, p. 73.

해서 누가는 열매를 바치지 못한 농부들에 대한 주인(*"kurios"*)의 저주와 심판을 강조하면서 포도원은 "다른 사람들에게" 넘겨지는 것으로 기록하고 있다. 아마도 예수의 삶의 자리에서는 믿지 않는 유대인들로부터 복음을 믿는 "다른 사람들," 곧 "가난한 사람들, 멸시받는 사람들 그리고 소외된 사람들에게"[338]로 넘어가는 것을 의미했을 수 있다. 그러나 칼스턴(Charles E. Carlston)은 이 비유가 "예수가 하나님이 유대인으로부터 이방인에게로 돌아서는 것을 예견했다는 것을 암시할 수도 있음"[339]을 전제하고 있는데, 누가복음의 경우에 포도원을 넘겨받게 될 "다른 사람들"은 당연히 이방인들을 가리키는 것으로 보아야 할 것으로 생각된다. 이스라엘이 복음을 배척함으로 인해서 복음이 이제 이스라엘로부터 다른 백성들에게로 넘어가게 되었다는 것이 누가 공동체의 구성원들이 경험하고 있던 현실이었기 때문이다. 누가가 사도행전에서 바울의 입을 통해 두 번씩(13:46과 18:6)이나 반복적으로 "유대인들이 복음을 반대하기 때문에 이제 이방사람들에게로 간다"고 말한 것도 바로 이런 점을 염두에 두었던 것으로 생각된다. 그래서 댄커(Danker)도 다음과 같이 말하고 있다. "누가의 기록에서 이것은 오직 두 가지를 의미할 수 있을 뿐이다. 즉 예루살렘의 멸망 그리고 복음에 대한 책임이 예루살렘에 있는 지도자들로부터 구원의 메시지를 받아들이는 유대인과 이방인들에게로 옮겨가는 것이다."[340] 사실 이 점은 이미 마가복음의 경우에도 마찬가지였던 것으로 보인다. 슈바이쩌(E. Schweizer)도 그의 「마가복음 주석」에서 "포도원이 다시 주어지게 될 다른 사람들은 물론 이방인들이다. … 이스라엘이 복음을 배척한 것이 복음이 이스라엘로부터 다른 백성들인 이방인들에게로 가게 된

---

338) Cf. C.S. Mann, *The Gospel of Mark*(The Anchor Bible), p. 462.

339) Charles E. Carston, *The Parables of the Triple Tradition*, Philadelphia: Fortress Press, 1975, p. 189.

340) Cf. F.W. Danker, *Jesus and the New Age*, p. 318. 다른 한편으로 C.H. Talbert는 눅 20:16에서 말하는 "다른 사람들"이 "이방인들"을 가리키는 것이 아니라, 누가의 현재 문맥에서는 유대 종교 지도자들 대신에 임명을 받은 "사도들"이라고 보고 있다. Cf. C.H. Talbert, *Reading Luke*, p. 189: "This not a reference to the desturction of Jerusalem and the to the shift of the good news to the Gentiles. It is an attack on the religious bureaucracy(vs. 19) and says that because of their rejection of Jesus, their positions as caretakers of God's people are cancelled and in their place others are appointed(in the Lukan context, the apostles~22:28~30; Acts 1:15~26)."

이유이다"라고 말하고 있다.[341] 결국 악한 농부들을 멸하고 포도원을 "다른 사람들에게" 넘겨준다는 주제(16절)는 하나님께서 오직 이스라엘만을 보호하며 돌보시는 날이 이제 지나가고 하나님이 복음 선포를 통해서 이방인들에게로 돌아서는 날이 왔다는 교회 시대, 새로운 이방 선교 시대를 반영해 주는 것으로[342] 받아들여야 할 것이다.

341) E. Schweizer, *The Good News According to Mark*, Virginia: John Knox Press, 1970, p. 241.
342) H. Anderson, *The Gospel of Mark*, London: Oliphants, 1976, p. 271.

21 빌라도 앞에 선 예수(23:1~5, 13~25)

누가가 누가복음과 사도행전을 기록할 당시에는 이미 초대교회가 활발한 선교 활동에 들어갔을 때였다. 물론 초기에는 유대인들이 선교의 주요 대상이었을 것이다. 그러나 유대인으로서 기독교인으로 개종하는 사람의 수효가 많이 늘어나게 되자 유대 당국은 자구책의 하나로서 '유대인으로서 예수를 메시아로, 그리스도로 신앙고백하는 사람들을 회당으로부터 축출하는 조치'를 취했으며(참고. 요 9:22), 또 회당 예배에 '이단자들을 위한 저주 기도문'(*the Birkat-ha-Minim*)[343]을 도입하여 유대인 가운데 기독교로 개종하는 사람들을 막기 위한 노력에 치중하기도 했다. 나중에는 유대교 당국이 기독교로 개종하는 유대인을 잡아서 죽이기까지 했다(참고. 요 16:2). 신생 기독교 운동의 급격한 성장과 활발한 선교 활동에 대한 유대교 당국의 이런 적극적인 대응책 때문에 유대인으로부터의 개종자들 숫자는 점차 줄어들기 시작했다. 유대인들을 상대로 한 선교 활동이 어느 정도 한계에 도달하게 되었다는 말이다. 그런데 이런 상황은 오히려 초대교회가 선교의 대상을 유대인으로부터 이방인에게로 돌리는 계기가 되었고, 그 결과로 초대교회 안에는 실제로 이방인들로부터의 개종자들이 많이 늘어나기 시작하게 되었다.

그러나 당시 로마 세계에 널리 흩어져 있는 이방인들을 상대로 한 초대교

343) 유대교 랍비들이 주후 70년 유대 나라의 멸망과 예루살렘 성전의 몰락으로 유대교가 전반적으로 위기에 직면했을 때, 유대교를 외적이며 내적인 위협으로부터 지키기 위해 회당 예배에 도입한 이른바, '18 기도문' 중 열두 번째 기도문을 가리키는 말이다. 그 기도문 내용은 다음과 같다. "박해자들에겐 소망이 없게 하시고 오만의 지배를 우리 시대에 당장 근절시키시오며, 기독교들과 미님(*minim*, 이단자)들을 일순간에 멸하시오며, 그들의 이름을 생명의 책에서 도말하시사 의인들과 함께 기록되지 않게 하옵소서."

회의 선교 활동도 그렇게 순탄하지는 않았다. 수월하지도 않았다. 처음부터 이방인들을 겨냥한 초대 기독교의 선교 활동에는 중요한 장애물이 버티고 있었기 때문이다. 그것은 바로 초대 기독교가 '구주' 혹은 '주님'으로 전파하고 있는 예수가 그 당시 지중해 연안을 넓게 지배하고 있던 로마 제국에 의해 정치적으로 유죄 판결을 받아 십자가에 처형되었다는 사실 때문이었다. 당시 복음 전도자들이 복음을 들고 들어가는 거의 모든 지역에서 로마 황제의 깃발이 휘날리고 있었던 때였기에, 그런 지역에서 로마가 정치적으로 유죄 판결을 내려 십자가에 처형한 사람을 구주와 주님으로 믿고 받아들이라고 전파하는 일이 결코 쉽지 않았을 것이다. 더구나 복음을 받아들이고 믿으려는 사람들의 입장에서는 그것이 오히려 로마에 대한 일종의 반역 행위로 생각될 수도 있어 당연히 복음을 받아들이고 믿는 것을 주저할 수도 있는 일이었다. 이것이 누가가 그의 복음서를 기록할 당시 복음 선교를 위해 직면했던 커다란 장벽이 아닐 수 없었을 것이다. 이런 상황에 직면한 누가로서는 이 장벽을 제거하는 일이 세계 선교를 위해 가장 시급하고 중요한 일이 아닐 수 없었을 것이다.

그래서 누가는 누가복음과 사도행전 기록을 통해 이 장애물 제거를 위한 작업에 착수하게 되었던 것이다. 누가는 한편으로, 예수가 로마 당국에 의해 정치적으로 유죄 판결을 받고 처형된 것이 아님을 강조하면서 기독교가 로마 당국에 정치적으로 무죄하고 무해한 종교임을 분명히 밝힘으로써, 복음 선교의 중요한 걸림돌을 제거하려 했고 다른 한편으로는, 로마 당국과 기독교의 관계가 대립적이며 적대적인 관계가 아니라 오히려 우호적이며 호의적인 관계라는 사실을 널리 알림으로써, 로마 세계를 향한 기독교 선교의 발판을 공고히 세우려 했다. 누가의 이런 정치적 혹은 선교적 의도가 가장 잘 드러나는 부분이 바로 누가복음 23장이다. 여기서 누가는 빌라도의 심문을 통해, 헤롯의 심문을 통해(23:6~12) 각각 그의 무죄를 강조하고, 또 거기서 더 나아가 회개하는 강도의 입을 통해(23:41), 그리고 십자가 처형을 진두지휘하던 로마 백부장의 고백을 통해(23:47) 계속 예수의 무죄를 강조하고 있기 때문이다. 수난 설화의 마지막 클라이맥스인 예수의 십자가 죽음을 설명하는 누가복음 23장에서 누가의 주요 관심과 강조점은 예수의 정치적 무죄를 확인하며 강조하는 데 있는 셈이다.

1) 예수와 빌라도의 만남

예수는 십자가에 처형되기 이전에 여러 번 심문을 받았다고 기록되어 있다. 그러나 그 구체적인 내용에 대해서는 복음서들 간에 차이가 적지 않다. 가장 중요한 차이는 마가복음이나 마태복음의 경우, 그리고 요한복음의 경우에도 예수는 두 번 심문을 받았다고 알려져 있는데, 처음에는 유대 종교 지도자들로 구성된 산헤드린 앞에서 받은 심문이고, 두 번째는 로마 총독 빌라도 앞에서 받은 심문이다. 그러나 누가복음에서는 모두 네 번 심문을 받았다고 기록되어 있다. 처음에는 산헤드린 앞에서이다(22:66~71). 두 번째로는 빌라도 앞에 끌려가서 받은 심문이다(23:1~50). 세 번째로 예수는 헤롯에게 보내져서 헤롯 앞에 서게 되었다(23:6~12). 그리고 마지막으로 다시 빌라도 앞에 서서 심문을 받은 후 십자가 처형 선고를 받는다(23:13~25). 만일 두 번째와 네 번째 심문을 다른 복음서들 경우와 마찬가지로 빌라도 앞에서 받은 하나의 같은 심문 장면으로 본다 하더라도, 누가복음에서는 다른 복음서들과 달리 분명히 세 번(산헤드린 앞에서, 헤롯 앞에서, 빌라도 앞에서) 심문을 당한 셈이다. 다른 복음서들에는 예수가 헤롯 앞에 서서 심문을 받은 이야기가 전혀 없기 때문이다. 따라서 예수가 산헤드린과 빌라도 이외에 헤롯 앞에서 심문을 받았다는 이야기도 누가의 독특한 구성이며, 누가 자신의 특별한 관심사를 반영해 주는 이야기라고 생각할 수밖에 없다(이하 〈헤롯 앞에 선 예수〉 참고).

복음서들 간에 모두 일치하는 내용, 그래서 누가복음에서도 똑같이 언급되는 내용은 예수가 겟세마네 동산에서 체포된 후에, 먼저 유대인의 공의회인 산헤드린 앞에 끌려가 심문을 받았다는 점(22:66~71)과 그 후에 다시 빌라도 앞에 나아가 심문을 받았다는 점이다(23:1~5, 13~25). 그런데 예수가 산헤드린 앞에서 심문당한 이야기는 복음서들 중 누가복음의 본문이 가장 짧은 편이다(막 14:55~68; 마 26:59~68; 눅 22:66~71). 반면에 예수가 빌라도 앞에서 심문당한 이야기는, 누가복음의 본문이 다른 복음서들의 기록보다 오히려 긴 편이다(막 15:2~15; 마 27:11~26; 눅 23:2~5,13~25). 이것은 누가가 예수의 산헤드린 앞에서의 심문보다는 오히려 예수가 로마의 총독 빌라도 앞에서 받은 심문에 더 많은 관심을 보이고 있는 증거일 수 있다.

실제로 누가복음에서 예수가 빌라도 앞에서 심문을 받는 장면은 아주 중요하다. 예수의 수난 설화 중 마지막 클라이맥스이기 때문에 그렇기도 하지만, 그러나 그보다는 오히려 예수와 빌라도의 만남이 누가에게나 그의 독자들에게는 기독교와 로마 제국의 만남이란 더 크고 중요한 의미를 갖고 있기 때문이기도 할 것이다. 더구나 누가가 누가복음(그리고 사도행전)을 기록할 당시 기독교의 복음을 로마 세계에 전파해야 하는 중요한 과제 앞에 직면해 있었기 때문이다. 따라서 누가로서는 다른 복음서 기자들과는 달리 예수의 수난 설화 중에서 특히 예수가 빌라도 앞에 나아가 심문을 받는 장면을 기록하는 데에 특별한 관심을 기울일 수밖에 없었을 테고, 결과적으로 이 부분에서 다른 복음서들과는 다른 독특한 의도를 드러내고 있는 것이다. 우리는 예수가 빌라도 앞에 나아가 심문을 받았던 이야기를 통해 누가가 다른 복음서들과는 달리 특별히 강조하려고 했던 점이 무엇인지에 대해 주목해야 한다.

2) 정치적으로 고발당한 예수

예수가 유대인의 산헤드린에서는 주로 종교적인 죄목으로 심문을 받았다. 마가와 마태에 의하면, 예수는 "손으로 지은 성전을 헐고 손으로 짓지 아니한 다른 성전을 사흘에 짓겠다."고 말한 것 때문에, 즉 성전 모독죄로 고발당했다(막 14:58; 마 26:61). 그리고 심문 과정에서는 "네가 하나님(혹은 찬송 받을 자)의 아들이냐?"(막 14:61; 마 26:63)는 추궁을 당했다. 종교적인 의미를 가진 질문이었다. 이 질문에 예수는 "내가 그니라."(마태복음에서는 "네가 말하였느니라.")고 대답했고, 이 말이 신성모독죄('참람한 말', blasphemy, 막 14:64; 마 26:65~66)로 '사형에 해당하는 것'(막 14:64; 마 26:66)으로 판결되었다. 그러나 산헤드린은 예수를 처형할 수가 없었다. 요한복음 18장 31절에서도 분명히 언급되고 있는 바와 같이 유대인들에게는 사람을 죽이는 권한이 없었기 때문이다. 그래서 그들은 예수를 죽이기 위해 빌라도에게 넘길 수밖에 없었다. 그러나 예수를 성전모독죄나 신성모독죄로 고소하여 빌라도에게 넘길 수는 없었다. 로마 총독에게는 종교적인 문제가 관심의 주요 대상이 될 수 없었기 때문이다.

그래서 그들은 예수를 빌라도에게 넘길 때 죄목을 정치적인 것으로 바꾸었다. 누가복음 23장 2절을 보면, 유대인들이 예수를 빌라도에게 넘길 때, 그들은 다음과 같은 세 가지 죄목을 예수에게 적용했다. 첫째는, '백성을 미혹하는 죄'(*diastreponta to ethnos hemon*)이고 둘째는, '가이사에게 세금을 바치는 것을 금한 죄'이며 셋째는, '자칭 왕 그리스도라고 한 죄'이다. 그러나 학자들 중에는 무리들이 예수를 고발한 죄목을 세 가지로 보지 않고 두 가지로 보는 견해도 많다. 첫 번째 죄목인 백성을 미혹하는 죄가 주요 죄목이고, 두 번째와 세 번째 죄목은 첫 번째 죄목의 두 가지 실례(two examples)라고 보는 입장이다.[344] 23장 2절에서의 "미혹한다."는 단어와 조금 다르지만, 거의 같은 의미로 23장 5절에서는 '백성을 소동케 한 죄'(He stirs up the people)와 23장 14절에서는 '백성을 미혹하는 죄'(perverting the people)란 말이 반복되고 있는 것을 봐도, 그 죄목이 가장 중요한 죄목이었던 것 같다. 그러나 누가복음에서 '3'이란 숫자의 패턴이 중요한 역할을 하는 점으로 보아,[345] 예수가 여기서 '세 가지 죄목'으로 고발된 것이 맞다고 보는 입장도 있다. 특히 캐시디(Cassidy)는 예수가 세 가지 죄목으로 고발되었고, 마지막 세 번째 죄목이 가장 중요하며, 그래서 빌라도도 그 세 번째 죄목을 택해 예수에게 질문을 던졌

---

344) R. E. Brown, *The Death of the Messiah*, p. 738.

345) 예를 들어, 예수가 광야에서 받은 세 가지 시험, 세 가지 대상들(무리들, 세리들, 군인들)에게 준 세례 요한의 설교, 세 번에 걸친 예수의 수난 예고, 세 번에 걸친 베드로의 부인, 세 번에 걸친(산헤드린, 헤롯, 빌라도) 예수의 심문 등등.

다고 주장한다.[346] 그러나 죄목이 둘이건 셋이건 간에 모두 정치적인 죄목이란 점에서는 아무런 차이가 없고, 또 그 점이 중요하다.

누가의 선교적인 관심의 입장에서 볼 때, 그에게 정말로 중요했던 것은 예수가 종교적인 죄목으로 처형되었는가, 정치적인 죄목으로 처형되었는가, 하는 문제였을 것이다. 예수가 유대인들의 종교 지도자들에 의해 성전모독죄나 신성모독죄와 같은 종교적인 이유로 처형되는 것은 오히려 누가의 주요 관심사가 아니었을지도 모른다. 그것이 로마 세계를 향해 예수를 전파하는 데 별다른 장애가 될 수 없기 때문이다. 그러나 예수가 정치적인 이유로 로마 제국에 의해 처형당했다는 것은 로마 세계를 향한 선교에 큰 문제, 아니 커다란 장벽이 될 수도 있었다. 로마 총독 빌라도의 가장 중요한 관심사도 과연 예수가 정치적으로 위험 요인이 되고 있는가 하는 문제였을 것이다. 그래서 누가는 빌라도에 대한 고발이 정치적 고발이라는 점에 역점을 두는 것이다. 누가는 그 세 가지 고발 항목(23:2)에 이어서 23장 5절에서 다시금 빌라도에게 고발한 사람들이 "더욱 강경하게 그 사람은 갈릴리 온 땅에서…백성들을 선동하고 있었다."는 점을 지적하면서, 특별히 '갈릴리'를 언급하였다. "혁명적인 활동의 온상(눅 4:44; 7:17; 행 10:37)인 갈릴리에 대한 언급이 정치적 의미를 강조해 주는 셈"[347]이기 때문이었다.

예수를 고발한 세 가지 죄목 중에서 빌라도가 관심을 기울인 것은 오직 예수가 "자칭 그리스도 왕"(Christ King)이라고 했던 점뿐이었다. 가이사에게 세금 바치는 것을 반대했다는 죄목도 우선적인 관심은 아니었다. 아마도 그 죄목이 거짓이라는 것이 이미 누가복음 20장 25절에서 예수가 "가이사의 것은 가이사에게 바치라."고 가르치셨던 사실, 그리고 가이사에 대한 세금 문제로 "사람들 앞에서 예수의 말씀을 책잡으려던 계획은 실패로 돌아갔다."(20:26)는 사실이 밝혀졌기 때문일 것이다.[348] 그러나 빌라도에게는 "그리스도 왕"

---

346) Cf. R. E. Brown, *The Death of the Messiah*, p. 738, n. 18.

347) Frank J. Matera, *Passion Narratives and Gospel Theologies*, p. 177.

348) 이것과 함께 예수가 누가복음에서 세리들과 아주 가까이 지냈음을 여러 번 강조하고 있는 점도 주목할 만하다(눅 5:27~30; 7:34; 15:1; 18:9~14).

이란 말 자체도 애매한 단어였을지 모른다. 그에게는 애매한 "그리스도 왕" 혹은 "메시아 왕"이란 단어보다는 오히려 자기가 담당하고 있는 유대 땅의 왕, 곧 "유대인의 왕"이란 단어가 더 중요했을 것이다. 그래서 빌라도는 예수에게 "네가 유대인의 왕이냐?"고 직접 물었다(23:3). 그 질문에 대한 예수의 대답은 애매하게도 "네가 말하였다."(you have said so)였다.[349] 웨스트콧-호트(The Westcott-Hort) 헬라어 신약성경 본문은 이 구절의 난외 주석 가운데서 예수의 이 대답을 질문형으로, 즉 "너는 그렇게 말하니?"(Do you say so?)라고 번역할 수 있는 가능성을 제기하기도 한다.[350] 이런 가능성과 함께 빌라도가 이 대답을 듣고 즉각 "나는 이 사람에게서 아무 허물도 찾지 못했소."라고 말한 것을 보더라도 예수의 대답은 질문에 대한 부정적인 의미로 받아들여야 한다는 주장이 제기되기도 했다. 여하간 누가복음을 보면, 아니 누가가 전해 주고 있는 빌라도의 심문 과정과 빌라도의 마지막 판결에 대한 기록을 보면, 누가복음 23장 2절에서 예수가 정치적 죄목으로 고발되었음에도 불구하고 그를 심문한 로마 총독 빌라도의 최종 판결이 '무죄 선언'이었다는 점은 놀라운 일이 아닐 수 없다.

3) 예수에 대한 빌라도의 무죄 선언

누가복음의 이런 기록은 좀 의외라고 생각되기도 한다. 왜냐하면 복음 전승에 따르면, 예수는 분명히 로마 총독 빌라도에 의해 유죄 판결을 받고 십자가형에 처해졌다고 전해지기 때문이다. 그래서 기독교인들이 고백하는 '사도신경'에서도 "본디오 빌라도에게 고난을 받으사 십자가에 못 박혀 죽으시고"란 문구가 들어가 있지 않은가. 최초로 기록되었다고 알려진 마가복음에서도, 예수는 먼저 산헤드린에서 사형에 해당한다는 정죄를 받은 후 빌라도

---

349) 헬라어 원문에서 'you'가 강조하여 사용되었기 때문에, 원문의 의미는 오히려 "It is you who say this!"라고 보아야 할 것이다. Cf. Fitzmyer, *The Gospel According to Luke*, p. 1475.
350) R. E. Brown, *The Death of the Messiah*, Vol. I, p. 741.

에게 넘겨졌고 빌라도가 예수를 심문한 후 결국 "예수를 채찍질한 후에 내어 주어 십자가에 못 박게 했다."(막 14:15)고 기록되어 있다. 사실 이것이 역사적 사실에 가깝다고 알려져 있다. 그런데 누가복음 수난 설화 가운데서 나타나는 한 가지 독특한 점, 그리고 주목할 점은 누가가 예수의 무죄성을 무척이나 강조하고 있다는 사실이다. 그것도 로마 당국을 대표하는 로마 총독의 입을 통해서 말이다. 마가복음과 마태복음에서는 이런 점이 전혀 강조되고 있지 않기 때문에,[351] 로마 총독 빌라도에 의한 예수의 무죄 선언에 대한 강조는 누가복음의 수난 설화에서 볼 수 있는 독특한 점이 아닐 수 없다.[352] 더구나 누가는 수난 설화에 등장하는 다른 여러 사람의 입을 통해서도 반복적으로 예수의 정치적 무죄를 강조하고 있기 때문에 예수의 무죄에 대한 누가의 변증은 그의 수난 설화에서 나타나는 일관된 관심사요 강조점이었음에 틀림없어 보인다.

첫째로, 누가복음에서 예수의 무죄에 대해 가장 분명히 그리고 가장 강력하게 주장한 사람은 의외로 놀랍게도 바로 로마 총독 빌라도다. 누가는 빌라도의 입을 통해 세 번씩이나 예수의 무죄를 공식적으로 선언한다. 마가복음과 마태복음에서는, 대제사장과 장로들이 예수를 여러 가지로 고소했으나 예수는 아무 대답도 하지 않았고, 빌라도는 이를 기이히 여겼다고만 했고(막 15:4~5; 마 27:12~14), 빌라도로서는 "그들의 시기로 예수를 넘겨준 줄 알고 있었을"(마 15:10; 마 27:18) 뿐이었다고 기록되어 있다. 그런데 누가복음에서는 빌라도가 대제사장들 및 온 무리들 앞에서 공식적으로 예수의 무죄를 공식 선언하고 있다. 그것도 한 번만이 아니라 세 번에 걸쳐 반복하고 있다.

---

351) 마가복음 15:10에서는 "빌라도는 제사장들이 예수를 시기하여 자기에게 끌어온 것을 알고 있었다."는, 예수의 정치적 무죄에 대한 암시적 발언이 있으며, 이는 마태복음의 경우도 마찬가지다(마 27:18). 그러나 마태복음에서는 다른 복음서들과 달리 빌라도의 아내가 빌라도에게 "당신은 그 의로운 사람에게 아무 상관도 마십시오."(마 27:19)라고 말했다고 전함으로써, 예수의 무죄에 대한 의도를 완곡히 드러내기도 한다.

352) 누가복음 이후에 기록되었다고 알려진 요한복음에서도 비로소 누가복음에서와 같이 예수의 무죄성에 대한 변증이 나타나고 있다(18:38; 19:4, 6). 따라서 누가는 예수의 무죄에 대한 변증을 주장했던 최초의 복음서 기자다.

23:4, "내가 보니 이 사람에게 죄가 없도다."

23:14, "보라 내가 너희 앞에서 사실하였으되 너희의 고소하는 일에 대하여 이 사람에게서 죄를 찾지 못하였다."

23:22, "빌라도가 세 번째 말하되 이 사람이 무슨 악한 일을 하였느냐 나는 그 죽일 죄를 찾지 못하였나니…."

또한 누가의 기록을 보면, 빌라도는 예수의 정치적 무죄를 세 번이나 강조했을 뿐만 아니라 예수가 무죄하기 때문에 그를 석방하겠다는 의도도 세 번에 걸쳐 반복해서 표명하고 있다.

23:15~16, "그가 행한 일에는 죽일 일이 없느니라. 그러므로 때려서 놓겠노라."

23:20, "빌라도는 예수를 놓고자 하여 다시 그들에게 말했다."

23:22, "나는 그에게서 죽일 죄를 찾지 못하였나니 때려서 놓으리라."

빌라도의 이 같은 태도와 선언은 정말로 의외이다. 왜냐하면 분명히 예수는 누가복음에서 정치적인 죄목으로 고소당해 빌라도 앞에 끌려나왔기 때문이다. 그런데도 빌라도는 예수를 유대 종교 지도자들 및 모든 백성들 앞에서 공개적으로 예수의 무죄를 거듭 선언하면서, 거기서 더 나아가 예수를 석방하고자 하는 의사까지 밝히고 있다. 이런 빌라도의 모습은 실제 역사적 빌라도의 모습이라고 보기보다는 오히려 누가의 신학적 의도로 구성된 모습이라고 생각하지 않을 수 없다.[353] 이처럼 누가복음에서 빌라도는 정말로 이상하게도 예수의 심판자, 심문자, 정죄자가 아니라 오히려 예수의 변호사로 등장하고 있는 모습이다. 그래서 탈버트는 누가복음에서, 특히 빌라도가 예수를 심문하는 장면을 소개하는 누가복음 23장에서 "빌라도는 공식적인 재판을

353) Fitzmyer는 "Pilate's triple declaration of Jesus' innocence"를 "the result of Lucan composition"이라고 말한다. Cf. *The Gospel According to Luke*, p. 1472.

주도하는 재판관이라기보다는 오히려 예수 사건을 변론하는 변호사로 나타나고 있다."고 말하기도 한다.[354] 그러나 이것이 실제 역사적 사실에 대한 보도라기보다는 오히려 누가의 신학적 의도가 담긴 편집 결과라고 보아야 할 것이다. 빌라도가 세 번에 걸쳐 예수의 무죄를 선고하고, 또 세 번에 걸쳐 예수를 석방하고자 하는 의사를 밝히고 있는데, 이런 점이 마가복음이나 마태복음에서는 찾아볼 수 없는데, 오직 누가복음에서 강조되고 있기 때문에 우리로서는 이것이 누가 자신의 신학적 의도의 산물이라고 결론내릴 수밖에 없다. 누가복음 수난 설화의 마지막 정점에서, 예수와 빌라도, 아니 기독교와 로마 제국이 서로 만나는 장면에서, 누가의 관심이 오로지 빌라도가 내린 마지막 판결, 곧 누가복음의 예수가 로마 사람의 눈에는 아무런 죄가 없다는 점을 강조하는 데만 집중되고 있는 것 같다.

이 점과 관련해 누가의 기록 가운데서 한 가지 더 주목해야 할 점이 있다면, 한편으로 빌라도가 정치적인 편의주의 때문에 로마의 정의를 폭도들의 뜻에 양보한 것처럼 보이기는 하지만,[355] 그러나 다른 한편으로는 그리고 실제로는 빌라도가 자기도 모르는 가운데 자신의 뜻과는 다르게 하나님의 뜻을 이루는 수단이 되기도 했다는 사실이다. 왜냐하면 누가는 빌라도가 예수를 그들의 뜻대로 "넘겨주었다."(*paradoken*, delivered up)고 말했는데, "넘겨주었다."는 이 단어는 다른 공관복음서에서와 마찬가지로 누가복음에서도 전문적인 의미를 갖고 있으며, 메시아를 위한 하나님의 뜻을 나타내는 신학적으로 아주 중요한 단어다(9:44; 18:32; 22:22; 24:7). 예수가 사람의 손에 넘겨지는 것은 하나님의 뜻이기 때문이다. 따라서 빌라도는 결국 예수를 유대인들의 손에 넘겨줌으로써 본의 아니게 메시아를 위한 하나님의 계획의 일부가 되었다(24:26)고 말할 수도 있을 것이다.[356] 하나님은 그의 뜻을 이루기 위해 택함 받은 그의 백성이나 일꾼들만을 사용하시는 것이 아니다. 하나님은

---

354) C. H. Talbert, *Reading Luke*, p. 217. E. E. Ellis도 빌라도가 3차에 걸쳐 예수의 무죄를 선언한 것이 "depicts him almost as an advocate for Jesus"라고 말한다. Cf. *The Gospel of Luke*, p.261.

355) E. E. Ellis, *The Gospel of Luke*, p. 261.

356) Frank J. Matera, *Passion Narratives and Gospel Theologies*, p. 179.

원수들의 손을 통해서도 자신의 뜻을 이루어 가시는 분이다. 이 점은 구약성경에서부터 이미 자주 드러나고 있는 분명한 사실이기도 하다. 애굽의 바로 왕이나 베벨론의 고레스 왕, 모압 족속과 블레셋 족속이 다 하나님의 손에 들린 도구였었다. 로마 총독 빌라도 역시 마찬가지였다!

마지막으로 탈버트가 말했던 것처럼,[357] 본문의 이야기가 오늘 우리에게 다음과 같은 교훈을 준다는 점에 대해서도 생각해 보아야 한다. 예수의 제자들은, 특히 복음을 전파하는 전도자나 선교사들은 예수의 경우처럼 거짓 증인들의 비방이나 고소에 대해 항상 준비하고 있어야 한다. 그리고 예수처럼 정치적으로 고발을 당하며 순교를 당하는 경우도 대비해야 한다. 예수를 따르는 일이 "자기를 부인하고 자기 십자가를 날마다 지는 일"(눅 9:23)이기 때문이다. 그러나 순교가 일부러 추구해야 할 일은 아니며, 또한 순교를 피하기 위해 폭력을 사용해서도 안 될 것이다.

357) Talbert, *Reading Luke*, p. 218.

22 헤롯 앞에 선 예수(23:6~12)

복음서 전승에 따르면, 예수는 먼저 유대 산헤드린 앞에서 심문을 받은 후에, 빌라도에게 넘겨져서 빌라도 앞에 나아가 심문을 받았다고 전해진다. 그런데 오직 누가복음에서만 예수가 헤롯 앞에서 심문을 받았다는 또 다른 이야기가 전해진다. 고울더는 이 이야기를 '수수께끼'(puzzle)라고 말하면서 그 역사성을 부인한다.[358] 그 근거로는 첫째, 최초 복음서인 마가복음에 없는 이야기이고(다른 복음서들에서도 마찬가지) 둘째, 그 당시 헤롯 안디바스(Herod Antipas)는 분봉 왕으로서 실질적으로 아무런 권한을 갖고 있지 않았는데, 빌라도가 예수를 심문받게 하기 위해 헤롯에게 보냈을 가능성이 거의 없다는 점 등을 들고 있다. 더구나 이 이야기는 23장 현재의 위치에서 빌라도 앞에서의 심문 장면(23:1~5, 13~25) 사이에 편집됨으로써 빌라도 앞에서의 심문 이야기를 끊어 놓은 역할을 하는 것처럼 보인다. 왜냐하면 23장 1절에서 5절은 예수가 빌라도 앞에서 심문받는 장면인데, 23장 6절에서 12절은 예수가 헤롯 앞에서 심문받는 장면이며, 23장 13절부터 25절에서 다시금 예수가 빌라도 앞에서 심문받는 장면으로 돌아가고 있기 때문이다.

그러나 누가로서는 나름대로 예수가 헤롯 앞에 서는 이야기가 필요했을 것이다. 누가복음에서 헤롯이 별로 중요한 역할을 하지 못하고 있는 것처럼 보이기도 하지만, 그러나 다른 복음서들에 비해서는 어느 정도 중요한 역할을 하고 있는 것이 사실이기도 하다.[359] 예수가 태어났을 때가 지금 이 헤

---

358) Michael D. Goulder, *Luke: A New Paradigm*, p. 757: "It is remotely unlikely that it is historical."
359) 여기에 등장하는 헤롯은 헤롯 대왕의 아들인 헤롯 안디바스인데 그의 이름이 마가복음에서는 8번

롯의 아비인 헤롯 대왕 때였다(눅 1:5). 하나님의 말씀이 빈들에 있는 사가랴의 아들 요한에게 내렸던 때가 "헤롯이 갈릴리 분봉 왕으로" 있을 때였다(눅 3:1). 그리고 동생의 아내 헤로디아의 일로 비판하던 세례 요한을 옥에 가두었던 인물도 이 헤롯이었다(눅 3:19~20). 예수에 대한 소문을 듣고 예수가 혹시 자기가 목을 베어 죽인 세례 요한이 다시 살아난 것이 아닐까 하여 예수를 만나고 싶어 했던 사람도 바로 이 헤롯이었다(눅 9:7~9). 누가복음 23장 8절에서도 "헤롯이 예수를 보고 매우 기뻐하니 이는 그의 소문을 들었으므로 보고자 한 지 오래였고 또한 무엇이나 이적 행하심을 볼까 바랐던 연고더라."고 했다. 이런 점으로 보아 "헤롯과 예수 간의 이 만남은 우연한 사건이 아니다. 이 만남은 복음서 전반에 걸쳐 잘 준비되어 왔다."고 말한 프랭크 마테라(Frank J. Matera)의 말이 결코 지나친 말은 아닌 것 같다.[360] 더구나 누가는 누가복음 9장 9절에서 헤롯이 "예수를 보고자 애썼다."(seeking to see him)고 했는데, 다시 23장 8절에서 헤롯이 "예수를 보고자 원했다."(desired to see him)고 말함으로써, 두 본문을 밀접히 연결시키고, 동시에 예수를 보기 원했던 헤롯의 이전 소원이 지금 여기서 이뤄지고 있는 것처럼 소개하기도 한다. 또한 누가는 누가복음 21장 12절에서 예수가 제자들에게 "너희가…내 이름 때문에 왕들과 총독들 앞에 끌려 나갈 것이다."라고 말씀했다고 기록한 바 있는데, 누가가 여기서는 예수 자신이 그가 제자들에게 예고했던 그대로 헤롯 왕과 빌라도 총독 앞에 끌려나왔다고 언급하는 것은 결코 놀라운 일이 아니다.

여하간 누가는 다른 복음서 전승과는 무관하게, 의도적으로 이 이야기를 별도로 구성하여 바로 여기에 삽입했다고 보아야 옳을 것이다. 그렇다면 누가가 이 이야기를 자기만이 입수한 전승 자료에서 소개한 것일까? 아니면 신학적인 목적에서 창조적으로 구성한 것일까? 이 질문에 대해 누가복음 연구

나오며(그 중 7번이 막 6:14~29에서 세례 요한의 목을 자르는 이야기에서 나온다), 마태복음에서는 4번 나온다. 그런데 누가복음에서는 13번 나온다. 이런 통계만 보더라도 이 헤롯에 대한 누가의 관심이 각별하다는 것을 어느 정도 알 수가 있다. Cf. R. E. Brown, *The Death of the Messiah*, Vol. I, p. 764.

360) Frank J. Matera, *Passion Narratives and Gospel Theologies*, p. 177.

가들의 생각은 서로 갈라진다.[361] 재판이란 관점에서 본다면, 예수가 헤롯 앞에 나아가 심문을 받은 이 이야기는 아주 불완전하다. 헤롯이 많은 질문을 했지만 예수는 한 마디 대답도 하지 않았고, 또 헤롯도 아무런 사법적 판단이나 결정도 내린 것이 없기 때문이다. 다른 한편 설화적 관점에서 본다면, 이 이야기는 우회적이다.[362] 왜냐하면 설화의 진행 과정에서 볼 때 이야기가 곁길로 빠져나간 것 같은 인상을 주기 때문이다. 더구나 다른 복음서들에서처럼 유대인들이 예수를 산헤드린을 거쳐 빌라도에게로 끌고 가는 것이 보다 이해하기 쉽고, 오히려 갑자기 헤롯에게로 끌고 가는 것이 이해하기 어렵기 때문이다. 그러나 우리에게 보다 중요한 사실은 이 이야기를 현재의 위치에 삽입하여 소개한 누가의 의도가 무엇인가 하는 질문이다.

누가는 헤롯 앞에서의 심문 이야기를 빌라도 앞에서 심문받은 이야기 도중에 소개함으로써, 빌라도 앞에서의 심문 이야기와 헤롯 앞에서의 심문 이야기를 서로 샌드위치 시켜 편집하는 효과를 거두고 있다는 점에 주목해야 한다. 누가가 의도적으로 두 심문 이야기를 샌드위치 방법으로 밀접히 연결시키려 했다는 점을 우리는 다음과 같은 사실에서 엿볼 수 있다. 실제로 누가는 처음 두 장면, 곧 23장 1절에서 5절과 23장 6절에서 12절을 갈릴리에 대한 언급(5절과 6절)으로 서로 연결시키며, 또한 나중 두 장면, 곧 23장 6절에서 12절과 23장 13절에서 25절을 헤롯과 빌라도에 대한 언급(12절과 13, 15절)으로 서로 연결시킨다. 또한 처음 장면과 세 번째 장면, 곧 23장 1절에서 5절과 23장 13절에서 25절을 다음과 같은 두 가지 방법으로 서로 연결시킨다. 첫째, 두 장면 모두에서 누가는 빌라도가 예수의 무죄를 선언하게 만들었으며(4절과 14절, 22절) 둘째, 두 장면 모두에서 누가는 예수가 "백성을 선동한다."는 언급(5절)과 "백성을 미혹한다."는 언급(2절과 14절)을 반복한다.

누가가 이처럼 헤롯 앞에서의 심문 이야기를 빌라도 앞에서의 심문 이야

361) 이 질문에 대해 논의하기 위해서는, Joseph A. Fitzmyer, *The Gospel according to Luke*, pp. 1478~1479를 참고할 수 있다. 여기에는 이 본문을 'a Lucan creation'으로 보는 여러 가지 근거와 또한 그런 이해를 반대하는 여러 이유들이 제시되어 있다.

362) John Drury, *Tradition and Design in Luke's Gospel*(Atlanta: John Knox Press, 1976), p. 17.

기와 연결시켜 소개하는 신학적 의도는 무엇일까? 아마도 그 대답 중 하나는 마지막 구절에서 찾아볼 수 있다고 생각한다. "헤롯과 빌라도가 서로 원수였으나 바로 그 날에 친구가 되었습니다"(23:12). 예수 그리스도가 십자가에 달리는 바로 그 날에 유대의 분봉 왕 헤롯과 로마의 총독 빌라도가, 즉 유대인과 이방인이 서로 뜻을 같이하는 친구가 되었다. 서로 화해했다는 말이다. 지배자와 피지배자로서 서로 원수 관계에 있던 두 사람이 서로 상대방과 뜻을 같이하고 화해한 것이다. 예수의 십자가 죽음의 효과가 실제로 역사 속에서 드러나고 있는 것이다. 에베소서 2장 13절에서 16절을 보면, "그리스도 예수 안에서 그의 피로 가까워졌습니다. 그리스도께서는 우리의 화평이십니다. 그는 유대 사람과 이방 사람 사이에 막혔던 담을 허시고 둘을 하나로 만드시고 서로 원수된 것을 자기 몸으로 해소시키신 분입니다…서로 원수된 것을 십자가로 없이 하시고 그 십자가를 통하여 둘을 한 몸으로 만들어 하나님과 화해하게 하시려는 것이었습니다."라는 말씀이 나오는데, 이 말씀의 상징적 의미가 누가복음에서 실제 역사 가운데 나타나고 있는 것이 아니고 무엇이겠는가. 이 화해의 주제가 누가복음의 다른 곳에서도 용서와 평화의 표현으로 나타나는 것을 우리는 볼 수 있다.[363] 예를 들면, 예수가 자기를 십자가에 못 박는 로마 군인들을 위해 용서의 기도를 드리는 데서, 그리고 십자가 처형을 진두지휘하던 백부장이 예수를 가리켜 "참으로 이 사람은 의인이었다."고 선언하는 데서도 나타난다. 브라운도 이 이야기의 마지막 구절이 "용서와 치유로서의 누가의 수난 신학을 반영한다."(Luke's theology of the passion as forgiveness and healing)고 지적한 바 있다.[364] 예수가 자기를 잡으러 나왔던 대제사장의 종의 귀를 고쳐 주었듯이 헤롯과 빌라도로 하여금 그들의 적대감을 치유하도록 은총의 기회를 제공했다는 것이다. 그래서 어떤 학자들은 이 구절에 잠언 15장 28절의 70인역 본문(맛소라 본문 16:7)이 반영되어 있다고

363) Robert J. Karris, *Luke: Artist and Theologian: Luke's Passion Account as Literature*(New York: Paulist Press, 1985), p. 85. C. H. Talbert도 "23:12이 아마도 예수께서 피를 흘리시던 바로 그 날에 유대 지배자(헤롯)가 이방 지배자(빌라도)와 화해했음을 가리킬 것이라"고 말한다. Cf. *Reading Luke*, p. 217.

364) R. E. Brown, *The Death of the Messian*(New York: Doubleday, 1993), p. 778.

보기도 한다. "사람의 행위가 여호와를 기쁘시게 하면 그 사람의 원수라도 그와 더불어 화목하게 하시느니라(The ways of the righeous are received by the Lord, and through them enemies become friends)."

그러나 누가가 헤롯 앞에서의 심문 이야기를 소개하는 이유가 그것만은 아니지 싶다. 현재의 문맥 가운데서 헤롯 앞에서의 심문 이야기를 기록하여 소개하는 누가의 목적은, 예수의 마지막 심문 과정의 클라이맥스에서 빌라도와 함께 헤롯의 입을 통해 예수의 정치적 무죄성을 더 강조하려는 데 있다. 누가에게는 이 점이 더 중요해 보인다. 가령 피츠마이어는 이 본문의 중요성을 다음과 같이 설명한다. "(이 장면의) 중요성은 전적으로 헤롯이 이 이야기를 통해 상기시키고 있는 증언에 있다. 그는 예수에게서 형벌을 줄 만한 아무것도 발견하지 못했고 그래서 그를 빌라도에게 다시 돌려보냈다. 이 장면은 두 명의 팔레스타인 권세자들이 그들의 행동에 의해 예수의 무죄성을 증거해 주고 있기 때문에 예수의 무죄성을 더욱 고조시키고 있다."[365] 빌라도가 23장 15절에서 "헤롯도 역시 증거를 찾지 못하여 그를 우리에게 돌려보낸 것이다."라고 말하는 데서 그 의도가 더욱 분명해진다. 누가가 빌라도 앞에서의 심문 장면에 헤롯 앞에서의 심문 장면을 삽입한 목적은 결국 두 이야기를 샌드위치시킴으로써 빌라도도 그리고 헤롯도 모두 한목소리로 예수의 무죄를 강조하고 있음을 더욱 고조시키려 했다고 보아야 할 것이다. 더구나 빌라도와 헤롯 두 사람이 나란히 예수의 무죄를 강조하는 것은 사법적으로도 중요한 의미를 갖는다. 그래서 댄커는 누가의 수난 설화에서, 특히 심문 장면에서 헤롯과 빌라도가 나란히 등장하고 있는 사실이 갖는 의미에 대해 다음과 같이 설명한다. "신명기 19장 15절에 의하면 모든 고소는 두 사람의 증인 앞에서 유효하다. 시므온과 안나가 예수가 메시아이심을 입증했고(눅 2:25~38), 모세와 엘리야가 예수의 죽으심(exodus)을 입증했다(9:30~31). 이제 복음서의 마지막 부분에서 로마 제국과 유대 나라를 대표하는 두 인물, 곧 로마 총독

---

365) Joseph A Fitzmyer, *The Gospel According to Luke*(New York: Doubleday, 1985), p. 1480.

빌라도와 유대 분봉 왕 헤롯이 거짓 고소를 당해 끌려온 예수에 대해 그의 무죄함을 인정하고 있다."[366]

그러나 이런 두 번째 해석이 첫 번째 해석과 크게 다르거나 무관한 것이라고 생각되지는 않는다. 예수가 빌라도 앞에서 그리고 또 헤롯 앞에서 심문을 받는 이야기를 통해 누가가 강조하려는 것이 예수의 무죄성을 드러내려는 데 있다고 할 경우, 빌라도와 헤롯이 똑같이 이구동성으로 예수의 무죄를 확증해 주기 위해서는 먼저 두 사람의 화해가 누가에게는 필요했을 것이다. 서로 원수가 된 두 사람의 증언은 오히려 다른 판단과 다른 오해를 불러일으킬 가능성도 있기 때문이다. 따라서 누가로서는 서로 화해한 두 지도자의 일치된 생각을 두 사람의 입을 통해 강조하는 것이 예수의 무죄를 드러내는 데 더 효과적일 수 있다고 생각했던 셈이다.[367]

다른 한편으로, 누가가 여기서 언급한 헤롯이 헤롯 대왕의 아들인 헤롯 안디바스인데, 그는 헤롯 대왕의 사마리아인 아내였던 말타스(Malthace)에게서 태어났다는 사실에도 주목해야 한다. 만약 누가가 이 사실을 알고 있었다면, 누가가 사마리아인에 대해 각별한 관심을 갖고 있다는 점을 고려할 때, 선한 사마리아인의 비유와 돌아와서 감사한 사마리아 문둥병자 이야기를 통해 사마리아인을 긍정적으로 소개하고 있다는 점을 고려할 때 누가가 예수의 마지막 심문 장면에서 사마리아인의 피를 물려받은 헤롯 안디바스가 이방인인 로마 총독 빌라도와 더불어 한목소리로 예수의 정치적 무죄를 확증해 주는 이야기는 우리에게 또 다른 의미를 줄 수 있다. 누가에게 사마리아인과 이방인들에 대한 선교는 중요한 관심사였다. 그런 누가에게는 비록 예수가 유대

---

366) Frederick W. Danker, *Jesus and the New Age: A Commentary on St. Luke's Gospel*(Philadelphia: Fortress Press, 1988), p. 365. C. H. Talbert도 현재의 문맥에서 헤롯의 심문에 대한 이야기가 "예수의 무죄성에 대한 두 번째 공식적인 증인을 제공함으로써 신명기 19:15의 요구를 충족시키는 것이라"고 말한다. Cf. *Reading Luke*, p. 216.

367) 그러나 누가는 사도행전 4:27에서 시편 2::2("세상 임금들이 일어나고 통치자들이 함께 모여 주님과 그의 그리스도에게 대적하였다.")를 인용하면서 "헤롯과 본디오 빌라도가 이방 사람들과 이스라엘 백성과 한 패가 되어 이 성에 모여서 주님께서 기름 부으신 거룩한 종 예수를 대적하였다."며, 여기와는 완전히 다른 해석을 제시한다.

인의 산헤드린에서 사형 선고를 받고 빌라도에게 넘겨져 십자가에 처형되기는 했지만, 누가복음의 예수는 사실상 비(非)유대인인 사마리아계(系) 헤롯 안디바스와 이방인인 로마 총독 빌라도에 의해 무죄로 확인된 분이라는 메시지를 던지고 있다고 볼 수도 있기 때문이다.

또한 우리는 바로 여기에서 사도행전에서 바울에게 일어났던 일과의 평행을 보게 된다. 즉, 사도행전에서도 바울은 로마 총독이었던 베스도와 유대인의 왕이었던 헤롯 아그립바 앞에 섰었는데, 그 두 사람이 모두 함께 "그 사람은 사형을 당하거나 갇힐 만한 일을 한 것이 하나도 없다."고 말하면서 바울의 무죄를 선언하고 있다(행 26:30~32). 따라서 예수가 헤롯 앞에서 심문받은 이야기가 누가복음에서만 나오는 이유 가운데 하나는, 아마도 누가가 이 이야기를 누가복음의 속편인 사도행전에서, 바울이 로마 총독 앞에서와 유대왕 헤롯 앞에 섰던 이야기와 짝을 이루게 하기 위해 편집했기 때문이었을 것이다. 누가는 결국 누가복음에서 예수가, 그리고 사도행전에서 예수의 사도인 바울이 모두 그 당시 정치 당국으로부터 아무런 죄가 없다는 공식적인 인정을 받았다는 사실을 강조하고 있다. 로마 세계에 복음을 전파하는 데 걸림돌이 될지도 모르는 사실, 곧 예수가 로마 제국으로부터 유죄 판결을 받고 십자가에 처형되었다는 사실에 대한 오해를 풀기 위해서다. 그것이 로마 세계 전역에 복음을 전파하는 데 크게 도움이 될 것이기 때문이다.

23 찢어진 성전 휘장(23:45)

복음서 전승에 따르면, 예수가 십자가에 못 박혔을 때 여러 가지 놀라운 자연적인 사건들이 있었다고 알려진다. 예를 들어, 어두움이 온 땅을 덮은 일(막 15:33; 마 27:45; 눅 23:44), 땅이 흔들리며 바위가 터지고 무덤이 열리며 잠자던 성도들이 다시 살아나 무덤에서 나와 거룩한 도성으로 들어가 많은 사람에게 나타내 보인 일(마 27:52~53), 그리고 예루살렘 성전 휘장이 찢어져 갈라진 일(막 15:38; 마 27:51; 눅 23:45) 등이다. 이들 중 온 땅에 어둠이 덮인 일과 성전 휘장이 갈라진 일은 공관복음서 모두에 공통으로 기록되어 있다. 누가가 이처럼 마가복음 및 마태복음의 경우와 마찬가지로 예수가 마지막 숨을 거두는 장면과 관련하여 성전 휘장이 찢어졌다는 사실을 언급하고 있다는 점에서는 분명히 다른 공관복음서와 공통점 혹은 유사점을 보이고 있기는 하다.

그러나 누가는 이 사건을 기록할 때 마가복음이나 마태복음과는 중요한 차이점을 보인다. 이 점을 간과하지 말아야 한다. 이는 곧 누가의 중요한 신학적 관점을 간과하는 일이기 때문이다. 우리가 특별히 주목하고자 하는 차이점은 누가복음이 다른 공관복음서들의 경우와 달리 성전 휘장이 찢어진 때가, 예수가 십자가 위에서 마지막 숨을 거둔 '이후'가 아니라 그 '이전'이었다는 사실을 분명히 지적하고 있는 점이다. 마가복음의 경우에는 "어두움이 온 땅을 덮어 세 시까지 계속되었고"(막 15:33), 예수의 십자가 최후 발언(막 15:34, "나의 하나님, 나의 하나님, 어찌하여 나를 버리셨습니까?")이 있은 후에 "예수께서 큰 소리를 지르시고 드디어 숨을 거두셨습니다."(막 15:37)란 말이 나오며, 그 말에 이어 마가복음 15장 38절에서 "그 때에 성전 휘장이 위에서 아래까지 두 폭으로 찢어졌다."는 말이 나온다. 이는 마태복음에서도 마찬가지다. 이 두 복음서들에서는 세 시까지의 어두움이 있었고(마 27:45), 이어서 예수의 십자가 최후 발언(마 27:46)이 기록되었으며, 다시 큰 소리로 숨을 거두신(마 27:50) 후에 성전의 휘장이 찢어졌다(마 27:51)고 기록되어 있다. 그러나 누가복음의 기록은 마가복음이나 마태복음과 분명히 다르다. 누가는 누가복음 23장 44절에서 "때가 제 육 시쯤 되어 해가 빛을 잃고 온 땅에 어두움이 임하여 제 구 시까지 계속하였다."는 말에 바로 이어서, 즉 '온 땅을 덮은 어두움'에 대한 언급이 있은 바로 직후에 "성소의 휘장이 한가운데가 찢어지더라."(눅 23:45)라고 기록한다. 예수의 십자가 최후 발언은 누가복음에서 성전 휘장이 찢어진 후인 누가복음 23장 46절에서 나오며, "이 말씀을 하시고 숨을 거두셨습니다."란 말도 성전 휘장이 찢어진 후인 누가복음 23장 46절에서 나온다. 이것을 도식으로 비교하면 다음과 같다.

마가	마태	누가
온 땅의 어두움(15:33) ↓ 십자가 최후 발언(15:34) ↓ 마지막 숨을 거두심(15:37) ↓ **성전 휘장이 찢어짐**(15:38)	온 땅의 어두움(27:45) ↓ 십자가 최후 발언(27:46) ↓ 마지막 숨을 거두심(27:50). ↓ **성전 휘장이 찢어짐**(27:51)	온 땅의 어두움(23:44) ↓ **성전 휘장이 찢어짐**(23:45) ↓ 십자가 최후 발언(23:46) ↓ 마지막 숨을 거두심(23:46)

이처럼 누가복음에서는 성전 휘장이 찢어진 사건이 예수의 죽음과 직접 연관된 것이 아니라 오히려 온 땅을 덮었던 어두움과 직접 연관되었다고 기록되어 있다. 누가복음에서 성전 휘장이 찢어졌을 때는 아직 예수의 십자가 최후 발언(눅 23:46)이 소개되기 이전이며, 예수가 마지막 숨을 거두기 이전이고, 또 로마 백부장이 예수가 운명하는 것을 보고 "이 사람은 정녕 의인이로다."(눅 23:47)라고 말하기도 이전이기 때문이다. 누가복음에서는 제6시부터

제9시까지 어두움이 온 땅에 임했을 때, 바로 그 순간에 성전 휘장 한가운데가 찢어졌고, 그 이후에야 예수가 최후의 발언을 하고 마지막 숨을 거두었으며, 백부장이 그것을 보고 예수를 가리켜 "이 사람은 정녕 의인이로다."라고 말했다고 기록되어 있다.

이렇게 누가복음에서는 성전 휘장이 찢어진 때가 분명히 예수의 죽음 이후가 아니라 그 이전이었다고 기록되어 있는데, 바로 이 점이 누가가 마가나 마태와는 분명히 다른 차이점을 보여 준다. 물론 생각하기에 따라서는 극히 작은 차이점, 혹은 별로 중요하지 않은 차이점처럼 생각할 수도 있다. 그러나 이 작은 차이점이 갖고 있는 의미는 결코 작지 않다. 복음서의 기록이 예수와 관련된 역사적 사건들을 있었던 그대로 정확히 기록하는 데 있었던 것이 아니라 도리어 복음서를 기록한 저자들의 신학적 의도에 따라 기록되었다고 볼 경우, 누가가 다른 복음서 기자들과 달리 성전 휘장이 찢어져 갈라진 때가 예수의 죽음 이전이었다고 기록한 데에는 당연히 나름대로 중요한 신학적 의도가 담겨 있다고 보아야 할 것이다. 그렇다면 이렇게 누가가 성전 휘장이 예수의 죽음 이후가 아니라 그 이전에 찢어졌다고, 즉 마가복음(그리고 마태복음)에 나오는 사건의 순서와 다르게 기록한 이유는 무엇일까? 이 질문에 대해 프랭크 마테라는 다음과 같이 대답한다. "누가는 마가와 달리 성전 예배가 예수의 죽음과 더불어 완전히 끝나 버린 것이 아님을 분명히 밝히고자 하는 의도를 갖고 있었기 때문이다."[368] 마가와 마태의 경우처럼 예수의 죽음과 더불어, 즉 예수가 운명한 이후에 성전 휘장이 위로부터 아래까지 찢어져 둘이 되었다면, 그것은 곧 예수의 죽음 이후에 성전 예배가 종말에 이른 것으로, 즉 예수의 죽음이 성전 예배의 종말을 가져온 것으로 해석될 수 있다.

여기서 잠깐 우리는 성전 휘장이 찢어진 사건이, 복음서 기자들은 물론 초

368) Frank J. Matera, *Passion Narratives and Gospel Theologies: Interpreting the Synoptics Through Their Passion Stories*, New York: Paulist Press, 1986, p. 186. R. E. Brown도 Matera의 이런 견해에 동의하면서 누가는 성전 제의의 종말이 그렇게 갑자기 온 것처럼 말하고 있지 않다고 본다. Cf. *The Death of the Messiah: A Commentary on the Passion Narratives in the Four Gospels*, New York: Doubleday, 1994, Vol. II, p. 1033, n.2.

대 기독교인들에게 과연 어떤 의미였는지 살펴보아야 한다. 우리는 그 의미를 히브리서 10장 20절을 통해 잘 알 수 있다. 이 구절에서는 "그러므로 형제들아 예수의 피를 힘입어 성소에 들어갈 담력을 얻었나니 그 길은 우리를 위하여 휘장 가운데로 열어 놓으신 새로운 길이라"고 말하고 있는데, 그것은 예수가 십자가에 죽음으로써 성소의 휘장을 둘로 찢어 우리들이 그 가운데로 열어 놓으신 새로운 길로 들어가게 했음을 뜻한다. 예수는 성전 예배에 종지부를 찍고, 우리를 위해 하나님 앞에 나아갈 수 있는 새로운 길을 열어 놓은 분인데, 십자가에서 피 흘림을 통해 그것이 가능해지게 되었다는 의미로 해석될 수 있는 말씀이다. 그래서 복음서 기자들 중 마가는 예수가 성전에 들어가 성전을 숙정한 사건을 '성전 저주 사건' 혹은 '성전 기능의 정지 사건'으로 강조하고 있으며,[369] 다른 한편으로 요한은 예수의 성전 숙정과 관련하여 "이 성전을 헐라. 내가 사흘 동안에 일으키리라."(요 2:19)고 하신 예수의 말씀을 소개하면서, "예수는 성전 된 자기 육체를 가리켜 말씀하신 것이라."(요 2:21)는 말씀을 첨가함으로써 성전 숙정 사건을 '성전 대치 사건'(the replacement of the temple)으로 강조하고 있는데, 이런 것들이 모두 예수의 십자가 죽음으로 인해 '손으로 지은' 성전에서의 예배가 끝나게 되었고, 이제 '손으로 짓지 아니한' 성전, 곧 예수에 대한 예배가 새로이 시작될 것임을 가리키는 말씀들로 해석될 수 있다.

그렇다면 이제 우리는 누가가 이처럼 마가와 마태의 경우와 달리 예수가 십자가에서 최후 발언을 하고 숨을 거두기 이전에 예루살렘 성전의 휘장 한 가운데가 찢어졌다고 강조하는 이유는 무엇인지를 물어보아야 한다. 그 대답은 아마도 한마디로 말해 누가에게 성전 예배는 예수의 죽음으로 끝나 버린 것이 결코 아니기 때문이다. 사도행전 2장 46절에서 볼 수 있듯이 누가에 따르면, 예수가 십자가에 달려 죽은 후 승천한 이후에도 초대 기독교인들이

369) 마가복음 연구가들은 the cleansing of the temple이란 명칭은 부적절하며, 오히려 the ending of the temple, 혹은 the disqualification of the temple, 또는 the Shutting down of the business and religious functions of the temple이라고 말하는 것이 옳다고 주장한다. Cf. Kelber, *Mark's Story of Jesus*, Philadelphia: Fortress Press, 1985, p. 62.

"날마다 한마음으로 성전에 모이기를 힘썼고", 사도행전 3장 1절에서도 알 수 있듯이 초대교회 지도자였던 베드로와 요한이 "오후 세 시 기도하는 시간이 되어…성전으로 올라갔다."고 하지 않는가. 누가에게는 예수의 죽음이 성전 예배의 종말을 가져다 준 것은 결코 아니었다. 누가에 의하면, 예수의 죽음 이후에도, 그리고 사도행전에서 소개되는 초대교회의 생활 가운데서도, 성전 예배는 여전히 계속되고 있었으며 중요시되고 있었다. 그래서 누가는 예수의 죽음이 성전 예배의 종말을 가져온 것처럼 기록할 수는 없었을 것이다. 성전 휘장이 찢어진 사건을 예수의 죽음 이후라고 기록하지 않은 이유가 바로 거기에 있었다.

그러나 누가도 예수의 십자가 죽음으로 성전 예배가 끝났다는 초대교회의 일반적인 이해를 완전히 부인하고 있는 것 같지는 않다. 누가복음에서도 분명히 성전 휘장이 찢어진 사건이 예수의 수난 설화의 클라이맥스인 십자가 죽음과 연결되어 소개되기 때문이다. 누가가 보기에도 예수의 죽음 이후에도 초대교회 안에서 성전 예배가 계속되기는 했지만,[370] 그러나 성전 휘장이 찢어져 둘로 갈라진 사건이 누가에게는 또 다른 중요한 의미를 갖는 사건이 아닐 수 없었을 것이다. 왜냐하면 성전의 휘장은 결국 '안과 밖'을, '성(聖)과 속(俗)'을 구별하는 상징이고, 이는 결국 제자장과 유대인, 유대인과 이방인을 구분하는 상징이기 때문이다. 우리가 누가를 올바로 이해하기 위해선 성전 휘장이 찢어져 둘로 갈라졌다는 사건의 의미를 바로 이런 관점에서 찾아보아야 할 것이다.

만약 예수의 죽음과 관련하여, 아니 정확히 말해 누가의 경우, 예수의 죽음이 있기 이전에 성전 휘장이 찢어진 것이고, 만약 그 찢어진 성전 휘장이 성전의 안쪽 휘장, 곧 성소와 지성소를 구분하는 휘장(출 26:31~35)이 아닌 바깥쪽에 쳐진 휘장, 곧 성전 입구에 달려 있는 휘장(출 26:37)이라면,[371] 누가로

---

370) 성전에 대한 누가의 긍정적인 관점은, 누가가 예수의 성전 숙정 사건을 소개할 때도 다른 복음서 기자들, 특히 마가나 요한과 달리 그 사건을 가장 간략하게 두 구절(19:45~46)로, 그래서 아주 온건하게 기록한 후 오히려 성전을 예수의 '교육의 장소'로 부각시키고 있는 점에서 잘 드러난다(참고. 19:47; 20:1 등).

371) Fitzmyer에 의하면, 예루살렘 성전에는 모두 13개 휘장이 걸려 있는데, 그 중 가장 중요한 것은 2개이며,

서는 특히 성전 입구에 달려 있는 바깥쪽 성전 휘장의 한가운데가 찢겨지고 갈라짐으로써 이방인들도 이제 하나님의 은혜의 자리에 나갈 수 있게 되었음을 상징하는 것일 수 있다. 왜냐하면 성전 입구에 달려 있는 바깥쪽 휘장은 이스라엘 종교의 신비를 이방인으로부터 가리는 휘장일 뿐만 아니라 이방인들의 성전 출입을 가로막는 휘장이었기 때문이다.[372] 그래서 엘리스는 찢어진 성전 휘장은 "그리스도의 죽음을 통해서 하나님께 나아가는 길인 낙원(paradise)의 문들이 모든 사람들에게 열려졌다는 것을 의미한다."[373]고 지적한다. 실제로 누가복음에서 이 휘장이 찢어진 직후에 제일 먼저 예수를 제대로 알아보고 "하나님께 영광을 돌린"(눅 23:47) 사람이 이방인이었던 로마의 백부장이라는 사실 자체도 바로 그런 의미를 뒷받침하는 중요한 기록이 아닐 수 없다.

결국 누가가 성전 휘장이 예수의 죽음 이후가 아니라 죽음 이전이었다고 기록한 것은 이방인 선교의 시작을 언제로 보느냐 하는 문제와 관련되어 있다. 많은 사람들이 초대 기독교의 이방인 선교는 예수의 지상 사역 동안에 있었던 일이 아니라 예수가 십자가에 달려 죽으신 이후, 초대교회에서부터 시작되었다고 생각한다. 예수 자신이 사도들을 세운 후 그들을 전도 파송할 때에도 "이방 땅에 들어가지도 말고 사마리아 고을에 들어가지도 말고, 오직 이스라엘의 잃은 양에게로만 가라."(마 10:5)고 명령하신 바 있다. 그리고 가나안 여인이 귀신 들린 자기 딸을 고쳐 달라고 예수께 간청했을 때도, 예수는

그 중 하나는 성전 입구에 있는 휘장(혹은 커튼)이고, 다른 하나는 지성소 입구에 걸려 있는 휘장(혹은 커튼)이다. 그런데 누가가 본문에서 성전이라고 말할 때 사용한 헬라어는 '*naos*'인데, 이 단어는 누가가 마가에게서 가져온 단어로 마가복음에서는 성전 전체를 가리키는 단어로 사용되었다(참고. 막 14:58; 15:29). 따라서 누가가 언급한 성전 휘장이 성전 입구 휘장인지 지성소 입구 휘장인지를 말하기란 불가능하다. Cf. *The Gospel According to St. Luke*(New York: Doubleday, 1986), p. 1518.

372) Frank J. Matera, *Passion Narratives and Gospel Theologies*, p. 186. 그러나 만약 누가가 의도했던 성전 휘장이 성소와 지성소를 구별하는 휘장, 곧 안쪽 휘장이라고 하더라도, 그것은 좀 더 적극적으로 성소와 지성소의 구별을 없이 하는, 그래서 하나님의 영광이 유대인과 이방인의 구별을 없이 하고 모든 인류에게 드러나게 되었다는 것을 상징할 수 있게 된다. 따라서 어떤 휘장을 의미했건 간에 그 의미는 크게 다르지 않다는 지적도 있다.

373) E. Earle Ellis, *The Gospel of Luke*, The New Century Bible Commentary, Grand Rapids: Eerdmans, 1987, p. 270.

"나는 오직 이스라엘의 잃은 양을 위해서만 보내심을 받았다."(마 15:24)고 말씀하신 바 있다. 이런 점들로 미루어 볼 때, 초대 기독교의 이방인 선교는 예수의 생전이 아니라 예수의 죽음 이후, 초대교회에 들어와서 비로소 시작되었다고 생각할 수도 있다.

그러나 바로 이 점에서 누가는 "아니다."라고 말한다. 누가에게 이방인 선교는 예수의 죽음 이후 예수의 제자들에 의해서, 즉 초대교회 사도들에 의해서 비로소 시작된 것이 결코 아니다. 예수가 십자가에 달려 죽기 이전에 이미 성전 휘장의 한가운데가 찢어져서 이스라엘 종교의 신비는 성전 바깥 '이방인의 뜰'에 모여 있는 이방인들에게도 열려지게 되었다. 비록 '사도행전'에 들어와서 이방인 선교가 예수의 제자들인 사도들에 의해 시작된 것처럼 보이기는 하지만, 누가에게는 이방인 선교가 예수의 지상 사역 동안에 예수에 의해 이미 잉태되었고 시작되었다. 누가는 예수가 공생애 첫 설교 가운데서 엘리야와 엘리사의 행적을 인용하면서 구약에서부터 이미 하나님의 은혜가 이방인에게 베풀어졌음을 강조하지 않았던가? 누가는, 아니 누가만이 예수가 이방인의 땅 거라사에 들어가 그곳에서 귀신 들린 사람을 고쳐 주고 '구원받게' 해 주었다고, 그래서 예수와 함께하기를 원했다고 전하지 않는가. 또 누가만이 예수가 열두 제자들을 전도 파송한 이후에 다시 칠십 인 제자들을 파송했다고 말함으로써 예수가 그의 생전에 이방인 선교를 내다보고 제자들을 파송했음을 강조하지 않았던가. 그리고 누가복음에서만 예수가 제자들을 데리고 사마리아 사람들의 마을에 들어가지 않았던가(눅 9:51~56). 그래서 나중에 빌립이 사마리아 동네에 들어가 복음을 전파한 일의 예표가 되지 않았던가. 또 누가는 예수의 '큰 잔치 비유'를 소개하면서도 마태의 평행 본문과 달리, 주인이 잔치 자리를 채우기 위해 일차적으로는 종들에게 "동네 큰 거리와 골목에 가서"(눅 14:21) 가난하고 불쌍한 사람들을 데려오라고 명했고, 이어서 이차적으로 종들에게 "큰 길이나 울타리 밖에 나가서"(눅 14:23) 사람들을 데려다가 잔치 집을 채우라고 명령함으로써 이방인 선교의 비전을 밝히지 않았던가. 누가에게는 예수가 십자가에서 죽기 이전에 이미 이방인들의 성전 출입을 가로막고 있던 성전 휘장의 한가운데가 찢어졌다는 점을 밝히는 일이 중요했다. 그래서 히브리서 기자가 말하고 있는 바와 같이, 누구나, 유대인이나 이방인의 구별이 없이 모든 그리스도인 형제들이 "성소에 들어갈 담력을 얻었고…우리를 위하여 휘장 가운데로 열어 놓으신 새로운 길"(히 10:20)로 하나님께 직접 나갈 수 있게 된 것도, 예수가 십자가에서 죽기 이전에 이미 성전 휘장의 한가운데가 찢어졌기 때문에 가능해진 것이다. 그래서 누가는 이 기록을 통해 이방인들이 하나님께로 나아갈 수 있는 길이 예수의 죽음 이후가 아니라 그 이전, 곧 예수의 생전에 예수에 의해 열렸다는 사실을 증언하고 있는 것이다.

24 회개한 행악자 이야기(23:39~43)

예수가 십자가에 달렸을 때 곁에 두 사람의 죄수들이 함께 십자가에 달려 있었다는 기록은 모든 복음서들에 다 나온다(막 15:27, 32; 마 27:38, 44; 눅 23:32, 39~43; 요 19:18). 그러나 함께 십자가에 달린 이 두 사람에 대한 구체적인 이야기와 관련해서는, 누가복음이 다른 복음서들의 기록들과는 여러 가지 점에서 많은 차이점을 보인다. 이런 차이점들은 분명히 누가의 독특한 관심을 드러내고 있다는 점에서 누가의 의도를 알아낼 수 있는 중요한 열쇠가 될 수 있다. 우리가 그런 차이점들에 대해 하나씩 살펴보아야 할 이유가 바로 거기에 있다.

첫째, 누가가 다른 복음서 기록들과 큰 차이를 보이는 것은 예수와 함께 십자가에 달린 두 사람에 대해 보다 많은 관심을 보인다는 점이다. 이 점은 그가 그들에 대해 많은 지면을 할애하여 보다 상세하게 언급하고 있는 점에서도 분명히 드러난다. 마가의 경우, "예수와 함께 강도 두 사람이 십자가에 달렸는데, 하나는 그의 오른편에 또 하나는 그의 왼편에 달렸습니다."(막 15:27)는 언급과 더불어 "예수와 함께 십자가에 달린 자들도 예수를 욕했습니다."(막 15:32)란 말을 하는 것이 그들에 대한 언급의 전부다. 이 점은 마태복음에서도 마찬가지다(마 27:38, 44). 요한복음의 경우는 "그들이 예수를 십자가에 못 박아 달았습니다. 그리고 예수를 가운데 두고 다른 두 사람도 그 좌우편에 세운 십자가에 달았습니다."(요 19:18)란 말이 함께 십자가에 달린 두 사람에 대해 언급한 전부다. 그러나 누가는 "다른 죄수 두 사람도 사형장으로 예수와 함께 끌려가고 있었습니다."(눅 23:32)란 언급과 더불어 누가복음

23장 39절부터 43절에서, 다른 복음서들에서는 찾아볼 수 없는 내용들, 곧 십자가에 달린 두 행악자들이 서로 나눴던 대화 내용(23:39~41)과 함께, 두 행악자들 중 한 사람과 예수가 주고받았던 대화 내용(23:42~43)도 소개한다. 십자가 위에서 있었다고 알려진 두 행악자들이 나눈 대화, 그리고 회개한 행악자와 예수가 나눈 이런 대화 부분은 다른 복음서들에서는 전혀 찾아볼 수 없는 내용들이기 때문에, 분명히 누가가 구성한 독특한 내용들이며[374], 따라서 누가만의 독특한 신학적 관심을 드러낸다고 볼 수 있을 것이다.

누가복음에서만 나오는 이런 내용, 즉 두 행악자의 차이와 구별에 대한 이야기는 아마도 창세기 40장에 나오는 요셉 이야기를 토대로 구성된 것처럼 보이기도 한다.[375] 수난 설화에서 요셉과 예수 간의 유사성은 이미 잘 알려져 있다. 예를 든다면, 요셉이 그의 열두 형제들 중 유다의 제안으로 은 30에 팔렸는데, 예수는 그의 열두 제자들 중 유다의 배반으로 은 30에 팔렸다는 이야기가 그 대표적인 경우 중 하나이다. 따라서 누가복음 기자가 예수가 십자가 위에 달렸을 때 예수의 곁에 있었던 두 다른 행악자들에 대한 이야기를 기록하면서 또 다른 요셉의 이야기, 즉 요셉이 옥에 갇혀 있을 때 그의 곁에 함께 갇혀 있었던 두 관원, 곧 술 맡은 관원과 떡 굽는 관원의 이야기를 염두에 두었을 가능성이 많다. 십자가 위의 두 행악자의 운명이 대조적으로 갈렸듯이, 창세기 40장에 나오는 요셉의 이야기에서도 두 관원의 운명이 대조적으로 갈렸기 때문이다. 창세기 40장에서 술 맡은 관원은 복직되어 바로 왕의 궁정으로 돌아갔는데, 떡 굽는 관원은 나무에 달려 새들의 밥이 되어 죽었다고 기록되어 있다. 창세기 40장에 나오는 요셉의 이야기를 보면, 요셉이 감옥 안에서 술 맡은 관원의 꿈을 해석해 주면서 "당신이 잘 되시거든 나를 생각하고 내게 은혜를 베풀어서…나를 건져 주소서."(창 40:14)라고 부탁했는데, 여

374) Bultmann은 마가복음이나 마태복음에서는 예수와 함께 십자가에 달린 두 죄수 간의 구별이 전혀 나타나지 않는데, 누가복음에서는 예수를 조롱한 행악자와 회개한 행악자로 구분된 것 등이 바로 이차적인 구성의 증거("a sign of secondary formulation")라고 본다. Cf. *The History of the Synoptic Tradition*, New York: Harper & Row, 1968, p. 309.

375) R. E. Brown, *The Death of the Messiah: A Commentary on the Passion Narratives in the Four Gospels*(New York: Doubleday, 1993), p. 1003.

기 누가의 본문에서는 회개하는 행악자가 예수께 "당신이 당신의 나라에 들어가실 때에 저를 기억해 주십시오."라고 부탁했다. 그리고 "만약 창세기 이야기에서 술 맡은 관원이 나중에 요셉을 자기와 함께 궁정 안의 영광의 자리로 데려갔다면, 누가의 이야기에서는 예수가 (회개하는) 행악자를 자기와 함께 낙원으로 데려갔다."

누가가 두 행악자에 대한 이야기를 이처럼 구성하여 소개하는 데에는 다음과 같은 신학적 목적이 있어 보인다. 즉 예수에 대해 부정적인 조롱자들을 여러 명 소개하면서, 이것과 나란히 예수에 대해 긍정적인 이해를 갖고 있는 측면을 강조하기 위한 의도로 생각된다. 다른 복음서들, 특히 마가복음과 마태복음을 보면, "함께 십자가에 못 박힌 자들도 예수를 욕하더라."(막 15:32; 마 27:44)고 전한다. 예수와 함께 십자가에 달린 두 사람이 모두 예수를 욕했다는 말이다. 그러나 누가복음을 보면, 예수와 함께 십가가에 못 박힌 두 행악자들이 모두 예수를 욕한 것이 아니다. 그들 중 하나는 예수를 조롱했지만(눅 23:39), 다른 한 사람은 오히려 그 행악자의 말을 반박하며 "이분은 아무것도 잘못한 일이 없지 않느냐?"(23:41)고 예수를 변호했다. 이처럼 다른 복음서들과는 달리, 누가복음에서는 예수와 함께 십자가에 달린 두 행악자들 중 하나는 예수를 조롱한 사람, 다른 하나는 회개한 사람으로 묘사된다. 따라서 십자가 위에서 '회개한 행악자' 이야기는 오직 누가복음에서만 찾아볼 수 있다. 누가는 그의 복음서에서 자주 두 인물을 대조적으로 제시하는 경향을 보인다. 가령 마리아와 마르다, 부자와 거지 나사로, 바리새인과 세리 등등 서로 대조적인 사람들의 모습을 보여 주었다. 그런데 누가는 예수가 십자가에 처형되는 마지막 장면에서도 예수에 대해 부정적인 생각을 갖고 있는 행악자를 예수에 대해 긍정적인 이해를 갖고 있는 또 다른 행악자와 대조시킨다.[376] 조롱자들이 보는 예수의 모습 이외에 또 다른 사람의 눈을 통해 본 또

---

376) R. E. Brown에 따르면, 누가가 두 행악자들의 상반된 운명에 대해 기록할 때, 창세기 40장에 나오는 이야기, 곧 요셉이 옥에 갇혀 있을 때 함께 옥에 갇혀 있던 두 관원, 즉 술 맡은 관원과 떡 굽는 관원 중에 술 맡은 관원은 전직을 회복했으나 떡 굽는 관원은 나무에 달려 새들의 밥이 되어 죽은 이야기가 배경이 되었을 거라고 본다. Cf. *The Death of the Messiah*, p. 1001, n. 49.

다른 예수의 모습이 있음을 보여 주려고 했던 것이다. 이와 관련해 유대 전통에서 모든 일에는 마땅히 두 사람의 증인이 있어야 한다고 가르치는 점을 상기해야 할 것이다.

둘째, 누가만이 예수가 다른 두 죄인들과 함께 십자가에 달렸다고 언급하는 본문에 앞서 누가복음 23장 32절에서 "또 다른 두 행악자도 사형을 받게 되어 예수와 함께 끌려 가니라."란 말을 소개한다. 다른 복음서들에서는 예수가 처형장에 도착한 이후에야 비로소 예수가 다른 두 강도들과 함께 십자가에 달렸다고 하는 언급이 나올 뿐이다. 그러나 누가복음에서는 처형장에 도착하기(23:33) 이전에, 예수와 함께 사형장으로 끌려가는 다른 두 행악자들에 대한 언급(23:32)이 나온다.[377] 그런데 "다른 두 행악자들이 예수와 함께 끌려갔다."란 헬라어 문장이 좀 명확치 않아서 마치 예수도 행악자인 것 같은 의미를 드러낸다. P75, 시내산 사본과 바디칸 사본 등에서는 이 구절이 문자적으로 다음과 같이 되어 있다. "others wrongdoers two with him(다른 행악자들 두 사람이 예수와 함께)." 그 의미는 "예수가 다른 행악자 두 사람과 함께 사형을 받게끔 끌려갔다."는 뜻이고, 결과적으로 예수도 다른 두 사람과 함께 행악자였다는 의미가 될 수 있다. 그래서 나중에 어떤 기독교인 서기관들이 마치 미국 표준번역판(RSV)이 그랬던 것처럼 그런 해석을 피하기 위해 헬라어 어순을 바꾸어서 "Two others also, who were criminals, were led away to be put to death with him(행악자들인 다른 두 사람들도 그와 함께 사형을 받게끔 끌려갔다.)"라고 수정했다. 이렇게 바꾼 이유는 누가복음에서는 예수가 결코 '행악자'(evildoers, wrongdoers, criminals, *kakourgoi*)일 수가 없기 때문이다. 왜냐하면 누가는 이미 23장 22절에서 빌라도가 예수가 행한 '악한 일'(*kakos*)을 전혀 찾지 못했다고 기록한 바 있고, 또 예수의 죽음 이후 다시금 로마 백부장의 입을 통해 예수가 '의로운'(*dikaios*) 사람이라고 기록하고 있기

377) 고대 라틴사본 가운데 하나인 Codex Rehdigeranus 사본에는 이 두 행악자들의 이름이 'Ioathas et Maggatras'(Joathas and Maggatras)로 거명되고 있다. Cf. B. M. Metzger, *A Textual Commentary on the Greek Testament*, London: United Bible Societies, 1975, p. 180.

때문이다.

셋째, 누가는 예수와 함께 십자가에 달린 두 사람의 정체에 대한 묘사에서 다른 복음서 기자들과 차이를 보인다. 가령 요한은 예수와 함께 십자가에 달린 두 사람에 대해 가장 중립적으로 "다른 두 사람"(two others)이라고만 말한다(요 19:18). 요한복음에서는 그 두 사람에 대해 강도들이라든가 행악자들이라든가 하는 말을 전혀 사용하지 않았다. 반면에 마가와 마태는 이 두 사람을 가리켜 '강도들'(robbers, *lestes*)이라고 불렀다(막 15:27; 마 27:38, 44). 헬라어 '*lestes*'는 글자 그대로 강도들을 의미할 수도 있지만, 요세푸스(Josephus)가 그런 의미로 사용했듯이 열심당원들을 가리키는 용어일 수도 있다. 그런데 누가는 이 두 사람을 가리켜 행악자라고 불렀다. 누가가 이 두 사람을 가리켜 강도들이란 단어 대신에 행악자들이란 단어를 선택하여 사용한 것은 혹시 예수가 그 당시 열심당원 혹은 혁명가로 오해될 수 있는 여지를 없애기 위해서다.[378] 누가는 행악자들이란 단어를 사용함으로써 예수가 22장 37절의 예언, 곧 "그는 불법한 자 가운데 하나로 여김을 받았다."는 말씀을 이루신 분으로 묘사하고 있는 것이다. 디모데후서 2장 9절에서도 바울은 "복음으로 말미암아 내가 죄인과 같이(like criminal, *hos kakourgos*) 매이는 데까지 고난을 받았다."고 말한다. 누가에 따르면, 예수는 스스로 죄인을 위해 이 세상에 와서, 죄인들 가운데서 살다가, 마지막에 죄인들 한가운데서 십자가에 달린 분이다.

넷째, 예수가 두 행악자들과 함께 십자가에 달린 장면과 관련해서, 오직 누가만이 다른 복음서들의 경우와는 달리 십자가 위에서 있었던 두 형태의 대화를 소개한다. 하나는 두 행악자들, 곧 조롱하는 행악자와 회개한 행악자 간에 주고받았던 대화이고, 다른 하나는 회개한 행악자와 예수 간에 주고받았던 대화이다. 첫 번째 대화에서는, 두 행악자들 중 하나가 예수를 향해 "당

---

378) "By this choice of words, Luke avoids any intimation that Jesus was a political rebel." Cf. Frank J. Matera, *Passion Narratives and Gospel Theologies*, p. 183. R. E. Brown도 50~60년대와 최초의 유대 반란 운동 시기에 '*lestes*'란 말이 갖고 있는 부정적인 의미 때문에 누가가 마가복음의 그 단어를 의도적으로 '*kakourgoi*'라고 바꾸었다고 본다. Cf. *The Death of the Messiah*(New York: Doubleday, 1993), p. 928.

신이 그리스도가 아니요? 당신 자신을 구원하고 또 우리를 구원하시오."라고 예수를 조롱했는데, 다른 행악자 한 사람이 예수를 조롱하는 그 행악자를 향해 "너는 하나님이 두렵지 않느냐? 너도 그이와 같은 선고를 받고 있지 않느냐? 우리는 우리의 범죄로 그 보응을 받았지만 이분은 아무것도 잘못한 일이 없지 않느냐?"(23:39~40)고 반문하는 형태로 기록되어 있다.

회개하지 않은 죄인이 조롱하는 말(39절)은 백성들의 지도자들이 조롱하는 말, 곧 "이 사람이 남을 구원했으니 하나님의 그리스도요 택함 받은 자라면 자기를 구원하게 하라."(35절)는 말과 또한 군인들이 조롱하는 말, 곧 "당신이 유대인의 왕이거든 자기 자신을 구원하시오."(36절)란 말을 반영하고 있다. "사회의 세 계층 사람들, 곧 지도자들과 군인들, 죄인들이 모두 예수를 조롱하고 있는데, 그 조롱하는 내용은 똑같았다. 바로 예수가 자신을 구원하지 못한다는 것이었다."[379] 누가는 세 종류 사람들이 조롱하는 말을 통해 '구원'이란 단어를 연속적으로 세 번 반복한다. 그리고 세 종류 사람들은 예수를 조롱할 때마다 특정한 명칭을 예수께 적용하는데, 곧 "하나님의 그리스도요 택함 받은 자"(23:35), "유대인의 왕"(23:37), "그리스도"(23:39)이다. 이 세 기독론적 명칭들 중 첫 번째 것은 베드로의 신앙고백("the Christ of God", 9:20)과 변화산 하늘 음성("My Chosen", 9:35)을 반영하며, 두 번째 것은 천사가 마리아에게 "주 하나님이 그에게 조상 다윗의 왕위를 주실 것이라"(1:32)고 한 말씀을 반영한다. 예수는 조롱자들이 그에게 붙였던 모든 명칭들을 다 포괄하는 분이다. 아이러니컬하게도 조롱자들이 한 말은 진리의 한 면을 대변하는 셈이다. 이런 의미에서 이 본문은 누가복음에서 구원론과 기독론이 집중적으로 함께 나타나는 아주 중요한 부분이 아닐 수 없다.

특히 대화를 하다가 회개한 이 행악자가 예수를 조롱하는 행악자를 향해 날카롭게 반박하면서 "너는 하나님이 두렵지 않느냐? 너도 그이와 같은 선고를 받고 있지 않느냐? 우리는 우리의 범죄로 그 보응을 받았지만, 이분은 아

---

379) F. J. Matera, *Passion Narratives and Gospel Theologies*, p. 184.

무것도 잘못한 일이 없지 않느냐?"(23:40~41)고 말했다고 기록되어 있다. 특히 그가 "이분은 아무것도 잘못한 일이 없지 않느냐?"고 말하고 있는데, 이 말은 누가의 수난 설화에서 반복적으로 강조되는 예수의 무죄성에 대한 또 다른 반복이다. 즉, 예수가 아무 잘못도 한 것이 없다는 이 행악자의 말은, 빌라도가 예수에게서 아무런 죄도 찾지 못했다고 세 번씩이나 강조했던 것(23:4, 14~15, 22)과 헤롯 왕도 역시 아무런 증거도 찾지 못했다는 말(23:16) 등을 그대로 반영해 준다. 그리고 다시금 백부장의 입을 통해 "이 사람은 참으로 의로운 사람이었다."(23:47)고 했던 말을 확인해 준다. 따라서 누가가 회개하는 행악자 이야기를 첨가한 주요 목적 가운데 하나는 예수의 수난 설화 마지막 부분에서, 이번에는 예수처럼 처형을 당하는 행악자의 입을 통해 다시 한 번 더 예수의 무죄성을 밝히려는 데 있다. 피츠마이어도 이 행악자가 "이분은 아무것도 잘못한 일이 없지 않느냐?"(this man has done nothing improper)고 말한 것은 "관리가 아닌 사람의 입을 통해, 그리고 같은 정죄를 당한 사람의 입을 통해 예수의 무죄를 확인해 주는 또 다른 선언"이라고 말한다.[380] 누가로서는 예수의 정치적 무죄를 분명히 밝히는 일이 그만큼 중요했기 때문이다. 예수가 로마 총독에게 유죄 판결을 받았다는 사실이 로마 세계에 예수를 전파하는 데 큰 장벽이 될 수 있었기 때문이다.

회개한 행악자는 옆의 행악자가 조롱한 말을 꾸짖고 나서, 예수를 향해 "예수여,[381] 당신이 당신의 나라에 들어가실 때에 저를 기억해 주십시오."라고 간청함으로써 예수와 적극적인 대화를 하기 시작한다. 이 행악자는 "우리는 우리의 범죄로 그 보응을 받았다."고 말한 것으로 보아 자신의 죄를 받아들였고,[382] 동시에 "예수여, 당신이 당신의 나라에 들어가실 때에 저를 기억

380) "another declaration of Jesus' innocence, from an unoffincial source, and from one suffering under the same condemnation." Cf. *The Gospel According to Luke*, pp. 1509~1510.

381) 예수를 향해 "예수여"라는 호칭을 사용한 유일한 경우이다. 누가복음에서 "나사렛 예수여"(4:34), "하나님의 아들 예수여"(8:28), "다윗의 자손 예수여"(18:38)란 호칭은 나오지만, 여기서처럼 예수를 향해 "예수여"라고 이렇게 친밀하게 부른 경우는 달리 없다. 회개한 이 행악자야말로 누가복음에서는 예수를 가장 친밀하게 불렀던 최초의 사람이고 마지막 사람이었다.

382) 23:40에서 "우리는 우리의 범죄로 그 보응을 받았다."는 말로서, 그는 이미 자신의 죄를 인정하고 있다.

해 주십시오."라고 말한 것으로 보아 예수의 왕권을 인정했던 것으로 보인다. 따라서 우리는 샤론 링게처럼 "회개한 행악자는 예수에게 배척과 죽음은 하나님의 오른편에 있는 왕권에 이르는 길임을 인식한 유일한 사람이 되었다"[383]고 말할 수도 있을 것이다. 그래서 예수는 이 행악자를 향해 "내가 진정으로 네게 말한다. 너는 오늘 나와 함께 낙원에 있게 될 것이다."라고 말했던 것이다. 예수는 심문과 처형 과정에서 끊임없이 "네가 유대인의 왕(king)이냐?"는 질문을 받았고(23:2, 3), 또한 군인들로부터도 "당신이 유대인의 왕이거든…."(23:37)이라고 조롱을 당했으며, 예수가 십자가에 달렸을 때 그 머리 위에는 "이 사람은 유대인의 왕이다."라고 조롱하는 의미로 기록한 패가 걸려 있었다. 누가복음에선 이미 19장 11절부터 예수의 왕권 주제가 아주 강하게 드러난다(예루살렘 입성 직전에 왕권을 받으러 멀리 갔던 왕에 관한 므나 비유와 예루살렘 입성 때 예수를 향해 외친 "주의 이름으로 오시는 왕이여." 등등). 따라서 문맥상 이 죄인의 말 속에는 이 "왕"이 죽음을 통해 다시금 왕의 지위에 오를 것임이 분명히 암시되어 있다고 보아야 한다. 동시에 누가는 이 본문을 통해 암묵적으로 예수가 진정 우리의 "왕"임을 강조하고 있는 것이기도 하다. 더구나 "이 본문에서 가장 놀라운 점은 십자가에 달려 죽어 가고 있는 구세주에 의해 왕권이 '오늘' 행사되고 있다는 사실이다."[384] 이런 의미에서 그 죄인의 요청은 사실상 예수에 대한 신앙의 표현이었다고 볼 수 있다. 그래서 예수도 회개하는 죄인을 향해 "내가 진정으로 네게 말한다.[385] 너는 오늘 나와 함께 낙원에 있게 될 것이다."라고 말씀하셨고, 암브로시우스가 오래 전에 지적했듯이, 이 행악자는 "요청한 것보다 훨씬 더 많은 은혜를 입었다."고 보아야 할 것이다.[386]

마지막으로, 누가는 이 본문의 이야기를 통해, 수난 설화에서도 반복적으

383) Sharon H. Ringe, *Luke*, p. 279.

384) R. J. Karris, *Luke: Artist and Theologian*, p. 102.

385) "Amen soi lego": 누가가 'Amen'이란 셈족 단어를 사용한 경우는 다른 복음서들에 비해 적은데, 누가복음에서는 예수가 부활 이전에, 즉 그가 죽기 이전에 'Amen'이란 말을 마지막으로 이 회개한 강도에게 했다.

386) Fitzmyer, *The Gospel According to Luke*, p. 1508에서 인용.

로 드러나고 있는 예수의 치유적인 용서(healing forgiveness)의 능력을 강조하기 위한 의도를 가졌던 것 같다. 누가는 수난 설화 가운데서 예수가 감람산에서 체포되는 순간, 제자 중 한 사람이 휘두른 칼에 의해 대제사장의 종의 오른편 귀가 잘렸을 때 그 종을 고쳐 주었다고 전해 준 바 있다(22:50~51). 그리고 누가는 예수가 십자가 위에서 마지막 숨을 거두면서도 자기를 십자가에 못 박는 군인들을 위해 용서의 기도를 했다고 전해 준다. 누가복음에서 예수가 오신 목적은 포로 된 자를 해방시키는 것(4:18)이었다. 그런데 그의 복음서 마지막 부분에서 누가복음의 예수는 죄인을 용서하고 낙원에 받아들임으로써, 그리고 처형을 진두지휘하던 백부장을 개종시킴으로써 자기가 선포했던 말씀을 그대로 이루고 있는 분으로 묘사되고 있다. 이런 점에서 로버트 카리스(Robert J. Karris)가 누가복음에만 나오는 이 본문을 가리켜 흔히 '복음서 내의 복음서'(Gospel within the Gospel)라고, 또는 '누가복음의 설화적 정점'(the narrative highpoint of the Gospel)이라고 말한 것[387]은 결코 지나친 말이 아닐 것이다.

387) Robert J. Karris, *Luke: Artist and Theologian: Luke's Passion Account as Literature*(New York: Paulist Press, 1985), p. 101.

25 처형장 백부장의 신앙고백(23:44~49)

예수의 마지막 십자가 죽음에 대한 기록 가운데서 로마의 백부장이 예수의 죽음을 보고 나름대로 신앙고백의 표현을 한 일에 대한 기록은 공관복음서 모두에 나온다(막 15:39; 마 27:54; 눅 23:47). 그러나 이 기록과 관련해서도 누가복음의 기록은 몇 가지 점에서 다른 복음서 기록들과 분명한 차이를 보인다. 브라운은 누가복음 본문 중 마가복음 본문과 다른 점이 세 가지 있다고 지적한다.[388] 그 세 가지 차이점들을 하나씩 살펴보면서 누가의 독특한 신학적 강조점이 무엇인지 알아보기로 하자.

첫째로, 누가복음이 다른 복음서 기록들과 가장 분명하게 다른 점 중 하나는 백부장의 고백 내용이다. 우리가 이미 잘 알고 있는 바와 같이 마가복음과 마태복음에서는 예수가 십자가에서 처형당하는 것을 보고 이를 진두지휘하던 로마의 백부장이 "이 사람은 진실로 하나님의 아들이었도다!"라고 말했다고 전해진다.[389] 예수의 십자가 처형을 집행하던 이방인 로마 백부장이 예수가 십자가 위에서 숨을 거두는 것을 보고, "참으로 이 사람은 하나님의 아들이었다."고 기독교의 신앙고백에 해당하는 말을 했다는 것은 정말이지 일종의 아이러니이며 놀라운 일이 아닐 수 없다. 더구나 '하나님의 아들 예수 그리스도의 복음의 시작'(막 1:1)을 알리는 마가복음에서 예수를 하나님의 아들

---

388) 그 세 가지는 백부장이 "그 일어난 모든 일"을 보았다고 한 것, "하나님께 영광을 돌린 것" 그리고 "의인"이라고 고백한 것이다. Cf. R.E. Brown, *The Death of the Messiah*, p. 1160.

389) 물론 마가와 마태 본문 사이에 다음과 같은 차이가 있기는 하다. 즉, 마가복음에서는 "Truly, this man was the Son of God" 인데, 마태복음에서는 "Truly, this was the Son of God"로 되어 있다.

이라고 고백한 사람은 오직 로마 백부장뿐이다.[390] 십자가 처형장에서 나타난 백부장의 신앙고백은, 마가복음에서 세례 장면과 변화 산 장면에서 각각 예수가 하늘 음성을 통해 "하나님의 사랑하는 아들"로 선포된 것과 더불어 '예수를 하나님의 아들'로 선포하는 중요한 구조적 요소를 보여 주고 있기도 하다.[391] 더구나 세례 장면과 변화 산 장면에서는 "하늘이 갈라지고" 하늘로부터 예수가 하나님의 아들이라고 선포되는데, 십자가 처형 현장에서는 "성전의 휘장이 위에서 아래까지 두 쪽으로 갈라지면서"(막 15:38) 백부장이 예수를 하나님의 아들로 선언한다.

그러나 누가복음을 보면, 백부장은 마가복음과 마태복음과는 달리 "이 사람은 정녕 의인이었도다."(눅 23:47)라고 고백했다고 기록되어 있다. 물론 누가가 소개하는 백부장의 고백은 분명히 처음 보기에 마가와 마태의 경우보다는 훨씬 빈약해 보이며, 따라서 일종의 '신앙고백'으로 받아들이기는 좀 어렵게 생각되는 것이 사실이기는 하다. 그러나 좀 더 깊이 음미해 보면, 우리는 처음 보기보다는 훨씬 더 깊은 의미를 갖고 있다는 것을 알 수 있다. 물론 누가복음에서 백부장이 예수가 십자가 위에서 숨을 거두는 것을 보고 "이 사람은 정녕 의인이었도다."라고 말한 것 자체가 누가복음 23장의 현재 문맥 가운데서, 즉 빌라도 총독이 예수를 심문한 후에 세 번씩이나 무죄를 선언하고(23:4, 14~15, 22), 헤롯 왕도 예수의 유죄 증거를 찾지 못했다고(눅 23:6~12, 특히 23:15) 했고, 또 함께 십자가에 달린 행악자 중 한 사람까지도 예수에게 아무 잘못이 없다고 말한(눅 23:41) 이후에, 백부장의 입을 통해 "이 사람은 정녕 의인이었도다."라고 말했다고 이어지는 것으로 보아, 백부장의 말 자체가 어느 정도 예수의 무죄를 마지막으로 확증해 주는 법정적이며 정치적인 의미를 갖고 있는 것이 사실이기는 하다. 이런 의미에서 탈버트가 "다른 공관복음서들에서는 백부장이 그리스도 신봉자(a christologist)였는데, 누가복음에

---

390) 유일한 예외가 있다면 마가복음 5:6에서 '귀신'이 예수를 하나님의 아들로 인정한 경우이다.
391) Ched Myers, *Binding the Strong Man*, pp. 390~391.

서는 그가 변증자(a apologist)이다."[392]라고 말한 것도 어느 정도 옳은 판단이다. 누가복음의 백부장은 단순히 그리스도를 믿는 신봉자가 아니라 그리스도를 변증하며 전파하는 자가 되었다는 의미로 받아들일 수도 있을 것이다.

그러나 누가복음에서 백부장의 고백이 갖는 보다 깊은 신앙적인 의미를 쉽게 간과해서는 안 될 것이다. 프랭크 마테라도 누가가 백부장으로 하여금 예수의 무죄를 선언하면서 그를 가리켜 의인이라고 말하게 했을 때, "그는(누가는) 예수의 심문 과정에서 이미 밝혀진 단순한 법적인 무죄 이상의 것을 의도하고 있다는 점을 지적한다."[393] 누가가 사용했던 "의인"(*dikaios*)이란 헬라어는 구약성경에서 의인(righteous)을 가리키는 히브리어 '*sedeq*'의 뜻을 갖고 있으며, 그 의미는 어떤 사람이 모세의 율법인 토라를 실천하는 하나님의 계약 가운데 있기 때문에 하나님과 올바른 관계에 있다는 것을 뜻한다. 그래서 누가는 사가랴와 엘리사벳을 가리켜 의인이라고 했고(눅 1:6), 또 시므온을 가리켜서도 의인이라고(2:25) 불렀다. 누가는 또 세례 요한의 세례 목적을 두고 "주를 위하여 백성을 준비시키는", 즉 "거스르는 자를 의인의 슬기에 돌아오게" 하기 위해서라고 말하기도 했다(눅 1:17). 누가가 사용하는 이 같은 "의인"이란 단어의 의미에 비추어 볼 때, 백부장이 십자가에서 운명한 예수를 향해 "이 사람은 정녕 의인이었도다."라고 말한 그 말을 단순히 법정적이며 정치적인 의미로만 받아들여 단순히 예수의 무죄를 확인해 준다고 이해한다면 누가의 진의를 놓치는 일이 될 수도 있다.

백부장의 말이 갖는 진정한, 궁극적인 의미는 그런 법정적이며 정치적인 의미를 넘어, 예수의 '처형자들'이 아니라 '예수'가 바로 하나님과 올바른 계약 관계에 서 있는 분이라는 사실을 고백하는 종교적이며 신앙적인 고백으로 이해해야 할 것이다. 왜냐하면 누가는 특히 사도행전에서 예수를 가리켜 일종의 메시아적 명칭으로 의인(the Just/Righteous One)이라고 말하기 때문이다. 실제로 사도행전 3장 14절에서 누가는 예루살렘 솔로몬 행각에서 행

---

392) C. H. Talbert, *Reading Luke*, p. 225.
393) Frank J. Matera, *Passion Narratives and Gospel Theologies*, p. 187.

한 베드로의 설교 가운데서 메시아이신 예수를 가리켜 "거룩하고 의로운 분"(*ton hagion kai dikaion*, the Holy and Righteous One)이라고 말하며, 사도행전 7장 52절에서는 스데반의 설교 가운데서 예수의 죽음에 대해 말하면서 "그들(유대인들)은 의인이 오실 것을 예언한 사람들을 죽였고, 이제 그대들은 그 의인(*tou dikaiou*, the Righteous One)을 넘겨주고 죽였습니다."라고 말한다. 그리고 또한 사도행전 22장 14절에서는 바울이 예루살렘에서 유대인들을 향해 자신의 개종에 대해 설명하면서, 아나니아가 바울 자신에게 "우리 조상의 하나님께서 그대를 택하시어 그의 뜻을 알게 하셨고 의로우신 분(*ton dikaion*, the Righteous One)을 보게 하셨다."고 말한다. 이처럼 누가에게 "의인" 혹은 "의로우신 분"이란 명칭은 예수의 메시아 신분을 가리키는 명칭으로 사용되고 있다. 이런 점을 고려할 때, 백부장이 예수를 가리켜 "이 사람은 정녕 의인이었도다."(Truly this man was righteous)라고 말한 것은, 단순히 그가 예수의 무죄를 고백하는 법정적이며 정치적인 발언이 아니라, 처형자의 한 사람이었던 백부장의 신앙적인 고백이요 신앙적인 선포라고 이해해야 더 옳을 것이다.

이렇게 이해할 수밖에 없는 이유는 누가복음의 본문이 다른 복음서 기록들과 다른 두 번째 차이점을 통해 더 잘 알 수 있다. 누가복음 본문이 다른 공관복음서 본문과 다른 차이점들 중 두 번째는 누가복음에서만 백부장이 "이 사람은 정녕 의인이었도다."라고 고백하기 전에, 혹은 그렇게 고백하면서 "하나님께 영광을 돌렸다."(*ἐδόξασεν τὸν Θεόν*, , he glorified God)는 문구가 첨가되어 있다는 점이다. 이 문구가 오직 누가에 의해서만 본문 가운데 첨가 삽입된 것은 아주 중요한 의미를 갖는다. 왜냐하면 "하나님께 영광을 돌렸다."란 문구는 누가 문서에서 아주 중요한 역할을 하고 있기 때문이다. 피츠마이어가 지적했듯이, "하나님께 영광을 돌리는 일"은 누가복음 2장 20절, 5장 25~26절, 13장 13절, 17장 15절, 18장 43절, 사도행전 4장 21절, 11장 18절, 21장 20절 등에서 볼 수 있는 바와 같이, "훌륭한 유대인 혹은 훌륭한 기독교인이 할 수 있는"[394] 행동이기 때문이다.

결국 누가의 본문은 예수의 십자가 처형을 지휘하던 로마의 백부장이 예수가 십자가에서 마지막 숨을 거둘 때 "일어났던 모든 일을 보고"(눅 23:47) "하나님께 영광을 돌리며" 예수를 향해 "이 사람은 정녕 의인이었도다."라고 신앙고백을 함으로써, 이방인 백부장이 예수를 믿는 신앙으로 돌아섰음을 보여 주는 셈이다. 누가복음에서는 예수가 태어났을 때, 목자들이 "아기를 찾아서"(2:16) "듣고 본 그 모든 것으로 인하여 하나님께 영광을 돌렸고"(눅 2:20), 예수가 십자가에서 마지막 죽음을 맞이할 때에는, 이방인 백부장이 "그 된 일을 보고 하나님께 영광을 돌렸다"(눅 23:47). 이렇게 누가복음에서 예수의 탄생과 죽음은 각각 '하나님께 영광을 돌리는' 찬양으로 소개된다. 더구나 예수가 운명하는 것을 보고 백부장이 "하나님께 영광을 돌리며" "이 사람은 정녕 의인이었다."는 신앙고백을 했다고 전해 주고 있는 누가의 이런 기록은, 단순히 처형자의 마음이 순교자의 편으로 돌아섰다는 것을 의미하는 데 그치지 않고, 거기서 더 나아가 처형을 당한 자(예수)가 도리어 자기를 처형하는 자(백부장)를 개종시키는 더 놀라운 일을 증거해 준다고 이해할 수도 있다. 이런 주제는 실제로 유대교의 순교자들 기록 가운데서 흔히 볼 수 있는 주제가 아니었던가.[395] 만일 엘리스가 이 백부장의 반응이 백성들이 보여 주는 것과는 아주 대조가 된다는 점을 지적하면서 누가의 이 기록이 "아마도 이방인들의 개종을 미리 예고해 주기 위한 의도"[396]를 드러내는 것이라는 말이 맞다면, 누가복음에서 이미 예수는 그의 죽음과 더불어 또 다른 이방인 개종자의 열매를 맺었다는 사실을 누가는 증거해 주고 있다고 받아들일 수도 있을 것이다.

---

394) Fitzmyer, *The Gospel According to St. Luke*, p. 1520.

395) C. H. Talbert는 순교자의 행동이 처형자의 개종을 가져온 실례를 전해 주는 다음과 같은 전승(b. Abodah Zarah, 18a) 하나를 소개한다. 랍비인 Hanina ben Teradion이 하드리안 황제 때에 토라를 여러 그룹들에게 가르친다는 죄목으로 체포되었고, 그 형벌로 화형에 처해지게 되었다. 그런데 처형을 담당했던 자가 처형 과정을 지켜보고는 자신도 불 속에 뛰어들었다. 그때 하늘로부터 "랍비 하니나와 처형자는 내세에 들어갔느니라."란 소리가 들렸다. Cf. *Reading Luke*, p. 223.

396) E. E. Ellis, *The Gospel of Luke*, p. 270.

무엇 때문에 누가복음에서는 이처럼 다른 복음서들과 달리 예수의 십자가 처형을 진두에서 지휘하던 이방인인 로마의 백부장이 예수가 마지막 숨을 거두는 순간에 "하나님께 영광을 돌리며", "정말로 이 사람은 의인이었다." 고 고백하게 되었을까? 무엇이 그가 그런 행동("하나님께 영광")과 그런 고백("정말로 의인이었다.")을 하게 만들었을까? 이 질문에 대한 누가의 대답을 듣기 위해서는 누가복음 본문이 다른 복음서들 본문들과 다른 세 번째 차이점을 살펴보아야 한다. 마가복음에서는 백부장이 "그의 운명하심"을 보고(막 15:39) 신앙고백을 했다. 마가복음에서 백부장이 "그의 운명하심" 가운데 보았던 일은, 온 땅의 어두움(막 15:33)과 예수의 마지막 최후 발언(막 15:34), 십자가 곁에 섰던 사람들 중에서 예수께 신포도주를 해융에 적셔 마시우게 한 일(막 15:35~36)과 마지막으로 큰 소리를 지른 일(막 15:37), 그리고 성전 휘장이 찢어진 일(막 15:38) 등이 포함되었을 것이다. 마태복음의 경우에는 마가가 기록한 일들 이외에 "땅이 진동하며 바위가 터지고 무덤들이 열리며 자던 성도의 몸이 많이 일어난 일"(마 27:51~52)이 더 언급되어 있다. 그러나 누가복음에서 백부장이 마가복음이나 마태복음이 언급한 부분 이외의 것, 즉 마가복음과 마태복음의 경우와 다른 부분을 본 것은 두 가지다. 하나는 회개하는 행악자에게 "내가 진실로 네게 이르노니 오늘 네가 나와 함께 낙원에 있으리라."(23:43)고 말씀하신 것과 "아버지여, 내 영혼을 아버지의 손에 부탁하나이다."라고 기도한 것이다.[397] 백부장은 예수가 함께 십자가에 처형되는 행악자들 중 회개하는 행악자를 용납하고 낙원으로 영접하는 일, 예수가 자신을 십자가에 못 박는 군인들을 위해 용서의 기도를 드리는 일, 그리고 무엇보다도 죽음에 직면해서도 전혀 평정을 잃지 않고 자신의 영혼을 하나님 아버지께 맡기는 예수의 모습을 보았던 것이다. 이런 것들이 바로 처형을 당한 자가 처형하는 자를 개종시키는 힘이 되었던 셈이다. 마지막으로 누가복음에

397) R. E. Brown은 누가복음에서 백부장이 보았던 "그 된 일"들 가운데 예수가 자신을 처형하는 군인들을 위해 용서의 기도를 드린 일(23:34)을 더 포함시킬 수도 있다고 언급한다. Cf. *The Death of the Messiah*, p. 1162, n.49.

서 이방인 백부장의 신앙고백과 개종이 "성전의 휘장이 찢어진 일"(눅 23:45)의 직후라는 사실에 주목해야 한다. 이방인의 자유로운 출입을 막던 성전 휘장이 찢어져 둘로 갈라진 직후에 드디어 이방인 백부장의 고백이 있었다는 누가의 기록은, 예수가 십자가에 달릴 때 성전의 휘장이 찢어져 갈라졌고, 그것이 이방인의 개종을 가능하게 했음을 증거하고 있다. 유대인이나 이방인의 구별이 없이 모든 사람들이 "성소에 들어갈 담력을 얻고…우리를 위하여 휘장 가운데로 열어 놓으신 새로운 길"(히 10:20)로 하나님께 직접 나갈 수 있게 된 것이 바로 예수가 십자가에서 죽기 이전에 이미 성전 휘장의 한 가운데가 찢어졌기 때문에 가능해진 것이 아니던가? 그리고 실제로 성전의 휘장이 찢어지고 "예수가 죽은 후에 예수를 고백한 최초의 인물이 바로 이방인 백부장"[398]이 아니던가?

398) Frank J. Matera, *Passion Narratives and Gospel Theologies*, p. 186.

26 부활하신 예수의 마지막 위임 명령(24:44~49)

복음서들은 대체로 예수의 부활 이야기, 즉 빈 무덤 이야기와 부활 현현 이야기들로 끝나고 있다.[399] 그러니까 예수의 부활과 그 현현 이야기들이 복음서의 결론 부분에 해당되는 중요한 전승들인 셈이다. 만일 "우리가 어떤 고대 문서를 이해하고자 한다면 마땅히 그 문서의 결론을 알아내야만 한다."[400]고 말한 엠마누엘 허쉬(Emanual Hirsch)의 말에 동의한다면, 각 복음서 혹은 그 저자들의 의도를 올바로 이해하기 위해서는 그 복음서 결론 부분에 해당하는 부활 이야기 및 그 현현 이야기를 올바로 이해하는 일이 중요하다. 바로 이런 점에서도 누가가 그의 복음서를 기록하면서 얼마나 선교적인 관심이나 선교적 비전에 치중하고 있는지를 알아보기 위해서도 우리는 누가가 소개하는 예수의 부활 현현 이야기에 주목해 보아야 한다.

누가복음의 결론 부분에 해당하는 예수의 부활 현현에 관한 본문에 의하면, 예수는 부활한 자신의 몸을 제자들에게 나타내 보인 후에 그들에게 마지막 위임 명령(눅 24:47~49)을 주신다. 이 본문과 바로 뒤에 계속되는 예수의 승천 본문(50~53절)이 실질적으로 누가복음서 마지막 결론을 이루면서 동시에 누가복음의 속편인 사도행전으로 넘어가기 위한 교량 역할을 한다. 이 점은

399) 마가복음이 예외일 수 있다. 왜냐하면 마가복음의 경우 16:9~20에 나오는 부활 현현 이야기는 마가복음의 본래 일부가 아니라는 것이 마가복음 연구가들의 일반적인 견해이기 때문이다. 그리고 누가복음의 경우는 다른 복음서들의 경우와 달리 예수의 승천(ascension) 이야기로 복음서가 끝나고 있다(눅 24:50~53).

400) Emanuel Hirsch, *Fruegeschichte des Evangeliums*, Vol. 1: Das Werden des Markusevangeliums, Tuebingen: J.C.B. Mohr, 1941, p. 181.

사도행전 서두에서(행 1:1~11)도 누가가 부활한 예수의 위임 명령(행 1:4~8)과 예수의 승천 장면(행 1:9~11)을 거의 같은 형태로 다시 반복하여 소개하고 있는 사실에서도 잘 드러난다. 그런데 누가복음 24장 47절부터 49절에 나오는 예수의 마지막 위임 명령은 다음과 같은 세 가지 내용으로 요약할 수 있다.

(1) 그의 이름으로 죄 사함을 얻게 하는 회개가 "예루살렘"으로부터 시작하여 모든 족속에게 전파될 것(47절).
(2) 너희가 이 모든 일의 "증인"이 될 것(48절).
(3) 너희는 위로부터 "능력"을 입을 때까지 이 성(예루살렘)에 머물 것(49절).

이런 명령을 주신 후에 예수는 제자들이 보는 앞에서 승천했다고 기록되어 있다. 그런데 사도행전 1장 4절부터 8절에서도 거의 똑같은 내용의 명령이 거의 똑같은 어휘들로 반복된다. 다만 사도행전에서는 누가복음 24장 47절에서 49절 내용이 역순(逆順)으로 기록된 것만이 다를 뿐이다. 즉 사도행전 서두에서는 첫째로, 성령을 받을 때까지(8절에선 "권능") "예루살렘"을 떠나지 말 것(4절) 둘째로, "증인"이 될 것(8절) 셋째로, "예루살렘"과 온 유다와 사마리아와 땅 끝까지 전파할 것(8절)이 명령되고 있다. 그리고 이 마지막 위임 명령에 뒤이어 예수의 승천 장면(1:9~11)이 소개된다. 따라서 누가복음 24장 44절에서 53절은 사도행전 1장 1절에서 11절과 평행을 이루도록, 그래서 복음서의 마지막과 사도행전의 시작을 적절히 연결시키기 위해 구성된 의도적인 본문으로 생각된다. 이렇게 누가가 누가복음의 마지막 결론 부분과 사도행전의 시작 부분에서 반복적으로 성령의 권능을 받아 예루살렘으로부터 땅 끝까지 모든 족속에게 증인이 되라는 명령을 주고 있는 사실에서도 우리는 누가가 얼마나 세계 선교에 관심을 가지고 있는지를 잘 알 수 있다.

우리는 누가만이 예수의 공생애 활동 초기에 예수가 이 세상에 보냄을 받은 목적이 "가난한 자에게 복음을 전파하기 위함"(4:14)이라고 전하며, 누가만이 복음 전파를 위해 예수가 열두 제자를 파송한 데 이어 다시금 70인의 다른 제자들을 파송했음을 강조한다는 사실을 지적한 바 있다. 그런데 우리는 누가복음 마지막 부분에 나오는 예수의 부활 현현 장면에서 '보냄을 받고' 이 세상에 오셨던 그분이 이제 다시 부활해서 제자들을 세상으로 '보내면서' 그들에게 마지막 위임 명령을 주시는 장면을 보게 된다. 이것은 누가가 하나님으로부터 보냄을 받고 이 세상에 온 예수의 지상 사역에 이어 예수로부터 보냄을 받고 세상 끝까지 나아갈 제자들의 선교 사역을 염두에 둔 것이며, 누가가 누가복음에 이어 사도행전을 기록한 이유이기도 하다. 따라서 보냄을 받았던 자가 다시 제자들을 보내는 장면을 통해 우리는 누가가 선교 파송('보냄')에 얼마나 많은 관심을 갖고 있는지를 잘 알게 된다. 누가의 이런 선교적 관심이 복음서의 마지막 결론 부분인 누가복음 24장에서, 특히 부활한 예수의 마지막 위임 명령 본문 가운데서 그대로 잘 나타난다. 즉, 누가는 24장 46절부터 49절에서 부활하신 예수가 마지막 위임 명령의 형태로 "열한 제자와 또 함께 하던 사람들에게"(눅 24:33) 나타나 다음과 같은 선교 명령을 주고 있다고 강조한다. "이렇게 기록되어 있다. 그리스도가 고난을 받고 사흘 만에 죽은 자들 가운데서 다시 살아날 것이다. 그리고 그의 이름으로 죄 사함을 받게 하는 회개가 예루살렘에서 시작되어 모든 민족에게 전파될 것이다"(눅 24:46~47).

부활한 예수가 이처럼 제자들에게 마지막 위임 명령(24:44~49)을 주는 장면과 말씀은 물론 다른 복음서들에서도 비슷한 형태로 나타나고 있기는 하다. 우선, 마가복음에서는 비록 첨가 본문 가운데서 나오는 말씀이기는 하지만 다음과 같이 기록되어 있다. "너희는 온 세상에 가서 만민에게 복음을 전파하라. 믿고 세례를 받는 사람은 구원을 얻을 것이나 믿지 않는 사람은 정죄함을 받을 것이다"(막 16:15~16). 마가복음에 나오는 이 위임 명령에서는 제자들이 할 일이 무엇보다도 '복음을 전파하는 일'(to preach the gospel)로 나타난다. '복음을 전한다.'는 이 용어는 마가의 전매 특허격인 용어로서 마가복음의 여러 곳에서 자주 사용된다(막 1:1, 14, 15; 8:35; 10:29; 13:10; 14:9 등). 그러나 누가복음에서는 전혀 사용되고 있지 않은 문구다.

다음으로 마태복음에서는 예수의 마지막 위임 명령이 다음과 같은 형태로 주어진다. "너희는 가서 모든 족속을 제자로 삼아 아버지와 아들과 성령의 이름으로 세례를 주고 내가 너희에게 명한 모든 것을 가르쳐 지키게 하라"(마 28:19~20). 물론 마태복음과 마가복음 첨가 본문에 나오는 예수의 마지막 위임 명령에 "온 세상" "모든 족속" "만민"에게 "가라"고 파송하는 용어들이 나타난다는 점에서는 나름대로 유사한 형태의 선교 명령이 주어진다고 이해할 수 있다. 더구나 '세례를 주라.'는 말이 마가복음과 마태복음에서 공통적으로 나오고 있다. 그러나 두 복음서 간의 차이점 또한 분명하다. 마태복음의 경우에서도 '복음을 전파하라.'는 문구가 사용된 바 없고, 그 대신에 오히려 마태 나름대로 독특하게도 '제자로 삼으라.'는 말과 예수가 명한 모든 것을 '가르치라.'는 말이 강조되고 있다.[401] 이것은 마태복음에서 '제자직'(discipleship)이 중요한 이슈가 되고 있음을 반영해 주고 있는 셈이다.[402]

다른 한편으로, 마태는 예수의 마지막 위임 명령에서 누가와도 다음과 같은 몇 가지 점에서 분명한 차이를 보이고 있다. 첫째로, 마태의 경우는 "세례를 주고…가르쳐서…제자를 삼으라."는 점을 강조하고 있어서, 예수의 마지막 명령이 '선교를 위한 명령'이라기보다는 오히려 '교육 목회를 위한 명령'에 가깝다고 말하는 편이 더 옳을 것이다. 이런 점은 마태복음이 갖고 있는 '교회 교과서' 혹은 '제자화 훈련 교본'으로서의 성격에 잘 맞는 마지막 위임 명령 형태일 수 있다. 그러나 누가는 "그의 이름으로 죄 사함을 받게 하는 회개가 예루살렘에서 시작되어 모든 민족에게 전파될 것이다."라고 강조한다. 분명히 누가복음에서는 이것이 선교의 명령, 특히 온 세계를 향한 세계 선교

401) 이 점과 관련해서 P. S. Minear가 그의 마태복음 연구서 제목을 〈*Matthew: The Teacher's Gospel*(New York: the Pilgrims Press, 1982)〉이라고 붙인 점과, 그 책에서 "이 복음서의 저자는 교사였으며 기독교회 안에 있는 교사들에게 최대한 도움을 주려고 이 작품을 기록했다…따라서 '한 교사로부터 다른 교사들에게'란 문구 가운데 마태와 그의 본래 독자들 간의 관계가 잘 묘사되어 있다."고 말한 사실에 주목해야 한다. 또한 William Barclay도 그의 마태복음 해석 책에서 마태복음을 가리켜 'the Teaching Gospel' 또는 'the Teacher's Gospel'이라고 부른 바 있다. Cf. *The Gospel of Matthew*, Vol. I., The Daily Study Bible, Edinburgh: The Saint Andrew Press, 1979, pp. 8~9.

402) 실제로 마태복음에서 "제자"(mathetes)란 단어가 73번 사용되는데, 이것은 마가복음에서 46번, 누가복음에서 37번 사용된 것과 대조된다. Cf. Fitzmyer, *The Gospel According to Luke*, p. 1579.

의 명령이며, 사도행전 1장 8절의 "예루살렘과 온 유대와 사마리아와 땅 끝까지 이르러 내 증인이 되리라."는 말씀을 예고해 주고 있다.

둘째로, 마태복음에서는 예수가 마지막 위임 명령을 '열한 제자들에게' 주셨다고 기록되어 있다(마 28:6). 그러나 누가복음에서는 예수의 마지막 위임 명령이 "열한 제자와 또 함께 하던 사람들"(눅 24:33)에게 주어졌다고 되어 있다. 누가가 이처럼 예수의 마지막 선교 명령이 단지 열한 제자들에게만 주어진 것이 아니라 열한 제자와 또 함께 하던 (다른) 사람들에게도 주어졌다고 기록한 이유는 세계 선교가 열한 제자들에 의해서만 이루어질 일이 아니라 그 이외의 다른 사람들에 의해서도, 즉 다른 제자들에 의해서도 이루어져야 할 일이라고 생각했기 때문이었을 것이다. 누가의 이런 의도는 그가 9장에서 예수가 열두 제자들을 전도 파송한 후에, 다른 복음서들과 달리 별도로 '다른 일흔 사람'(seventy others)을 파송한 이야기를 소개한 점에서, 그리고 또 사도행전에서도 열두 제자들의 예루살렘 사역에 이어 '일곱 사람들'을 선택하고 그 중 빌립을 통해 사마리아 지역을 복음화하며, 이어 바울과 바나바를 통해 이방 지역 선교가 진행되었다고 기록한 점에서도 잘 드러난다.

셋째로, 마태복음에서는 예수의 마지막 위임 명령이 '갈릴리'에서 주어졌다고 기록되어 있다(참고. 마 28:16). 그러나 누가복음에서는 예수의 마지막 명령이 주어진 곳은 갈릴리가 아니라 '예루살렘'이다(참고. 눅 24:33). 누가에게 예루살렘은 신학적으로, 그리고 특히 구속사적으로 아주 중요한 곳이다. 누가복음이 예루살렘에서 시작해 예루살렘에서 끝나는 점이나, 그 속편인 사도행전이 예루살렘에서 시작해 로마에서 끝나는 점 등이 모두 누가에게 예루살렘은 중요한 지리적인 축(軸)이기 때문이다. 따라서 세계 선교의 출발 지점은 누가로서는 마땅히 예루살렘이어야만 했을 것이다.

넷째로, 마태복음에서는 예수가 "모든 권위가 내게 주어졌다."고 말함으로써 하나님으로부터 주어진 권위로 이런 마지막 위임 명령을 주신다고 기록되어 있다. 그러나 누가복음에서는 예수가 제자들에게 선교 명령을 주는 권위의 근거로 오히려 '성취된 예언'을 내세운다. 가령 24장에서 두 번씩이나 부활 이전에 예수가 한 말씀, 그러나 수난과 부활의 사건들 가운데서 성취된 말씀에 대한 언급이 나온다(6절, 44절). 누가의 세계에서는 이방인이나 유대인이나 모두 예언의 성취가 그 권위를 정당화한다고 믿고 있었다. 예수의 말씀이 다 성취되었다면 그는 정말로 권위 있는 참된 선지자가 아닐 수 없다. 누가는 예수가 참된 선지자의 권위를 가지고 선교 명령을 주고 있다고 소개한다.

다섯째로, 누가가 소개하는 예수의 마지막 위임 명령이 마가와 마태가 전하는 마지막 위임 명령과 다른 중요한 점으로 우리가 특별히 주목해야 할 점은, 예수가 마지막 위임 명령을 주시면서 "이렇게 기록되어 있다. 그리스도가 고난을 받고 사흘 만에 죽은 자들 가운데서 다시 살아날 것이다. 그리고 그의 이름으로 죄 사함을 받게 하는 회개가 예루살렘에서 시작되어 모든 민족에게 전파될 것이다."라고 말한 점이다. 특히 이 마지막 위임 명령 중에서 누가는, 아니 누가만이 '죄 사함을 받게 하는 회개'를 '예루살렘에서부터 시작하여' 모든 민족에게 전파해야 된다는 말을 전해 주고 있는데, 누가가 이 말씀을 이 마지막 위임 명령 가운데 강조하는 이유는 무엇일까? 뎅커는 "예루살렘에서 시작한다는 말은 예언적 우선권이 인정된다는 점과 예루살렘이 메시아를 십자가에 못 박아 죽인 것에 대한 용서를 얻게 될 기회를 갖는다는 점을 의미한다."[403]고 설명한다. 이 말은 곧, 하나님의 구속사에서 유대인의 우선권이 인정되고 있다는 것을 뜻한다고 보인다. 바울이 "먼저는 유대인에게요, 그리고 헬라인에게로다."(롬 1:16)라고 했던 말도 같은 의미일 것이다. 그런데 그러기 위해서는 먼저 유대인들이 예수를 십자가에 못 박아 죽인 일에 대한 '회개'와 그 일에 대한 죄 사함이 필요하다는 말이기도 할 것이다. 누가가 누가 문서 1권 누가복음에서 유대인을 향한 예수의 선교 사역을 소개한 후에 이어서 2권인 사도행전에서 이방인을 향한 제자들의 선교 사역을 기록한 것도 같은 의도에서 나왔다고 생각된다.

---

403) F. W. Danker, *Jesus and the New Age: A Commentary on St. Luke's Gospel*, Philadelphia: Fortress Press, 1988, p. 398.

여섯째로, 마가와 마태와는 달리 오직 누가만이 예수의 마지막 위임 명령에서 "아버지께서 약속하신 것" 곧 "위에서 오는 능력"을 입어야 한다고 강조하고 있다는 점에도 주목해야 한다(눅 24:49). 다른 복음서들에 기록되어 있는 예수의 마지막 위임 명령에서는 '성령'이나 '위에서 오는 능력'에 대한 언급은 전혀 찾아볼 수 없기 때문이다. 누가의 마지막 위임 명령에서만 나타나는 "아버지께서 약속하신 것", 곧 "위에서 오는 능력" 등 성령에 대한 언급은, 물론 사도행전 1장 8절의 "다만 성령이 너희에게 임하시면 너희는 권능을 받고…땅 끝까지 이르러 내 증인이 될 것이다."란 말과도 직접 연관되어 있다. 그러나 누가가 제자들의 선교 사역과 관련하여 '성령의 능력을 입는 것'을 이토록 중요시하는 이유는 무엇일까? 이 질문에 대해 탈버트는 다음과 같이 대답한다. "부분적으로 그 이유는 그리스도에 대한 믿을 만한 증거가 되기 위해서는 신명기 19장 15절에 따라 두 중요한 증인(two prominent witnesses)이 필요하다는, 즉 사도들의 증거와 성령의 증거가 필요하다는 누가의 확신에 근거되어 있다."[404] 그래서 누가는 사도행전 5장 32절에서 "우리는 이 모든 말씀의 증인이요, 하나님께서 그에게 복종하는 사람들에게 주신 성령도 또한 그 증인이시오."라고 말하고 있는 것이다. 누가가 제자들의 선교 사역과 관련하여 성령의 능력을 입어야 한다는 점을 강조하는 또 다른 이유가 있다면, 그것은 하나님의 구원 역사에서 이니시아티브는 항상 하나님이 쥐고 계시며, 인간이 하는 일이란 단지 하나님의 인도하심과 능력 주심에 응답하는 것이라는 누가의 믿음 때문이라고도 생각된다. 그런데 우리는 그리고 제자들은 성령의 은사를 통해 하나님의 인도하심과 능력 주심을 받게 된다. 따라서 누가에게는 먼저 성령의 능력을 입지 않고 선교 사역에 나서는 것은 있을 수 없는 일이다. 이를 달리 이렇게 말할 수도 있을 것이다. "먼저 성령의 능력을 받는 일 없이는 선교 사역에 아무런 진전도 이룰 수 없다." 누가에게는 성령이 바로 선교의 영이기 때문이다.

---

404) C. H. Talbert, *Reading Luke: A Literary and Theological Commentary on the Third Gospel*, New York: Crossroad, 1982, p. 232.

마지막으로, 부활하신 주님이 "열한 제자와 또 함께 하던 사람들"(눅 24:33)에게 주었던 마지막 위임 명령에 관한 누가의 본문은, 역사적 예수가 열두 제자들을 파송하던 본문(9:1~6)과 70인(혹은 72인)을 파송하던 본문(10:1~12)을 상기시켜 준다. 그리고 사도행전에서 열두 사도가 새로이 일곱 지도자를 선택하고 바로 그들에 의해 이방 선교(가령 빌립에 의한 사마리아 전도)가 시작되는 것을 예고하는 역할을 하고 있기도 하다. 결국 본문에 나오는 부활한 주님의 선교 명령은 한편으로, 복음서에 나오는 역사적인 예수의 선교 명령과 사도행전에 나오는 사도들과 일곱 지도자들, 그리고 그 이후 바울과 바나바에 의한 선교 활동을 연관시켜 주는 중요한 역할을 하면서, 누가의 주요 관심이 "열한 제자들과 또 함께 하던 사람들"에 의해 이루어질 세계 선교에 있음을 잘 보여 주고 있는 셈이다.

맺는 말

누가복음과 사도행전을 기록한 누가는 복음서 기자들 중에서 가장 선교에 많은 관심을 가진 사람이라고 생각된다. 물론 다른 복음서들에서도 이방 선교 혹은 세계 선교에 대한 관심과 강조가 나타나고 있는 것은 사실이다. 가령 복음서들 중 최초로 기록되었다고 알려진 마가복음에서도 "복음이 먼저 모든 민족에게 전파되어야 한다."(막 13:10)고, "온 세계 어디서든지 복음이 전파될 것이라."(막 14:9)고 말하고 있으며, 또 장차 인자가 구름을 타고 임할 때에도 "그때 그는 천사들을 보내어 땅 끝에서 하늘 끝까지 사방에서 하나님이 택하신 사람들을 모을 것이라."(막 14:9)고 강조하는 말씀들이 나온다. 역사적 예수가 스스로 "나는 오직 이스라엘 집의 잃은 양을 위해서만 보냄을 받았다."(마 15:24)고 말씀하면서, 제자들을 파송할 때에도 "이방 사람들의 길로도 가지 말고, 또 사마리아 사람들의 도시에도 들어가지 말고, 다만 이스라엘 집의 잃은 양에게로 가라."(마 10:5~6)고 말씀했던 것에 비하면 놀라운 변화요 상당한 발전이 아닐 수 없다.

최초의 복음서인 마가복음에서 이방 선교 혹은 세계 선교와 관련해 이 같은 놀라운 변화가 생기게 된 것은 마가가 처했던 상황, 곧 그가 마가복음을 기록하던 역사적 상황과 밀접히 관련되어 있다고 알려져 있다. 마가복음은 주후 60년 대 초에 시작된 로마의 정치적 박해와 그 여파로 일어나게 된 유대 전쟁의 결과로 예루살렘 성전이 무너지고 유대 나라가 멸망하면서, 많은 초대 기독교인들이 팔레스타인을 떠나 이방 땅으로 흩어지기 시작한 시기에 기록되었다. 그 당시 기독교인들은 박해를 피해서, 그리고 공동체의 안전과 보전을 위해서 예루살렘을 떠나 요단강 건너편의 벨라로 도망가라는 신탁의 말씀을 들었다고 알려져 있다. 에우세비우스(Eusebius)는 다음과 같은 기록을 전한다. "예루살렘에 있는 교회의 사람들은 전쟁이 시작되기 전에 계시를 통해 주어진 신탁의 말씀에 의해 예루살렘 성을 떠나 베리아의 어떤 성읍, 곧 벨라에 가서 살라는 명령을 받았다"(HE. III., 5, 3). 이 말씀은 나중에 나온 에피파니우스(Epiphanius)의 작품(De mens, et pond, 15)에서도 거의 똑같이 나온다. "성읍이 로마 사람들에 의해 점령당할 때쯤에 모든 제자들은 한 천사를 통해 성읍을 떠나라는 경고를 받았다. 왜냐하면 성읍이 완전히 멸망당할 것이기 때문이다." 유대 전쟁 여파로 기독교인들이 팔레스타인을 버리고 이방 지역으로 흩어지는 상황에서, 어쩌면 마가의 교회가 이를 피난과 도망이라는 부정적인 관점에서 받아들이는 대신에 오히려 하나님의 섭리와 계획의 일환으로, 그래서 적극적으로 이방 지역에 대한 선교를 위한 기회와 계기로 받아들이면서 예수의 명령으로 해석하기 시작했다고 볼 수도 있다. 이런 점에서 본다면, 마가가 보여 주고 있는 이방 선교 혹은 세계 선교에 대한 관심은 본래적인 적극적 관심이라기보다는 오히려 파생적인 그리고 부수적인 소극적 관심이라고 말할 수도 있을 것이다.

다른 한편으로, 마태복음의 경우에는 비록 이방 선교에 대한 예수 자신의 금지 명령(마 10:5~6; 참고. 마 15:24)이 나오기는 하지만, 그래서 마태복음에서는 이방 선교나 세계 선교에 대한 비전이 전혀 없을 거라고 생각하기 쉽지만, 그러나 마태복음에서도 이방 선교에 대한 긍정적인 말씀들과 본문들이 많이 나오는 것이 사실이다. 아마도 대표적인 말씀은 부활하신 예수가 승천하기 직전에 제자들에게 주신 다음과 같은 말씀일 것이다. "나는 하늘과 땅의 모든 권세를 받았다. 그러므로 너희는 가서 모든 족속을 제자로 삼아 아버지와 아들과 성령의 이름으로 세례를 주고 내가 너희에게 명한 모든 것을 지키게 하라. 보라 내가 세상 끝 날까지 항상 너희와 함께 있겠다"(마 28:18~20). 그 밖에도 예수가 "이 하늘나라의 복음이 온 세계에 전파되어 모든 백성에게 전파될 것이다. 그리고 나서야 끝이 올 것이다."(마 24:14)란 말씀도 나온다(참고.

마 26:13).

마태복음에서 예수는 이방인 백부장의 믿음을 이스라엘 가운데서는 찾아볼 수 없었던 아주 훌륭한 큰 믿음이라고 칭찬했으며(마 8:10), 그런 훌륭한 믿음을 가진 이방인들을 보면서 "동서로부터 많은 사람이 이르러 아브라함과 이삭과 야곱과 함께 천국에 앉으려니와 나라의 본 자손들은 바깥 어두운 데 쫓겨나 거기서 울며 이를 갊이 있으리라."(막 8:11~2)고 말씀하신 것이 기록되어 있기도 하다. 그리고 악한 포도원 농부 비유(마 21:33~43)의 결론으로 "내가 너희에게 이르노니 하나님의 나라를 너희는 빼앗기고, 그 나라의 열매를 맺는 백성(*ethnei*)이 받으리라."는 예수의 말씀이 소개되고 있다. 이밖에도 예수의 족보 가운데 이방인의 피가 개입되었음을 언급하고, 또 예수가 탄생한 직후 제일 먼저 찾아와 경배한 사람이 동방에서 온 이방인 박사들이었음을 강조하면서 '이방적 편향성'을 강하게 드러내 주고 있다. 그런데 마태가 보여 주는 이런 이방적 편향성 역시 그가 마태복음을 기록하던 당시의 마태 교회 상황을 반영하고 있다고 알려져 있다. 즉, 일 세기 말경에 마태 교회에 많은 이방인들이 몰려 들어와 있는 상황(corpus mixtum)에서, 마태는 유대인 출신 기독교인과 이방인 출신 기독교인들을 모두 아울러야만 하는 목회적인 관심에서 이방인에 대한 긍정적이며 적극적인 관심을 보이게 되었다고 생각된다. 이방 선교에 대한 예수 자신의 금지 명령을 소개할 정도로, 그리고 모세 율법의 지속적인 구속력과 타당성을 강조할(5:17~20) 정도로 마태 공동체는 처음부터 유대적인 한계 및 유대교인들과의 연대를 완전히 벗어날 수 없는 한계를 가지고 있었기 때문에, 마태의 이방인에 대한 관심과 세계 선교에 대한 관심에도 자연히 어느 정도 한계가 있을 수밖에 없었던 것이다.

다른 한편, 요한복음은 아마도 이방 선교, 혹은 세계 선교에 대해서는 가장 관심이 덜한 복음서일 것이다. 왜냐하면 요한의 공동체가, 일반적으로 인정되고 있듯이, 열두 제자들을 중심으로 발전하던 초대교회 주류에서 벗어난 종파적인 공동체였기 때문일 것이다. 그래서 요한복음은 요한 공동체 자체의 결속과 발전에 우선적인 관심을 기울이고 있다고 생각되며, 따라서 공동체의 외적인 확장, 곧 이방 선교나 세계 선교에 대해서는 별로 관심을 보이지 않는 것이다. 요한복음에서는 열두 제자 명단은 물론 그들을 불러내는 소명 이야기나 그들을 전도 파송하는 이야기들을 전혀 찾아볼 수 없다. 요한복음에서만 '하나님 사랑'과 '이웃 사랑'을 가르치는 예수의 '두 큰 계명' 대신에 오히려 '서로 사랑하라.'는 것만을 요구하는 '새 계명'이 주어지고 있는 것도, 서로 사랑하는 일을 통해 공동체 구성원들 간에 결속을 다짐하는 일이 우선적인 주요 당면 과제라고 생각하던 요한 공동체의 종파적 특징 때문이라고 생각된다. 더구나 요한의 공동체는 요한복음 9장 22절, 12장 42절, 16장 2절에서 잘 드러나듯이, 예수를 그리스도로 믿는 신앙 때문에 유대교 회당 당국자들로부터 공식적으로 파문 혹은 출교(excommunication)를 당하는 상황에 처해 있었기 때문에, 요한의 공동체가 온전히, 따라서 요한복음 전체가 반(反)유대교적 논쟁에 휘말릴 수밖에 없었고, 따라서 이방 선교나 세계 선교에 대한 관심을 보일 여지가 별로 없었던 것이다.

그러나 누가복음과 사도행전을 기록한 누가는 요한복음은 물론, 어느 정도 이방인들이나 이방 선교 혹은 세계 선교에 대해 관심이 있는 마가복음이나 마태복음과도 분명히 다른 점을 보인다. 이미 잘 알려진 바와 같이, 복음서 저자들 중 오직 누가만이 이방인이란 사실을 기억해야 한다. 마치 사도행전에서 이방인에 대한 선교의 문을 처음 열었던 사람들이 이방 지역에서 온 디아스포라 유대인들, 곧 스데반과 빌립 등과 같은 일곱 지도자들이었던 것처럼, 복음서 저자들 중에서도 본격적인 이방 선교 혹은 세계 선교에 대해 적극적으로 관심을 보이는 사람은 역시 이방 세계에 몸담고 살았던 이방인 저자였던 누가다. 더구나 누가는 바울의 선교 활동에 동행했던 사람으로 알려져 있지 않은가. 그래서 사도행전 본문들 중 "우리"가 주어로 언급되는 항목(We-sections)들이 있지 않은가. 그리고 무엇보다도 누가가 누가복음을 통해 예수가 주로 유대인들을 위해 복음을 전도했다고 기록한 데 이어, 그 후속편으로 예수의 제자들에 의해 "온 유대와 사마리아와 땅 끝까지 이르러" 복음이 이방 땅으로 전파되는 과정을 소개하는 사도행전을 계획하고 기록한 사실에서도 우리는 누가의 세계 선교에 대한 관심을 잘 볼 수 있다. 그리고 누가가 누가 문서 제1권인 누가복음과 제2권 사도행전을 기록하면서, 로마 당국을 염두에 두고 '정치적 변증'에 그토록 많은 지면을 할애했던 이유가 무엇일까? 바로 로마 세계에 복음을 전파하는 일이 바로 누가와 그의 교회가 직면한 과제였기 때문일 것이다. 그것도 복음을 "예루살렘과 온 유대와 사마리아와 땅 끝까지" 전하는 일이었기 때문이었다. 그래서 누가는 누가복음을 기록하는 서두에서 로마의 고급 관리 중 하나로 알려진 데오빌로 각하를 수신자로 거명하는 것으로 시작하면서도 사도행전의 마지막 끝인 로마를 염두에 두었던 것이다.

누가의 우선적이며 주요 관심이 복음 선교에 있었다는 말이다. 아마도 그가 직접 선교 활동에 참여했던 경험 때문에 더욱 그러했을 것이다. 누가는 다른 복음서 기자들과는 달리, 그들이 주로 예수의 말씀과 행적을 기록하면서 공동체 구성원들을 교육하고 양육하는 일에 치중하는 것과는 달리, 누가복음과 사도행전을 기록하면서도 주로 '복음', 곧 '기쁜 소식'을 전파하는 일에만 몰두하고 있었다. 복음을 전파하는 일의 중요성을 누구보다도 잘 알고 있었기 때문일 것이다. 이 점은 선교적으로 아주 중요한 의미를 가진 단어, 곧 '복음을 전파하다.' 혹은 '기쁜 소식을 전파하다.'란 뜻을 가진 헬라어 동사 '*euaggelizomai*'가 복음서들 중에서는 오직 누가복음에서만 거의 독점적으로 사용된다는 사실에서 가장 잘 드러난다. 이 동사는 예외로 마태복음에서만 오직 한 번(마 11:5) 사용되었을 뿐, 다른 복음서들에서는 전혀 사용된 바가 없다. 그러나 누가복음에서는 그 동사가 10번(눅 1:19; 2:10; 3:18; 4:18, 43; 7:22; 8:1; 9:6; 16:16; 20:1), 사도행전에서는 14번(행 5:42; 8:4, 25, 35, 40; 10:36; 11:20; 13:32; 14:7, 15, 21; 15:35; 16:10; 17:18) 사용되고 있다. 누가 문서에서 '*euaggelizomai*'란 동사가 사용될 때, 그 목적어, 곧 복음으로, 기쁜 소식으로 전파해야 할 대상 혹은 내용이 "하나님의 나라"(눅 4:43; 8:1; 16:16), "예수 그리스도"(행 5:42) 혹은 "예수"(행 8:35) 또는 "주님 예수"(행 11:20), "하나님 나라와 예수 그리스도의 이름"(행 8:12), "예수와 부활"(행 17:18), "(하나님의)

말씀"(행 8:4) 혹은 "주님의 말씀"(행 15:35), 그리고 "예수 그리스도의 평화"(행 10:36)인 점 등을 고려한다면, 누가에게 '*euaggelizomai*'란 단어가 복음 선교를 위해 얼마나 중요한 단어인가를 금방 알 수 있다. 그런데 그 단어가 복음서들 중에서는 오직 누가 문서에만 나온다는 사실 자체가 누가가 어떤 사람인지, 무엇에 가장 관심을 가지고 있는지를 잘 보여 주는 일이 아닐 수 없다.

또한 우리는 누가가 누가 문서의 제1권 누가복음에서 예수의 전도 사역을 기록하면서도 많은 본문들을 통해 예수를 넘어서, 그리고 "예루살렘과 온 유대"를 넘어서 "사마리아와 땅 끝까지 이르는" 이방인 선교, 혹은 세계 선교에 대한 비전을 분명히 보여 주고 있다는 사실을 확인했다. 이런 것을 통해 우리는 복음서 기자 누가에 대해 새로운 인식을 갖게 되었다고 생각한다. 누가는 과연 누구이며, 어떤 사람인가에 대해 말이다. 한마디로 누가는 '선교사'였으며, 누가 문서를 통해 예수로부터 시작된 초대교회의 선교 역사를 기록한 '역사가'이며, '선교를 위한 청사진'(blue-print) 혹은 '선교를 위한 매뉴얼'을 제공해 주어 모든 시대 선교사들의 '멘토'라고 말할 수도 있을 것이다. 선교를 위해서라면 신약성경 가운데서, 그리고 특히 복음서들 중에서도 마땅히 누가복음과 사도행전에 관심을 기울여야 할 이유가 바로 여기에 있다.

참고문헌

Bovon, F. *A Commentary on the Gospel of Luke 1:1~9:50*, Minneapolis: Fortress Press, 2002.

Brodie, Thomas L., "Towards Unravelling Luke's Use of the Old Testament: Luke 7:11~17 as an Imitation of 1 Kings 17:17~24," *NTS* 32(1986), pp. 247~267.

Brown, Raymond E., *The Birth of the Messiah: A Commentary on the Infancy Narratives in Matthew and Luke*, New York: Image Books, 1979.

______, *The Death of the Messiah: A Commentary on the Passion Narratives in the Four Gospels*, 2 vols., New York: Doubleday, 1994.

Conzelmann, H., *The Theology of St. Luke*, New York: Harper & Row, 1960.

Crockett, L. G., "Luke 4:25~27 and Jewish-Gentile Relations in Luke-Acts," *JBL* 88(1969). pp. 177~183.

Danker, F. W., *Jesus and the New Age: A Commentary on St. Luke's Gospel*, Philadelphia: Fortress Press, 1988.

Ellis, E. E., *The Gospel of Luke*, The New Century Bible Commentary, Grand Rapids: Eerdmans, 1981.

Farris, Stephen, *The Hymns of Luke's Infancy Narratives*, Sheffield: JSOT Press, 1985.

Fitzmyer, Joseph A., *The Gospel According to Luke*, 2 Vols., New York: Doubleday, 1886.

Ford, J. M., *My Enemy is My Guest: Jesus and Violence in Luke*, Maryknoll: Orbis Books, 1984.

Frank J. Matera, *Passion Narratives and The Gospel Theologies: Interpretint the Synoptics Through Their Passion Stories*, New York: Paulist Press, 1986.

Gonzalez, Justo, Luke(Belief: A Theological Commentary on the Bible), Westminster John Knox Press, 2010.

Goulder, Michael D., *Luke: A New Paradigm*, Sheffield: Sheffield Academic Press, 1994

Hunter, A. M., *Interpreting the Parables*, London: SCM Press, 1972.

Jeremias, Joachim, *The Parables of Jesus*, London: SCM Press, 1963.

Karris, R. J., "Missionary Communities: A New Paradigm for the Study of Luke-Acts," *CBQ* 41(1979).

Karris, R. J., *Luke: Artist and Theologian: Luke's Passion Account as Literature*, New York: Paulist Press, 1985.

Maddox, R., *The Purpose of Luke-Acts*, Edinburgh: T. & T. Clark, 1982.

Ringe Sharon H., *Luke*(Westminster Bible Companion), Louisville: Westminster John Knox Press, 1995.

Stein, R. H., *An Introduction to the Parables of Jesus*, Philadelphia: The Westminster Press, 1981.

Talbert, C. H., *Reading Luke: A Literary and Theological Commentary on the Third Gospel*, New York: Crossroad, 1982.

Talbert, C. H.(ed.), *Luke–Acts: New Perspectives from the Society of Biblical Literature Seminar*, New York: Crossroad, 1984.

Walaskay, Paul W., 'And So We Came To Rome': *The Political Perspective of St. Luke*, London: Cambridge University Press, 1983,

Wilson, Stephen G., *The Gentiles and The Gentile Mission in Luke–Acts*, Cambridge At the University Press, 1973.

I. H. 마샬, 루가복음(국제성서주석), 2 Vols, 서울: 한국신학연구소, 1984.

김득중,「누가의 신학」, 서울: 컨콜디아사, 1991.

김득중,「복음서의 비유들」, 서울: 컨콜디아사, 1988.